Cross-Promotion im Fernsehen

Europäische Hochschulschriften

Publications Universitaires Européennes
European University Studies

Reihe II
Rechtswissenschaft

Série II Series II
Droit
Law

Bd./Vol. 4604

PETER LANG
Frankfurt am Main · Berlin · Bern · Bruxelles · New York · Oxford · Wien

Nicola Jahn

Cross-Promotion im Fernsehen

Zur geltenden Rechtslage in Deutschland und anderen EU-Mitgliedstaaten

PETER LANG
Internationaler Verlag der Wissenschaften

Bibliografische Information der Deutschen Nationalbibliothek
Die Deutsche Nationalbibliothek verzeichnet diese Publikation in der Deutschen Nationalbibliografie; detaillierte bibliografische Daten sind im Internet über <http://www.d-nb.de> abrufbar.

Zugl.: Potsdam, Univ., Diss., 2006

517
ISSN 0531-7312
ISBN 978-3-631-56565-0

www.peterlang.de

VORWORT

Die vorliegende Arbeit wurde im Wintersemester 2005/2006 von der juristischen Fakultät der Universität Potsdam als Dissertation angenommen.

Mein besonderer Dank gilt Prof. Dr. Oliver Castendyk für die Betreuung der Promotion sowie für das stets entgegengebrachte Interesse an der Themenstellung und dem inhaltlichen Fortgang dieser Arbeit. Seine konstruktiven und hilfreichen Anregungen haben die Fertigstellung der Arbeit in vielfältiger Weise gefördert. Bei Prof. Dr. Jens Petersen bedanke ich mich für die zügige Erstellung des Zweitgutachtens.

Meiner Familie danke ich von ganzem Herzen für ihre unermüdliche und mannigfache Unterstützung, die wesentlich zum erfolgreichen Abschluss dieser Arbeit beigetragen hat.

Inhalt

EINLEITUNG UND PROBLEMSTELLUNG

Seit der Einführung der dualen Rundfunkordnung in Deutschland im Jahre 1984 und der damit verbundenen Absicht, den wirtschaftlichen Wettbewerb auch für den Rundfunk fruchtbar zu machen, hat sich dieser von einem stark begrenzten zu einem nahezu beliebigen Angebotsmedium gewandelt. Die Zahl der hier lizensierten Fernsehprogramme beträgt nahezu 100.[1] Hinzu kommt noch eine Vielzahl weiterer ausländischer Kabel- und Satellitenprogramme, die im Bundesgebiet empfangen werden können.

Da Fernsehunternehmen heute als Wirtschaftsunternehmen in ökonomisch definierten Märkten agieren, sind sie dementsprechend auch deren Gesetzmäßigkeiten unterworfen. So zeichnet sich der deutsche Fernsehmarkt durch eine ausgeprägte Konzentration und eine Vielzahl von Kapitalverflechtungen unter den Gesellschaftern einzelner Programmanbieter aus. Neben Verflechtungen in vor- und nachgelagerten Märkten, wie beispielsweise dem Produktionsmarkt oder dem Rechtehandel, ist auch ein Zuwachs an horizontaler Medienkonzentration zu beobachten, was sich vor allem in der Bildung von sogenannten Senderfamilien, insbesondere der *RTL Group*[2] sowie der ehemaligen *Kirch*-Gruppe[3] (nach deren Insolvenz die *Saban Capital Group*), manifestiert. Aufgrund ihrer marktbeherrschenden Stellung im privaten Fernsehsektor wird mittlerweile von einer sogenannten Duopol-Stellung dieser Senderfamilien in Deutschland gesprochen.[4]

Neben horizontalen Konzentrationsentwicklungen zeichnet sich im gesamten Medienbereich auch eine deutliche Tendenz zur sogenannten Cross-Media-Ownership, also zur diagonalen oder konglomeraten Verflechtung in benachbarten Medienmärkten ab. Klassisches Beispiel hierfür sind Unternehmen, die neben der Veranstaltung von Fernsehen oder Hörfunk zugleich einen Zeitungs- oder Zeitschriftenverlag betreiben. Als aktuellstes Beispiel hierfür kann die gescheiterte Übernahme der *ProSieben Sat.1 Media AG* durch die *Springer AG* genannt werden. Insgesamt entwickeln sich so vermehrt Mischkonzerne, die über eine Vielzahl von Unternehmensbeteiligungen im Medienbereich verfügen.

---

[1] Siehe die Programmliste der in Deutschland lizensierten Programme, abrufbar unter http://www.kek-online.de.

[2] Der *RTL Group* werden die Veranstalter *RTL*, *RTL II*, *Super RTL*, VOX, *n-tv* und *Traumpartner TV* zugerechnet, vgl. Siebter Jahresbericht der *KEK*, S. 250.

[3] Der ehemaligen *Kirch*-Gruppe wurden die Veranstalter *Sat.1*, *N24*, *Kabel eins*, *ProSieben*, *9LIVE*, *DSF*, *K-toon/Junior*, *Premiere*, *Beate-Uhse TV*, *GoldStar TV* und *Discovery Channel* zugerechnet, vgl. Fünfter Jahresbericht der *KEK*, S. 229; nach der Insolvenz der *Kirch*-Gruppe und der Übernahme durch die *Saban Capital Group* gehören *DSF* und *Premiere* nicht mehr dazu, vgl. Siebter Jahresbericht der *KEK*, S. 194.

[4] Im Jahr 2004 erreichte die *Saban Capital Group* 21,9% Zuschaueranteile, die *RTL Group* 25,6%, die *ARD* 13,9%, das *ZDF* 13,6%, die Dritten Programme 13,7%, *Phoenix*, *KI.KA*, *arte* und *3sat* zusammen 3,1%, vgl. *KEK*, Zuschaueranteile für das Jahr 2004, abrufbar unter http://www.kek-online.de/cgi-bin/esc/zuschauer.html.

Um die gesellschaftsrechtlich bedingten Synergieeffekte zu optimieren und eine Reichweitenvergrößerung der zu vermittelnden Medieninhalte zu erzielen, realisieren die großen Mischkonzerne die Chance gemeinsamer Marketingstrategien und werben vermehrt in ihren Tochterunternehmen für einander.

Diese Möglichkeit der gegenseitigen werblichen Bezugnahme haben auch die Senderfamilien für sich entdeckt und nutzen so die Gelegenheit, auf ihr jeweiliges Programm aufmerksam zu machen. In diesem Zusammenhang spricht man von sogenannter Cross-Promotion. Da die Einkünfte der Fernsehwerbung von den Zuschauerzahlen des entsprechenden Senders abhängig sind, gilt der größte wirtschaftliche Kampf den Einschaltquoten bzw. den Marktanteilen. Der wirtschaftliche Wettbewerb der Sender untereinander ist somit ein reiner Verdrängungswettbewerb. Während anfangs noch angenommen wurde, dass das Programm selbst die beste Werbung des Mediums sei, wird nun auch verstärkt mit sogenannten Image-Trailern und Programmvorschauen für den eigenen Kanal geworben. Das Interesse der Sender liegt dabei klar auf der Hand: Da sie diese sogenannte Cross-Promotion de facto nicht auf die Werbezeitkontingente anrechnen, sparen sie sich auf diese Weise wertvolle Werbezeit und haben gleichzeitig die Möglichkeit, den schon bestehenden Zuschauerkreis auch für andere „Familienmitglieder“ zu gewinnen.

Das Phänomen der Cross-Promotion birgt jedoch möglicherweise auch Risiken in sich. Der Zuschauer bleibt zum einen über die wirtschaftlichen Zusammenhänge innerhalb des Konzerns und vor allem über den werbenden Charakter der Hinweise unaufgeklärt. Die typische Abwehrhaltung gegenüber werbenden Botschaften wird mangels Werbekennzeichnung nicht in gleichem Maße wie bei der klassischen Werbung aufgebaut. Zum anderen haben Mitglieder einer Senderfamilie die Gelegenheit, ihren Sender einem breiten Publikum vorzustellen sowie auf das auszustrahlende Programm hinzuweisen, ohne über den Produktionspreis hinausgehende Kosten tragen zu müssen. Die Senderfamilie hat damit die Möglichkeit, ihren Marktanteil zu vergrößern, ohne größere Investitionen in Kauf nehmen zu müssen. Diesen Vorteil genießen kleinere Sender nicht, die damit noch stärker ins wirtschaftliche Abseits zu rutschen drohen. Ebenso haben es kleine und unabhängige Sender schwerer, überhaupt Zugang zum Markt zu bekommen, was möglicherweise zu einer Einschränkung der verfassungsrechtlich gebotenen Meinungsvielfalt führt.

Auch im Bereich diagonaler Verflechtungen werden die vorhandenen Verbundvorteile genutzt und gemeinsame Werbestrategien unternommen. Das selbst verlegte Buch promoted den selbst produzierten Film, dieser den Tonträger mit der entsprechenden Filmmusik etc.[5]

---

[5] Von einem „generalstabsmäßigen Verwertungsplan“ der zum *Bertelsmann*-Konzern gehörenden *RTL Group* spricht *Nikos Späth* in der Welt am Sonntag vom 2. Mai 2003 in Bezug auf die Sendung *Deutschland sucht den Superstar*: Demnach macht *RTL* die Stars, bei *VOX* werden die „abfallenden TV-Krümel“ verwertet, *BMG* macht die Hits, die Medienfabrik Gütersloh druckt das Magazin zur Sendung, der *stern* (ebenfalls *Bertelsmann*) schreibt die

Ziel der vorliegenden Arbeit ist es, die diversen Werbestrategien der Fernsehveranstalter innerhalb des Fernsehens selbst sowie innerhalb anderer mit diesen Gesellschaften verbundenen Medienunternehmen aufzuzeigen und rechtlich zu bewerten. Dabei liegt der Schwerpunkt auf den neuartigen Erscheinungsformen der Eigenwerbung sowie der Cross-Promotion innerhalb von Senderfamilien. Es ist insbesondere zu untersuchen, ob die derzeitigen gesetzlichen Regulierungen diesen Phänomenen gerecht werden und ob es dem Gemeinschaftsgesetzgeber gelungen ist, einen einheitlichen Rechtsrahmen für diese Werbemaßnahmen in Europa zu schaffen. In diesem Zusammenhang muss vor allem der Frage nachgegangen werden, wie die nationalen Vorschriften anderer EU-Mitgliedstaaten ausgestaltet sind.

Titelstory über die Sendung und *RTL Enterprises* kümmert sich um das Merchandising und bringt beispielsweise DVDs, Spiele, CDs und Fotoalben auf den Markt.

TEIL 1: GEGENSTAND DER UNTERSUCHUNG

A. Begriffsbestimmungen

Der Begriff der Cross-Promotion bezieht sich zunächst nicht auf das Medium Fernsehen allein. Vielmehr wird er für unterschiedliche Werbeformen unabhängig von seinem Verbreitungsmedium verwendet. Dabei wird zum einen das gegenseitige Bewerben von Produkten beschrieben, also eine Bezugnahme auf ein anderes Produkt im Rahmen einer Werbeschaltung oder Werbeanzeige und umgekehrt.[6] Zum anderen bezieht sich das „Über-Kreuz"-Werben nicht auf die Produkte selbst, sondern auf die auserwählten Medien. So ist vor allem die Vernetzung von Werbekampagnen über verschiedene Medien zu nennen, wie z.B. eine aufeinander abgestimmte Produktwerbung sowohl im Fernsehen also auch im Radio sowie im Internet oder in den Printmedien.[7] Diese cross-medialen Werbekampagnen unterscheiden sich von den herkömmlichen Media-Mix-Strategien vor allem dadurch, dass ihnen eine inhaltlich und formal durchgängige Werbeidee zugrunde liegt.[8]

Die vorliegende Arbeit befasst sich vorrangig mit dem Begriff der Cross-Promotion im rundfunkrechtlichen Sinne. Rundfunkrechtlich gesehen bedeutet der Begriff der Cross-Promotion die Bewerbung eines Rundfunksenders in einem anderen.[9] Der Vollständigkeit halber werden jedoch auch die anderen cross-medialen Werbeformen im Fernsehen einer Prüfung unterzogen.

Das Phänomen der Cross-Promotion soll vor dem Hintergrund einer europaweiten Regelung betrachtet werden. Maßgebliches Regelungswerk ist dabei die sogenannte EU-Fernsehrichtlinie[10]. Diese beschränkt ihren Anwendungsbereich auf das Fernsehen und überlässt die Regelungen des Hörfunks den einzelnen Mitgliedstaaten. Sofern es um die Prüfung eines einheitlichen Rechtsrahmens in Europa und um die rechtliche Behandlung in den einzelnen EU-Mitgliedstaaten geht, wird im Folgenden vorrangig auf die Cross-Promotion im Fernsehen eingegangen.

---

[6] Zum Beispiel die Erwähnung eines Reinigungsmittels im Rahmen einer Werbung für einen Geschirrspüler.

[7] *Koschnik*, Stichwort „Cross-Promotion".

[8] Vgl. auch *Gleich*, Media Perspektiven 2003, 510 (511).

[9] Vgl. *Bornemann*, K&R 2001, 302 (302).

[10] Richtlinie 97/36/EG des Europäischen Parlaments und des Rates vom 19. Juni 1997 zur Änderung der Richtlinie 89/552/EWG des Rates zur Koordinierung bestimmter Rechts- und Verwaltungsvorschriften der Mitgliedstaaten über die Ausübung der Fernsehtätigkeit; ABl. EG Nr. L 202 vom 30. Juli 1997, S. 60 ff., abgedruckt in GRUR Int. 1998, S. 120 sowie bei *Hartstein/Ring/Kreile/Dörr/Stettner*, B4, Rnd. 28.

B. Der Rechtsstreit der *ProSieben Sat.1 Media AG* gegen die *Medienanstalt Berlin-Brandenburg*

Einen zentralen Platz der vorstehenden Arbeit nimmt der dem Rechtsstreit der *ProSieben Sat.1 Media AG* gegen die *Medienanstalt Berlin-Brandenburg (MABB)* zugrunde liegende Sachverhalt ein.[11] Dies ist bislang der einzige Rechtsstreit, der vor einem deutschen Gericht hinsichtlich der rechtlichen Beurteilung von Cross-Promotion im Fernsehen verhandelt wurde bzw. wird. Derzeit befindet sich der Fall im Berufungszulassungsverfahren.

Hintergrund dieses Rechtsstreits sind zwei vom Sender *ProSieben* im Jahr 2000 gesendete Spots für den Nachrichtensender *N24*, der von der Firma *N24 Gesellschaft für Nachrichten und Zeitgeschehen mbH* betrieben wird. Diese war wie *ProSieben* eine 100%ige Tochtergesellschaft der damaligen *ProSieben Media AG* und ist jetzt eine 100%ige Tochtergesellschaft der *ProSieben Sat.1 Media AG*. Die Hinweise auf *N24* wurden außerhalb der Werbeblöcke, ohne Anrechnung auf die Werbezeitkontingente und ohne entsprechende Kennzeichnung ausgestrahlt. Die *MABB* beanstandete die Spots insofern, als diese künftig als Werbung zu kennzeichnen, vom übrigen Programm zu trennen und als Werbung dem zulässigen Gesamtwerbevolumen zuzurechnen seien. Gegen diesen sofort vollziehbaren Bescheid hat die damalige *ProSieben Media AG* im Juli 2000 Anfechtungsklage vor dem VG Berlin erhoben. Gleichzeitig hat sie im vorläufigen Rechtsschutz die Anordnung der aufschiebenden Wirkung der Klage begehrt. Die aufschiebende Wirkung wurde antragsgemäß mit Beschluss vom 4. Oktober 2000 angeordnet. Der Klage wurde mit Urteil vom 16. September 2002 stattgegeben.

Eine Darstellung der dem Erlass des Bescheids vorangegangenen Meinungsfindung innerhalb der Landesmedienanstalten erfolgt in dem entsprechenden Kapitel bezüglich der rechtlichen Behandlung der Cross-Promotion.

Zentraler Punkt in diesem Rechtsstreit ist die Frage, ob es sich bei diesen Spots um Werbung im rundfunkrechtlichen Sinne handelt und diese damit dem Trennungs- und Kennzeichnungsgebot unterliegen oder ob aufgrund der gesellschaftsrechtlichen Gegebenheiten möglicherweise die Voraussetzungen einer im Fernsehwerberecht privilegierten Eigenpromotion vorliegen.
Um einen Überblick über die vorstehende Arbeit zu erhalten, soll zunächst der Gang der Untersuchung aufgeführt werden.

---

[11] Siehe dazu den Beschluss des VG Berlin vom 4. Oktober 2000, ZUM-RD 2001, 48; Urteil des VG Berlin vom 16. September 2002, ZUM 2002, 933; zum Rechtsstreit siehe auch „Sonderkonditionen für die Familie“, in W&V 10/2000, S. 9.

C. Gang der Untersuchung

Cross-Promotion findet selbstverständlich nicht zwischen konkurrierenden Fernsehsendern, sondern zwischen Sendern einer „Senderfamilie" statt. Um sich mit der rechtlichen Behandlung von Cross-Promotion auseinandersetzen zu können, müssen daher zunächst die wirtschaftlichen und rechtlichen Hintergründe dieser horizontalen Konzentration und des Einsatzes von Cross-Promotion bekannt sein. Aus diesen Gründen erfolgt zunächst eine Darstellung der Entwicklung der deutschen Fernsehlandschaft, sowohl im privaten als auch im öffentlich-rechtlichen Sektor. Da sich die Arbeit auch mit anderen cross-medialen Werbeformen befasst, werden neben den horizontalen auch die vertikalen und diagonalen Integrationsprozesse dargestellt. Dabei wird auch untersucht werden, welchen Einfluss der Einsatz von Cross-Promotion sowohl auf den wirtschaftlichen als auch auf den publizistischen Markt ausübt.

Erforderlich ist zudem eine Darstellung des geltenden Medienkonzentrationsrechts, weil es im Rahmen der rechtlichen Würdigung auch auf die Regelungsziele der Konzentrationsbestimmungen ankommen wird.

Im Rahmen der rechtlichen Würdigung der Cross-Promotion ist zunächst der Begriff der Werbung zu prüfen. Problematisch ist insbesondere das Tatbestandsmerkmal der Entgeltlichkeit, da der Empfang von Fernsehsendungen für den Zuschauer in der Regel unentgeltlich ist und die Bewerbung solcher Dienstleistungen möglicherweise gar nicht in den Anwendungsbereich der Werbevorschriften fällt. Da laut Rundfunkstaatsvertrag Hinweise des Fernsehveranstalters auf eigene Programme nicht als Werbung gelten, ist sodann der Frage nachzugehen, wer als Veranstalter in diesem Sinne gilt und was unter „eigenen" Programmen zu verstehen ist. Dies ist sowohl hinsichtlich der öffentlich-rechtlichen als auch hinsichtlich der privaten Fernsehveranstalter zu prüfen. Insbesondere ist zu untersuchen, ob der Veranstalter auch durch konzentrationsrechtliche Zurechnung definiert werden kann. Dabei werden vor allem Aspekte der Meinungsvielfalt sowie der Verhinderung von vorherrschender Meinungsmacht zu berücksichtigen sein.

Im Anschluss an die rechtliche Würdigung der Cross-Promotion werden andere cross-mediale Werbeformen einer rechtlichen Prüfung unterzogen. Rechtliche Probleme können sich hier vor allem hinsichtlich des Verbots der Schleichwerbung im Fernsehen ergeben.

Ein letzter Teil widmet sich den gesetzlichen Regulierungen anderer EU-Mitgliedstaaten. Nach einer Darstellung der jeweiligen Fernsehlandschaft sowie der einschlägigen gesetzlichen Bestimmungen wird geprüft, ob und wie dortige nationale Vorschriften hinsichtlich der Cross-Promotion ausgestaltet sind. Hier muss auch der Frage nachgegangen werden, ob sich möglicherweise die Strenge und das Ausmaß der horizontalen Konzentrationsvorschriften in den Regelungen zur Cross-Promotion widerspiegeln.

Im Anschluss an einen Vergleich der unterschiedlichen nationalen Vorschriften werden zum Abschluss dieser Arbeit Anregungen für eine gesetzliche Regelung der Cross-Promotion auf EU-Ebene erarbeitet.

Teil 2: Die Entwicklung der deutschen Fernsehlandschaft

A. Die Etablierung der dualen Rundfunkordnung

Die heute in Deutschland bestehende duale Rundfunkordnung, also das Nebeneinander von öffentlich-rechtlichem und privatem Rundfunk, blickt auf einen langen Weg politischen Ringens und technischen Fortschritts zurück. Es würde den Rahmen der vorliegenden Arbeit sprengen, die geschichtliche Entwicklung und die politischen Debatten in all ihren facettenreichen Einzelheiten wiederzugeben. Um aber das jetzige Verhältnis der Fernsehsender untereinander zu verstehen, das vom wirtschaftlichen Wettbewerb geprägt ist und die Fernsehunternehmen immer neue Methoden suchen lässt, den eigenen Sender besser zu positionieren, soll im Folgenden die Etablierung der dualen Rundfunkordnung in ihren Grundzügen dargestellt werden. Dabei ist auch besonderes Augenmerk darauf zu legen, dass besonders die Presse sehr frühzeitig Interesse an der Veranstaltung von Fernsehprogrammen bekundete; ein Phänomen, das heute im Hinblick auf die zahlreichen cross-medialen Integrationsprozesse mehr denn je zu beobachten ist.[12]

Da seit der deutschen Wiedervereinigung im Jahre 1990 das Rundfunksystem der alten Bundesländer auch für die neuen Länder gilt, soll hier nur die Etablierung der Rundfunkordnung der alten Bundesländer aufgezeigt werden.[13] Vor dem Hintergrund der Erfahrungen des Dritten Reichs, in dem die Nationalsozialisten den Rundfunk primär zu propagandistischen Zwecken missbraucht hatten,[14] übernahmen zunächst die Alliierten die Weichenstellungen für den Rundfunk im westlichen Nachkriegsdeutschland.[15] Dabei stand primär das Ziel einer bewussten und planvollen Umerziehung der Deutschen zu Demokraten im Vordergrund, das nach Vorstellung der westlichen Siegermächte nur durch die Gründung von staatsfreien, aber unter öffentlicher Kontrolle stehender Sender verwirklicht werden konnte.[16] Allein die Überlegungen, privaten Rundfunk in Deutschland zuzulassen, widersprachen damit den grundsätzlichen Vorstellungen, waren zudem aber auch aufgrund der angespannten wirtschaftlichen Lage nicht realisierbar.[17]

---

[12] Als jüngste Entwicklung in diese Richtung ist die versuchte Übernahme von *ProSieben Sat.1 Media AG* durch *Axel Springer* zu nennen, vgl. dazu auch *Huber/Simon*, Der Tagesspiegel vom 10. August 2005.

[13] Zur historischen Entwicklung des Fernsehens und des Hörfunks in der DDR siehe auch *Hartstein/Ring/Kreile/Dörr/Stettner*, B 1, Rnd. 82 ff.

[14] *Ricker/Schiwy*, S. 16; *Herrmann*, S. 64 ff; *Fechner*, Rnd. 770.

[15] Die Reorganisation hat sich vor allem am Modell der *BBC* orientiert, vgl. Bericht der *KEK* 2000, S. 386.

[16] Anders sah es in der sowjetisch besetzten Zone aus, in der ein zentraler Staatsrundfunk unter Aufsicht der kommunistischen Partei eingerichtet wurde.

[17] Vgl. auch *Bender*, S. 42; *Fechner*, Rnd. 771.

Das Monopol der öffentlich-rechtlichen Rundfunkanstalten und die dort zunehmende Werbeausstrahlung wurde vor allem von den Presseverlegern ungern gesehen, die befürchteten, ihren publizistischen Einfluss an das neue Medium zu verlieren und empfindliche Nachteile im Wettbewerb zu erleiden.[18] Den Forderungen der Industrie und der Verleger nach Beteiligungen an der Rundfunkveranstaltung stand jedoch faktisch ein bis dahin unüberwindliches technisches Hindernis gegenüber: die Frequenzknappheit der terrestrischen Ausstrahlung. Aufgrund der technisch bedingt begrenzten Anzahl von nutzbaren Frequenzen war es schlichtweg nicht möglich, zusätzliche Programme auszustrahlen. Mit dem Umstand dieser Frequenzknappheit hatte das Bundesverfassungsgericht bereits in seinem ersten Fernsehurteil die Sondersituation und die öffentlich-rechtliche Organisationsstruktur des Rundfunks begründet.[19]

Diese Situation sollte sich schließlich in den siebziger Jahren grundlegend ändern, als sich die Entwicklung neuer Übertragungstechniken abzeichnete.[20] Dabei handelte es sich insbesondere um die Kabel- und Satellitenübertragung, die eine Vermehrung des Programmangebots ermöglichen konnte. In diesem Zusammenhang stellte sich schnell die Frage, wer die zusätzlich entstehenden Kapazitäten nutzen dürfen sollte. Die Forderungen nach einer Zulassung privater Rundfunkanstalten rückten wieder in den Vordergrund der politischen Debatte. Die 1973 von der Bundesregierung eingesetzte *Kommission für den Ausbau des technischen Kommunikationssystems* (*KtK*) schlug vor, die neuen Übertragungstechniken zunächst in sogenannten Kabelpilotprojekten zu erproben[21], die nach jahrelangem Streit über ihre Finanzierung erst 1984 beginnen konnten.[22] Der 2. Januar 1984 stellt insofern den „medienpolitischen Urknall"[23] dar, denn erstmals konnten die Zuschauer offiziell privates Fernsehen empfangen, und zwar das deutschsprachige Programm von *RTL-Plus*, das über terrestrische Sender in Luxemburg in mehreren Teilen Deutschlands empfangen werden konnte.[24]

In seinem sogenannten FRAG-Urteil[25] von 1981 hatte das Bundesverfassungsgericht bereits die Zulässigkeit privaten Rundfunks festgestellt, diese aber an bestimmte Bedingungen geknüpft. So verlangte es eine gesetzliche Grundlage für die Veranstaltung privaten Rundfunks sowie wirksame gesetzliche Vorkehrungen, um sicherzustellen, dass alle gesellschaftlich relevanten

[18] *Hesse*, S. 20 ff; *Hartstein/Ring/Kreile/Dörr/Stettner*, B 1, Rnd. 7.
[19] BVerfGE 12, 205 (261 ff.).
[20] *Fechner*, Rnd. 774 sowie Rnd. 799.
[21] *Ricker/Schiwy*, S. 41; *Herrmann*, S. 88; *Fuhr/Rudolf/Wasserburg*, S. 5.
[22] Insgesamt wurden vier Kabelpilotprojekte beschlossen, und zwar in Ludwigshafen, München, Dortmund und Berlin; diese Kabelpilotprojekte wurden schließlich über die allgemeine Rundfunkgebühr finanziert, insofern sprach man in diesem Zusammenhang vom sogenannten „Kabelgroschen", vgl. *Ricker/Schiwy*, S. 41.
[23] *Karstens/Schütte*, S. 25.
[24] *Herrmann*, S. 95.
[25] BVerfGE 57, 295; in diesem Verfahren ging es um den Antrag der *Freie Rundfunk Aktiengesellschaft in Gründung* (*FRAG*) auf Erteilung einer Privatfunklizenz.

Kräfte zu Wort kommen können. Aufgrund dieser Vorgaben erließen die Länder ab 1984 die ersten Privatrundfunkgesetze, die durch den Staatsvertrag zur Neuordnung des Rundfunks am 1. Dezember 1987 ersetzt wurden. Zur Sicherung der Meinungsvielfalt wurden rundfunkspezifische Konzentrationsvorschriften niedergeschrieben. Da diese Regelungen zum Teil in der Literatur für die rechtliche Beurteilung der Cross-Promotion herangezogen werden, sollen sie in einem späteren Kapitel dargestellt werden. Um diese Vorschriften zur Sicherung der Meinungsvielfalt jedoch in ihrem Kontext richtig einordnen zu können, soll zunächst die Entwicklung des privaten Fernsehens, vor allem die diversen Konzentrationstendenzen, dargestellt werden.

B. Die Entwicklung des privaten Fernsehens

In den zwei Jahrzehnten seit der Zulassung privater Anbieter hat sich der Fernsehmarkt in Deutschland zu einem der weltweit größten Märkte nach dem der USA entwickelt.[26] Die Zahl der hier lizensierten Anbieter darf aber nicht darüber hinweg täuschen, dass ein überwiegender Teil der privaten Sender in der Hand einiger weniger Großkonzerne liegt. So gehört ein Großteil der privaten Rundfunkveranstalter einer der zwei großen Senderfamilien, der *RTL Group* sowie der *Saban Capital Group* an.[27]

Die deutsche Privatrundfunklandschaft zeichnet sich insofern durch ausgeprägte horizontale Konzentrationstendenzen aus.[28] Unter wirtschaftlicher Konzentration im Allgemeinen versteht man eine Verdichtung wirtschaftlicher Kategorien bzw. die Ballung ökonomischer Größen.[29] Charakteristisch handelt es sich damit um einen Prozess, der dazu führt, dass die Zahl der wirtschaftlich selbständigen Anbieter auf einem relevanten Markt im Zeitablauf abnimmt oder dass der Marktanteil, den die größten Anbieter auf sich vereinen, ansteigt.[30] Als relevanten Markt bezeichnet man dabei alle Anbieter, die als aktuelle oder potenzielle Konkurrenten miteinander im Wettbewerb stehen.[31] Auf den Fernsehbereich bezogen haben Konzentrationsprozesse damit eine Verringerung von unabhängigen Sendern zur Folge.

---

[26] *Ossa*, S. 19.

[27] Siehe Fußn. 2 und 3.

[28] Vgl. auch *Ward*, S. 90, dem zufolge der sogenannte C3-Index in Deutschland 90,9 beträgt. Der C3-Index berücksichtigt neben den öffentlich-rechtlichen Sendern die beiden privaten Sender mit dem größten Zuschaueranteil im jeweiligen Untersuchungsgebiet. Liegt der Index zwischen 1 und 30, ist die Konzentration gering, zwischen 36 und 55 gilt sie noch als moderat, ab 56 ist von einer hohen Konzentration auszugehen. Deutschland liegt mit seinem Index von 90,9 damit im oberen Bereich; vgl. auch *König*, ZUM 2002, 803 (807); *Danwitz*, ZUM 2002, 769 (770).

[29] *Rittner*, § 13, Rnd. 1.

[30] *Dichtl/Issing*, S. 1804, 2168.

[31] *Dichtl/Issing*, S. 1804, 2168.

Eine zunehmend erfolgsversprechende Strategie der Medienkonzerne stellt neben der horizontalen Integration die sogenannte Diversifizierung[32] der Tätigkeitsfelder dar.[33] Neben dem Kerngeschäft der Fernsehveranstaltung werden im Rahmen dieses Prozesses zum einen Verwertungsketten[34] gebildet, um dem großen Konkurrenzdruck auf den Beschaffungs- und Absatzmärkten zu entgehen.[35] Zum anderen engagieren sich die Fernsehveranstalter auch in anderen Medienbranchen, um Risiken zu streuen und die zu verbreitenden Medieninhalte effizienter nutzen zu können.

Diese horizontalen, vertikalen und diagonalen Integrationsprozesse im Fernsehbereich sollen im Folgenden dargestellt werden. Dabei ist besonderes Augenmerk darauf zu richten, ob und in wieweit Formen der Cross-Promotion diese Prozesse begünstigen.

I. Horizontale Medienkonzentration

Unter dem Begriff der horizontalen Konzentration versteht man den Zusammenschluss von Unternehmen, die auf gleichen Produktions- bzw. Handels- oder Wirtschaftsstufen agieren.[36] Handelt es sich um horizontale Verflechtungen innerhalb eines bestimmten Mediums spricht man auch von intramediärer Konzentration.[37]

Typische Folge der horizontalen Konzentration im Fernsehbereich ist die Bildung von sogenannten Senderfamilien, also verschiedenen Sendern, die zwar größtenteils rechtlich selbständig sind, aber unter dem Dach einer Muttergesellschaft agieren. Bei dem Begriff der Senderfamilie handelt es sich um keinen rechtlichen Terminus, die Senderfamilie oder Sendergruppe wird als solche im Gesetz auch nicht erwähnt. Dies bedeutet allerdings nicht, dass es für dieses wirtschaftliche Gefüge keinen entsprechenden Regelungskomplex gibt. Der Um-

---

[32] Unter Diversifizierung versteht man aus wirtschaftlicher Sicht die Erweiterung des Leistungsprogramms im Hinblick auf die Herstellungs- oder Beschaffungstechnik und/oder im Hinblick auf den bisherigen Absatzmarkt, vgl. *Dichtl/Issing*, S. 466.

[33] *Gounalakis*, ZUM 2003, 180 (180); *Kübler*, Media Perspektiven 1999, 379 (380); *Luyken*, Media Perspektiven 1990, 621 (638); trotz der vielfältigen Medienengagements setzen einige Konzerne wieder verstärkt auf ihre eigentlichen Kerngeschäftsfelder, was aber keineswegs eine Dekonzentration zur Folge hat, vgl. *Röper*, Media Perspektiven 2002, 406 (412).

[34] Sogenannte vertikale Integration; bei den Verwertungsketten handelt es sich insbesondere um den Rechtehandel, die Programmproduktion, die technische Sendeplattform, die Beherrschung der Übertragungswege und der Empfangstechnik sowie des Merchandisings, vgl. *Janik*, AfP 2002, 104 (108).

[35] *Karstens/Schütte*, S. 130.

[36] *Rittner*, § 13, Rnd. 7; *Bender*, S. 30.

[37] *Pelny*, AfP 1998, 35 (36); *Clausen-Muradian*, S. 75; zur Berechnung der horizontalen Konzentration nach der Konzentrationsrate CR und dem Hirschmann-Herfindahl-Index (HHI) siehe *Heinrich*, Media Perspektiven 1994, 297 (303) sowie *Heinrich*, Media Perspektiven 1992, 338 (343).

fang der Senderfamilie wird vielmehr von den medienkonzentrationsrechtlichen Vorschriften des Rundfunkstaatsvertrages vorgegeben und die Existenz der Senderfamilien insofern vorausgesetzt. Demnach werden der Familie ab einer bestimmten – unten näher ausgeführten – gesellschaftsrechtlichen Beteiligungsgrenze die Zuschaueranteile aller Programme zugerechnet und insofern eine wirtschaftliche und rechtliche Familienzugehörigkeit statuiert.

Der höchste Grad der horizontalen Konzentration ist das Monopol[38]. In Anbetracht der Tatsache, dass die deutsche private Rundfunklandschaft primär von den zwei Senderfamilien der *RTL Group* und der jetzigen *Saban Capital Group* (der ehemaligen *Kirch*-Gruppe) beherrscht wird, kann man mittlerweile von einem Duopol in Deutschland sprechen.[39]

Um die Entstehung von Senderfamilien in Deutschland aufzuzeigen, muss man die wirtschaftlichen Hintergründe sowie die rechtlichen Rahmenbedingungen mit einbeziehen, die diese Entwicklung möglicherweise mit angetrieben haben. Dabei ist insbesondere auf die medienkonzentrationsrechtlichen Vorschriften des Rundfunkstaatsvertrages zu achten.

1. Wirtschaftliche Hintergründe

a) Kontaktkostendegression und Mehrfachverwertung

Der gesellschaftsrechtliche Zusammenschluss von Fernsehunternehmen bringt für diese eine Reihe ökonomischer Vorteile mit sich. Zum einen ist die sogenannte Kontaktkostendegression zu nennen. Da nämlich die Herstellungskosten von Fernsehprogrammen unabhängig von der erreichten Zuschaueranzahl anfallen,[40] führt jede Verbesserung der Zuschauerreichweite gleichzeitig zur Senkung von Produktionskosten pro Zuschauer.[41] Dieser Umstand kommt vor allem solchen Unternehmen zugute, die eine wiederholte Ausstrahlung auf mehreren Kanälen sicherstellen können.[42] Insofern ist die Bildung von Senderketten wirtschaftlich äußerst interessant. Wegen der Ausstrahlung auf mehreren

[38] Ein Monopol liegt bei unvollständiger Konkurrenz vor, vgl. *Rittner*, § 10, Rnd. 1.

[39] *Renck-Laufke*, ZUM 2003, 109 (109); *Danwitz*, ZUM 2002, 769 (770); *Altes*, Media Perspektiven 2000, 482 (488); so auch die *KEK* 2000, S. 294, nach deren Einschätzung die duopolistische Marktstruktur im privaten Fernsehen sehr verfestigt erscheint; *Heinrich*, Media Perspektiven 1994, 297 (305); *Heinrich*, Media Perspektiven 1993, 267 (275); vgl. auch Fußn. 4; die Zuschaueranteile der öffentlich-rechtlichen Veranstalter belaufen sich derzeit auf ca. 40%, vgl. *KEK*, abrufbar unter http://www.kek-online.de/cgi-bin/esc/zuschauer.html.

[40] *Hesse*, S. 239; *Ladeur*, RuF 1998, 5 (11); *Kübler*, Media Perspektiven 1999, 379 (379); *Brummel*, S. 51; *Trute*, in: *Hahn/Vesting*, § 26 RStV, Rnd. 3.

[41] Bericht der *KEK* 2000, S. 43; *Janik*, AfP 2002, 104 (106); *Kübler*, Media Perspektiven 1999, 379 (379); *Heinrich*, Media Perspektiven 1992, 338 (341); *Trafkowski*, S. 11; *Tschon*, S. 62; *Holznagel*, S. 292; man spricht in diesem Zusammenhang auch von extremer oder maximaler Kostendegression, vgl. *Kübler*, Media Perspektiven 1999, 379 (379); *Kübler*, S. 3.

[42] *Holznagel*, S. 292.

Kanälen kann das Mutterunternehmen zudem verschiedene Zielgruppen erreichen. Aufgrund einer verbesserten Zuschauerreichweite und der unterschiedlichen Zielgruppen erhöhen sich auch die Werbeeinnahmen, mit denen das Programm wiederum refinanziert werden kann. Auf diese Weise erhält ein reichweitenstarker Veranstalter Vorteile im Qualitäts- und Preiswettbewerb gegenüber schwächeren Konkurrenten.[43]

Senderfamilien haben auch eine bessere Position in der Materialbeschaffung, da sie beispielsweise beim Einkauf von Filmpaketen[44] leichter als ein einzelner Fernsehveranstalter einen Anteil an zweit- und drittklassiger Ware hinnehmen können.[45] Solche Filme muss nämlich nicht der große Sender ausstrahlen oder womöglich ohne Ausstrahlung abschreiben, vielmehr können diese bei kleineren Schwestersendern untergebracht werden, wo sie entweder Erfolge auf kleinerem Niveau haben oder zumindest weniger Schaden anrichten. In diesem Zusammenhang spricht man auch von sogenannten „Abspielkanälen", auf denen entweder solche drittklassige Ware abgespielt oder derselbe Film ein zweites Mal verwertet werden kann. Beispiele hierfür sind die Sender *Kabel eins* und *RTL II*.[46] Eine gezielte Cross-Promotion der jeweiligen Schwestersender kann auf diese kleineren Sender aufmerksam machen.

b) Reichweitenerhöhung

Da die Werbeeinnahmen nach der Zahl der zu erwartenden Werbekontakte errechnet werden,[47] führen höhere Reichweiten automatisch zu höheren Werbeerlösen.[48] Den Sendern mit den höchsten Zuschauerreichweiten kommt dadurch insofern ein Vorteil zu, als die Werbewirtschaft ihre Werbung bevorzugt bei Spitzenanbietern platziert.[49] Die Senderfamilien können den Verkauf der Werbe-

---

[43] *Trafkowski*, S. 11.

[44] Im Wesentlichen handelt es sich hierbei um sogenannte *output deals* oder *package deals*. Beim *output deal* verpflichtet sich der Sender oder Zwischenhändler, über einen bestimmten Zeitraum hinweg das gesamte Produkt eines Filmanbieters zu kaufen. Im Rahmen eines *package deals* nimmt der Sender ein paar Dutzend bis mehrere hundert Filme ab, wobei neben erstklassigen Filmen auch solche enthalten sind, die einzeln wohl keinen Abnehmer gefunden hätten, vgl. *Karstens/Schütte*, S. 259 sowie S. 498.

[45] Siehe dazu *Karstens/Schütte*, S. 93 und S. 129; *Danwitz*, ZUM 2002, 769 (771); Bericht der *KEK* 2000, S. 44.

[46] *Brummel*, S. 72.

[47] Ausschlaggebend hierfür ist der sogenannte Tausend-Kontakt-Preis (TKP), der ausdrückt, wieviel es in einem bestimmten Werbeblock, in einer Tarifzone oder in einem Zeitintervall kostet, 1000 Zuschauer einer bestimmten Zielgruppe zu erreichen, vgl. *Karstens/Schütte*, S. 500; *Hofsümmer/Müller*, Media Perspektiven 1999, 296 (297).

[48] *Danwitz*, ZUM 2002, 769 (771); *Janik*, AfP 2002, 104 (107); *Hesse*, S. 239, *Trafkowski*, S. 11; *Brummel*, S. 52.

[49] Die kleinen Programmanbieter werden insofern allenfalls als Ergänzungsmedien angesehen, vgl. *Karstens/Schütte*, S. 91.

zeiten so gezielt koordinieren und Pakete schnüren.[50] So können sie die Buchung auf einem bei den Werbekunden begehrten Sender mit Schaltungen auf einem anderen – schwächeren – Sender verbinden.[51] Die auf der Kontaktkostendegression beruhenden Vorteile werden aufgrund dieses Spiraleneffekts[52] nochmals verstärkt.[53]

c) Kapitalbedarfsdeckung

Horizontale Medienkonzentration und die Entstehung von Senderfamilien wird auch durch den hohen Kapitalbedarf aufgrund der hohen Fixkosten und des beachtlichen Investitionsrisikos begünstigt.[54] Dies liegt daran, dass sich große technische oder programmliche Innovationen leichter finanzieren lassen, wenn diese auf mehrere gemeinsame Gesellschaften verteilt werden.[55] Im Regelfall sind nur Großkonzerne in der finanziellen Lage, die unvermeidliche anfängliche Verlustphase durchzustehen[56] und dauerhaft ein attraktives Programm senden zu können.[57] Einzelunternehmen haben es diesbezüglich in der Regel erheblich schwerer, einen Sender gewinnbringend zu etablieren.

d) Synergiepotenziale und Cross-Promotion

Das Halten von mehreren Fernsehsendern unter dem Dach einer Muttergesellschaft bringt zudem eine Reihe von Synergiepotenzialen mit sich. So haben die jeweiligen Fernsehveranstalter die Möglichkeit, ihren Sender als Werbeträger für einen Schwestersender zu nutzen, also Cross-Promotion zu betreiben. Dies ist vor allem deshalb wirtschaftlich so interessant, weil kein anderes Medium in der Lage ist, einen so großen Rezipientenkreis zu erreichen. Zum anderen fallen die Produktionskosten nur einmal an, unabhängig davon, wie oft der Werbespot- oder Trailer geschaltet und auf welchem Sender er ausgestrahlt wird. Hinzu kommt, dass die Sender diese Cross-Promotion nicht auf die Werbezeitkontingente anrechnen und ihnen damit keine wertvolle Werbezeit verloren geht. Darüber hinaus sparen sie sich die Kosten, die normalerweise für die Buchung

---

[50] Siehe auch *Holznagel*, S. 292.
[51] *Karstens/Schütte*, S. 129.
[52] Im Bereich der Presse wird dieser Vorgang als Auflagen-Anzeigen-Spirale bezeichnet, vgl. *Hesse*, S. 239; siehe auch *Brummel*, S. 54.
[53] Bericht der *KEK* 2000, S. 43; *Janik*, AfP 2002, 104 (107).
[54] *Danwitz*, ZUM 2002, 769 (771).
[55] *Karstens/Schütte*, S. 129.
[56] So dauert es bei Programmen, die über terrestrische Frequenzen ausgestrahlt werden, in der Regel fünf Jahre, um in die Profitzone zu gelangen, bei Programmen, die über Kabel oder Satellit ausgestrahlt werden, sogar sieben bis zehn Jahre, vgl. *Luyken*, Media Perspektiven 1990, 621 (632); vgl. auch *Hesse*, S. 240 und S. 282; vgl. dazu auch *Pelny*, AfP 1998, 35 (39).
[57] Vgl. auch *Brenner*, ZUM 1998, 877 (882).

von Werbekontingenten im Rundfunk anfallen. Cross-Promotion kann daher dazu beitragen, die eigenen Schwestersender besser zu positionieren und die horizontale Konzentration zu festigen.

2. Rechtliche Rahmenbedingungen

Die ausgeprägten Konzentrationstendenzen sind nicht nur durch rein ökonomische Ursachen bedingt. Vielmehr hat auch das alte Medienkonzentrationsrecht bis zum Jahre 1996 nach überwiegender Meinung zur Bildung von horizontalen Anbietergemeinschaften bzw. zur Bildung von Senderfamilien geführt.[58] Bevor auf dieses sogenannte Beteiligungsmodell eingegangen wird, soll zunächst ein Überblick über den verfassungsrechtlichen Hintergrund der Konzentrationsvorschriften im Rundfunkbereich gegeben werden.

a) Verfassungsrechtlicher Hintergrund der Konzentrationsvorschriften

Die Vorschriften zur Verhinderung von Konzentration im Rundfunkbereich haben ihre Wurzeln im Verfassungsrecht.[59] Ausgangspunkt ist die Rundfunkfreiheit des Art. 5 Abs. 1 S. 2 GG, der das Bundesverfassungsgericht in erster Linie eine dienende Funktion zugesprochen hat.[60] Während Grundrechte normalerweise Freiheiten enthalten, die der Selbstverwirklichung des Individuums dienen, gibt es daneben auch Verbürgungen von Befugnissen, die im Interesse Dritter gegen die Intervention des Staates abgeschirmt sind. Man spricht in diesem Zusammenhang daher von dienenden oder drittnützigen Freiheitsrechten.[61] Die Rundfunkfreiheit als eine der Grundvoraussetzungen für eine funktionsfähige Demokratie ist neben der freien Meinungsbildung dazu bestimmt, eine umfassende und ausgewogene Information des Bürgers sicherzustellen.

Der Rundfunk soll insbesondere allen gesellschaftlichen Gruppen Gelegenheit zu meinungsbildendem Wirken geben, weshalb der Gesetzgeber dafür Sorge zu tragen hat, dass der Rundfunk nicht einer oder einzelnen gesellschaftlichen Gruppen ausgeliefert wird. Eine ausgewogene Meinungsvielfalt stellt sich dem Bundesverfassungsgericht zufolge aber nicht schon aufgrund

---

[58] So auch der Bericht der *KEK* 2000, S. 44; vgl. auch *Janik*, AfP 2002, 104 (109); *Ricker/Schiwy*, Kapitel E, Rnd. 51; *Hess*, AfP 1997, 680 (681); *Dörr*, Media Perspektiven 1996, 621 (621); *Pukall*, S. 118; *Holznagel*, S. 310; *Brummel*, S. 92; *Clausen-Muradian*, S. 70; *Bohl*, S. 92.

[59] *Dörr*, ZUM 1993, 10 (12).

[60] BVerfGE 87, 181 (197), sogenannter Hessen-3-Beschluss; siehe dazu auch *Roider*, S. 189 ff.

[61] *Dörr*, Media Perspektiven 1996, 621 (622); *Dörr/Heer*, K&R 2004, 424 (427); *Fechner*, Rnd. 812.

wirtschaftlichen Wettbewerbs heraus. Um einer drohenden Zusammenballung von meinungsbildenden Kräften so früh wie möglich entgegenzuwirken,[62] hat der Gesetzgeber diesen Vorgaben entsprechende Vorschriften zur Verhinderung von Konzentrationen im Medienbereich zu erlassen. Das Bundesverfassungsgericht hat in diesem Zusammenhang klargestellt, dass die Erfordernisse der Meinungsvielfalt und der Ausgewogenheit kumulativ vorliegen müssen. Weder ein vielfältiges noch ein ausgewogenes Gesamtangebot alleine kann den verfassungsrechtlichen Anforderungen genügen.[63] Denn ein Gesamtangebot kann unter Umständen vielfältig, aber nicht ausgewogen sein, genauso wie ein ausgewogenes Gesamtangebot nicht zwangsläufig vielfältig sein muss.[64]

b) Beteiligungsmodell

Der Rundfunkstaatsvertrag sah bis zum Dritten Rundfunkänderungsstaatsvertrag von 1996 das sogenannte Beteiligungsmodell vor.[65] § 21 RStV 1991 schrieb unter anderem eine Begrenzung der privaten Veranstalter auf die Zulassung von maximal zwei bundesweit verbreiteten Programmen vor, wobei darunter jeweils nur ein Vollprogramm oder ein Spartenprogramm mit Schwerpunkt Information fallen durfte.[66] Die Restriktion auch auf Informationsprogramme rührte dabei

[62] So früh wie möglich deshalb, weil Fehlentwicklungen gerade in diesem Bereich schwer rückgängig zu machen sind, so das Bundesverfassungsgericht, BVerfGE 57, 295 (323); 73, 118 (173). Anschaulich hat dies der norwegische Kulturminister *Turid Birkeland* ausgedrückt: „Getting the toothpaste back into the tube is, as we all know, a rather difficult operation", vgl. *MOA*, Jahresbericht 2003; siehe auch *Altes*, Media Perspektiven 2000, 482 (489), die sich fragt, ob angesichts der mittlerweile „hochkonzentrierten" Situation im Bereich des Free-TV der deutsche Gesetzgeber dem ihm vom Bundesverfassungsgericht auferlegten Gebot, das Entstehen vorherrschender Meinungsmacht zu verhindern, überhaupt nachgekommen ist; vgl. auch *Kübler*, Media Perspektiven 1999, 379 (380); *Dörr/Heer*, K&R 2004, 424 (424).

[63] BVerfGE 83, 238 (296 ff.); siehe auch *Dörr/Heer*, K&R 2004, 424 (427).

[64] Siehe dazu auch *Hartstein/Ring/Kreile/Dörr/Stettner*, § 11 RStV, Rnd. 25.

[65] Zum alten § 21 RStV von 1991 siehe auch *Rotermundt, Martell*, „Die Verhinderung von Unternehmenskonzentration auf dem Privatfernsehmarkt durch § 21 des Rundfunkstaatsvertrages 1991", Diss., Aachen 1996.

[66] § 21 RStV 1991 Abs. 1 und 2 lauten: „(1) Ein Veranstalter darf in der Bundesrepublik Deutschland bundesweit im Hörfunk und im Fernsehen jeweils bis zu zwei Programme verbreiten, darunter jeweils nur ein Vollprogramm und ein Spartenprogramm mit Schwerpunkt Information. Bei der Bestimmung der zulässigen Programmzahl sind auch anderweitige deutschsprachige Programme des Veranstalters einzubeziehen, die bundesweit empfangbar sind. Einem Veranstalter ist zuzurechnen, wer zu ihm oder zu einem an ihm Beteiligten im Verhältnis eines verbundenen Unternehmens im Sinne des Absatz 5 steht oder sonst auf seine Programmgestaltung allein oder gemeinsam mit anderen vergleichbar einwirken kann oder wer unter einem entsprechenden Einfluss dieses Veranstalters oder eines an diesem Veranstalter Beteiligten steht. Als vergleichbarer Einfluss gilt auch, wenn ein Veranstalter oder eine ihm bereits aus anderen Gründen nach Satz 3 zurechenbare Person 1. regelmäßig einen wesentlichen Teil der Sendezeit eines anderen Veranstalters mit von ihm zugelieferten Programmteilen gestaltet oder 2. aufgrund vertraglicher Vereinbarungen, satzungsrechtlicher

von dessen vermutetem Einfluss auf die öffentliche Meinungsbildung her.[67] Die Alleinverantwortung von bundesweit verbreiteten Voll- oder Informationsprogrammen wurde zudem ausgeschlossen. Die Verbreitung eines solchen Programms durfte lediglich von einer Veranstaltergemeinschaft betrieben werden, in der keiner der Beteiligten einen vorherrschenden Einfluss ausübt, also mehr als 50% der Kapital- oder Stimmrechtsanteile auf sich vereinigen durfte. Die Veranstalter von Voll- oder Informationsprogrammen bestanden damit immer aus mindestens drei Beteiligten, einer sogenannten Veranstalter- oder Anbietergemeinschaft.

Diesen Vorgaben lag die Vorstellung zugrunde, dass eine aus einer Mehrzahl von Beteiligten zusammengesetzte Veranstalterstruktur die publizistische Vielfalt im Programm fördern könne.[68] Diese Programmzahl- und Beteiligungsbegrenzung hatte allerdings im Gegenteil vielfach die Umgehung dieser Vorschriften durch Mehrfachbeteiligungen und unübersichtliche Unternehmensverflechtungen zur Folge[69] und führte damit letztendlich zur Bildung von Senderketten bzw. Senderfamilien.[70] Es hatten sich insbesondere zwei Anbietergruppen gebildet, zum einen die ehemalige *Kirch*-Gruppe, zum anderen die *Bertelsmann*-Gruppe.

Der Versuch, Meinungsvielfalt durch Anbietervielfalt zu gewährleisten, hatte nicht den erhofften Erfolg gebracht.[71] Dies lag vor allem daran, dass die Frage der Nutzungsvielfalt, also des tatsächlichen Einflusses der Programmanbieter auf die öffentliche Meinungsbildung, nicht berücksichtigt wurde. Denn die starren Beteiligungsgrenzen konnten den Einfluss der einzelnen Programme auf die Meinungsbildung gar nicht erfassen, da die Beteiligung an einem Programm mit hoher Einschaltquote nicht anders bewertet wurde als ein

---

Bestimmungen oder in sonstiger Weise eine Stellung innehat, die wesentliche Entscheidungen eines anderen Veranstalters über die Programmgestaltung, den Programmeinkauf oder die Programmproduktion von seiner Zustimmung abhängig macht.
(2) Die Zulassung für ein bundesweit verbreitetes Fernsehvollprogramm oder für ein bundesweit verbreitetes Fernsehspartenprogramm mit dem Schwerpunkt Information darf nur an einen Veranstalter erteilt werden, an dem keiner der Beteiligten 50 vom Hundert oder mehr der Kapital- oder Stimmrechtsanteile innehat oder sonst einen vergleichbaren vorherrschenden Einfluss ausübt." Abgedruckt bei *Clausen-Muradian*, S. 263.

[67] *Clausen-Muradian*, S. 118.

[68] *Bohl*, S. 93.

[69] *Danwitz*, ZUM 2002, 769 (773) spricht in diesem Zusammenhang von „gesellschaftlichen Kunstgriffen"; *Clausen-Muradian* wählt die Formulierung der „unerwünschten Hochzeiten", S. 147; vgl. auch *Holznagel*, S. 310; *Bohl*, S. 93; *Beucher/Leyendecker/v. Rosenberg*, § 26 RStV, Rnd. 1.

[70] *Janik*, AfP 2002, 104 (112); *Neft*, ZUM 1998, 458 (459); Bericht der *KEK* 2000, S. 43; *Brummel*, S. 92.

[71] Vgl. auch *Janik*, AfP 2002, 104 (109); *Ricker/Schiwy*, Kapitel E, Rnd. 51; *Hess*, AfP 1997, 680 (681); *Dörr*, Media Perspektiven 1996, 621 (621); *Pukall*, S. 118; *Holznagel*, S. 310; *Brummel*, S. 92; *Clausen-Muradian*, S. 70; *Bohl*, S. 92; *Trute*, in: *Hahn/Vesting*, § 26 RStV, Rnd. 16; *Herrmann/Lausen*, § 21, Rnd. 29.

Programm mit geringem Zuschauermarktanteil.[72] Der Meinungsmacht und der damit einhergehenden Gefährdung des Pluralismus wurde also insofern kaum entgegengewirkt.

c) Zuschaueranteilsmodell

Das Beteiligungsmodell wurde im Zuge des Dritten Rundfunkänderungsstaatsvertrags von 1996[73] zugunsten des sogenannten Zuschaueranteilsmodells ersetzt. Mit diesem Gesetzesmodell hat sich das Medienkonzentrationsrecht der tatsächlichen Fernsehnutzung und damit dem Zuschauermarkt zugewandt.[74] Diese bundeseinheitlichen Regelungen beziehen sich entsprechend nur auf bundesweit verbreitete Fernsehprogramme, vgl. Art. 39 RStV. Strengere landesrechtliche Ausnahmevorschriften sind nicht mehr zulässig.[75]

Dem Zuschaueranteilsmodell nach ist also die Veranstaltung privaten Rundfunks nunmehr ohne Begrenzung auf eine bestimmte Zahl von Programmen zulässig, sofern dadurch keine vorherrschende Meinungsmacht entsteht. Eine vorherrschende Meinungsmacht liegt dann vor, wenn ein in hohem Maße ungleichgewichtiger Einfluss auf die öffentliche Meinungsbildung genommen wird.[76] Der Gesetzgeber hat mit dem Rundfunkstaatsvertrag Vermutungsregeln für das Vorliegen von vorherrschender Meinungsmacht aufgestellt.

aa) Vorherrschende Meinungsmacht

Vorherrschende Meinungsmacht wird gemäß § 26 Abs. 2 S. 1 RStV dann vermutet, wenn die einem Unternehmen zurechenbaren Programme im Durchschnitt eines Jahres einen Zuschaueranteil[77] von 30% erreichen.

---

[72] *Pelny*, AfP 1998, 35 (38); *Karstens/Schütte*, S. 39; *Rotermundt*, S. 167; *Brummel*, S. 92.

[73] In Kraft getreten am 1. Januar 1997.

[74] *Janik*, AfP 2002, 104 (109); das Zuschaueranteilsmodell wird deshalb auch als Marktanteilsmodell bezeichnet; *Pelny*, AfP 1998, 35 (38).

[75] *Dörr*, Media Perspektiven 1996, 621 (625); in Bezug auf das Hamburgische Mediengesetz siehe auch *Dörr/Heer*, K&R 2004, 424 (425).

[76] *Dörr/Heer*, K&R 2004, 424 (428).

[77] Der Begriff des Zuschaueranteils wird im Rundfunkstaatsvertrag nicht definiert. Aufgrund des Hinweises in § 27 Abs. 2 S. 3 RStV, wonach die anlässlich der Ermittlung der Zuschaueranteile erhobenen Daten vertraglich auch von Dritten, also den Fernsehveranstaltern und der Werbewirtschaft, genutzt werden, deutet darauf hin, dass maßgeblich für die Ermittlung des Zuschaueranteils die Sehbeteiligung, das sogenannte Rating sein muss, vgl. *Hess*, AfP 1997, 680 (682). Dieses Rating, das als Berechnungsgrundlage für die sogenannten Tausender-Kontakt-Preise herangezogen wird, knüpft an den Anteil der Personen an der Grundgesamtheit an, die durchschnittlich in einem festgelegten Zeitintervall durch ein Programm erreicht werden, abhängig von ihrer jeweiligen Sehdauer.

Gleiches gilt grundsätzlich nach Satz 2 auch bei einer geringfügigen Unterschreitung des Zuschaueranteils von 30%, sofern das Unternehmen auf einem medienrelevanten verwandten Markt eine marktbeherrschende Stellung innehat oder aber eine Gesamtbeurteilung seiner Aktivitäten im Fernsehen und auf medienrelevanten verwandten Märkten ergibt, dass der dadurch erzielte Meinungseinfluss dem eines Unternehmens mit einem Zuschaueranteil von 30% im Fernsehen entspricht. Als medienrelevante Märkte sind insbesondere Werbung, Hörfunk, Presse, Rechte und Produktion zu berücksichtigen.[78]
Eine marktbeherrschende Stellung soll in Anlehnung an § 22 Abs. 1 GWB dann vorliegen, wenn das Unternehmen als Teilnehmer auf einem bestimmten Markt entweder keinem Wettbewerb ausgesetzt ist oder im Verhältnis zu seinen Wettbewerbern eine überragende Marktstellung aufweist.[79]

Der in § 26 Abs. 2 S. 1 RStV normierte Grenzwert von 30% ist als widerlegbare Vermutungsregelung ausgestaltet.[80] Der Rundfunkveranstalter kann also durch entsprechende Darlegung, es liege keine vorherrschende Meinungsmacht vor, die Vermutung erschüttern. Sofern vorherrschende Meinungsmacht positiv festgestellt wird, darf für weitere diesem Unternehmen zurechenbare Programme keine Zulassung mehr erteilt oder der Erwerb weiterer zurechenbarer Beteiligungen an Veranstaltern nicht als unbedenklich bestätigt werden, vgl. § 26 Abs. 3 RStV.

bb) Zurechnung von Programmen

§ 28 RStV regelt, unter welchen Voraussetzungen einem Unternehmen Programme zuzurechnen sind und greift damit zum Teil auf Tatbestände des Kartellrechts zurück.[81] Einem Unternehmen sind demnach sämtliche Programme zuzurechnen, die es selbst veranstaltet oder die von einem Unternehmen veranstaltet werden, an dem es mit mindestens 25% am Kapital oder an den Stimmrechten beteiligt ist.

Ebenso sind ihm die Programme der Unternehmen zuzurechnen, an denen es unmittelbar beteiligt ist, sofern diese Unternehmen zu ihm im Verhältnis eines verbundenen Unternehmens im Sinne von § 15 Aktiengesetz[82] stehen und

---

[78] *Hartstein/Ring/Kreile/Dörr/Stettner*, amtliche Begründung zu § 26 RStV; zur genaueren Abgrenzung des medienrelevanten Marktes siehe Kapitel zur vertikalen Konzentration.
[79] *Hartstein/Ring/Kreile/Dörr/Stettner*, § 26 RStV, Rnd. 20.
[80] *Dörr*, Media Perspektiven 1998, 54 (54); *Hartstein/Ring/Kreile/Dörr/Stettner*, amtliche Begründung zu § 26 RStV.
[81] *Neft*, ZUM 1998, 458 (460); *Hartstein/Ring/Kreile/Dörr/Stettner*, § 28 RStV, Rnd. 2.
[82] § 15 AktG lautet: „Verbundene Unternehmen sind rechtlich selbständige Unternehmen, die im Verhältnis zueinander in Mehrheitsbesitz stehende Unternehmen und mit Mehrheit beteiligte Unternehmen (§ 16), abhängige und herrschende Unternehmen (§ 17), Konzernunternehmen (§ 18), wechselseitig beteiligte Unternehmen (§ 19) oder Vertragsteile eines Unternehmensvertrags (§§ 291, 292) sind."

diese Unternehmen am Kapital oder an den Stimmrechten des Veranstalters mit mindestens 25% beteiligt sind.

Ein verbundenes Unternehmen im Sinne von § 15 Aktiengesetz ist unter anderem das sogenannte „herrschende Unternehmen". Von einer Beherrschung in diesem Sinne wird dann ausgegangen, wenn ein Kapitaleigner mehr als 50% der Stimmen auf sich vereint.[83] Mit diesen Zurechnungsvorschriften soll gewährleistet werden, dass die Steuerungsmöglichkeiten bei Rundfunkveranstaltern durch beteiligte Unternehmen so erfasst werden, dass sie die tatsächliche Meinungsmacht eines Unternehmens widerspiegeln.

Einer Beteiligung nach § 28 Abs. 1 RStV steht es gleich, wenn ein Unternehmer auf einen Veranstalter einen „vergleichbaren Einfluss" ausüben kann. Ein solcher vergleichbarer Einfluss liegt vor allem dann vor, wenn ein Unternehmen regelmäßig einen wesentlichen Teil der Sendezeit eines Veranstalters mit von ihm zugelieferten Programmteilen gestaltet oder wesentliche Entscheidungen eines Veranstalters über die Programmgestaltung, den Programmeinkauf oder die Programmproduktion von seiner Zustimmung abhängig macht, vgl. § 28 Abs. 4 RStV.

Schließlich sind auch Angehörigenverhältnisse gemäß § 28 Abs. 4 RStV zu berücksichtigen. In Hinblick auf die Beteiligungsverhältnisse insbesondere von *Leo* und *Thomas Kirch*, die nunmehr berücksichtigt werden sollten, wird daher auch von der „Lex Kirch" gesprochen.[84] Gemäß § 27 RStV ist es Aufgabe der mit dem Dritten Rundfunkänderungsstaatsvertrag gegründeten *Kommission zur Ermittlung der Konzentration im Medienbereich* (*KEK*),[85] die Zuschaueranteile der jeweiligen Programme zu ermitteln.[86]

---

[83] Im Kartellrecht wurde der Begriff der sogenannten faktischen Hauptversammlungsmehrheit entwickelt. Darunter versteht man die Mehrheit im Entscheidungsgremium, die wegen der üblichen Abwesenheit eines Teils der Anteilseigner auch mit weniger als der absoluten Stimmenmehrheit erreichbar ist, vgl. *Röper*, Media Perspektiven 1996, 610 (610).

[84] *Röper*, Media Perspektiven 1996, 610 (610); ebenso wie im Aktien- und Kartellrecht sind jedoch auch im Rundfunkrecht über das familiäre Verhältnis hinausgehende Indizien notwendig, vgl. auch *Bohl*, S. 163.

[85] Gemäß § 35 Abs. 3 RStV besteht die *KEK* aus sechs Sachverständigen des Rundfunk- und des Wirtschaftsrechts, von denen drei die Befähigung zum Richteramt haben müssen. Der Gesetzgeber hat sich damit für das sogenannte Ratsmodell entschieden. Zur Kritik an diesem Modell siehe *Dörr*, Media Perspektiven 1996, 621 (624).

[86] Für die Ermittlung der Zuschaueranteile beauftragen die Landesmedienanstalten ein Unternehmen nach Maßgabe einer Entscheidung der *KEK*, wobei sich die Vergabe des Auftrags nach den Grundsätzen von Wirtschaftlichkeit und Sparsamkeit richtet, vgl. § 27 Abs. 2 RStV; ausführlicher zur Rolle der *KEK* siehe *Dörr*, Media Perspektiven 1998, S. 54 ff.

cc) Kritik am geltenden Zuschaueranteilsmodell

Da im Rahmen des Zuschaueranteilsmodells auch die Zuschaueranteile der öffentlich-rechtlichen Veranstalter mitgerechnet werden,[87] die sich derzeit auf ca. 40% belaufen,[88] ist der bundesweite private Fernsehmarkt immer noch zwischen zwei Veranstaltergruppen aufgeteilt, so dass von vielen Seiten die Kritik geäußert wird, dass sich an dem faktischen Zustand im Gegensatz zum alten Modell nichts geändert habe[89] und man von einer Anbietervielfalt weiter entfernt sei als je zuvor.[90]

Neben der als unbefriedigend empfundenen 30%-Hürde[91] wird insbesondere moniert, dass sich das Gesetzeswerk zu sehr am Wirtschaftsschutz orientiert habe[92] und die faktische Aufteilung des privaten Fernsehens auf zwei große Anbieter vom Gesetzgeber mit dem neuen Konzentrationsrecht „abgesegnet" wurde.[93] So wurde beispielsweise die Erfassungsschwelle von Beteiligungen an Fernsehsendern während der Staatsvertragsverhandlungen noch auf 10% der Kapital- oder Stimmrechtsanteile festgelegt und erst zu einem späteren Zeitpunkt auf 25% angehoben.[94] Diese Korrektur auf 25% hatte insofern weit-

[87] Kritisch dazu *Heinrich*, Media Perspektiven 1994, 297 (301).

[88] Im Jahr 2002 belief sich der Zuschaueranteil der öffentlich-rechtlichen Programme auf 44,0%, vgl. *KEK*, abrufbar unter http://www.kek-online.de/cgi-bin/esc/zuschauer.html.

[89] So *Dörr*, NJW 1997, 1341 (1345); siehe dazu auch *Karstens/Schütte*, S. 41; *Dörr*, Media Perspektiven 1998, 54 (55); *Dörr*, Media Perspektiven 1996, 621 (626); *Renck-Laufke*, ZUM 2003, 109 (109), der zufolge kontrollierte Meinungsvielfalt anders als die Dominanz zweier Großveranstalter auf allen Frequenzen und Bildschirmen sowie den vor- und nachgelagerten Märkten aussehen sollte; siehe auch *Danwitz*, ZUM 2002, 769 (773).

[90] So *Dörr*, Media Perspektiven 1998, 54 (55); *Dörr*, in: *Eberle/Rudolf/Wasserburg*, S. 121.

[91] Durch eine geschickte Aufteilung der Unternehmensanteile kann nämlich der nominelle Einfluss auf einen Rundfunkveranstalter so minimiert werden, dass die Erfassungsschwellen nicht erreicht werden, siehe *Röper*, Media Perspektiven 1996, 610 (610); vgl. auch *Dörr*, Media Perspektiven 1998, 54 (54), der die Beteiligungsgrenze von 25% für wenig überzeugend hält, da die Landesmedienanstalten ursprünglich 5% vorgeschlagen und 10% als absolute Schmerzgrenze angesehen hatten; siehe dazu auch *Dörr*, Media Perspektiven 1996, 621 (622); vgl. auch *Heinrich*, Media Perspektiven 1994, 297 (300), der Marktanteile unter 10% als nicht bedrohlich einstuft.

[92] *Pelny*, AfP 1998, 35 (38), der aber eine tiefere Grenzschwelle zur Entflechtung der bereits eingetretenen Konzentration als Illusion ansieht, da eine solche Entflechtung weder politisch durchsetzbar noch ökonomisch sinnvoll gewesen wäre; vgl. auch *Hesse*, S. 244, der in der 30%-Grenze kein ernsthaftes Expansionshindernis sieht und zudem die Aussagekraft der ermittelten Meßwerte nach den herkömmlichen Methoden anzweifelt; vgl. auch *Röper*, Media Perspektiven 1996, 610 (610, 614).

[93] *Pätzold/Röper*, Media Perspektiven 1998, 278 (278); *Hartstein/Ring/Kreile/Dörr/Stettner*, § 26 RStV, Rnd. 1; so auch *Herrmann/Lausen*, § 21, Rnd. 30; *Michel*, MMR 2005, 284 (287).

[94] *Röper*, Media Perspektiven 1996, 610 (611); zu den Erörterungen zur Neuregelung siehe auch *Dörr*, Media Perspektiven 1996, 621 (622).

reichende Folgen, als eine Vielzahl von Beteiligungen nunmehr nicht mehr berücksichtigt wurde.[95]

Des Weiteren wird bemerkt, dass lediglich das Eintreten des „schlimmsten Falls“, nämlich die Bildung eines privaten Monopols, mit den derzeitigen Regelungen verhindert werde könne.[96] Schließlich wird auch die juristische Unklarheit des Vermutungstatbestands des § 26 Abs. 2 S. 2 RStV hinsichtlich der Begriffe der „geringfügigen“ Unterschreitung sowie der „marktbeherrschenden Stellung auf einem medienrelevanten Markt“ bemängelt.[97]

3. Auswirkungen auf den ökonomischen Markt

Die Konzentrationsfolgen bei horizontalen Zusammenschlüssen lassen sich in Primär- und Sekundäreffekten ausdrücken.[98] Als Primäreffekt stellt sich vor allem eine Reduzierung der am Markt agierenden Unternehmen dar. Als Sekundäreffekt ist bei horizontalen Konzentrationsprozessen mit langfristigen Marktaustritten zu rechnen. Da durch diese Folgen die Zahl der selbständigen Mitbewerber reduziert wird, ist vor allem die Funktionsfähigkeit des Wettbewerbs bedroht.

Auf den Fernsehmarkt bezogen bedeutet dies also die Gefahr des Verdrängens von unabhängigen Sendern und auf letzter Stufe die Entstehung einer einzigen großen Senderfamilie. Allerdings kann auch ein Markt, der von mehreren Großunternehmen beherrscht wird, unter wirtschaftlichen Gesichtspunkten nicht als ideal eingestuft werden, da die Gefahr besteht, dass diese den Wettbewerb durch Preisabsprachen beschränken bzw. umgehen.[99]

4. Beispiel anhand der *RTL Group*

Exemplarisch für horizontale Integrationsstrukturen soll hier die *RTL Group*, Europas größter privater Fernsehkonzern[100], angeführt werden. Angesichts der sich ständig wandelnden Medienlandschaft im nationalen sowie internationalen Rahmen kann es sich hierbei aber lediglich um eine Momentaufnahme handeln.[101]

---

[95] Zum Beispiel die Sender *DSF* und *Sat.1*, an dem der *Springer*-Konzern im Jahre 1996 mit 24,9%, bzw. 20% direkt beteiligt war, vgl. *Röper*, Media Perspektiven 1996, 610 (612).
[96] *Trafkowski*, S. 194.
[97] *Kreile/Stumpf*, MMR 1998, 192 (193).
[98] *Burkhart*, Rnd. 474.
[99] So auch *Rittner*, § 13, Rnd. 3.
[100] *Advisory Panel on Media Diversity*, S. 36.
[101] Siehe auch *Luyken*, Media Perspektiven 1990, 621 (621), dem zufolge die Dokumentation der Anteils- und Besitzformationen dem Zielen auf „fliegende Objekte“ gleichkommt.

Die *RTL Group Luxemburg*, an der die *Bertelsmann AG* mit 53,2% beteiligt ist,[102] hält eine Vielzahl von Kapitalbeteiligungen an Fernsehsendern und ist somit klassisches Beispiel für die horizontale Konzentration im Rundfunkbereich.

In Deutschland werden der *RTL Group* nach den medienkonzentrationsrechtlichen Vorschriften die Sender *Super RTL*, *RTL II*, *n-tv*, *VOX*, *Traumpartner TV* und *RTL Television* zugerechnet.[103] Die Beteiligungsverhältnisse sehen dabei so aus: Die *RTL Group S.A. Luxemburg* hält 99,7% an der *CLT-UFA Holding S.A.*, *Luxemburg*, die ihrerseits 99,7% der Anteile an der *CLT-UFA S.A. Luxemburg* besitzt. Diese *CLT-UFA* ist mit 50% an *Super RTL* und mit 27,3%[104] an *RTL II* beteiligt. Weiterhin ist die *CLT-UFA S.A. Luxemburg* durch die 100%ige Beteiligung an der *RTL Group Deutschland GmbH* mit 100% an der *UFA Film und Fernseh GmbH*, beteiligt, die 100% an *RTL Television* und 99,7% an *VOX* hält. *RTL Television* hält wiederum 50% an *n-tv*.[105]

Die *RTL Group* ist neben diesen in Deutschland niedergelassenen Fernsehsendern an Sendern in Belgien, Frankreich, Spanien, Großbritannien, Ungarn, Kroatien, Luxemburg und in den Niederlanden beteiligt[106] und weist insofern transnationale Konzentrationstendenzen auf.[107]

---

[102] Vgl. *Röper*, Media Perspektiven 2004, 54 (62); die Anteile an der *Bertelsmann AG* werden von der *Bertelsmann* Stiftung (*Reingard Mohn*) zu 57,6%, der Familie *Mohn* zu 17,3% sowie der *Groupe Bruxelles Lambert* (*GBL*) *S.A.* zu 25,1% gehalten, vgl. Homepage der *Bertelsmann*-Gruppe, abrufbar unter http://www.bertelsmann.de; vgl. auch *Röper*, Media Perspektiven 2002, 406 (410); Fünfter Jahresbericht der *KEK*, S. 231.

[103] Vgl. Fußn. 2.

[104] Zuzüglich 8,6% der *UFA Film und Fernseh GmbH & Co. KG*.

[105] Die anderen 50% hält die *CNN/Time Warner Beteiligungs OHG*, vgl. *KEK*, Beteiligungsverhältnisse, abrufbar unter http://www.kek-online.de; zum Zusammenschluss von *n-tv* und *RTL Television* siehe auch „Entscheidungspraxis der *KEK*", in AfP 2002, 486 (488).

[106] Dabei handelt es sich um folgende Fernsehsender: *Club RTL*, Belgien (66%), *RTL TVI*, Belgien (66%), *Plug TV*, Belgien (66%), *RTL 9*, Frankreich (35%), *M6*, Frankreich (48,4%). *M6* ist wiederum mit 50% an *Teva*, Frankreich, mit 100% an *Série Club* (Pay TV), Frankreich, mit 100% an *M6 Music*, Frankreich, mit 66,1% an *FUN-TV*, Frankreich, beteiligt. Die *RTL Group* ist weiterhin mit 17,2% an *Antena 3*, Spanien, beteiligt, mit 7,5% an *Digital plus* (Pay-TV), Spanien. In Großbritannien ist die *RTL Group* mit 64,6% an *Five* beteiligt, in Ungarn hält sie 49% an *RTL Klub*, in Luxemburg 100% der *RTL Tele Letzebuerg*. Die *RTL 4 Holding SA*, Niederlande, eine 80,8%-ige Tochter der *RTL Group*, hält 100% an der *Holland Media Group*, Niederlande, die jeweils 100% an *RTL 4*, Niederlande, *RTL 5 Nieuws & Weer*, Niederlande und *yorin* (zuvor *Veronica*), Niederlande, hält. In Kroatien hält die *RTL Group* eine 65,5%ige Beteiligung an *RTL Televizija*, Kroatien, vgl. *RTL Group*, Jahresbericht 2004, S. 12; siehe auch *Röper*, Media Perspektiven 2004, 54 (62).

[107] Zur transnationalen Medienkonzentration in Europa siehe Bericht des *Advisory Panel on Media Diversity*.

II. Vertikale Medienkonzentration

Der deutsche Medienmarkt weist neben der horizontalen Integration auch deutliche Tendenzen zur vertikalen Konzentration auf.[108] Unter vertikaler Konzentration versteht man Verflechtungen von Unternehmen in vor- oder nachgelagerten Märkten.[109] Auf den Fernsehmarkt bezogen bedeutet diese vertikale Integration also die Beteiligung an Unternehmen, die der Programmveranstaltung in der Wertschöpfungskette[110] vor- oder nachgelagert sind.[111] Man unterscheidet insofern sowohl die sogenannte Rückwärts- als auch die Vorwärtsintegration.[112]

1. Wirtschaftliche Hintergründe

a) Rückwärtsintegration

Im Rahmen der Rückwärtsintegration, also dem der Fernsehveranstaltung vorgelagertem Markt, ist insbesondere der Beschaffungsmarkt von Bedeutung. Beispielhaft kann hier der Erwerb von Anteilen an Produktionsfirmen, gesellschaftsrechtliche Verflechtungen mit Inhabern von Film- und Sportübertragungsrechten sowie der Betrieb von Tonstudios und Synchronisationsgesellschaften genannt werden.[113] Der ökonomische Vorteil dieser Rückwärtsintegration besteht einerseits darin, dass die benötigten Programme nicht über den Markt selbst bezogen werden müssen und der Rundfunkveranstalter mithin nicht der Gefahr ausgeliefert ist, einen möglicherweise unangemessenen Preis für die Produktionen zu zahlen. Insofern muss er sich dadurch keinem übermäßigen Beschaffungsrisiko aussetzen.[114] Andererseits eröffnen sich durch die Beteiligung an Produktionsfirmen und Rechteinhabern auch neue Einnahmequellen,[115] die dem Unternehmen wirtschaftlich zu Gute kommen können.

---

[108] *Kübler*, Media Perspektiven 1999, 379 (379); *Heinrich*, Media Perspektiven 1993, 267 (276).
[109] Vgl. *Rittner*, § 13, Rnd. 7; *Brummel*, S. 40; *Clausen-Muradian*, S. 75.
[110] Die drei wesentlichen Glieder der Wertschöpfungskette in der Medienbranche sind die sogenannten *Content*, *Content Packaging* und *Content Distribution*, vgl. *Sjurts*, in: *Hans-Bredow-Institut*, S. 76.
[111] *Janik*, AfP 2002, 104 (108); *Bender*, S. 30.
[112] *Sjurts*, in: *Hans-Bredow-Institut*, S. 75.
[113] *Tschon*, S. 58; Auch die Werbeakquisition kann der Rückwärtsintegration zugerechnet werden, vgl. *Holznagel*, S. 307.
[114] Bericht der *KEK* 2000, S. 44.
[115] *Karstens/Schütte*, S. 129.

b) Vorwärtsintegration

Hinsichtlich der sogenannten Vorwärtsintegration, also der unternehmensbezogenen Eingliederung von Weiterverarbeitungsstufen, kann die Beteiligung an Unternehmen genannt werden, die die Leistungen des Senders vermarkten, wie z.B. Merchandising-Unternehmen. Daneben zählt auch der Filmverleih- und vertrieb sowie die Videoproduktion zur nachgelagerten Produktionsstufe.[116] Hervorzuheben ist vor allem die technische Infrastruktur, die dem gesonderten Kapitel der Konvergenz vorbehalten bleibt. Durch die Besetzung möglichst vieler Stufen dieser Wertschöpfungskette kann ein Medienunternehmen damit z.B. einen selbstproduzierten Film gleich mehrfach verwerten, indem es diesen nicht nur im Kino zeigt, sondern etwa auch im eigenen Pay-TV-Sender als Erstausstrahlung dem Publikum zugänglich macht, danach im werbefinanzierten Fernsehsender ausstrahlt und anschließend den Videovertrieb übernimmt.[117] Durch gezielte Cross-Promotion kann über die verschiedenen Verwertungsstufen die Nutzung der Medieninhalte erhöht werden. Damit kann das Einsetzen von Cross-Promotion auch vertikale Konzentrationsprozesse beschleunigen.

c) Konvergenz

Neben den oben genannten Gliedern in der Wertschöpfungskette sind aber vor allem Beteiligungen bei Anbietern von Übertragungswegen (insbesondere Kabelnetz) und Empfangsplattformen (z.B. Set-Top-Boxen[118]) hervorzuheben. Diese haben vor dem Hintergrund der Privatisierung der leitungsgebundenen Übertragungswege und der fortschreitenden Digitalisierung besonderes Gewicht bekommen. Dieser Themenkomplex wird auch unter dem Begriff der sogenannten Konvergenz diskutiert. Unter Konvergenz wird dabei abstrakt ein Prozess verstanden, der auf ein einheitliches Ziel zustrebt.[119]

Während bei der herkömmlichen analogen Technik jedes Medium einem bestimmten Übertragungsweg zugeordnet war, ermöglicht die Digitalisierung eine Integration der Netze und Endgeräte ehemals getrennter Dienste[120] und führt damit zur sogenannten Marktkonvergenz.[121] So können nunmehr Fernsehen, Hörfunk, Telekommunikation und Internet über ein und denselben Zu-

[116] *Tschon*, S. 58.
[117] *Bender*, S. 73; *Tschon*, S. 67.
[118] Zusatzgerät, das die digitalen Signale in analoge Signale verarbeitet und auf dem Bildschirm darstellt.
[119] *Greissinger*, S. 33.
[120] *Hesse*, S. 277; *Oehmichen/Schröter*, Media Perspektiven 2000, 359 (359).
[121] *Janik*, AfP 2002, 104 (108); Grünbuch zur Konvergenz der Branchen Telekommunikation, Medien und Informationstechnologie und ihre ordnungspolitischen Auswirkungen, KOM (97) 623 endg. vom 3. Dezember 1997, S. 1.

gangsdienst und durch eine Zugangsplattform (sogenannte Multireceiver auf der Basis des PC oder des Fernsehgeräts) empfangen werden.[122]

Dieser technische Fortschritt bietet erhebliche Zusammenschlussmotive ehemals getrennter Medienbranchen.[123] Es können dabei vor allem vier Stationen des Übertragungsweges hervorgehoben werden, an denen eine Beteiligung aus Sicht der Fernsehunternehmen interessant erscheint. Zum einen ist der sogenannte Multiplexer zu nennen, der die digitalen Fernsehsignale in virtuelle Datencontainer verpackt und auf einer Frequenz versendet. Auf der zweiten Stufe ist es erforderlich, dass diese Daten mittels der Set-Top-Box in analoge Signale umgewandelt werden. Mit Hilfe eines Navigationssystems muss der Zuschauer dann auf der dritten Stufe das gewünschte Programm auswählen. Beim Pay-TV ist als vierte Stufe die Freischaltung durch eine Berechtigungskarte, der sogenannten Smart-Card, erforderlich.

Für einen Fernsehveranstalter ist es besonders attraktiv, mehrere dieser Positionen zu besetzen, um über den hart umkämpften direkten Kundenzugang zu verfügen. Allein die Veranstaltung von Programmen genügt insoweit nicht mehr, letztere müssen schließlich auch verbreitet werden.[124] Der Konvergenzprozess verschärft damit die schon bestehenden vertikalen Integrationstendenzen.[125]

Auf den Markt haben diese Entwicklungen erhebliche Einflüsse. Wenn ein Fernsehveranstalter den Zugang zum Zuschauer kontrolliert, verfügt er über eine strategisch wichtige Position. Er kann nämlich auf diese Weise maßgeblich darauf Einfluss nehmen, welche Medieninhalte in das Verbreitungsnetz eingespeist und vom Zuschauer empfangen werden und welche nicht.[126] Er verfügt somit über ein erhebliches Behinderungspozential.[127] Insofern spricht man auch von der Position des sogenannten „Gatekeepers“.[128] Dieses Behinderungspotenzial kann sich auf alle vier genannten Stufen erstrecken. So kann der Multiplexer die Aufnahme eines Programms in das Programmpaket ablehnen, der Inhaber

---

[122] *Pätzold/Röper*, Media Perspektiven 1998, 278 (278); *Sjurts*, in: *Hans-Bredow-Institut*, S. 75; *Heinrich*, Media Perspektiven 1994, 297 (302); die Digitalisierung der Netze kommt dennoch nicht so sehr voran wie ursprünglich gedacht, vgl. *Röper*, Media Perspektiven 2002, 406 (406); *Petersen*, S. 45.

[123] *Heinrich*, Media Perspektiven 1994, 297 (302).

[124] *Oehmichen/Schröter*, Media Perspektiven 2000, 359 (359); *Hesse*, ZUM 2000, 183 (185); siehe auch *Bender*, S. 32.

[125] *Altes*, Media Perspektiven 2000, 482 (483); so auch der Beschluss des 64. Juristentages zum Medienrecht, AfP 2002, 404 (404).

[126] Vgl. auch Bericht der *KEK* 2000, S. 44.

[127] *Altes*, Media Perspektiven 2000, 482 (487), die als Beispiel die geplante *Telekom*-Beteiligung an *Beta-Research* nennt. Dort hatte die Monopolkommission die Gefahr gesehen, dass die Programmangebote von *Kirch* bei der *d-box* und der Kabelbelegung bevorzugt werden könnten.

[128] Bericht der *KEK* 2000, S. 44; *Altes*, Media Perspektiven 2000, 482 (487); *Hesse* spricht in diesem Zusammenhang vom Entstehen eines „Flaschenhalses“, S. 282; vgl. auch *Hesse*, ZUM 2000, 183 (188); *Holznagel*, S. 336; *Steemers*, Media Perspektiven 1996, 402 (403).

der Set-Top-Box kann nur bestimmte Programme transformieren, der Betreiber des Browsers listet womöglich bestimmte Programme im Menuesystem gar nicht oder nur versteckt auf und im Bereich des Pay-TV verweigert der Vertreiber des Conditional-Access-Systems den Einsatz seiner Smart-Card-Technik für bestimmte Sender.

Da somit die Gefahr besteht, unternehmensfremde Programme schon aus wettbewerblichen Gründen nur nachrangig einzuspeisen oder den Zugang nur zu ungünstigen Bedingungen zu ermöglichen,[129] führt diese Gatekeeper-Position neben einem Verdrängungswettbewerb[130] möglicherweise zu einer Beeinträchtigung der Meinungsvielfalt.[131]

2. Rundfunkrechtliche Rahmenbedingungen

Vor dem Dritten Rundfunkänderungsstaatsvertrag wurde eine verstärkte Ausweitung der Konzentrationskontrolle auch auf vertikale und diagonale Konzentrationsprozesse gefordert.[132] Diesem Anliegen ist der Gesetzgeber gefolgt und bezieht nun auch vertikale und diagonale Medienkonzentrationen mit in die Vorschriften zur Vielfaltssicherung ein, wenn auch in nicht dem Umfang, wie es sich manche gewünscht hätten.

Gemäß § 26 Abs. 2 S. 2 RStV wird erst bei einer geringfügigen Unterschreitung des Zuschaueranteils von 30% eine vorherrschende Meinungsmacht vermutet, sofern das Unternehmen auf einem medienrelevanten Markt eine marktbeherrschende Stellung aufweist oder eine Gesamtbeurteilung seiner Aktivitäten im Fernsehen und auf medienrelevanten verwandten Märkten ergibt, dass der dadurch erzielte Meinungseinfluss dem einem Unternehmen mit einem Zuschaueranteil von 30% im Fernsehen entspricht. Damit werden also nicht nur horizontale Unternehmensverflechtungen berücksichtigt, sondern auch die oben erwähnten vor- und nachgelagerten Produktionsstufen der Wertschöpfungskette mit einbezogen.

Fraglich ist in diesem Zusammenhang allerdings, was genau unter einem medienrelevanten Markt im Sinne des Rundfunkstaatsvertrages zu verstehen ist. Die amtliche Begründung zu § 26 RStV zählt hinsichtlich der medienrelevanten Märkten lediglich Werbung, Hörfunk, Presse, Rechte und Produktion auf, ohne aber eine genaue Definition zu geben. Daher muss auf den Sinn und Zweck des

---

[129] So wurde bereits gegenüber dem Kartellamt die Befürchtung geäußert, dass die neuen Kabelbetreiber ihre Position dahingehend ausnutzen könnten, bestimmte Sender bei der Verbreitung im Kabel zu diskriminieren und zwar vor allem dann, wenn die Kabelbetreiber selbst Interessen im Programm-Markt haben, wie dies beispielsweise bei dem amerikanischen Unternehmen *Liberty* der Fall war, vgl. *Röper*, Media Perspektiven 2002, 406 (406).

[130] *Oehmichen/Schröter*, Media Perspektiven 2000, 359 (359).

[131] *Janik*, AfP 2002, 104 (108); *Hesse*, S. 283; *Roider*, S. 252; dazu ausführlicher Teil 2, Kapitel D.

[132] So *Heinrich*, Media Perspektiven 1994, 297 (299); *Rotermundt*, S. 166.

§ 26 RStV zurückgegriffen werden. Dieser liegt in der Gewährleistung und Sicherung der Meinungsvielfalt, so dass man unter den medienrelevanten verwandten Markt nur einen solchen subsumieren darf, der ebenfalls einen Bezug zur Meinungsbildung hat.[133] Darunter fallen zum einen solche Märkte, die einen inhaltlichen Bezug zum Fernsehmarkt durch vergleichbare Leistungen haben, also Medienmärkte, die auf ähnliche Weise die Verbreitung von Informationen, Unterhaltung und Werbung zum Inhalt haben.[134] Zum anderen liegen verwandte Märkte dann vor, wenn diese einen inhaltlichen Bezug durch die Produktion potenzieller Fernsehware aufweisen. Darunter fallen somit der Markt für Fernseh- und Filmproduktionen, sofern diese meinungsbildend sind, der Markt für Informationen von Nachrichtenagenturen, außerdem der Werbe- und Rechtemarkt.[135] Daneben wird man auch den Markt für Übertragungswege und Empfangsplattformen dazu zählen, sofern die Möglichkeit besteht, dass es zu einer Selektion der Programme kommt.[136]

3. Auswirkungen auf den ökonomischen Markt

Vertikale Integrationen haben einen erheblichen Einfluss auf den vom freien Wettbewerb lebenden Markt. Neben dem extremen Fall einer möglichen Marktbeherrschung sind vor allem Einschränkungen des Wettbewerbs denkbar. Es besteht dabei insbesondere die Gefahr einer sogenannten „Marktverstopfung", wenn die vertikale Integration zur Besetzung aller Stufen der Wertschöpfungskette geführt hat.[137] Dadurch ist es nämlich möglich, unternehmenseigene Vorstellungen stärker durchzusetzen, als es bei Marktkonkurrenz üblich wäre[138] – mit der Folge einer spürbaren Verschlechterung der bestehenden Marktstrukturen.[139] Daneben ist vor allem eine Erhöhung der Marktzutrittsschranken zu verzeichnen,[140] so dass auch hier zu befürchten ist, dass es kleine unabhängige Rundfunksender nicht mehr schaffen werden, sich auf dem Markt zu behaupten.

---

133 *Hartstein/Ring/Kreile/Dörr/Stettner*, § 26 RStV, Rnd. 21; *Janik*, AfP 2002, 104 (110).

134 *Kreile/Stumpf*, MMR 1998, 192 (194).

135 *Hartstein/Ring/Kreile/Dörr/Stettner*, § 26 RStV, Rnd. 24; kritisch zum Hörfunk, sofern er nicht bundesweit ausgestrahlt wird, siehe *Beucher/Leyendecker/v. Rosenberg*, § 26 RStV, Rnd. 11.

136 *Trafkowski*, S. 186 ff.; *Trute*, in: *Hahn/Vesting*, § 26 RStV, Rnd. 49; in diese Richtung auch *Hartstein/Ring/Kreile/Dörr/Stettner*, § 26 RStV, Rnd. 21.

137 *Altes*, Media Perspektiven 2000, 482 (487).

138 *Heinrich*, Media Perspektiven 1994, 297 (299); siehe auch *Tschon*, S. 59.

139 Siehe dazu auch *Heinrich*, Media Perspektiven 1993, 267 (268).

140 *Burkhart*, Rnd. 475.

4. Beispiel anhand der *RTL Group*

Die *RTL Group* hält nicht nur eine Vielzahl von Kapitalbeteiligungen an Fernsehsendern, sondern hat auch eine starke Stellung in der Produktion sowie im Rechtehandel inne und weist insofern einen hohen Grad an vertikaler Konzentration auf.[141] Die *RTL Group* hat im Jahr 2000 knapp 100.000 Minuten im Auftrag von deutschsprachigen Sendern produziert und war damit führender Produzent vor *Endemol* und dem *Kirch*-Konzern.[142] Die *RTL Group* ist mit 100% an *Grundy Light Entertainment* und *START Television Produktion GmbH* beteiligt. Mit 99,7% ist sie beteiligt an: *CLT-UFA Multi Media GmbH, Fremantle Licensing Germany GmbH, Grundy UFA TV Produktions GmbH, Objektiv Film GmbH, RTL AllRights GmbH, Teamworx Television & Film GmbH, Trebitsch Produktion Holding GmbH & Co. KG, UFA Fernsehproduktion GmbH, UFA Filmproduktion GmbH, UFA Entertainment GmbH, UFA Film & Fernseh GmbH, UFA International Film & TV Produktions GmbH.* Weitere Beteiligungen hält sie an *Cologne SITCom Produktion GmbH* (50,2%), *Deutsche Synchronfilm GmbH & Co. KG* (50,8%), *Janus Grundy TV GmbH* (50%), *Phoenix Film Karlheinz Brunnemann GmbH & Co. KG* (50,8%) und *Sportfive GmbH* (24,9%).[143]

III. Diagonale Medienkonzentration

Unter diagonaler Konzentration wird die Verflechtung verschiedener Industriezweige oder Branchen verstanden, deren Produkte weder auf der Produktionsebene noch auf der Absatzebene zueinander gehören.[144] Handelt es sich um diagonale Verflechtungen verschiedener Medienbereiche, spricht man auch von intermediärer Konzentration oder von Cross-Media-Ownership.[145] Traditionell wurde mit dem Terminus der Cross-Ownership die Verknüpfung von Rundfunk und Presse gemeint, stand also genau genommen für eine bimediale Verbindung. Der Begriff der Cross-Media-Ownership bringt nunmehr zum Ausdruck, dass es sich dabei um Verflechtungen von Unternehmen aus allen nur denkbaren Medienbereichen handelt, also um eine multimediale Unternehmenskonzentration.[146] Hier sind insbesondere Kapitalverflechtungen von Unternehmen zu nennen, die sowohl im Bereich des Hörfunks, der Filmproduktion, des

---

[141] Die *Saban Capital Group* hält dagegen viel geringere Beteiligungen.

[142] *Röper*, Media Perspektiven 2002, 406 (414).

[143] Siehe *RTL Group*, Jahresbericht 2004, S. 127.

[144] *Janik*, AfP 2002, 104 (108); *Rittner*, § 10, Rnd. 8; *Pelny*, AfP 1998, 35 (36); siehe auch Bericht der *KEK* 2000, S. 42; man spricht in diesem Zusammenhang auch von „lateraler" Diversifikation, vgl. *Dichtl/Issing*, S. 466.

[145] *Danwitz*, ZUM 2002, 769 (770), der auch von konglomerater bzw. multimedialer Konzentration spricht; vgl. auch *Bender*, S. 31.

[146] *Bender*, S. 33; vgl. auch *Janik*, AfP 2002, 104 (108); siehe auch *Brummel*, S. 45.

Zeitungs- und Zeitschriftenwesens, der Buch- und Musikverlage sowie auf dem Internet- und Distributionsmarkt agieren als auch solche, die im Rechtehandel präsent sind.

1. Wirtschaftliche Hintergründe

Die Ursachen für diagonale Integrationsprozesse sind vor allem ökonomischer Natur. Wie in allen vom Wettbewerb gesteuerten Wirtschaftsmärkten geht es insbesondere um die Einsparung von Kosten und damit einhergehend um eine Steigerung und Maximierung von Gewinnen. Mit der diagonalen Verflechtung von Medienunternehmen erreichen die Mutter- oder Dachunternehmen eine Vielzahl von wirtschaftlichen Vorteilen, die im Folgenden dargestellt werden. Anzumerken ist dabei noch, dass es sich bei diesen wirtschaftlichen Zielsetzungen nicht unbedingt um Eigenarten des sogenannten Multimedia-Zeitalters handeln, sondern um Unternehmermotive, die auch in anderen Wirtschaftszweigen durchaus Geltung beanspruchen können.[147]

a) Mehrfachverwertung

Die intermediäre Konzentration, also die Vernetzung ehemals getrennter Kommunikationssphären, bezweckt zum einen eine größere Kundenreichweite. Durch die Beherrschung unterschiedlichster Medien und der damit zur Verfügung stehenden Vielzahl von Übertragungswegen erreichen die zu übermittelnden Inhalte naturgemäß einen größeren Rezipientenkreis. Der Vorteil dabei ist, dass ein und dieselben „Inputs", also beispielsweise die Recherche, Archive, Dokumentationen, Korrespondenten, Management und Verwaltung für alle Medien gleichermaßen fruchtbar gemacht werden können.[148] Damit einher geht die strategische Mehrfachnutzung der Inhalte.[149] Ein und dieselbe Nachricht der unternehmenseigenen Nachrichtenagentur kann daher ebenso für das Fernsehen als auch für den Hörfunk, die Presse oder das Internet genutzt werden, ohne dass dafür jeweils gesonderte Kosten anfallen.

b) Synergiepotenziale und Cross-Promotion

Die Möglichkeit der mehrfachen Nutzung und Verbreitung von Medieninhalten verschafft zudem beachtliche Synergievorteile. Unter Synergievorteilen versteht

---

[147] *Bender*, S. 68; vgl. auch *Danwitz*, ZUM 2002, 769 (771); siehe auch *Tschon*, S. 62.
[148] *Janik*, AfP 2002, 104 (108); *Tschon*, S. 64; *Trute*, in: *Hahn/Vesting*, § 26 RStV, Rnd. 5; *Gleich*, Media Perspektiven 2003, 510 (510).
[149] *Loebbecke/Niedermeyer/Kaplan/Kurucu*, S. 8.

man in der Wirtschaftslehre dabei solche Verbundeffekte, die zur Folge haben, dass der Ertragswert des verschmolzenen Unternehmens höher veranschlagt wird als die Summe der Einzelertragswerte der Unternehmungen vor der Verschmelzung.[150] Diese Verbundvorteile (sogenannte *economies of scope*)[151] schlagen sich unter anderem in der Möglichkeit der Cross-Promotion nieder.[152] So können die Verbindungen zwischen den einzelnen Konzernbereichen optimal genutzt werden.[153] Der ehemalige Vorstandsvorsitzende des *Bertelsmann*-Konzerns *Middelhoff* bringt dies prägnant auf den Punkt, wenn er fragt, warum nicht das zu *Bertelsmann* gehörende Call-Center genutzt werden soll, um die zu *Bertelsmann* gehörenden Zeitschriften zu verkaufen. Oder warum nicht Autoren, die bei *Bertelsmann* unter Vertrag stehen, im Buchclub erscheinen sollen.[154] So schreiben beispielsweise Redakteure der Zeitschriften *Brigitte* und *Capital* Rezensionen für die Club-Kataloge, während der Club bei den Mitgliedern Werbung für die Zeitschriften unternimmt.[155]

Auf den Rundfunk bezogen bedeutet dies, dass Programme und Sendeinhalte nicht nur im Fernsehen selbst, sondern auch in anderen mit diesem Sender wirtschaftlich verbundenen Medienbereichen, wie z.B. dem Radio, dem Internet oder der Presse beworben werden können. Auch hier wird deutlich, dass der Einsatz von Cross-Promotion diagonale Konzentrationsprozesse fördert.

c) Risikovorteile

Der diagonale Zusammenschluss von Unternehmen führt darüber hinaus zu möglichen Risikovorteilen gegenüber Einzelunternehmen, die mit keinem anderen Medienunternehmen rechtlich oder wirtschaftlich verbunden sind. Während nämlich Unternehmen, die nur auf einem Markt agieren, allein von dessen wirtschaftlichen Bedingungen und Gesetzmäßigkeiten abhängig sind, kann ein diagonal integriertes Unternehmen möglicherweise Verluste, die es in einem Marktsegment erlitten hat, durch potenzielle Gewinne in einem anderen Marktsegment ausgleichen.[156] Je breiter also das Betätigungsfeld gefächert ist, umso breiter lassen sich auch die jeweiligen Risiken streuen. Selbstverständlich sind diese Unternehmen damit nicht vor flächendeckenden und vor allem branchenunabhängigen Schwankungen gefeit.

---

[150] *Bender*, S. 69.
[151] *Janik*, AfP 2002, 104 (108); *Danwitz*, ZUM 2002, 769 (771).
[152] Vgl. auch *Dörr/Heer*, K&R 2004, 424 (430); *Brummel*, S. 45.
[153] Vgl. auch *Röper*, Media Perspektiven 2002, 406 (409); *Kübler*, S. 4.
[154] *Hamann/Heuser*, Die Zeit vom 8. November 2001.
[155] *Röper*, Media Perspektiven 2002, 406 (409).
[156] *Bender*, S. 71; *Janik*, AfP 2002, 104 (108); *Brummel*, S. 46.

d) Unternehmensinterner Verlustausgleich

Diagonal verflochtene Unternehmensstrukturen ermöglichen des Weiteren einen internen Verlustausgleich bzw. eine interne Subventionierung verlustreicher Unternehmungen.[157] Man spricht in diesem Zusammenhang auch von der „*deep pocket doctrin*"[158]. Diese Möglichkeit ist besonders in der Anlaufphase neuer Medienprodukte von Vorteil, da somit ein bislang noch unrentables Medienprodukt durch die Gewinne eines erfolgreichen Marktsegments subventioniert werden kann.[159] Größere Unternehmen haben es damit bei der Markteinführung von neuen Medienprodukten einfacher als kleinere Einzelunternehmen. Kleinere Sender mit einer großen Muttergesellschaft im Hintergrund haben damit bessere Chancen, die anfängliche Verlustphase zu überstehen als unabhängige kleine Sender.

2. Auswirkungen auf den ökonomischen Markt

Ebenso wie bei der vertikalen Integration nimmt auch bei der diagonalen Konzentration die Kontrolle von Aktivitäten durch den Markt ab. Der intermediale Wettbewerb wird geringer und zeichnet sich vor allem durch aggressive Verdrängungsmechanismen ab. Der große Multi-Mediakonzern ist hierbei durch seine erheblichen Finanzmittel in der Lage, den Verdrängungswettbewerb gegen seine Konkurrenten über eine längere Zeitspanne durchzuhalten. Gleichzeitig wird damit auch der Marktzutritt für neue unabhängige Anbieter erschwert.[160] Allein die Finanzkraft kann kleinere Unternehmen entmutigen, ebenfalls auf dem Markt tätig zu werden, so dass in diesem Zusammenhang auch von der sogenannten Abschreckungstheorie gesprochen wird[161].

Da sich neben rein auf den Mediensektor bezogenen Unternehmen auch zunehmend branchenfremde Konzerne im Medienbereich engagieren[162] und dort letztlich die den Umsatz steigernde Funktion des Senders im Vordergrund steht, besteht die Gefahr, dass Medienabteilungen ebenso schnell abgestoßen werden wie sie gekauft wurden. Der Medienmarkt wird dadurch tendenziell labil.[163]

---

[157] *Kübler*, S. 4; *Kübler*, Media Perspektiven 1999, 379 (380); *Bender*, S. 72; *Janik*, AfP 2002, 104 (108); *Brummel*, S. 46; *Trute*, in: *Hahn/Vesting*, § 26 RStV, Rnd. 5; *Burkhart*, Rnd. 476.

[158] *Emmerich*, S. 253;

[159] *Bender*, S. 72; *Tschon*, S. 65.

[160] *Heinrich*, Media Perspektiven 1994, 297 (299); *Burkhart*, Rnd. 476; *Brummel*, S. 46.

[161] Nach dieser Theorie können sich nämlich allein aus der Finanzkraft eines Unternehmens marktbeeinflussende Verhaltensspielräume ergeben, weil potenzielle Wettbewerber nicht den Mut aufbringen, ebenfalls auf dem Markt tätig zu sein, vgl. *Bunte*, S. 198.

[162] Wie z.B. *General Electrics*, *Lonrho* oder *Olivetti*, vgl. *Luyken*, Media Perspektiven 1990, 621 (636).

[163] *Luyken*, Media Perspektiven 1990, 621 (636).

3. „Publizistische Gewaltenteilung“

Die Verflechtung von Unternehmensbeteiligungen im Rahmen verschiedener Medienbereiche, insbesondere der Presse und des Fernsehens, wirft Fragen zur sogenannten „Publizistischen Gewaltenteilung“ auf. Unter diesem rechtlich nicht normierten Begriff versteht man die strikte Trennung von Presse und Rundfunk bzw. das prinzipielle Zugangsverbot der Print-Medien zur Veranstaltung von Rundfunksendungen.[164] Dieses absolute Verbot findet im Verfassungsrecht nach überwiegender Auffassung allerdings keine Stütze.[165] In dem Niedersachsen-Urteil vom 4. November 1986[166] führt das Bundesverfassungsgericht zwar aus, dass Gefahren für den Meinungspluralismus zu befürchten sind, wenn sich Meinungsmacht im Bereich des Rundfunks mit Meinungsmacht im Bereich der Presse verbindet, dennoch kommt es zu dem Schluss, dass es kein grundsätzliches Verbot der Beteiligung von Presseunternehmen an der Veranstaltung von Fernsehen oder Hörfunk gibt. Dem Problem der Entstehung von sogenannten Doppelmonopolen in Rundfunk und Presse wird bei der Zulassung privater Veranstalter durch entsprechende Regelungen in den Landesmediengesetzen Rechnung getragen.

4. Rundfunkrechtliche Rahmenbedingungen

a) Konzentrationskontrolle des Rundfunkstaatsvertrags

Im Zuge des Dritten Rundfunkänderungsstaatsvertrags wurde erstmals eine Konzentrationskontrolle auch im Bereich der Cross-Media-Ownership eingeführt.[167] Ab einer geringfügigen Unterschreitung des Zuschaueranteils von 30% wird nunmehr nach § 26 Abs. 2 S. 2 RStV vorherrschende Meinungsmacht vermutet, wenn der Veranstalter auf einem medienrelevanten verwandten Markt eine marktbeherrschende Stellung innehat. Gleiches gilt, sofern eine Gesamtbeurteilung seiner Aktivitäten im Fernsehen und auf medienrelevanten verwandten Märkten ergibt, dass der dadurch erzielte Meinungseinfluss dem eines Unternehmens mit einem Zuschaueranteil von 30% im Fernsehen entspricht.

Wie bereits im Kapitel über vertikale Konzentration ausgeführt, zählt die amtliche Begründung zu § 26 RStV hinsichtlich der medienrelevanten Märkte lediglich Werbung, Hörfunk, Presse, Rechte und Produktion auf, ohne eine genauere Definition zu geben. Da Sinn und Zweck des § 26 RStV in der

---

164 *Dengler*, S. 390; *Fuhr/Rudolf/Wasserburg*, S. 135.

165 Anderer Ansicht *Herrmann/Lausen*, § 21, Rnd. 9 und § 7, Rnd. 109, die von „publizistischer Gewaltenkonfusion“ sprechen.

166 BVerfGE 73, 118 (175); siehe auch BVerfGE 83, 238 (305).

167 Vgl. auch *Hess*, AfP 1997, 680 (683); *Karstens/Schütte*, S. 39; *Röper*, Media Perspektiven 1996, 610 (618); zum Vergleich der Rechtskontrolle multimedialer Unternehmensverflechtungen mit den USA siehe *Bender*, K&R 1998, 428 ff.

Sicherung der Meinungsvielfalt im Rundfunkbereich liegt, versteht man unter einem medienrelevanten verwandten Markt somit nur einen solchen, der einen Bezug zur dortigen Meinungsbildung hat.[168] Die Bestimmungen zur Cross-Media-Ownership im Rundfunkstaatsvertrag sind also allein auf den Fernsehmarkt bezogen.[169] Wie bereits dargelegt, fallen darunter beispielsweise solche Märkte, die einen inhaltlichen Bezug zum Fernsehmarkt durch vergleichbare Leistungen haben, also Medienmärkte, die auf ähnliche Weise die Verbreitung von Informationen, Unterhaltung und Werbung zum Inhalt haben.[170]

b) Kritik an den Konzentrationsvorschriften

In der Literatur wird die neue Regelung vor allem deshalb kritisiert, weil der Kontrollprozess des Rundfunkstaatsvertrags erst dann zum Tragen kommt, wenn ein Konzern die 30%-Hürde geringfügig unterschreitet.[171] Ebenso wie bei den Vorschriften zur horizontalen Konzentration wird auch hinsichtlich der Regelungen zur Cross-Media-Ownership moniert, dass sich die Interessen der Medienindustrie zu einseitig in der Politik durchgesetzt haben und der Auftrag der Vielfaltssicherung durch das Regelungswerk nicht eingelöst wurde.[172]

5. Beispiel anhand der *RTL Group*

Die *RTL Group* zeichnet sich nicht nur durch horizontale Konzentrationstendenzen im Rundfunkbereich und ihre Präsenz auf den dem Rundfunk vor- und nachgelagerten Märkten aus. Sie agiert auch auf den publizistisch verwandten Märkten wie dem Buch-, Hörfunk- und Internetmarkt, engagiert sich im Zeitungs- und Zeitschriftenmarkt, ist im Musikverlagswesen sowie im Bereich der Mediendienstleistungen aktiv[173] und kann insofern als stark diagonal integriertes Unternehmen bezeichnet werden. Dabei strebt der Konzern mittels einer sogenannten Multiplattform-Strategie an, Synergien über die Distributionsplattformen Fernsehen, Internet und Mobilkommunikation zu erzeugen.[174]

---

[168] *Hartstein/Ring/Kreile/Dörr/Stettner*, § 26 RStV, Rnd. 21; *Janik*, AfP 2002, 104 (110).

[169] *Pätzold/Röper*, Media Perspektiven 1998, 278 (284).

[170] *Kreile/Stumpf*, MMR 1998, 192 (194).

[171] *Röper*, Media Perspektiven 1996, 610 (618), der dieser Regelung das Etikett „Alibi" zuordnet.

[172] *Röper*, Media Perspektiven 1996, 610 (618, 620), der daher die Verfassungsmäßigkeit der Regelung in Frage stellt; siehe auch *Michel*, MMR 2005, 284 (287).

[173] *Danwitz*, ZUM 2002, 769 (770).

[174] *Loebbecke/Niedermeyer/Kaplan/Kurucu*, S. 2; Beispiel für derartige Synergieeffekte, bei denen der Sender auf bereits positionierte Fernsehinhalte zurückgreifen kann, ist die Quiz-Sendung *Wer wird Millionär*, bei der die Zuschauer parallel zur Sendung im Internet „mitspielen" können.

a) Zeitungs- und Zeitschriftenmarkt

Das *Bertelsmann*-Unternehmen als ehemaliger Print-Medienkonzern weist noch immer ein großes Engagement auf dem deutschen Zeitungs- und Zeitschriftenmarkt auf. Die Internationalisierung des Konzerns wurde derart vorangetrieben, dass der erzielte Umsatz mittlerweile bis zu zwei Dritteln aus dem Ausland kommt.[175]

Die *Bertelsmann AG*, die 53,2% an der *RTL Group S.A. Luxemburg* hält, ist mit 74,9% an *Gruner + Jahr AG & Co KG*, dem führenden deutschen Verlag, beteiligt. *Gruner+ Jahr* verlegt neben einer Reihe von Zeitschriften und Zeitungen in Deutschland[176] auch Zeitschriften in Spanien[177], Frankreich[178], den USA[179], Polen[180], Russland[181] und Korea[182].

Die *Gruner + Jahr AG & Co KG* ist des Weiteren an mehreren Verlagen beteiligt, so z.B. an *Der Spiegel* (25%), *manager magazin* (24,9%, die restlichen 75,1% hält *Der Spiegel*) sowie *Vereinigte Motor-Verlage* (16,6%). Auch an Verlagen in anderen Ländern ist *Gruner + Jahr* beteiligt.[183] Die *Bertelsmann*

---

[175] Daten zur Mediensituation in Deutschland 2002, in Media Perspektiven 2002 („Ausgewählte Unternehmensdaten des *Bertelsmann*-Konzerns"); ebenso *Röper*, Media Perspektiven 2002, 406 (409).

[176] Folgende Zeitschriften werden in Deutschland von *Gruner + Jahr* verlegt: *art, Biografie, Börse online, Brigitte, Brigitte Cookie, Brigitte woman, Brigitte Young Miss, Capital, decoration, Eltern, Eltern for familiy, essen & trinken, essen & trinken für jeden Tag, flash, Flora garten, Frau im Spiegel, Gala, Geo, Geolino, Geo Epoche, Geo Saison, Geo Special, Geo Wissen, Häuser, Impulse, Living at home, Neon, neues Wohnen, PM, PM Fragen und Antworten, PM Logik Trainer, PM History, PM Kreativ-Trainer, PM Perspektive, Schöner wohnen, schöner essen, stern, stern spezial, Gesund leben, TV Today, Woman, Woman Shopping*. Zu 50% ist der Verlag an *National Geographic, National Geographic World* und *House and Gardening* beteiligt. Bezüglich der Zeitungsverlage ist *Gruner + Jahr* mit 60% an der *Morgenpost Sachsen*, mit 60% an der *Sächsischen Zeitung* und mit 50% an der *Financial Times Deutschland* beteiligt, vgl. *Röper*, Media Perspektiven 2004, 54 (56).

[177] In Spanien werden die Zeitschriften *Capital, Geo, marie claire, mia, muy interesante* und *Ser Padres Hoy* verlegt, vgl. *Röper*, Media Perspektiven 2004, 54 (56).

[178] Dabei handelt es sich um die Zeitschriften *Ca m`intéresse, Capital, Cuisine actuelle, Cuisine Gourmande, Cuisine Actuelle, Femme, Femme Actuelle, Gala, Geo, Geo Ado, Guide Cuisine, L`essentiel du Management, Prima, Shopping, Télé Loisirs, Voici* und *vsd*, vgl. *Röper*, Media Perspektiven 2004, 54 (56).

[179] In den USA werden die *Zeitschriften Child, Familiy Circle, Fast Company, Fitness, INC Magazine, parents* und *ym* verlegt, vgl. *Röper*, Media Perspektiven 2004, 54 (56).

[180] *Claudia, Focus, Gala, Glamour, Moje Gotowanie, moje Mieszkanie, naj* und *Rodzice*, vgl. *Röper*, Media Perspektiven 2004, 54 (56).

[181] In Russland werden *Gala, GEO, Geofocus* und *Geolenok* verlegt, vgl. *Röper*, Media Perspektiven 2004, 54 (56).

[182] In Korea wird *GEO* verlegt, vgl. *Röper*, Media Perspektiven 2004, 54 (56).

[183] Zum Beispiel an *National Geographic* Frankreich/Polen/Niederlande/Spanien (50%), *News Verlagsgesellschaft*, Österreich (*auto-revue, Bühneprofil, e-Media, Format, golf-revue, Gusto, news, Rennbahn-Express, trend, TV-Media, Woman, yacht-revue*) mit 52,5%, *Cosmopolitain* Spanien (50%), *Vera*, Italien (50%), *Focus*, Italien (50%), *Top Girl*, Italien (50%),

AG ist mit 100% am Verlag *Bertelsmann-Springer* (Fachverlage)[184] und mit 75% am *Deutschen Supplement Verlag* (*rtv*) beteiligt. Damit verlegt *Bertelsmann* auch ein Programmsupplement, also eine illustrierte Beilage zu Zeitungen oder Zeitschriften.[185]

b) Hörfunkmarkt

Auf dem Hörfunksektor sind folgende Beteiligungen der *RTL Group* zu nennen: 104,6 *RTL* (100%), *RTL Radio – Die besten Hits mit Gefühl* (100%), *Antenne Bayern* (16%), *Radio Hamburg*[186] (29,2%), *HitRadio Antenne Niedersachsen* (36,6%). Auch im Ausland hält die *RTL Group* eine Reihe von Hörfunkbeteiligungen.[187]

c) Buchmarkt

Die *Bertelsmann AG* hat mit *Random House* (der ehemaligen *Buch AG*) die Marktführerschaft im Buchbereich inne und ist an einer Reihe von Buchverlagen beteiligt. Beispielhaft für den deutschen Markt können hier *btb*, *Goldmann*, *Heyne*, *Knaus*, *Luchterhand Literaturverlag* und *Siedler* genannt werden.[188]

d) Musikproduktion

Auch im Musikbereich ist die *Bertelsmann AG* vor allem nach der im Jahre 2004 erfolgten Fusion der *Bertelsmann Music Group* (*BMG*) mit *Sony Music Entertainment* zur *Sony BMG Music Entertainment* und dem Kauf von *Zomba*

Jack, Italien (50%), Slowakische Republik (51%), *Gruner + Jahr Ringier* (Zeitungen/Zeitschriften), Tschechische Republik (25%) sowie an den Zeitungen *Nepszabadsag*, Ungarn (17,2%), *Blic* und *Blic News*, Jugoslawien (49%), *Novy Cas*, Slowakische Republik (51%), *Evenimentul Zilei*, Rumänien (50%), vgl. *Röper*, Media Perspektiven 2002, 406 (408).

184 Es handelt sich dabei um den von *Bertelsmann* übernommenen wissenschaftlichen *Springer-Verlag*, vgl. *Röper*, Media Perspektiven 2002, 406 (409).

185 *Breunig*, Media Perspektiven 1997, 442 (444).

186 *Radio Hamburg* ist wiederum mit 9% an *Delta Radio* (Schleswig-Holstein) und 8,6% an *NoRa Radio* (Schleswig-Holstein) beteiligt, vgl. *Röper*, Media Perspektiven 2002, 406 (408).

187 Frankreich: *RTL* (100%), *RTL 2* (100%), *Fun Radio* (100%), *Sud Radio* (20%), *Wit FM* (20%); Niederlande: *yorin FM* (100%), *RTL FM* (100%); Belgien: *Bel RTL* (43%), *Radio Contact* (49,9%), *BXL* (43%); Luxemburg: *RTL Radio Letzebuerg* (100%), vgl. *RTL Group*, Jahresbericht 2004, S. 13.

188 Als Beispiel für das Ausland können *Doubleday and Alfred A. Knopf* (USA), *Ebury and Transworld* (U.K.) und *Plaza and Janés* (Spanien) genannt werden, siehe www.randomhouse.com.

Records präsent. Beispielhaft können noch folgende Labels der *BMG* genannt werden: *Arista Records*, *BMG Classics*, *Jive Records*, *RCA Records*, *Sony Classical* und *Legacy Records*.[189]

e) Mediendienstleistungen

Mit der *Bertelsmann Arvato AG* ist *RTL* auch als Mediendienstleistungsunternehmen tätig und damit im Bereich der Industrieleistungen, Media Services, Logistik, Druckereien, Direktmarketing und Finanzdienstleistungen präsent.[190]

f) Informationstechnologie

Im Bereich der Informationstechnologie im Internet ist die oben genannte *Arvato AG* mit *handy.de*, *arvato systems*, *empolis* und *TJ-Net* tätig. Als Internetprovider tritt *RTL* mit *RTLnet* auf.

C. Die Entwicklung des öffentlich-rechtlichen Fernsehens

I. Kooperationen und Medienverflechtungen

Die Veranstaltung von Rundfunk ist ein überaus komplexer und arbeitsteiliger Prozess, der eine Reihe von personellen, sachlichen, organisatorischen sowie technischen Voraussetzungen und Maßnahmen erfordert. Aus diesem Grunde standen die öffentlich-rechtlichen Sender schon von Anfang an in gegenseitigen Kooperationsverhältnissen, um effizienter und kostengünstiger tätig sein zu können, vor allem bei der Programmbeschaffung und bei der Programmproduktion. Neben Kooperationen mit anderen öffentlich-rechtlichen Rundfunkanstalten bot sich auch die Möglichkeit der Kooperation mit privaten Unternehmen an.

Vor dem Hintergrund des vor allem nach der Einführung der dualen Rundfunkordnung stetig zunehmenden Konzentrationsprozesses stellte sich auch außerhalb der reinen Rundfunkveranstaltung und Programmbeschaffung für den öffentlich-rechtlichen Rundfunk die Frage nach weitergehenden Kooperationsmöglichkeiten, vor allem auf den der Rundfunkveranstaltung vor- und nachgelagerten Märkten. Maßgebend war dabei der Gedanke, dass der öffentlich-rechtliche Rundfunk ohne die Möglichkeit, sich gemeinschaftlich mit anderen Unternehmen auf den vor- und nachgelagerten Märkten zu betätigen, in seinem

---

[189] Vgl. Website von *Sony BMG*, www.sonybmg.com.

[190] Beispiele der Druckereien sind *MohnMedia Mohndruck GmbH* und *Maul-Belser*, vgl. Unternehmensprofil von *Bertelsmann*, abrufbar unter http://www.bertelsmann.de.

Bestand und seiner Entwicklung stark beeinträchtigt gewesen wäre. Daher liegen mittlerweile auch im öffentlich-rechtlichen Bereich auf vertikaler und diagonaler Ebene Verflechtungen mit anderen Rundfunkveranstaltern und Beteiligungen an anderen Unternehmen vor, wie z.B. beim Lizenz- und Rechtehandel, im IT-Service, im Bereich des Merchandisings etc. Dabei haben die öffentlich-rechtlichen Rundfunkveranstalter zumeist 100%ige Tochtergesellschaften gegründet, die sich wiederum stellvertretend für ihren öffentlich-rechtlichen Gesellschafter jeweils an anderen Unternehmen beteiligen.[191]

1. Kooperationen zwischen öffentlich-rechtlichen Rundfunkanstalten

Zwischen den öffentlich-rechtlichen Rundfunkanstalten gibt es vielfältige Kooperationserscheinungen. Einige Landesrundfunkgesetze räumen den Anstalten lediglich Kooperationsmöglichkeiten ein,[192] andere enthalten sogar entsprechende Verpflichtungen.[193] Als allgemein bekanntestes Beispiel für Kooperationsformen der öffentlich-rechtlichen Anstalten können hier die Landesrundfunkanstalten genannt werden, die hinsichtlich der *Arbeitsgemeinschaft der öffentlich-rechtlichen Rundfunkanstalten der Bundesrepublik Deutschland* (*ARD*) durch den ARD-Staatsvertrag ausdrücklich zur Zusammenarbeit legitimiert wurden. So heißt es in § 1 S. 1 ARD-Staatsvertrag[194]: „Die in der Arbeitsgemeinschaft der öffentlich-rechtlichen Rundfunkanstalten der Bundesrepublik Deutschland (ARD) zusammengeschlossenen Landesrundfunkanstalten werden verpflichtet, gemeinsam ein Fernsehvollprogramm zu gestalten."

Als weiteres klassisches Beispiel kann die Kooperation im Bereich des gemeinsamen Einkaufs von Filmen genannt werden. Zu diesem Zweck haben die ARD-Rundfunkanstalten oder deren Werbefernsehgesellschaften die *DEGETO-Film GmbH* gegründet.

2. Kooperationen zwischen öffentlich-rechtlichen Rundfunkanstalten und privaten Unternehmen

Ob öffentlich-rechtliche Rundfunkanstalten auch mit privaten Dritten kooperieren dürfen, war ein zentraler Punkt des WDR-NRW-Urteils des Bundesverfassungsgerichts, des 6. Rundfunkurteils vom 5. Februar 1991[195]. In diesem Ur-

---

[191] *Engler*, S. 78.
[192] Zum Beispiel § 10 NDR-StV; § 7 Abs. 1 MDR-StV; § 2 RBG.
[193] Zum Beispiel § 3 Abs. 1 BayRG, § 5 ORBG.
[194] ARD-Staatsvertrag (ARD-StV) vom 31. August 1991, zuletzt geändert durch Art. 2 des Fünften Staatsvertrags zur Änderung rundfunkrechtlicher Staatsverträge (Fünfter Rundfunkänderungsstaatsvertrag) vom 6. Juli/7. August 2000.
[195] BVerfGE 83, 238 ff.

teil stellte das Gericht klar, dass Kooperationen zwischen öffentlich-rechtlichen Rundfunkanstalten und privaten Dritten verfassungsrechtlich zulässig sind, soweit sich die Beteiligung im Rahmen des Funktionsbereichs der öffentlich-rechtlichen Anstalten hält.[196] Insbesondere sei der Gesetzgeber verfassungsrechtlich nicht verpflichtet, öffentlich-rechtliche und private Rundfunkveranstalter strikt voneinander zu trennen, aus dem Grundgesetz folge keine Verpflichtung zur „Modellkonsistenz".[197]

Das Bundesverfassungsgericht räumte aber ein, dass eine Beteiligung der öffentlich-rechtlichen Anstalten an privaten Unternehmen verfassungsrechtlich nicht unproblematisch sei. Die Träger eines etwaigen Gemeinschaftsprogramms, also öffentlich-rechtliche und private Unternehmen, seien nämlich unterschiedlichen sowie zum Teil sogar gegenläufigen Zielvorgaben verpflichtet, so dass die Gefahr bestehe, dass die Verpflichtungen des Grundversorgungsauftrages durch Kooperationen mit Privaten umgangen oder abgeschwächt werden könnten. Soweit der Gesetzgeber eine Kooperationsmöglichkeit mit privaten Dritten eröffnet, müsse daher sichergestellt werden, dass der öffentlich-rechtliche Rundfunk imstande bleibt, seinen Grundversorgungsauftrag ungeschmälert zu erfüllen und dass der Programmauftrag durch die Kooperationen nicht von tendenziösen oder kommerziellen Orientierungen ausgehöhlt werde.[198]

II. Betätigungen außerhalb der reinen Rundfunkveranstaltung

Wie oben bereits ausgeführt, beschränken sich die öffentlich-rechtlichen Rundfunkanstalten nicht nur auf die Rundfunkveranstaltung als solche. Vielmehr sind sie auch auf den der Programmveranstaltung vor- und nachgelagerten Märkten tätig und auf diagonaler Ebene mit anderen Unternehmen verflochten.

1. Rechtliche Zulässigkeit der wirtschaftlichen Betätigung außerhalb der reinen Rundfunkveranstaltung

Problematisch in diesem Zusammenhang ist allerdings, inwieweit solche außerhalb der reinen Rundfunkveranstaltung liegenden Betätigungen rechtlich zulässig sind.

Ausgangspunkt ist zunächst der Grundsatz, dass die öffentlich-rechtlichen Rundfunkanstalten nur das tun dürfen, was auch der Erfüllung ihrer gesetzlichen Aufgaben und Funktionen dient.[199] Die Kernaufgabe einer jeden Rundfunkan-

---

[196] BVerfGE 83, 238 (304).
[197] BVerfGE 83, 238 (305).
[198] BVerfGE 83, 238 (306); siehe dazu auch *Dörr*, ZUM 1993, 10 (15), der den auch hier geltenden Grundsatz von der verbotenen „Flucht ins Privatrecht" anführt.
[199] *Herrmann/Lausen*, § 21, Rnd. 23; *Binder*, in: *Hahn/Vesting*, § 19 RStV, Rnd. 23.

stalt ist dabei die Programmgestaltung.[200] Die landesspezifischen gesetzlichen Regelungen verpflichten die Rundfunkanstalten dazu entweder direkt programmspezifisch oder schreiben der jeweiligen Anstalt die sogenannten „Programmtrias" Information, Bildung und Unterhaltung vor.[201]

Außerhalb der bloßen Programmgestaltung stellt sich sodann die Frage, inwieweit andere Tätigkeiten noch dem gesetzlich zugewiesenen Funktionsbereich zugerechnet werden können. Unumstritten ist, dass die Zuweisung der Rundfunkveranstaltung auch die Vornahme der zur Erfüllung dieses Programmauftrags nötigen Hilfsgeschäfte umfasst.[202] Entscheidend dabei ist jeweils das Vorliegen eines sachlichen Zusammenhangs zum Programmauftrag. Ist ein solcher gegeben, unterfällt diese Tätigkeit folglich Art. 5 Abs. 1 S. 2 GG.[203] Daher sind also vor allem Aktivitäten zur Programmherstellung und -beschaffung als notwendige Vorbedingung zur Rundfunkveranstaltung zulässig.[204] Dazu zählen nicht nur Eigen- und Auftragsproduktionen, sondern auch Kooperationen und Beteiligungen an anderen Produktionsunternehmen.[205] Ebenso kann die Programmverwertung als eigenständige Finanzierungsform zum Schutzbereich der Rundfunkfreiheit gerechnet werden.[206] Auch die Herausgabe einer rundfunkeigenen Programmzeitschrift gehört der Rechtsprechung des Bundesverfassungsgerichts zufolge noch zum Aufgabenbereich einer Rundfunkanstalt.[207]

2. Randnutzung

Von diesen für die Rundfunkveranstaltung notwendigen Hilfstätigkeiten ist die sogenannte Randnutzung abzugrenzen[208]. Von Randnutzung spricht man dann, wenn „bei Gelegenheit" der Programmveranstaltung, aber nicht „in Ausübung"

---

[200] *Gersdorf*, Rnd. 304; *Herrmann/Lausen*, § 10, Rnd. 30.
[201] *Herrmann/Lausen*, § 10, Rnd. 34; *Hesse*, S. 126.
[202] *Hartstein/Ring/Kreile/Dörr/Stettner*, § 13 RStV, Rnd. 16.
[203] *Gersdorf*, Rnd. 321.
[204] BVerfGE 83, 238 (303); *Hesse*, S. 133.
[205] *Gersdorf*, Rnd. 322.
[206] BVerfGE 83, 238 (303 ff.).
[207] BVerfGE 83, 238 (312 ff.); allerdings muss der Programmbezug die Gestaltung der Zeitschrift durchgängig prägen. Ein redaktioneller Teil, der nicht mehr auf das Gesamtprogramm der Anstalt bezogen wäre, findet keine verfassungsrechtliche Grundlage. Des Weiteren wäre eine wirtschaftliche Zielsetzung der Programmzeitschrift unzulässig, vgl. BVerfGE 83, 238 (314); so heißt es z.B. in § 10 Abs. 3 NDR-StV: „Der NDR kann zur Erfüllung seiner Aufgaben Druckwerke mit vorwiegend programmbezogenem Inhalt verlegen oder herstellen lassen und veröffentlichen. Sie dürfen nicht zur Erzielung von Gewinnen dienen." Auch wenn das Bundesverfassungsgericht in diesem Zusammenhang den Begriff der Randbetätigung wählt, ist die Herausgabe einer Programmzeitschrift rein begrifflich als Hilfstätigkeit und nicht als Randnutzung im nachfolgenden Sinne zu verstehen, dies um so mehr, als das Gericht von „unterstützender" Randbetätigung spricht.
[208] Siehe *Hesse*, S. 135.

derselben, ansonsten brach liegendes Potenzial genutzt wird.[209] Entscheidend dabei ist in jedem Fall, dass es sich um die Auslastung ohnehin bestehender Kapazitäten handelt und die jeweilige Tätigkeit nicht zum Selbstzweck wird, also nicht vorrangig der Finanzierung dient.[210] Unter dem Gesichtspunkt der Wirtschaftlichkeit und Sparsamkeit kann ein Veranstalter unter Umständen sogar zur Randnutzung verpflichtet sein.[211] Soweit die Randnutzung dem Bereich der primären Aufgabenwahrnehmung zugeordnet werden kann, unterfällt auch diese dem Schutzbereich des Art. 5 Abs. 1 S. 2 GG.[212]

Klassisches Beispiel der Randnutzung ist die Vermietung eines Filmstudios, das ansonsten ungenutzt leer stehen würde.[213] Daneben zählen zur Randnutzung beispielsweise auch Erlöse aus dem Kartenverkauf von Veranstaltungen, die Herausgabe von Begleitmaterialien sowie in Grenzen die Einnahme von Erlösen aus Merchandisinggeschäften.[214]

III. Integrationsprozesse im öffentlich-rechtlichen Fernsehen

1. Horizontale Ebene

Auf horizontaler Ebene ist ein Zuwachs an öffentlich-rechtlichen Sendern zu verzeichnen. Neben dem *Ersten Deutschen Fernsehen* der *ARD* bzw. den Dritten Programmen sowie dem *ZDF* sind im Laufe der Jahre, teilweise durch Kooperationen mit anderen Ländern, weitere öffentlich-rechtliche Sender hinzugekommen.[215] Dabei handelt es sich um die Programme von *3sat*[216] und *arte*[217]

---

[209] *Hesse*, S. 135; *Libertus*, in: *Hahn/Vesting*, § 12 RStV, Rnd. 82.

[210] *Gersdorf*, Rnd. 321; *Libertus*, in: *Hahn/Vesting*, § 12 RStV, Rnd. 82.

[211] *Libertus*, in: *Hahn/Vesting*, § 12 RStV, Rnd. 76.

[212] *Hartstein/Ring/Kreile/Dörr/Stettner*, § 13 RStV, Rnd. 20; *Libertus*, in: *Hahn/Vesting*, § 12 RStV, Rnd. 79.

[213] Siehe *Hesse*, S. 136; *Gersdorf*, Rnd. 326; *Hartstein/Ring/Kreile/Dörr/Stettner*, § 13 RStV, Rnd. 31.

[214] Siehe dazu die Entscheidung des BGH vom 10. Dezember 1992 in Sachen „Guldenburg", AfP 1993, 485 (488) sowie die Entscheidung des BVerfG vom 28. Oktober 1998, AfP 1998, 618.

[215] Siehe auch *v. Wallenberg*, MMR 2005, 88 (91).

[216] Siehe Vereinbarung über das Satellitenfernsehen des deutschen Sprachraums 3sat vom 8. Juli 1993, abgedruckt bei *Ring*, Medienrecht, C VI 1.302; das „3sat-Satellitenfernsehen des deutschen Sprachraums" (*ARD-ZDF-ORF-SRG*) in seiner jetzigen Form wird seit dem 1. Dezember 1993 ausgestrahlt. Davor waren lediglich das *ZDF*, *ORF* und *SRG* an *3sat* beteiligt, das am 1. Dezember 1984 auf Sendung ging.

[217] *arte* wurde aufgrund eines völkerrechtlichen Vertrages vom 2. Oktober 1990 zwischen Deutschland und Frankreich gegründet („Vertrag zwischen den Ländern Baden-Württemberg, Freistaat Bayern, Berlin, Freie Hansestadt Bremen, Freie und Hansestadt Hamburg, Hessen, Niedersachsen, Nordrhein-Westfalen, Rheinland-Pfalz, Saarland, Schleswig-Holstein und der Französischen Republik zum Europäischen Fernsehkulturkanal") und ging am 30. Mai 1992 auf Sendung.

(*Association Relative à la Télévision Européenne*) sowie die Spartenprogramme *KI.KA* (*Kinderkanal*)[218] und *Phoenix*[219]. Die öffentlich-rechtlichen Sender nutzen hier ebenso wie die privaten Veranstalter Synergieeffekte. So werden beispielsweise bei *KI.KA* Archivmaterialien von *ARD* und *ZDF* verwendet, was eine gewichtige Kostenersparnis bedeutet.

Es wäre jedoch verfehlt, diesen Zuwachs an öffentlich-rechtlichen Sendern mit der Familienbildung privater Veranstalter gleichzusetzen. So ist vor allem die Zielsetzung eine andere, denn die Spartenkanäle *KI.KA* und *Phoenix* wurden nicht aus wirtschaftlichen Erwägungen heraus, sondern vielmehr vor dem Hintergrund einer umfassenden Grundversorgung gegründet. Welchen Einfluss der Zuwachs an öffentlich-rechtlichen Sendern auf den publizistischen Markt hat, wird in einem späteren Kapitel zu untersuchen sein.

Neben der Etablierung weiterer Sender in den letzten Jahren gab es auch Diskussionen um eine stärkere Konzentration innerhalb der *ARD*, um den Zusammenschluss kleinerer Anstalten zu größeren Einheiten. Dies wird vor dem Hintergrund der föderalen Medienstruktur und der Sicherung der Meinungsvielfalt zu Recht kritisiert.[220]

Der Zuwachs an öffentlich-rechtlichen Sendern wurde jetzt mit dem Achten Rundfunkänderungsstaatsvertrag begrenzt. Der neue § 19 Abs. 6 RStV regelt, dass neue Programme nur im Austausch gegen die Einstellung eines bisherigen Angebots ausgestrahlt werden dürfen.[221]

2. Vertikale Ebene

Die öffentlich-rechtlichen Rundfunkanstalten sind auch auf den der Rundfunkveranstaltung vor- und nachgelagerten Märkten tätig. Zu nennen sind insbesondere Filmproduktionsfirmen,[222] die meist als Tochterunternehmen organisiert werden. Des Weiteren haben die öffentlich-rechtlichen Rundfunkanstalten Unternehmen gegründet, die sich der Lizenz- und Rechteverwertung widmen und betreiben Synchron- und Tonstudios.

---

[218] Siehe die Vereinbarung über die Veranstaltung eines ARD/ZDF-Kinderkanals vom 14./15. November 2000, abgedruckt bei *Ring*, Medienrecht, C VI 1.300.

[219] Siehe Vereinbarung über den Ereignis- und Dokumentationskanal „Phoenix" vom 22. Dezember 2000, abgedruckt bei *Ring*, Medienrecht, C VI 1.301; *Phoenix* startete sein Programm am 7. April 1997; *KI.KA* und *Phoenix* werden von der *ARD* und dem *ZDF* gemeinsam veranstaltet, beide sind rundfunkrechtlich jeweils gleichberechtigte Veranstalter.

[220] Siehe *Dörr*, ZUM 1993, 10 (16); *Dörr*, in: *Eberle/Rudolf/Wasserburg*, S. 133.

[221] Siehe dazu auch *v. Wallenberg*, MMR 2005, 88 (90).

[222] Zum Beispiel *Bavaria Film GmbH*, *Studio Hamburg Filmproduktion GmbH* oder die *Telefilm Saar GmbH*.

3. Diagonale Ebene

Die Unternehmensbeteiligungen beschränken sich aber nicht nur auf die der Rundfunkveranstaltung vor- oder nachgelagerten Märkte. Auch der öffentlich-rechtliche Rundfunk ist in anderen Medienbereichen tätig wie beispielsweise in der Musikproduktion (z.B. mit der *Bavaria-Sonor Musikverlag GmbH*), im Verlagswesen (z.B. der *TR Verlagsunion GmbH*, die Begleitmaterialien für Medienverbund-Programme herstellt[223]), oder auf dem Gebiet der Hard- und Softwarelösungen für Medienbetriebe.

4. Beispiel anhand des *MDR*

Anschauliches Beispiel für unmittelbare und mittelbare Unternehmensbeteiligungen im Medienbereich ist der *MDR*. Diese Beteiligungen können in drei Kategorien eingeteilt werden: zum einen Beteiligungen gemeinsam mit anderen öffentlich-rechtlichen Rundfunkanstalten als unmittelbare *MDR*-Beteiligungen, zum anderen unmittelbare Beteiligungen, die jedoch keine *ARD*-Beteiligungen sind sowie schließlich mittelbare *MDR*-Beteiligungen[224].

Hier sind vor allem die mittelbaren *MDR*-Beteiligungen interessant. Über die *DREFA Media Holding GmbH*, einer 100%igen Tochtergesellschaft des *MDR* bestehen 18 mittelbare Beteiligungen auf vertikaler und diagonaler Ebene.[225] Damit ist der *MDR* mittelbar auf folgenden Marktsegmenten präsent: Audioproduktion, Außenübertragung, Ausstattung, Call-Center, DVD-Produktion, Events, Filmproduktion, Immobilienverwaltung, Internetauftritte, IT-Service, Kamera/EB-Teams, Lizenz- und Rechtehandel, Merchandising, Multimedia, Planung/Service/Vertrieb, Postproduktion, Studiobetrieb, Ticketservice sowie TV-Produktion. Der *MDR* ist außerdem mit 40% am *MDR Deutsches Fernsehballett GmbH* beteiligt.

Die unmittelbaren Beteiligungen des *MDR* gemeinsam mit anderen öffentlich-rechtlichen Rundfunkanstalten dienen hauptsächlich Aufgaben, die für die Gesamtheit der Rundfunkanstalten erbracht werden müssen. Zu nennen

---

[223] *Engler*, S. 78.

[224] Siehe Website des *MDR*, http://www.mdr.de/unternehmen/daten/544730.html.

[225] Die *DREFA Media Holding GmbH* ist wie folgt an den Unternehmen beteiligt: *OTTONIA Media GmbH* (49%), *SAXONIA Entertainment GmbH* (49%), *SAXONIA Media Filmproduktionsgesellschaft mbH* (49%), *Motion Works GmbH* (39%), *Kinderfilm GmbH* (25%), *Bavaria Film GmbH* (16,64%), *DREFA Media Service GmbH* (80%), *Media City Atelier (MCA) GmbH* (51%), *Media Mobil GmbH* (51%), *Media & Communications Systems (MCS) GmbH Sachsen* (51%), *Media & Communications Systems (MCS) GmbH Sachsen-Anhalt* (51%), *Media & Communications Systems (MCS) GmbH Thüringen* (50%), *Synchron- und Tonstudio Leipzig GmbH* (50%), *Tele-International-Dresden GmbH* (26%), *Ticket-Galerie GmbH* (100%), *DREFA Immobilien Management GmbH* (51%), *MDR Deutsches Fernsehballett GmbH* (40%), vgl. Fußn. 224.

ist insbesondere die *DEGETO Film GmbH*, in der der Filmeinkauf innerhalb der *ARD* gebündelt ist.[226] Weitere Beteiligungen innerhalb der *ARD*-Gemeinschaftsaufgaben hält der *MDR* z.B. an der *TELEPOOL Europäisches Fernsehprogrammkontor GmbH* oder dem *Institut für Rundfunktechnik GmbH.*

D. Einfluss der Familienbildung auf den publizistischen Markt

Wie bereits gesehen, beeinflussen horizontale Integrationsprozesse den ökonomisch definierten Markt. Der Einsatz von Cross-Promotion begünstigt diesen Prozess, indem die von den Gesellschaften ausgehenden Synergieeffekte genutzt werden. Ob und in welchem Maße die Bildung von Senderfamilien auch den publizistischen Markt tangiert, ist Gegenstand des folgenden Kapitels.

I. Publizistischer Markt

Im Bereich der Rundfunkveranstaltung stehen die Medienunternehmen zum einen in einem wirtschaftlichen Wettbewerbsverhältnis zueinander. Zum anderen konkurrieren sie um die Akzeptanz der von ihnen verbreiteten Meinungen. Der Rundfunk hat damit eine „publizistisch-ökonomische Doppelnatur".[227] Die Überlagerungen von ökonomischem sowie publizistischem Wettbewerb treten damit deutlich zutage. Während der wirtschaftliche Wettbewerb durch das Bestreben der Gewinnmaximierung gekennzeichnet ist und direkt in Geld bzw. in Gewinn, Absatz oder Umsatz ausgedrückt werden kann, geht es beim publizistischen Wettbewerb um die „geistig-publizistische Konkurrenz".[228] Dessen Erfolgsmaßstäbe können in Geld nicht ausgedrückt werden, vielmehr geht es hier um publizistische Kategorien wie z.B. Aktualität, Richtigkeit oder Verlässlichkeit von Informationen sowie um die Merkmale von Meinungsvielfalt und Ausgewogenheit.[229]

Ob diese beiden Formen des Wettbewerbs voneinander unabhängig oder vielmehr miteinander verknüpft sind und sich dadurch bedingen, ist in der Literatur umstritten. So könnte man zum einen davon ausgehen, dass die ökonomische Macht eines Medienunternehmens unabdingbare Voraussetzung für die Erlangung von publizistischer Macht sei, da nur Unternehmen mit hohen

---

[226] Siehe Fußn. 224.

[227] So *Engel* im Einleitungstext zur Kölner Tagung des Studienkreises für Presserecht im Oktober 2004, zitiert nach *Oeter*, AfP 2005, 6 (7); zur Doppelnatur von Kulturgütern auf internationaler Ebene siehe auch *Pleitgen*, AfP 2005, 1 (5).

[228] *Heinrich*, Media Perspektiven 1992, 338 (338); *Heinrich*, Media Perspektiven 1993, 267 (267); *Trafkowski*, S. 8.

[229] *Heinrich*, Media Perspektiven 1993, 267 (267); *Heinrich*, Media Perspektiven 1992, 338 (339).

Reichweiten einen Einfluss auf die Meinungsbildung haben können und umgekehrt ein Unternehmen ohne publizistischen Erfolg durch den Rückgang an Marktanteilen auch wirtschaftlich nicht bestehen kann.[230]

Vieles spricht allerdings dafür, dass der publizistische Wettbewerb losgelöst vom wirtschaftlichen Wettbewerb angesehen werden muss.[231] So sind schon deren beider Gesetzmäßigkeiten und Idealzustände verschieden: Ein wirtschaftlich funktionierender Wettbewerb zeichnet sich durch eine möglichst hohe Anzahl von sich ähnelnden, konkurrierenden Produkten aus. Dagegen liegt ein funktionierender publizistischer Wettbewerb dann vor, wenn eine Vielfalt von möglichst unterschiedlichen Meinungen und Inhalten gegeben ist.[232] Ideale ökonomische Märkte decken sich daher nicht mit idealen publizistischen Märkten.

Zwar kann sich der ökonomische Wettbewerb durchaus auf den publizistischen Markt positiv auswirken. Allerdings ist dieser für die Erzielung des von Verfassungs wegen geforderten Meinungspluralismus nicht genügend.[233] Es reicht nämlich für die Erhaltung der publizistischen Konkurrenz nicht aus, dass sich Medienunternehmen allein an Marktanteilen orientieren. Denn diese spiegeln nur die Marktfähigkeit bestimmter Meinungen wider. Minderheitsmeinungen scheitern dagegen am wirtschaftlichen Wettbewerb. Diese können nur auf einem von wirtschaftlichen Gesichtspunkten unabhängigen Markt bestehen. Der ideale publizistische Wettbewerb liegt im möglichst umfassenden Nebeneinander von verschiedenen Meinungen.[234] Aus diesen Gründen muss der publizistische Wettbewerb vom ökonomischen Wettbewerb getrennt betrachtet werden.[235]

So geht auch der rechtliche Rahmen des Rundfunkstaatsvertrages davon aus, dass sich Meinungsvielfalt nicht schon aufgrund des ökonomischen Wettbewerbs einstellt.[236] Vielmehr hat der Gesetzgeber medienrechtliche Vorkehrungen für die Entstehung von Vielfalt getroffen, die losgelöst vom rein wirtschaftlich geprägten Kartellrecht stehen. Im Gegensatz zum Kartellrecht zielt damit das im Rundfunkstaatsvertrag niedergelegte Marktanteilsmodell nicht auf Wettbewerbsbeschränkungen auf dem Markt selbst, sondern möchte den Zuschauer vor einseitiger Beeinflussung seiner Meinungsbildung schützen.[237]

Die horizontalen Konzentrationstendenzen sind daher auch hinsichtlich ihres Einflusses auf den publizistischen Markt zu untersuchen. Dabei sind

---

[230] Vgl. dazu *Rotermundt*, S. 29; *Hoffmann*, S. 35; *Clausen-Muradian*, S. 87; vgl. auch *Trafkowski*, S. 9; *Heinrich*, Media Perspektiven 1992, 338 (341).

[231] So *Heinrich*, Media Perspektiven 1993, 267 (267); *Heinrich*, Media Perspektiven 1992, 338 (341); vgl. auch *Trafkowski*, S. 9; *Janik*, AfP 2002, 104 (113).

[232] *Tschon*, S. 433.

[233] Siehe auch *Kübler*, Media Perspektiven 1999, 379 (384).

[234] *Tschon*, S. 431.

[235] *Trafkowski*, S. 10; *Hesse*, S. 54; *Bohl*, S. 55; *Stock*, S. 42 ff.

[236] *Trute*, in: *Hahn/Vesting*, § 26 RStV, Rnd. 2.

[237] *Kreile/Stumpf*, MMR 1998, 192 (192).

insbesondere die Merkmale der Programmgestaltung im Allgemeinen, des Einflusses auf die Meinungsvielfalt sowie des Marktzugangs für neue Anbieter zu berücksichtigen.

II. Einfluss auf die allgemeine Programmgestaltung

Wie bereits im Abschnitt über die wirtschaftlichen Hintergründe der Familienbildung angesprochen, versuchen die Senderfamilien ihr Potenzial wirtschaftlich optimal zu nutzen, indem beispielsweise Personal, Recherche, Archive etc. senderübergreifend genutzt werden. Dies führt sodann zur Mehrfachverwertung der Sendeinhalte,[238] wie es unter anderem am Beispiel der Informationssendungen deutlich wird. So werden beispielsweise die Nachrichten für die Sender der ehemaligen *Kirch*-Gruppe *Sat.1*, *Kabel eins* und *ProSieben* von der Schwesterfirma *N24* produziert.[239] Durch diese Mehrfachverwertung unterscheiden sich die Programme der Senderfamilien inhaltlich immer weniger. Lediglich die unterschiedliche Aufmachung der Sendungen, mal seriöser, mal publikumswirksamer, schaffen die Illusion von Individualität und journalistischer Unabhängigkeit. Im Endeffekt steht hinter diesen vermeintlich vielfältigen Sendungen jedoch ein einziger großer Mutterkonzern, so dass eine einseitige Berichterstattung nicht ausgeschlossen werden kann.[240]

Des Weiteren besteht auch die Möglichkeit einer Abstimmung der Programminhalte innerhalb der Senderfamilie,[241] was ebenfalls zu einer Einschränkung der journalistischen Unabhängigkeit führen kann.

III. Einfluss auf die Meinungsvielfalt

Eng verbunden mit dem oben genannten Aspekt der Mehrfachverwertung ist die Beantwortung der Frage nach dem Einfluss der horizontalen Konzentration auf die Programm- und Meinungsvielfalt. Durch intramediäre Konzentrationsprozesse verringert sich zum einen die Zahl der wirtschaftlich unabhängigen Anbieter, gleichzeitig erhöhen sich dadurch deren Marktanteile.[242] Dies hat zur Folge, dass Sendungen zwangsläufig vom Markt verschwinden und die übrig gebliebenen Programme für jeweils größere Marktsegmente zugeschnitten sein

---

[238] Hinsichtlich der Mehrfachverwertung zwischen Rundfunk- und Printmedien und der Bildung eines sogenannten „Doppelmonopols“ siehe auch *Dörr/Heer*, K&R 2004, 424 (430).

[239] Siehe Bericht der *KEK* 2003, S. 224; diese Strategie verfolgt der konkurrierende *Bertelsmann*-Konzern hinsichtlich seines Nachrichtensenders *n-tv* nicht, vgl. Bericht der *KEK* 2003, S. 224.

[240] *Dörr/Heer*, K&R 2004, 424 (430).

[241] *Altes*, Media Perspektiven 2000, 482 (483).

[242] *Heinrich*, Media Perspektiven 1993, 267 (268).

müssen. Dies hat wiederum zur Folge, dass die Bedürfnisse der Minderheiten nicht mehr in dem Maße berücksichtigt werden können, wie dies mehrere unabhängige Anbieter leisten können.[243] Letztendlich führt die Familienbildung damit also zu einer Verringerung der Meinungsvielfalt.[244] Vor dem Hintergrund einer funktionierenden demokratischen Gesellschaft ist ein breites Spektrum an vielfältigen und kontroversen Meinungen aber dringend notwendig.[245]

Auch die fortschreitende Digitalisierung vermag an einer Einschränkung der Vielfalt nicht viel zu ändern. Zwar stehen aufgrund der Digitalisierung mehr Übertragungskapazitäten und damit mehr Programme zur Verfügung. Diese Programme befinden sich aber in den Händen weniger großer Fernsehveranstalter,[246] so dass mit einer Vielfaltssteigerung nicht unbedingt gerechnet werden kann.

IV. Marktzugang für neue unabhängige Anbieter

Der Kapitalbedarf für die Programmgestaltung- und ausstrahlung ist sehr hoch. Große Medienunternehmen wenden immer höhere Budgets auf und erzielen durch die Ausnutzung sämtlicher Verwertungsketten immer höhere Gewinnmargen. Dieses Kapital können unabhängige Neueinsteiger selten aufbringen, so dass die Marktzutrittsschranken im Fernsehbereich angesichts der Marktmacht der bestehenden Großunternehmen schon jetzt sehr hoch angesiedelt sind.[247]

V. Cross-Promotion und Meinungsvielfalt

Wie dargestellt haben horizontale Konzentrationsprozesse einen erheblichen Einfluss auf den publizistischen Markt. Die wirtschaftliche Möglichkeit der Mehrfachverwertung von Sendeinhalten wirkt sich auf die allgemeine Programmgestaltung aus und das Maß an ausgewogener Meinungsvielfalt schwindet. Werbeformen wie Cross-Promotion fördern durch ihre freigesetzten Synergieeffekte den Wachstum von Senderfamilien und festigen damit die horizon-

---

[243] Minderheitenprogramme können sich daher künftig wohl nur über Pay-TV finanzieren.

[244] *Heinrich*, Media Perspektiven 1993, 267 (268); *Trafkowski*, S. 13; *Advisory Panel on Media Diversity*, S. 12.

[245] So auch *Altes*, Media Perspektiven 2000, 482 (490); auch im Bereich diagonaler Integration ist eine Verringerung der publizistischen Vielfalt zu verzeichnen, da dieselben Inhalte, nur eben in anderen Medien, veröffentlicht werden; zwar ist es auch denkbar, dass große Medienunternehmen eine Produktdiversifizierungsstrategie verfolgen. Angesichts der oben erwähnten Fixkostendegression ist diese Überlegung aber wohl eher theoretischer Natur, vgl. auch *Heinrich*, Media Perspektiven 1993, 267 (267).

[246] *Brenner*, ZUM 1998, 877 (882).

[247] So auch *Altes*, Media Perspektiven 2000, 482 (488); *Heinrich*, Media Perspektiven 1993, 267 (268).

talen Integrationsprozesse.[248] Daher kann ein Verlust an publizistischer Ausgewogenheit und Unabhängigkeit und eine Verringerung der Meinungsvielfalt auch auf die Ausstrahlung von Cross-Promotion zurückgeführt werden.

VI. Unterschiede zwischen privatem und öffentlich-rechtlichem Rundfunk

Diese auf den publizistischen Markt bezogenen Folgen der horizontalen Konzentration gelten allerdings in diesem Ausmaß nur für das private Fernsehen. Grund dafür sind die strukturellen Unterschiede zwischen dem privaten und dem öffentlich-rechtlichen Rundfunk. Da letzterer überwiegend gebührenfinanziert und nicht in dem Maße auf massenwirksame und damit werbewirksame Sendungen angewiesen ist, kann er es sich auch leisten, sich an Randgruppen und Minderheiten zu wenden. Es besteht beim öffentlich-rechtlichen Rundfunk daher keine die Meinungsvielfalt einschränkende Gefahr.

VII. Medienkonzentration und Meinungsvielfalt vor dem Hintergrund der sogenannten Global Player

Auch wenn die intramediären Integrationsprozesse im Fernsehen ohne entsprechende gesetzliche Regulierung langfristig zu einer deutlichen Einschränkung der Programmvielfalt führen würden, so muss man diese Konzentrationstendenzen auch vor dem Hintergrund des globalen Medienmarktes und dessen Wettbewerbsstrukturen bewerten.

1. Ökonomisch notwendige Konzentration

Fernsehübertragungen machen nicht an nationalen Grenzen Halt, der Wettbewerb findet mittlerweile auch auf internationaler Ebene statt. Den nationalen Fernsehveranstaltern muss daher zugestanden werden, mit diesen internationalen Wettbewerbern konkurrieren zu können. Dies ist aufgrund des hohen Kapitalbedarfs aber nur solchen Konzernen möglich, die sich zum einen international, zum anderen auch auf den medienwirtschaftlichen Teilmärkten bewegen. Der Forderung nach unbedingtem Meinungspluralismus steht damit die berechtigte unternehmerische Forderung nach internationaler Konkurrenzfähigkeit gegenüber. Beide Aspekte gilt es auch bei der Frage der rechtlichen Bewertung der Cross-Promotion angemessen zu berücksichtigen.

---

[248] Siehe Teil 2, Kapitel B.I.1.d).

2. Schutz der Medienkultur kleiner europäischer Staaten

Horizontale Konzentrationsprozesse im Fernsehen können – wie bereits festgestellt – eine Einschränkung der Meinungsvielfalt zur Folge haben. Andererseits kann diese intramediäre Konzentration aber auch zu einer verbesserten Konkurrenzfähigkeit auf internationaler Ebene führen. Vor allem diese internationale Konkurrenzfähigkeit kann dazu beitragen, die nationale Meinungsvielfalt in dem Maße beizubehalten, in dem jene nicht von anderen internationalen Medienkonzernen verdrängt wird. Vor allem die Medienindustrie und Medienkultur kleinerer europäischer Staaten kann dem internationalen Wettbewerb nur durch große Unternehmen standhalten.[249] Insofern können große horizontal integrierte Rundfunkveranstalter im internationalen und globalen Kontext durchaus zur Meinungsvielfalt beitragen.[250]

E. Medienkonzentrationskontrolle auf europäischer Ebene

Die deutsche Fernsehlandschaft zeichnet sich nicht nur durch starke Konzentrationstendenzen im nationalen Rahmen aus. Vielmehr wird auch die Internationalisierung der großen Medienkonzerne verstärkt vorangetrieben, die mittlerweile als sogenannte „Global Player“ auf dem Weltmarkt agieren. Neben der wirtschaftlichen Entwicklung hat vor allem die neue Satellitentechnik, insbesondere das ASTRA-Satellitensystem, zu dieser globalen Dimension des Rundfunks geführt.

Mit Hilfe der Satellitentechnik ist es mittlerweile möglich, allein in Europa mit einer einzigen Fernsehsendung bis zu 400 Millionen Zuschauer zu erreichen.[251] Daher hatte sich schon die EU-Kommission seit dem Jahre 1992 auf Ersuchen des Europäischen Parlaments bemüht, diese Integrationsprozesse zu erfassen und eine Richtlinie zur Regelung der Medienkonzentration auf europäischer Ebene zu erlassen.[252] Aufgrund des Widerstandes seitens der Politik[253] gibt es bislang jedoch nur das Grünbuch „Pluralismus und Medienkonzentra-

---

[249] So auch *Luyken*, Media Perspektiven 1990, 621 (639); *Dörr*, Media Perspektiven 1990, 621 (626).

[250] Auf einer anderen Ebene ist es auch fraglich, ob es unser umfangreiches Programmangebot überhaupt geben würde, wenn es nicht von großen Medienkonzernen etabliert worden wäre. Denn wie bereits im Kapitel über die wirtschaftlichen Ursachen der horizontalen Konzentration gesehen, sind überhaupt nur finanzstarke Unternehmen in der Lage, einen Fernsehsender auf Dauer erfolgreich zu etablieren.

[251] *Dörr*, Media Perspektiven 1996, 87 (87).

[252] *Tettenborn*, MMR 1998, 18 (20); *Dörr*, Media Perspektiven 1996, 87 (89).

[253] Es wurde vielfach die Kompetenz der EU verneint, vgl. *Advisory Panel on Media Diversity*, S. 16; siehe auch *Europäisches Medieninstitut*, S. 12.

tion“[254] aus dem Jahre 1992 sowie einen inoffiziellen Richtlinienentwurf aus dem Jahre 1997 mit dem Titel „Medieneigentum im Binnenmarkt“[255].

Das Verständnis der Kommission von Pluralismus weicht insbesondere von den Vorgaben des Bundesverfassungsgerichts grundlegend ab. Erstere versteht nämlich vielfaltssichernde Maßnahmen als Einschränkung der Meinungsfreiheit, während das Bundesverfassungsgericht die Sicherung der Meinungsvielfalt gerade als Grundvoraussetzung einer funktionsfähigen Demokratie ansieht.[256] Darüber hinaus geht es der Kommission im Gegensatz zum deutschen Konzept nicht um die Gewährleistung von Meinungsvielfalt, sondern um die Sicherung der wirtschaftlichen Vielfalt.[257] Zu diesen genannten Divergenzen treten noch Bedenken hinsichtlich der Gemeinschaftskompetenz[258] hinzu, so dass der Richtlinienentwurf von der Europäischen Kommission nicht angenommen und letztendlich im Jahre 1998 von der Tagesordnung genommen wurde.[259]

Bislang gilt daher auf europäischer Ebene nur die im Jahre 2004 revidierte Fusionskontrollverordnung (FusKontrVO) von 1989[260], die der Gemeinschaft eine präventive Kontrolle von Unternehmenszusammenschlüssen mit gemeinschaftsweiter Bedeutung ermöglicht.[261] Eine gemeinschaftsweite Bedeutung liegt gemäß Art. 1 Abs. 2 FusKontrVO dann vor, wenn der weltweite Gesamtumsatz der beteiligten Unternehmen mehr als fünf Milliarden ECU beträgt, der gemeinschaftsweite Umsatz von mindestens zwei der beteiligten Unternehmen mehr als 250 Millionen ECU ausmacht und die beteiligten Unternehmen nicht mehr als zwei Drittel ihres gemeinschaftsweiten Umsatzes in ein und demselben Mitgliedstaat erreichen. Die FusKontrVO enthält jedoch keine Vorschriften, die der Sondersituation der Medienmärkte Rechnung tragen und die Schwellenwerte für Medienunternehmen absenken, wie dies im deutschen Kartellrecht der Fall ist.[262] Die Fusionskontrollverordnung ist daher nicht in der Lage, den internationalen Konzentrationstendenzen wirksam zu begegnen.[263]

---

[254] KOM (92) 480 endg.

[255] Richtlinienentwurf vom 12. März 1997, vgl. auch *König*, S. 122.

[256] Vgl. dazu auch *Dörr*, Media Perspektiven 1996, 87 (89); siehe auch *Holznagel*, S. 176.

[257] *Dörr*, Media Perspektiven 1996, 87 (89).

[258] Weitere Quellenangaben zum Kompetenzstreit gibt *Palzer*, ZUM 2004, 279 (Rnd. 85); siehe auch *Roßnagel/Scheuer*, MMR 2005, 271 (277).

[259] *Tschon*, S. 214.

[260] Abl. EG Nr. L 395 vom 30. Dezember 1989, S. 1; am 1. April 2004 trat die neue Verordnung (EG) Nr. 139/2004 des Rates vom 20. Januar 2004 über die Kontrolle von Unternehmenszusammenschlüssen, Abl. EG Nr. L 24 vom 29. Januar 2004, S. 1-22, in Kraft.

[261] Zur europäischen Fusionskontrolle siehe auch *Altes*, Media Perspektiven 2000, S. 482 ff; *Roider*, S. 269 ff; *Trafkowski*, S. 111 ff.

[262] *Holznagel*, S. 173.

[263] *Clausen-Muradian*, S. 218; zur Fusionskontrollverordnung siehe auch *Tschon*, S. 247 ff.

F. Methoden der Zuschauerbindung für den eigenen Sender

Nachdem nun die wirtschaftlichen und rechtlichen Hintergründe der Konzentration im Fernsehen ausgeführt wurden, soll im Folgenden untersucht werden, wie die Fernsehsender ihre erlangten Marktpositionen festigen und ausweiten können.

Das angestrebte Ziel jedes Fernsehsenders ist es, den Zuschauer langfristig an das eigene Programm zu binden und neue Zuschauer hinzuzugewinnen. Es gilt daher nicht nur, die eigene Stellung im Fernseh- und Medienmarkt zu festigen und auszubauen, sondern auch Zuschauer anderer Sender abzuwerben und somit Konkurrenten vom Markt zu drängen.[264]

Um dieses Ziel zu erreichen, stehen den Sendern eine Reihe von Möglichkeiten zur Verfügung. Das ausgestrahlte Programm an sich spielt selbstverständlich eine große, wenn nicht vorrangige Rolle im gegenseitigen Wettbewerb der Sender untereinander. Jedoch tragen auch die diversen Marketingstrategien der jeweiligen Fernsehunternehmen zu einem maßgebenden Einfluss auf deren Marktpositionierung bei.

Obwohl die meisten Fernsehsender ein relativ striktes Programmschema haben[265] und viele Sendungen in einem regelmäßigen Rhythmus wiederkehren,[266] droht der Zuschauer bei der Vielzahl der lizensierten Sender den Überblick über die verschiedenen Fernsehunternehmen und deren Programme zu verlieren. Für den Sender bedeutet dies zum einen, dass der Zuschauer über das auszustrahlende Programm stets unterrichtet werden muss. Programmhinweise sind daher auf allen Kanälen zwischen den einzelnen Sendungen zu sehen. Da aber die Programminhalte zu einem großen Teil so austauschbar sind, dass sie vom Zuschauer keinem bestimmten Sender mehr zugeordnet werden können,[267] kommt ein Sender mittlerweile nicht daran herum, ein einheitliches – der jeweiligen Zielgruppe entsprechendes – Image aufzubauen und dieses den Zuschauern zu vermitteln. Dazu leistet unter anderem auch das Design, das visuelle Gestaltungskonzept des Senders, einen wichtigen Beitrag.[268] Das Design, das sich durch alle Bereiche des Senders zieht – sei es on-air bei der Studiodekoration sowie beim Vor- und Abspann oder off-air im Bereich der Werbeplakate

---

[264] Siehe dazu auch *Karstens/Schütte*, S. 89.

[265] *Brosius/Steger*, RuF 1997, 305 (307).

[266] Man spricht in diesem Zusammenhang auch vom „Stripping", von sogenannter horizontaler Programmierung, die auf einen Gewöhnungs- und Lerneffekt beim Zuschauer abzielt, vgl. dazu *Karstens/Schütte*, S. 168.

[267] Das trifft besonders auf Fremdproduktionen oder auf solche Sendungen zu, die durch ihre häufige Ausstrahlung auf verschiedenen Kanälen keinem Sender als originärer Beitrag zugeordnet werden können; aufgrund der Ähnlichkeit der Produkte stehen die Sender untereinander damit nicht mehr im „Produktwettbewerb" sondern in einem „Kommunikationswettbewerb", vgl. *Gleich*, Media Perspektiven 2003, 510 (510).

[268] Siehe dazu *Gehringer*, Tagesspiegel vom 2. Oktober 1999, S. 35; vgl. auch *Bornemann/Kraus/Lörz*, Art. 8, Rnd. 40.

oder online im Internet –, verleiht den verschiedenen Umfeldern, in denen der Sender tätig ist, ein gemeinsames Erscheinungsbild, bei dem man in diesem Zusammenhang vom sogenannten „Corporate Design“[269] spricht. Die Zuschauer können sich aufgrund des kommunizierten Images mit dem Sender identifizieren und sich auf diesem Wege besser und länger an das Programm erinnern. Dies sorgt vor allem für Orientierung. Die Zuschauer wissen, welchen Sender sie einschalten müssen, wenn sie ein bestimmtes Programmformat sehen wollen. Darüber hinaus können sie auch beim schnellen „Durchzappen“[270] der Kanäle erkennen, welchen Sender sie gerade eingeschaltet haben.

Die Bewerbung des eigenen Senders kann in unterschiedlichen Medien vorgenommen werden: Von Anzeigenkampagnen in Zeitschriften und Tageszeitungen über Werbetafeln und Plakate an Litfasssäulen bis zu Werbebannern im Internet stehen eine Reihe von Gestaltungsmöglichkeiten zur Verfügung. Die Vorzüge der Werbung im Fernsehen selbst, die sogenannte On-Air-Promotion, liegt dabei auf der Hand: Sie ist wohl das einzige Werbemittel, dass regelmäßig Hunderttausende, wenn nicht gar Millionen von Zuschauern erreicht, das aber über die Produktionskosten hinaus nicht gesondert bezahlt werden muss. Da die verschiedenen Formate (Programm-Trailer, Station-IDs etc.[271]) auch mehrere Male hintereinander gesendet werden können, relativiert sich zudem der Kontaktpreis pro Zuschauer im Laufe der Ausstrahlungen.

Die vielseitigen Möglichkeiten dieser Zuschauerbindungen im Rahmen der On-Air-Promotion, die in einem gesonderten Kapitel einer rechtlichen Würdigung unterzogen werden, sollen im Folgenden aufgezeigt werden. Dabei ist zu berücksichtigen, dass sich noch keine einheitliche Terminologie für die unterschiedlichen Erscheinungsformen gebildet hat und die jeweiligen Bezeichnungen von Sender zu Sender differieren können.

---

[269] Da das Gestaltungsbild ein wesentlicher Teil des Marketing-Konzeptes eines Senders ist, werden mittlerweile Millionenbeträge in das jeweilige „Corporate Design“ investiert, siehe dazu *Karstens/Schütte*, S. 268.

[270] Unter „Zappen“ versteht man das schnelle Hin- und Herschalten zwischen den Kanälen, bevorzugt mit der Fernbedienung, vgl. *Schaar*, S. 23; *Holznagel/Stettner*, ZUM 2004, 617 (618); siehe auch *Herkströter*, Media Perspektiven 1998, 106 (106), der von der „Flucht“ des Rezipienten spricht; zum Vergleich der Zuschauerreichweiten des Programms und denen der sich anschließenden Werbeblöcke siehe auch *Hofsümmer/Müller*, Media Perspektiven 1999, S. 296 ff. Demnach sind die Reichweitenunterschiede nicht so stark ausgeprägt, wie oftmals behauptet wird, die Reichweitenverluste betragen ca. 15 bis 20%.

[271] Zu den einzelnen Formaten siehe weiter unten Teil 2, Kapitel F.I.4.

I. Programmhinweise zwischen den Sendungen

1. Klassische Programmansage

Hinweise auf das kommende Programm eines Senders können traditionell per Programmansage vermittelt werden. Dabei ist zum einen die klassische Variante denkbar, in der die Informationen durch den für den Zuschauer visuell wahrnehmbaren Ansager kommuniziert werden. Bestimmte Sendungen können auf diese Weise als besonderes Ereignis hervorgehoben werden.

2. Voice-Over-Ansage

Denkbar ist aber auch die sogenannte „Voice-Over"-Ansage, die in gewissem Maße der visuellen Form des Split-Screen[272] entspricht, bei der nämlich während des Abspanns einer Sendung aus dem Off der Hinweis für das nachfolgende Programm gegeben wird.

3. Vorschautafeln

Die Vorschautafeln, auf denen die Sendungen eines Tagesabschnitts mit genauer Sendezeit abgebildet sind, werden meist mit einer Voice-Over-Ansage[273] kombiniert oder am Ende von Programmtrailern platziert. Sie sind im typischen Design des Senders gestaltet und weisen das Senderlogo auf.

4. Programmtrailer

Die klassische Programmansage wird in zunehmendem Maße von sogenannten Programmtrailern verdrängt. Dabei handelt es sich um kurze zusammengeschnittene Bildsequenzen der angekündigten Sendung, die deren Inhalt prägnant wiedergeben und mit zusätzlichen Informationen per Off-Text oder Schrifteinblendung (sogenannte „Inserts") versehen sind.[274] Am Ende des Trailers finden sich graphisch im Corporate Design des Senders gehaltene Angaben über Sendetag und Sendezeit.

---

[272] Beim Split-Screen handelt es sich um die Teilbelegung des ausgestrahlten redaktionellen Bildes mit Werbung; zur gesetzlichen Regelung siehe § 7 Abs. 4 RStV.

[273] Unter voice-over versteht man „die Sprache in Werbespots, die über Sprache, Musik oder Geräusche (...) gelegt wird, indem diese im Pegel abgesenkt werden", vgl. *Pepels*, S. 280.

[274] Siehe auch die Definition bei *Pepels*, S. 268.

Ziel des Trailers ist es, die Neugier für die kommende Sendung zu wecken und damit das Zuschauerinteresse zu stimulieren.[275] Die Herkunft der Trailer ist im Kino bzw. in der Kinovorschau zu finden.[276] Im Fernsehen waren sie anfangs nur als Füllstoff für Serienimporte aus den USA gedacht,[277] da dort in der Regel 14-16 Minuten Werbung pro Stunde ausgestrahlt werden, während in Deutschland nur maximal zwölf Minuten erlaubt sind.[278] Mittlerweile haben sich Trailer vor allem bei den privaten Sendern als beliebtes Marketinginstrument etabliert und stellten bereits 1999 in den Abendstunden bei den großen Privatsendern zwischen 15-23% der Werbeblöcke dar.[279] Trailer werden bevorzugt am Ende der Werbeblöcke ausgestrahlt, wenn sich die Zuschauer nach dem häufigen Zappen wieder dem eigentlichen Programm zuwenden.

Bei den im Fernsehen ausgestrahlten Trailern kann eine Reihe von Varianten unterschieden werden, die jeweils verschiedene Funktionen zu erfüllen haben.

a) Einzel-Promo

Der Einzel-Promo oder Einzel-Trailer stellt innerhalb von ca. 30 Sekunden eine einzelne konkrete Sendung unter Nennung des Titels, des Sendeplatzes und der Sendezeit vor. Ein kurzer Trailer für eine konkrete Sendung am selben Tag wird auch Teaser genannt. Bei sogenannten Remindern handelt es sich um kurze, ca. zehn Sekunden lange Fortsetzungshinweise, die meist vor der Werbepause oder am Ende einer Sendung ausgestrahlt werden, um auf die Fortsetzung oder die nächste Folge derselben Sendung hinzuweisen.

b) Generalpromo

Im Gegensatz zum Einzel-Promo machen Generalpromos (auch „Generäle" genannt[280]) keine Angaben über den Inhalt einer speziellen Sendung, sondern bewerben in allgemeiner Form eine Serie oder Sendereihe. Vorrangig soll also nicht ein bestimmter Sendetermin beworben werden, vielmehr sollen sich die Zuschauer einen bestimmten Sendeplatz einprägen. Gegenüber den Einzelpromos hat diese Art von Trailern den Vorteil, dass sie sehr häufig, teilweise monatelang ausgestrahlt werden können, ohne dabei ihre Aktualität zu verlieren.

---

275 Vgl. auch *Klaassen*, S. 220.
276 *Klaassen*, S. 218.
277 *Feldmeier*, W&V 10/99, 146 (146).
278 Siehe § 45 Abs. 2 RStV.
279 *Feldmeier*, W&V 10/99, 146 (146), bei *Eurosport* sind es sogar 54,3%. Die Prozentzahlen beziehen sich auf den Durchschnittswerbeblock inklusive Trailer.
280 *Karstens/Schütte*, S. 285.

c) Kombinationstrailer

Kombinationstrailer[281] sind Programmankündigungen, in denen mehrere aufeinander folgende Filme eines Abends mit konkretem Sendeplatz beworben werden. Man spricht in diesem Zusammenhang auch von „vertikalen“ Promos, die darauf abzielen, dass möglichst viele Zuschauer die aufeinander folgenden Sendungen sehen. „Doppel“-, „Tandem“-, „Dreifach“ oder „Kombi“-Trailer (auch „Sandwich-Trailer“ genannt[282]) werben für zwei bzw. drei oder noch mehr Sendungen, wobei diese nicht einfach hintereinander gesetzte, sondern speziell zu diesem Zweck produzierte Trailer sind. Als Beispiel kann der Trailer „Der Samstagabend bei *VOX*“ genannt werden.

Von „horizontalen“ Promos spricht man bei der Ankündigung von mehreren Programmen, die an aufeinander folgenden Tagen jeweils zur gleichen Uhrzeit gesendet werden.[283]

d) Image-Trailer/Station Promotion

Image-Trailer (auch Station Promotion, Sender-PR oder Sendeplatztrailer genannt) beziehen sich auf keine spezielle Sendung oder Sendereihe, sondern auf das Programmangebot im Allgemeinen und auf den Sender als solchen. Typisches Beispiel dafür ist „Das Herbstprogramm auf *ProSieben*“. Es gibt aber auch Image-Trailer, die auf eine bestimmte Zeitspanne wie das „Herbstprogramm“ verzichten und ausschließlich Bildsequenzen aus den unterschiedlichsten Programmformaten oder Zusammenschnitte prominenter Protagonisten zeigen. In vielen Image-Spots wird aber auch dieser direkte Bezug zum ausgestrahlten Programm ausgespart und lediglich eine allgemeine, zum Image des Senders passende, Bildsequenz gesendet. Der Image-Trailer dient damit fast ausschließlich der Präsentation des Senders.[284]

e) Station Identifications

Station Identifications (kurz Station IDs), auch Sender- oder Stationskennungen genannt, bezeichnen die Elemente, die zur oben genannten Sender-Identifikation dienen. Dazu gehören im Wesentlichen bewegte Einblendungen des Senderlogos sowie andere Bildsequenzen, in denen allgemeine stimmungsmäßige Aussagen über den jeweiligen Sender getroffen werden. Diese Gesamtaussagen oder

---

[281] Auch Blocktrailer genannt, siehe *Klaassen*, S. 225.
[282] *Karstens/Schütte*, S. 286.
[283] Zum Beispiel der Mehrteiler *Der König von Sankt Pauli* auf *Sat.1*.
[284] *Klaassen*, S. 225.

Slogans werden auch „Claims“ genannt.[285] Das Senderlogo[286] hat eine besonders wichtige Funktion, da es sich nicht nur wie ein roter Faden durch die verschiedenen Station IDs und Programmverbindungen zieht, sondern auch im Rahmen der gesamten Off-Air-Promotion maßgebliches Erkennungszeichen des Senders ist. Station IDs werden häufig als sogenannte Opener (auch Promo-Opener) am Anfang von Trailern oder als Umrahmung zu Beginn und am Ende gesetzt. Sehr häufig taucht das Senderlogo innerhalb der Werbetrenner auf.

II. Programmhinweise im Programm selbst

1. „Best-of“-Sendungen

Fernsehunternehmen haben auch Möglichkeiten gefunden, im laufenden Programm auf andere Programme ihres Senders hinzuweisen. Beispielhaft kann in diesem Zusammenhang die sogenannte „Best-of“-Sendung genannt werden, in der die lustigsten oder kuriosesten Ausschnitte bestimmter Sendungen zusammengeschnitten und gezeigt werden, wobei der jeweilige Sendeplatz und Sendetermin des gezeigten Ausschnittes dem Zuschauer per Bandeneinblendung mitgeteilt werden.[287]

2. Gastauftritte

Möglich sind auch Gastauftritte beliebter Moderatoren oder Protagonisten in Talkshows und ähnlichen Sendungen. Die Veranstalter nutzen so die schon bestehende Sympathie des Gastes aus, um den Marktanteil der betreffenden Sendung zu erhöhen. Auf der anderen Seite wird auf diesem Weg auch eine gewisse Werbung für die Sendung des Gastes betrieben, die damit ebenfalls von der Sendung profitiert.[288]

---

[285] *Strauch*, S. 34; Beispiele: „*RTL* – Willkommen zu Hause“, „Heute kommt *ProSieben*“, „*Sat.1* – ich drücke Dich“, „*VOX* macht an“, „*RTL II* macht einfach Spaß“, „*WDR* – Mehr sehen, mehr hören“, „*ZDF* – Abschalten können Sie woanders“.

[286] Als Beispiel seien hier der farbige Ball von *Sat.1*, die stilisierte Ziffer 1 der *ARD* oder der rote Ballon als O bei *VOX* genannt.

[287] Zum Beispiel die Sendung *Clip/Mix* auf *ProSieben*, bei der Programmhinweise per Bandeneinblendung auf die Sendungen *Mars oder Venus*, *taff*, *Andreas Türck*, *Galileo* u.a. von *ProSieben* ausgestrahlt wurden.

[288] So z.B. Programme wie die *Harald-Schmidt-Show*, die zu einem Großteil von Auftritten der Stars anderer Sendungen und Sender leben, vgl. *Karstens/Schütte*, S. 84.

G. Cross-Promotion

Die Bewerbung eines Fernsehveranstalters in einem anderen Sender kann auf dieselbe Art und Weise realisiert werden, wie die eigene Bewerbung im eigenen Sender. So ist eine Vielzahl der oben genannten Methoden der Zuschauerbindung auch im Bereich der Cross-Promotion zu beobachten. Zur Veranschauung sollen daher im Folgenden einige Beispiele aufgeführt werden.

I. Erscheinungsformen im privaten Fernsehen

1. Programmhinweise

Sender einer Senderfamilie erteilen dem Zuschauer auch Programmhinweise für das Programm des jeweiligen Schwestersenders. Im August 1999 strahlten beispielsweise sowohl *RTL* als auch *RTL II* unterschiedliche Folgen der Sendung *Hör mal, wer da hämmert* aus und wiesen beide jeweils auf die Ausstrahlung auf dem anderen Sender hin.[289]

2. Trailer

Auch im Bereich der Cross-Promotion gibt es die klassischen Einzel-Trailer, die einen Hinweis auf eine kommende Sendung geben.[290] Dabei werden am Ende des Trailers Sendetag, Sendezeit und Sendeplatz eingeblendet und zwar graphisch im Design des zu bewerbenden Senders, also mit dem für den Sender typischen Senderlogo. Oft werden am Ende auch die sendertypischen Claims gebracht.[291] Im Unterschied zum Trailer im eigenen Sender werden zudem häufig Frequenzhinweise gegeben, um dem Zuschauer das Auffinden des Senders zu ermöglichen bzw. zu erleichtern.[292]

Ebenso werden Trailer für ganze Sendereihen[293] oder Sendeplatztrailer[294] ausgestrahlt. Daneben lassen sich auch Hinweise zum Programmangebot allgemein finden.[295]

---

[289] Vgl. auch *Loitz/Arnold/Schmitz/Isenbart*, S. 164.

[290] Beispiele: Ein Hinweis auf *Sat.1* für den Film *Alias* auf *ProSieben*, ein Hinweis auf *ProSieben* auf die Übertragung des *Nena*-Konzerts auf *Sat.1*, ein Hinweis auf *Kabel eins* für die Sendung *N24 Spezial* auf *N24*.

[291] Beispiel: Der Claim „*VOX* macht an“ bei einem Hinweis bei *RTL* für die Sendung *Deutschland sucht den Superstar* auf *VOX*.

[292] Beispiel bei einem Trailer für *N24* auf *ProSieben*: „*N24* Empfang über Kabel und Satellit Astra 10,803“.

[293] Beispiel: Hinweis auf *ProSieben* für die Sendung *Newsbroker* auf *N24*, die Montag bis Freitag ab 7 Uhr ausgestrahlt wird.

3. Programmintegrierte Hinweise

Die Mitglieder einer Senderfamilie haben auch Wege gefunden, Hinweise auf andere Sender im Programm selbst zu geben. So werden bei sogenannten „Best-of"-Sendungen nicht nur Ausschnitte aus dem eigenen Programm wiederholt, sondern auch Mitschnitte aus Sendungen anderer „Familienmitglieder" gesendet. In diesem Zusammenhang werden der Name der Sendung nebst Sendeplatz, Tag und Uhrzeit per Bandeneinblendung ausgestrahlt.[296] Die Senderfamilie geht so sicher, dass die Zuschauer das Programm auf dem Schwestersender wahrnehmen, während manche Trailer womöglich aufgrund der kommenden oder vorangegangenen Werbepause schlichtweg untergehen.

II. Erscheinungsformen im öffentlich-rechtlichen Fernsehen

Das öffentlich-rechtliche Fernsehen bedient sich ebenso wie das private Fernsehen der Möglichkeit von Cross-Promotion. So wurde jahrelang der Claim „Bei *ARD* und *ZDF* sitzen Sie in der ersten Reihe" ausgestrahlt, wobei es sich dabei genau genommen um Eigen- und Fremdpromotion gleichzeitig handelte. Weiterhin werden jeweils Hinweise von *ARD* und *ZDF* für *arte* und *3sat* ausgestrahlt.[297]

Auch im öffentlich-rechtlichen Hörfunk setzt man auf die Strategie der Cross-Promotion. So wollte der *SFB* (heute *RBB*) seine einzelnen Sender füreinander werben lassen, um deren Bekanntheitsgrad zu steigern.[298]
Die rundfunkrechtliche Zulässigkeit dieser Formen der Cross-Promotion ist ebenso zu prüfen wie die Frage, ob das öffentlich-rechtliche Fernsehen und das private Fernsehen hinsichtlich dieser Werbeform gleich behandelt werden (müssen).

---

[294] Beispiel: „Dokumentationen – jetzt neu auf *N24*" auf *Kabel eins* mit einer Reihe von Dokumentations-Ausschnitten ohne konkrete Zeitangabe.

[295] Beispiel: Hinweis auf *ProSieben* auf das gesamte Programm von *N24* mit einer Reihe von unterschiedlichen Programmausschnitten mit dem nachfolgenden Claim „*N24* – werden Sie Augenzeuge".

[296] Sendung *Clip/Mix* auf *ProSieben*, in der Programmhinweise inklusive Sendetag-, Sendezeit-, und Sendeplatzangabe auf folgende Sendungen per Bandeneinblendung gegeben wurden: *Franklin – Deine Chance um 11* (*Sat.1*), *blitz* (*Sat.1*), *Fish & Chips* (*DSF*), *Was bin ich?* (*Kabel eins*), *ran* (*Sat.1*), *Richterin Barbara Salesch* (*Sat.1*), *Vera am Mittag* (*Sat.1*).

[297] Siehe auch *Loitz/Arnold/Schmitz/Isenbart*, S. 172.

[298] *Wahl*, Berliner Zeitung vom 3. März 2000, S. 21.

TEIL 3: RECHTLICHE WÜRDIGUNG

Hinweise der Sender auf das kommende Programm sowie die oben genannte Station Promotion dienen keinem Selbstzweck. Den Sendern geht es vor allem darum, Zuschauer an das eigene Programm zu binden sowie neue Zuschauer zu gewinnen. Diesen Sendeformaten wohnt insofern durchaus ein werbender Charakter inne,[299] so dass sich die Frage stellt, ob es sich hierbei möglicherweise um Werbung im rundfunkrechtlichen Sinne handelt. Um dies zu klären, muss zunächst der Werbebegriff näher untersucht werden.

A. Werbung

I. Werbung allgemein

Im Allgemeinen wird unter dem Begriff der Werbung „jede Darbietung von Botschaften mit dem Ziel, Einstellungen und Handlungen der Adressaten zum Vorteil der Werbetreibenden zu steuern", verstanden.[300] Diese sehr weit gefasste Definition gilt also unabhängig davon, ob es dem Werbetreibenden auf einen wirtschaftlichen Erfolg ankommt oder ob er aus ideellen, politischen oder sonstigen Beweggründen handelt.

II. Werbung im rundfunkrechtlichen Sinn

Im Gegensatz zur voranstehenden, allgemein gefassten Definition der Werbung gelten für den rechtlichen Werbebegriff andere, zum Teil enger gefasste Kriterien. Da die Werbung schon seit Beginn des letzten Jahrhunderts einen Großteil unseres Alltags- und Wirtschaftslebens durchzieht, ist sie schon vor Einführung der Rundfunkwerbung Gegenstand rechtlicher Normierungen gewesen.[301] Weil diese diversen Normierungen jedoch zum Teil unterschiedlichen Schutzzwecken dienen, wird der Begriff der Werbung nicht immer gleichermaßen definiert. Insofern ist hier der rundfunkrechtliche Werbebegriff herauszuarbeiten.

---

[299] So auch *Laukemann*, S. 273.

[300] *Brockhaus* Enzyklopädie, 24. Band (Wek-Zz), Stichwort „Werbung".

[301] Zum Beispiel im Gesetz gegen den unlauteren Wettbewerb (UWG) mit seinen Generalklauseln oder den Pressegesetzen.

1. Gesetzliche Grundlagen

Im Bereich des Rundfunkwesens beschäftigen sich eine Vielzahl von gesetzlichen und untergesetzlichen Normierungen mit der Werbung, die im Folgenden dargestellt werden.

a) Rundfunkstaatsvertrag

Als sich die Möglichkeit der Nutzung neuer technischer Übertragungskapazitäten[302] abzeichnete und sich die Frage stellte, wer diese zusätzlichen Kapazitäten nutzen dürfe, begannen die Auseinandersetzungen um die Einführung privaten Rundfunks.[303]

Die diesbezüglichen Gegner befürchteten eine Kommerzialisierung des Programms und sahen in der Zulassung privater Unternehmen eine unzulässige Machtzusammenballung.[304] Die Befürworter der Zulassung privater Anbieter hingegen zogen die in Art. 5 Abs. 1 S. 2 GG verankerte Rundfunkfreiheit heran und verwiesen auf die Rechtslage im Pressewesen, wo es jedermann erlaubt ist, ein Print-Erzeugnis herauszugeben. Mit dem Wegfall des Frequenzmangels durch Fortschritte beim Breitbandkabel und bei der Satellitentechnik entfiele außerdem die Sondersituation des Rundfunks, mit der das Bundesverfassungsgericht das öffentlich-rechtliche Monopol gerechtfertigt hatte.[305]

Nachdem das Bundesverfassungsgericht in seinem sogenannten FRAG-Urteil[306] die Zulässigkeit privaten Rundfunks festgestellt hatte, war es fortan Aufgabe der Länder, einen neuen Ordnungsrahmen für den öffentlich-rechtlichen und den privaten Rundfunk zu finden sowie eine ausgewogene Meinungsvielfalt im privaten Rundfunk zu sichern.

Da sich Funkwellen nicht an Ländergrenzen halten – so hatte es das Bundesverfassungsgericht in seinem 1. Fernsehurteil[307] formuliert – lag es auf der Hand, eine bundesweite Vereinbarung zu treffen, an der alle Bundesländer beteiligt sind.[308] Am 1. Dezember 1987 trat daher der Staatsvertrag zur Neuordnung des Rundfunkwesens in Kraft. Die Notwendigkeit, nach der Wiederver-

---

[302] Insbesondere Breitbandkabel und Satellit.

[303] Da dem Bund aufgrund der Kompetenzzuweisung in Art. 73 Nr. 7 GG lediglich die Gesetzgebungsbefugnis hinsichtlich der technischen Einrichtungen zusteht und keine anderweitige ausdrückliche Zuweisung besteht, liegt die Gesetzgebung und Verwaltung des Rundfunkwesens als kulturelle Angelegenheit gemäß der Zuständigkeitsvermutung der Art. 30 und 70 GG bei den Ländern. Diese Kompetenzzuweisung hatte das Bundesverfassungsgericht im Jahre 1961 in seinem sogenannten „1. Rundfunkurteil" (BverfGE 12, 205 ff.) bestätigt und damit einen jahrelangen Streit zwischen Bund und Ländern beendet.

[304] *Hesse*, Rnd. 76.

[305] *Hesse*, Rnd. 71.

[306] Urteil des BVerfG vom 4. November 1986, BVerfGE 73, 118.

[307] BVerfGE 12, 205 (251).

[308] Siehe auch *Ricker/Schiwy*, S. 41.

einigung auch das Fernsehen und den Hörfunk[309] der neuen Bundesländer mit einzubeziehen, führte am 31. August 1991 zum Staatsvertrag über den Rundfunk im vereinten Deutschland, der am 1. Januar 1992 nach Zustimmung aller Länderparlamente in Kraft trat und nunmehr in der Fassung des Achten Rundfunkänderungsstaatsvertrags mit Wirkung zum 1. April 2005 besteht.[310]

Soweit der Rundfunkstaatsvertrag keine anderweitigen Regelungen enthält oder solche Regelungen zulässt, sind die jeweiligen landesrechtlichen Vorschriften heranzuziehen.[311] Relevant für die Rundfunkwerbung sind insbesondere die Vorschriften der §§ 2, 7, 14 bis 17 und 43 bis 46 RStV.

b) EU-Fernsehrichtlinie

Auf gemeinschaftsrechtlicher Ebene ist die am 3. Oktober 1989 von der EU verabschiedete Richtlinie 89/552/EWG des Rates zur Koordinierung bestimmter Rechts- und Verwaltungsvorschriften der Mitgliedstaaten über die Ausübung der Fernsehtätigkeit[312] (im Folgenden Fernsehrichtlinie) hervorzuheben, die im Jahre 1997 durch die Richtlinie 97/36/EG modifiziert wurde.[313] Diese Richtlinie

---

309 Entgegen der bundesdeutschen Terminologie umfasste der Begriff des Rundfunks nach DDR-Recht nur den Hörfunk und nicht das Fernsehen. Hörfunk und Fernsehen waren in der DDR zwei selbständige staatliche Einrichtungen, vgl. *Hesse*, S. 35, Fußn. 102.

310 Rundfunkstaatsvertrag vom 31. August 1991, zuletzt geändert durch Art. 1 des Achten Staatsvertrages zur Änderung rundfunkrechtlicher Staatsverträge vom 8. bis 15. Oktober 2004 (GBl. BW 2005, S. 190), in Kraft getreten am 1. April 2005.

311 Siehe § 1 Abs. 2 RStV; bei den entsprechenden landesrechtlichen Regelungen handelt es sich insbesondere um folgende: *Baden-Württemberg*: Landesmediengesetz (LMedienG B.-W.); *Bayern*: Gesetz über die Einrichtung, Förderung und Veranstaltung privater Rundfunkangebote und anderer Mediendienste in Bayern (BayMG); *Berlin und Brandenburg*: Staatsvertrag über die Zusammenarbeit zwischen Berlin und Brandenburg im Bereich des Rundfunks (MStV B.-B.); *Bremen*: Bremisches Landesmediengesetz (BremLG); *Hamburg*: Hamburgisches Mediengesetz (HmbMedienG); *Hessen*: Gesetz über den privaten Rundfunk in Hessen (Hessisches Privatrundfunkgesetz, HPRG); *Mecklenburg-Vorpommern*: Rundfunkgesetz für das Land Mecklenburg-Vorpommern (RundfG M-V); *Niedersachen*: Niedersächsisches Mediengesetz (NmedienG); *Nordrhein-Westfalen*: Rundfunkgesetz für das Land Nordrhein-Westfalen (LRG NW); *Rheinland-Pfalz*: Landesrundfunkgesetz (LRG R.-P.); *Saarland*: Rundfunkgesetz für das Saarland (Landesrundfunkgesetz, LRG Saarland); *Sachsen*: Gesetz über den privaten Rundfunk und neue Medien in Sachen (Sächsisches Privatrundfunkgesetz, SächsPRG); *Sachsen-Anhalt*: Mediengesetz des Landes Sachsen-Anhalt (MedienG LSA); *Schleswig-Holstein*: Rundfunkgesetz für das Land Schleswig-Holstein (Landesrundfunkgesetz, LRG S.-H.); *Thüringen*: Thüringer Rundfunkgesetz (TRG).

312 89/552/EWG; ABl. Nr. L 198 vom 17. Dezember 1989, S. 23 ff., i.d.F. der Berichtigung gemäß ABl. EG Nr. L 331 vom 16. November 1989, S. 51.

313 Die Europäische Kommission hat in ihrer Sitzung vom 13. Dezember 2005 einen Reformvorschlag für die Richtlinie beschlossen, vgl. dazu die Pressemitteilung der Europäischen Kommission vom 13. Dezember 2005, abrufbar unter http://www.eu-kommission.de/html/presse/pressemeldung.asp?meldung=6008.

regelt im Gegensatz zum Rundfunkstaatsvertrag lediglich den Bereich des Fernsehens und nicht den des Hörfunks.

Der Europäische Gerichtshof hatte bereits 1974 in seiner Entscheidung „Sacchi"[314] ausgeführt, dass das Fernsehen als Dienstleistung im Sinne von Art. 59 EGV[315] anzusehen und eine Harmonisierung der nationalen Rundfunkordnungen unumgänglich sei.[316] Die Einstufung des Fernsehens als Dienstleistung rief allerdings schon früh Kritiker auf den Plan. So wurde insbesondere moniert, dass der Rundfunk als kulturelles Phänomen nicht von den primär wirtschaftspolitischen Kompetenzgrundlagen des EWGV erfasst werde und nicht allein den Kräften des freien Marktes überlassen werden dürfe.[317] Außerdem stelle der Rundfunk ein konstitutives Element demokratischer Willensbildung dar, bei dem es unerlässlich sei, den jeweiligen Mitgliedstaaten die volle Regelungsgewalt zu belassen.[318] Dagegen konnte jedoch eingewandt werden, dass die Kompetenzabgrenzung zwischen den Mitgliedstaaten und der Gemeinschaft nicht sachbezogen erfolgt, sondern sich der EWGV an bestimmten Integrationszielen, insbesondere der Schaffung eines gemeinsamen Marktes, orientiert. Dass die EG nach dem EWGV über keine allgemein kulturpolitischen Kompetenzen verfügte, schloss insofern eine Regelungskompetenz der Gemeinschaft im Kulturbereich nicht aus, als das entsprechende Regelungsziel auch ökonomisch geprägt war.[319]

Des Weiteren kann für die Regelungskompetenz auch kultureller Aspekte Art. 30 EGV angeführt werden, der unter anderem nationale Schutzmaßnahmen zugunsten von Kulturgütern erlaubt. Würden kulturelle Belange überhaupt nicht in die Regelungsbefugnis der Gemeinschaft fallen, wäre diese Vorschrift schlichtweg überflüssig.[320]

Die Europäische Kommission bemühte sich so seit Beginn der achtziger Jahre auf dem Gebiet des Rundfunkwesens um eine gemeinschaftsweite Regelung. Ihre Gesetzgebungsbefugnis leitete sie aus dem Umstand her, dass

---

[314] EuGH Rs. 155/73, Slg. 1974, 409 ff. „Sacchi". In diesem Fall hatte ein italienischer Unternehmer in Italien Fernsehprogramme über Kabel ausgestrahlt und in einigen Gaststätten unentgeltlich Fernsehgeräte aufgestellt, die seine Sendungen zeigten. Die in Italien dafür vorgesehene Gebühr entrichtete er nicht. Diese Gebühr beruhte auf dem Fernsehmonopol, das damals die *Radio Audizione Italiana* innehatte. In dem Rechtsstreit sollte die Rechtmäßigkeit dieses Monopols festgestellt werden, wobei der Gerichtshof insbesondere zu entscheiden hatte, ob die Übertragung von Fernsehsendungen unter die Waren- oder die Dienstleistungsfreiheit fällt. Das Urteil fiel zugunsten letzterer aus.

[315] Nach der jetzigen Fassung Art. 49 EGV.

[316] Siehe dazu auch *Roth*, AfP 1991, 504 (505).

[317] *König*, ZUM 2002, 803 (804); *Pukall*, S. 151; siehe dazu auch *Meinel*, S. 40 ff.; *Roider*, S. 30.

[318] *Ossenbühl*, S. 48 ff.

[319] Siehe auch *Pukall*, S. 162 ff.

[320] *Pukall*, S. 157.

mangels ausreichender Harmonisierung der nationalen Rundfunkordnungen die Dienstleistungsfreiheit in ihrer Wirkung beschränkt sei.[321]

Die Grundlagen für den weiteren Verlauf bildete das von der Kommission vorgelegte Grünbuch „Fernsehen ohne Grenzen"[322] aus dem Jahre 1984, das hauptsächlich von folgenden Überlegungen geprägt war: Zum einen sollte das Fernsehen als wichtiger Zweig der Dienstleistungswirtschaft durch Investitionen gestärkt werden. Dies war aber nach der Erkenntnis der Kommission nur dann möglich, wenn eine einheitliche europäische Rundfunkzone etabliert würde. Zum anderen wurde auch die integrationspolitische Funktion des Fernsehens erkannt,[323] welches als Medium für die Entwicklung der Gemeinschaft zur politischen Union eingesetzt werden könnte. Hinsichtlich der hier zu interessierenden Werbung sah das Grünbuch auch im Hinblick auf die Schaffung eines gemeinsamen audiovisuellen Marktes einen Harmonisierungsbedarf.[324]

Die Fernsehrichtlinie wurde schließlich nach zwei Entwürfen am 3. Oktober 1989 auf Grundlage der Art. 57 Abs. 2 und 66 EGV[325] vom Ministerrat verabschiedet. Inhaltlich enthält die Richtlinie Vorschriften zur europäischen Programmproduktion, zu Werbung und Sponsoring, zum Jugendschutz und zum Recht auf Gegendarstellung. Die Richtlinie wurde im Jahre 1997 nach langwierigen Verhandlungen[326] einer Revision unterzogen, in deren Rahmen unter anderem die Definition der Werbung (Art. 1 Buchstabe c) modifiziert wurde. Daneben sind auch die Art. 10-16 sowie Art. 18 der Fernsehrichtlinie für die Fernsehwerbung von Bedeutung.

c) Europaratskonvention

Da die Rechtsetzungsbefugnis der EG-Kommission schon frühzeitig angezweifelt wurde,[327] hat sich auch der Europarat seit 1986 mit dem grenzüberschreitenden Rundfunk befasst. Nach Verhandlungen der Mitgliedstaaten und Billigung des Ministerausschusses wurde am 5. Mai 1989 das Europäische Übereinkom-

---

[321] *Hesse*, S. 318, demnach das Ziel der Richtlinie die Schaffung eines einheitlichen Rahmens für den Dienstleistungsverkehr ist; vgl. auch Erwägungsgrund Nr. 7 der Fernsehrichtlinie.

[322] Vollständiger Titel: „Grünbuch" der EG-Kommission Fernsehen ohne Grenzen - Mitteilung der Kommission der Europäischen Gemeinschaften an den Rat - Fernsehen ohne Grenzen - Grünbuch über die Errichtung des Gemeinsamen Marktes für den Rundfunk, insbesondere über Satellit und Kabel vom 14. Juni 1984, KOM (84) 300 endg.; abgedruckt in BR-Drucksache 360/84.

[323] Siehe auch *Knothe/Bashayan*, AfP 1997, 849; vgl. auch *Greissinger*, S. 23; *Tschon*, S. 49.

[324] Grünbuch der Kommission, KOM (84) 300, S. 257; siehe auch *Höfling/Möwes/Pechstein*, Kapitel A, S. 13.

[325] Nach der jetzigen Fassung Art. 47 Abs. 2 und 55 EGV.

[326] Dazu auch *Dörr*, NJW 1997, 1341 (1341); *Dörr*, Media Perspektiven 1996, 87 (88).

[327] *Hesse*, Kapitel 7, Rnd. 60; *König*, ZUM 2002, 803 (804).

men über das grenzüberschreitende Fernsehen (Europaratskonvention)[328] beschlossen. Der Europarat versteht diese Konvention nicht nur als ersten Schritt zu einer europäischen Kommunikationsverfassung, sondern noch weitergehender als europäische Kulturverfassung.[329]

Obwohl die Europaratskonvention inhaltlich viele Gemeinsamkeiten mit der Fernsehrichtlinie aufweist, besteht dennoch eine Vielzahl von Unterschieden hinsichtlich ihrer Reichweite und Wirkungsweise. So steht die Konvention aufgrund der deutlich zahlreicheren Mitgliedstaaten des Europarats auf einer breiteren Basis als die Fernsehrichtlinie.[330]

Während letztere nach ihrer Verabschiedung für die Mitgliedstaaten bindend ist und ihre Einhaltung von der Kommission im Wege des Vertragsverletzungsverfahrens überwacht wird, bleibt es den Staaten hinsichtlich der Europaratskonvention als völkerrechtlichem Vertrag freiwillig überlassen, diese in nationales Recht umzusetzen.

Die Europaratskonvention setzt sich insbesondere in den Art. 2 und 11-16 mit der Werbung auseinander. Gemäß Art. 27 Abs. 1 der Konvention ist der Fernsehrichtlinie allerdings der Vorrang eingeräumt, sofern Unterschiede bei einzelnen Regelungen bestehen,[331] so dass die Europaratskonvention besonders für die Staaten Bedeutung hat, die nicht Mitglieder in der Europäischen Union sind.[332] Auf die Europaratskonvention ist im Folgenden deshalb nur dann einzugehen, sofern sie für die Auslegung einzelner Normen hilfreich ist.

d) Werberichtlinien

Der Rundfunkstaatsvertrag ermächtigt in § 16 RStV die in der *ARD* zusammengeschlossenen Rundfunkanstalten[333] und das *ZDF*, Richtlinien zur Durchführung einiger Bestimmungen des Staatsvertrages zu erlassen.[334] Im Bereich des privaten Rundfunks gelten gemäß § 46 RStV ähnliche Befugnisse für die Landesmedienanstalten[335], die die Aufsicht über die in ihrem Bundesland niedergelassenen Sender führen.[336]

---

[328] BGBl. II 1994, S. 639, geändert durch Änderungsprotokoll vom 9. September 1998 (BGBl. II 2000, S. 1090), abgedruckt in *Hartstein/Ring/Kreile/Dörr/Stettner*, B 4, Rnd. 61.

[329] *Holznagel*, S. 189.

[330] Siehe auch *Dupuy*, Légipresse N° 67, 81 (86).

[331] Siehe auch *König*, ZUM 2002, 803 (805).

[332] *Dörr*, NJW 1997, 1341 (1344).

[333] Die neun Mitglieder sind der *WDR*, *NDR*, *BR*, *MDR*, *SWF*, *HR*, *RBB*, *RB* und *SR*.

[334] Es handelt sich hierbei um Vorschriften hinsichtlich unzulässiger Sendungen und Jugendschutz (§ 3), Werbeinhalte, Teleshopping und Kennzeichnung (§ 7), Sponsoring (§ 8), Einfügung der Werbung (§ 14) sowie Werbedauer (§ 15).

[335] Bei den jeweiligen Landesmedienanstalten handelt es sich um die *Landesanstalt für Kommunikation* (*LfK*) für Baden-Württemberg, *Bayerische Landeszentrale für Neue Medien* (*BLM*), *Medienanstalt Berlin-Brandenburg* (*MABB*), die einzige 2-Länder-Anstalt, *Bremische Landesmedienanstalt*, *Hamburgische Anstalt für neue Medien* (*HAM*), *Hessische Landesan-*

aa) ARD- und ZDF-Werberichtlinien

Für den Bereich der hier zu untersuchenden Fernsehwerbung haben die *ARD* die ARD-Richtlinien für die Werbung, zur Durchführung der Trennung von Werbung und Programm und für das Sponsoring vom 24. Juni 1993[337] (im Folgenden ARD-Richtlinien) und das *ZDF* die ZDF-Richtlinien für Werbung und Sponsoring vom 19. März 1993[338] (im Folgenden ZDF-Richtlinien) erlassen. Diesen Richtlinien kommt eine normausfüllende Funktion zu. Sie sind insofern zur Präzisierung der rundfunkrechtlichen Bestimmungen heranzuziehen und zu beachten.[339]

bb) Gemeinsame Richtlinien der Landesmedienanstalten

Die 15 Landesmedienanstalten haben mit Erlass der gemeinsamen Richtlinien der Landesmedienanstalten für die Werbung, zur Durchführung der Trennung von Werbung und Programm und für das Sponsoring im Fernsehen vom 26. Januar 1993[340] in der Neufassung vom 10. Februar 2000 (nachfolgend die gemeinsamen Richtlinien der Landesmedienanstalten) sowie mit Erlass der gemeinsamen Richtlinien der Landesmedienanstalten für die Werbung, zur Durchführung der Trennung von Werbung und Programm und für das Sponsoring im Hörfunk[341] in der Neufassung vom 10. Februar 2000 ebenfalls von dieser Ermächtigung Gebrauch gemacht.

---

stalt für privaten Rundfunk, *Landesrundfunkzentrale Mecklenburg-Vorpommern* (*LRZ*), *Niedersächsische Landesmedienanstalt für privaten Rundfunk* (*NLM*), *Landesanstalt für Rundfunk Nordrhein-Westfalen* (*LfR*), *Landeszentrale für private Rundfunkveranstalter* (*LPR*) für Rheinland-Pfalz, *Landesmedienanstalt Saarland* (*LMS*), *Sächsische Landesmedienanstalt für den privaten Rundfunk und neue Medien* (*SLM*), *Landesrundfunkausschuss für Sachsen-Anhalt* (*LRA*), *Unabhängige Landesanstalt für das Rundfunkwesen* (*ULR*) für Schleswig-Holstein und *Landesmedienanstalt* für Thüringen.

336 Es handelt sich hierbei um Vorschriften hinsichtlich unzulässiger Sendungen und Jugendschutz (§ 3), Werbeinhalte, Teleshopping und Kennzeichnung (§ 7), Einfügung von Werbung und Teleshopping (§ 44), Dauer der Werbung (§ 45), Teleshopping-Fenster (§ 45 a) und Eigenwerbekanäle (§ 45 b).

337 Mittlerweile in der Fassung vom 6. Juni 2000, abgedruckt bei *Hartstein/Ring/Kreile/Dörr/Stettner*, § 7 RStV, Rnd. 100 sowie im ARD-Jahrbuch 2000, S. 504.

338 Mittlerweile in der Fassung vom 22. September 2000, abgedruckt bei *Hartstein/Ring/Kreile/Dörr/Stettner*, § 7 RStV, Rnd. 101.

339 *Flechsig*, § 7, Rnd. 24.

340 Abgedruckt in *Hartstein/Ring/Kreile/Dörr/Stettner*, § 7 RStV, Rnd. 102 sowie abrufbar unter http://www.alm.de.

341 Abgedruckt in *Hartstein/Ring/Kreile/Dörr/Stettner*, § 7 RStV, Rnd. 103.

aaa) Rechtsnatur der gemeinsamen Richtlinien

Kontrovers wird die Frage nach der Rechtsnatur dieser Richtlinien diskutiert. So wird zum einen die Auffassung vertreten, es handele sich bei diesen um bloße norminterpretierende Verwaltungsvorschriften,[342] andere hingegen charakterisieren sie als normkonkretisierende Verwaltungsvorschriften.[343] Der Unterschied dieser rechtlichen Qualifizierung ist folgender: Bei norminterpretierenden Verwaltungsvorschriften handelt es sich um reines Binnenrecht des Staates und bindet somit allein die Verwaltung. Das Gericht ist in einem solchen Fall bei der Auslegung der Gesetze nicht an die jeweilige Vorschrift gebunden.[344] Eine mittelbare Außenwirkung kann es über Art. 3 Abs. 1 GG allerdings dann geben, wenn es aufgrund gleichartiger Handlungsweisen zu einer Selbstbindung der Verwaltung kommt.[345]

Im Gegensatz dazu entfalten normkonkretisierende Verwaltungsvorschriften eine unmittelbare Außenwirkung, sofern sie sich innerhalb der von der Norm gesetzten Grenzen halten. Die Gerichte können im Falle eines Rechtsstreits also lediglich überprüfen, ob sich die jeweilige Entscheidung der Verwaltung im Rahmen der Vorschrift hält und ob sich diese ihrerseits im gesetzlich vorgegebenen Rahmen bewegt.[346]

Da die gemeinsamen Richtlinien Vorschriften hinsichtlich Eigen- und Fremdpromotion enthalten, ist es unerlässlich, den Rechtscharakter dieser Richtlinien herauszuarbeiten. Dass sich die gemeinsamen Richtlinien der Landesmedienanstalten ihrer Präambel zufolge als „Konkretisierung" der staatsvertraglichen Anforderungen an die Werbemöglichkeiten verstehen, vermag an sich noch nichts zu bedeuten.[347] Denn eine Vorschrift erhält nicht schon aufgrund ihrer selbsternannten Bezeichnung Außenwirkung. Vielmehr ist zu prüfen, ob die Richtlinien an sich Merkmale von norminterpretierenden oder konkretisierenden Vorschriften aufweisen.

---

[342] So *Tschentscher/Klee*, ZUM 1994, 146 (148); *Wagner*, S. 153; *Hesse*, S. 104; *Beucher/Leyendecker/v. Rosenberg*, § 46 RStV, Rnd. 4; *Hartstein/Ring/Kreile/Dörr/Stettner*, § 46 RStV, Rnd. 2; eine interne Bindungswirkung der Rundfunkveranstalter nimmt *Greffenius/Fikentscher*, ZUM 1992, 526 (531) an.

[343] *Ladeur*, DÖV 2000, 217 (227); *Oberländer*, ZUM 2001, 487 (499); *Herkströter*, ZUM 1992, 395 (397); *Ladeur*, in: *Hahn/Vesting*, § 46 RStV, Rnd. 10; *von der Horst*, ZUM 1994, 239 (241), der vom Gesetzescharakter der Richtlinien spricht.

[344] *Bonk/Schmitz*, in: *Stelkens/Bonk/Sachs*, § 1, Rnd. 193; *Ossenbühl*, in: *Erichsen*, § 6 V 4, Rnd. 47; *Ladeur*, DÖV 2000, 217 (219).

[345] *Beucher/Leyendecker/v. Rosenberg*, § 46 RStV, Rnd. 4; so auch *Hartstein/Ring/Kreile/Dörr/Stettner*, § 46 RStV, Rnd. 2; *Oberländer*, ZUM 2001, 487 (489); *Kopp/Schenke*, § 114, Rnd. 42.

[346] *Oberländer*, ZUM 2001, 487 (499); *Ladeur*, in: *Hahn/Vesting*, § 46 RStV, Rnd. 10.

[347] Vgl. dazu *Ladeur*, DÖV 2000, 217 (218), der dies als bemerkenswertes Symptom tituliert.

bbb) Voraussetzungen normkonkretisierender Verwaltungsvorschriften

Die Exekutive darf für die Judikative bindende Regelungen nur dann festschreiben, sofern ihr in diesem Bereich bereits auf Tatbestandsseite ein Entscheidungsfreiraum zusteht.[348] Es geht also nicht um ein Ermessen auf der Rechtsfolgenseite. Das Vorliegen eines unbestimmten Rechtsbegriffs allein sowie eine ausdrückliche Ermächtigung genügen der Rechtsprechung für den sogenannten Beurteilungsspielraum nicht. Zusätzlich zu dieser ausdrücklichen Ermächtigung müssen hiernach im Hinblick auf Art. 19 Abs. 4 GG noch ganz besondere Voraussetzungen vorliegen.[349] Diese sollen unter anderem dann gegeben sein, wenn die wertende und letztverbindliche Konkretisierung eines unbestimmten Begriffs der Beurteilung eines unabhängigen sachkundigen Gremiums mit gruppenpluraler Repräsentanz überlassen bleiben soll.[350] Dies hat vor allem dann Bedeutung, wenn diese Entscheidung vor staatlichen und parteipolitischen Einflüssen geschützt werden soll.

ccc) Richtlinien als norminterpretierende Verwaltungsvorschrift

Die Befürworter der Charakterisierung als norminterpretierende Verwaltungsvorschrift bemängeln eine entsprechende Regelungskompetenz der Landesmedienanstalten[351] und führen an, dass sich die Richtlinien in dem vom Rundfunkstaatsvertrag vorgegebenen Rahmen halten müssten und daher nichts enthalten dürften, was nicht durch Auslegung des Rundfunkstaatsvertrages selbst ermittelbar sei.[352] Dem ist aber entgegenzuhalten, dass sich sowohl norminterpretierende als auch normkonkretisierende Verwaltungsvorschriften stets im gesetzlich vorgegebenen Rahmen halten müssen, so dass dieses Argument daher kein zwingendes Abgrenzungskriterium sein kann.[353]

Die Befürworter der Einordnung als norminterpretierende Verwaltungsvorschrift verweisen in diesem Zusammenhang auch auf zwei Beschlüsse des VG Neustadt[354] und des OVG Rheinland-Pfalz[355]. Diese Beschlüsse vermögen diese Rechtsauffassung aber ebenfalls nicht zu stützen: Das VG Neustadt legt sich auf eine bestimmte Rechtsnatur der Richtlinien zunächst nicht fest, prüft im Folgenden aber auch nur, ob sich die streitgegenständliche Regelung der Richtlinien im Rahmen der Vorgaben des Rundfunkstaatsvertrages hält und geht

[348] *Bonk/Schmitz*, in: *Stelkens/Bonk/Sachs*, § 1, Rnd. 194.
[349] BVerfGE 64, 279 ff.
[350] *Oberländer*, ZUM 2001, 487 (490).
[351] *Tschentscher/Klee*, ZUM 1994, 146 (148).
[352] *Hesse*, S. 104.
[353] Vgl. auch *Oberländer*, ZUM 2001, 487 (493).
[354] Beschluss des VG Neustadt vom 4. Juli 1991, ZUM 1992, 382 ff., in dem es um die Kennzeichnungspflicht als Dauerwerbesendung der Sendung *Glücksrad* geht.
[355] Beschluss des OVG Rheinland-Pfalz vom 4. Juli 1991, AfP 1991, 663 .

somit von einer Verbindlichkeit der gemeinsamen Richtlinien aus. Auch das OVG Rheinland-Pfalz prüft lediglich, ob sich die Richtlinien im gesetzlichen Rahmen halten, so dass sich nach diesen Entscheidungen nicht der Schluss ziehen lässt, dass es sich bei den gemeinsamen Richtlinien um bloße norminterpretierende Verwaltungsvorschriften handelt.[356]

Des Weiteren wird der Zweck des § 46 RStV angeführt, der in einem einheitlichen Anwendungsmuster der Landesmedienanstalten liege. Aus dieser bloßen Koordinierungspflicht der Landesmedienanstalten folge eine bloße verwaltungsinterne Bindungswirkung.[357] Die Richtlinien könnten erst dann Außenwirkung entfalten, sofern sich durch eine ständige Anwendung eine gleichmäßige Verwaltungspraxis entwickelt habe, durch die sich die jeweilige Landesmedienanstalt selbst bindet. Ein Anspruch eines Rundfunkveranstalters könnte sich dann lediglich aus Art. 3 Abs. 1 GG ergeben.[358]

Schließlich könnte für eine bloß norminterpretierende Vorschrift die sogenannte Wesentlichkeitstheorie sprechen, nach der bei grundrechtsberührenden Entscheidungen ein Gesetzesvorbehalt zu fordern ist.[359] Jedoch gilt dieser Grundsatz im Bereich des Rundfunkwesens nur eingeschränkt. Da nämlich auch das Parlament dem Staat zuzurechnen ist, das Programm selbst aber staatsfrei zu bleiben hat,[360] gilt der Gesetzesvorbehalt nur, sofern es um die Beschränkung des Art. 5 Abs. 1 S. 2 GG durch Eingriffsgesetze geht, nicht aber bei bloßen Ausgestaltungsgesetzen.[361] Primäre Aufgabe des Gesetzes ist hier die prozedurale und organisatorische Gestaltung der positiven Ordnung der Rundfunkfreiheit, nicht aber die Steuerung und Programmproduktion im Einzelnen, die den Veranstaltern selbst überlassen bleiben soll.[362]

ddd) Richtlinien als normkonkretisierende Verwaltungsvorschrift

Für die Einordnung als normkonkretisierende Verwaltungsvorschrift ließe sich anführen, dass in den Landesmediengesetzen der Erlass der gemeinsamen Richtlinien teils als Satzung und teils als Richtlinie vorgesehen ist. Dies könnte zur Folge haben, dass der verbindliche Charakter von Satzungen auch für die Richtlinien gelten muss, weil eine uneinheitliche Regelung gegen die Koordi-

---

[356] Vgl. auch *Herkströter*, ZUM 1992, 395 (397, Fußn. 12).
[357] *Beucher/Leyendecker/v. Rosenberg*, § 46 RStV, Rnd. 3.
[358] *Beucher/Leyendecker/v. Rosenberg*, § 46 RStV, Rnd. 4; so auch *Hartstein/Ring/Kreile/Dörr/Stettner*, § 46 RStV, Rnd. 2.
[359] Eine gesetzliche Grundlage fordern in diesem Zusammenhang *Beucher/Leyendecker/v. Rosenberg*, § 46 RStV, Rnd. 3; siehe auch *Bumke*, S. 429.
[360] Zur Staatsfreiheit des Rundfunks siehe auch *Hesse*, S. 64; vgl. auch *Ricker*, AfP 1990, 173 (174).
[361] *Jarras*, in: *Jarras/Pieroth*, Art. 5, Rnd. 37; *Ladeur*, in: *Hahn/Vesting*, § 46 RStV, Rnd. 7.
[362] So *Ladeur*, in: *Hahn/Vesting*, § 46 RStV, Rnd. 7.

nierungspflicht der Landesmedienanstalten verstoßen würde.[363] Dieses Argument allein ist allerdings nicht unbedingt erheblich, da zum einen nur Mecklenburg-Vorpommern mit § 35 RundfG M-V den Erlass von Satzungen vorsieht. Zum anderen sagt allein die Bezeichnung als Satzung oder Richtlinie noch nichts über den wirklichen Charakter einer Vorschrift aus.

Für die Charakterisierung als normkonkretisierende Verwaltungsvorschrift spricht aber der Umstand, dass alle oben genannten Voraussetzungen für eine Normkonkretisierung erfüllt sind. So liegt zum einen eine gesetzliche Ermächtigung in Gestalt der §§ 33 und 46 RStV vor. Hätte sich der Gesetzgeber für eine bloße norminterpretierende Vorschrift aussprechen wollen, wäre eine solche Ermächtigung nicht erforderlich gewesen. Denn als verselbstständigter öffentlich-rechtlicher Rechtsträger sind die Landesmedienanstalten sowieso befugt, untergesetzliche Regelungen zu verabschieden.[364] Dazu kommt, dass über die Richtlinien ein pluralistisch organisiertes Aufsichtsgremium mit gesellschaftlicher Repräsentanz entschieden hat.[365] Würde man diesem einen Beurteilungsspielraum absprechen, so würde man gerade in gesellschaftlich kontroversen Fragestellungen die Entscheidungskompetenz der Gremien zugunsten der Gerichtsbarkeit einschränken.[366] Ein Beurteilungsspielraum wird aber gerade dann angenommen, wenn die letztverbindliche Konkretisierung eines unbestimmten Begriffs der Entscheidung eines unabhängigen sachkundigen Gremiums mit gruppenpluraler Repräsentanz überlassen bleiben soll.[367]

Für die Bewertung als normkonkretisierende Verwaltungsvorschrift sprechen auch praktische Umstände. So ist gerade die Werbepraxis im Fernsehen erheblichen dynamischen Entwicklungen ausgesetzt. Die Praxis benötigt daher flexible Standards für die nicht immer vorhersehbaren Entwicklungen. Stabile Fixierungen könnten den tatsächlichen Umständen nur hinterherhinken und den Gegebenheiten nicht gerecht werden. Das Gesetz als solches ist für diese Fallkonstellationen daher keine angemessene Form.[368]

---

[363] Siehe auch *Beucher/Leyendecker/v. Rosenberg*, § 46 RStV, Rnd. 3.

[364] *Oberländer*, ZUM 2001, 487 (495).

[365] Das Hauptorgan der jeweiligen Landesmedienanstalten besteht immer aus einer Mehrzahl von Personen. Die Landesmedienanstalten haben sich in den meisten Fällen für das sogenannte Versammlungsmodell entschieden. Die Versammlung ist ähnlich der Rundfunkräte bei den öffentlich-rechtlichen Rundfunkanstalten gruppenplural zusammengesetzt, d.h. die Mitglieder werden von Parlament, Regierung, Verbänden und gesellschaftlichen Gruppen entsandt. Beim sogenannten Ratsmodell werden im Medienbereich besonders sachkundige Personen direkt vom Parlament mit einer erforderlichen Mehrheit von 2/3 in den Medienrat gewählt. Zu beiden Modellen siehe auch *Dörr*, Media Perspektiven 1996, 621 (624).

[366] *Herkströter*, ZUM 1992, 395 (397).

[367] *Oberländer*, ZUM 2001, 487 (495); *Herkströter*, ZUM 1992, 395 (397); für eine Konkretisierungsermächtigung spricht sich auch *Ladeur* aus, K&R 2005, 145 (153).

[368] So *Ladeur*, DÖV 2000, 217 (221), dem zufolge Rechtsnormen vor allem Erwartungen stabilisieren sollen, während in dynamischen Handlungsfeldern für die Herausbildung situativer Standards normkonkretisierende Verwaltungsvorschriften sinnvoll sind.

Die Gegenauffassung führt zudem zu einer erheblichen, aber vermeidbaren Rechtsunsicherheit, weil die Landesmedienanstalten damit nur unverbindliche Richtlinien herausbringen könnten, ohne die Veranstalter selbst oder die Gerichte binden zu können.[369] Ein Fernsehsender könnte sich trotz Einhaltung der Richtlinien niemals sicher sein, ob er sich auch wirklich rechtmäßig verhält, da das Gericht andere Maßstäbe als die Landesmedienanstalten anlegen könnte.[370]

Richtlinien, die für die Gerichte bindend sind, schaffen darüber hinaus Voraussetzungen für gleiche Wettbewerbschancen aller Sender.[371] Damit wird zugleich verhindert, dass Sender in liberalere Bundesländer abwandern.[372]
Die gemeinsamen Richtlinien sind daher sowohl für die Fernsehveranstalter als auch für die Gerichte als rechtlich verbindlich einzustufen. Soweit es für die nachfolgenden Untersuchungen von Bedeutung ist, wird auf diese gemeinsamen Richtlinien der Landesmedienanstalten zurückzukommen sein.

2. Definition der Werbung

Da sich bei der rechtlichen Bewertung der Cross-Promotion und anderen crossmedialen Verbindungen die Frage stellt, ob es sich hierbei um Werbung im rundfunkrechtlichen Sinne handelt, ist zunächst der Werbebegriff zu klären.
Der Begriff der Rundfunkwerbung wurde erstmals im Rundfunkstaatsvertrag (RStV) vom 31. August 1991 in der Fassung des 4. Rundfunkänderungsstaatsvertrags, gültig ab dem 1. April 2000, gesetzlich definiert. § 2 Abs. 2 Nr. 5 RStV lautet nunmehr:

> „Im Sinne dieses Staatsvertrages ist Werbung jede Äußerung bei der Ausübung eines Handels, Gewerbes, Handwerks oder freien Berufs, die im Rundfunk von einem öffentlich-rechtlichen oder privaten Veranstalter entweder gegen Entgelt oder eine ähnliche Gegenleistung oder als Eigenwerbung gesendet wird mit dem Ziel, den Absatz von Waren oder die Erbringung von Dienstleistungen, einschließlich unbeweglicher Sachen, Rechte oder Verpflichtungen, gegen Entgelt zu fördern."

Mit der Einfügung dieser Legaldefinition hat der deutsche Gesetzgeber wortgleich die Definition der Fernsehrichtlinie übernommen. Diese Richtlinie war allerdings auch schon vor der Übernahme der Definition in die nationalen Gesetze insofern zu berücksichtigen, als diese richtlinienkonform auszulegen waren.[373]

---

[369] *Ladeur*, in: *Hahn/Vesting*, § 46 RStV, Rnd. 13.
[370] So *Oberländer*, ZUM 2001, 487 (498).
[371] Für gleiche Wettbewerbsbedingungen siehe auch *Ladeur*, DÖV 2000, 217 (221).
[372] Siehe auch *Oberländer*, ZUM 2001, 487 (499).
[373] Urteil des VG Berlin vom 16. September 2002, ZUM 2002, 933 (935); vgl. auch *Sack*, AfP 1991, 704 (704); *Engel*, S. 198.

Der Gesetzgeber geht also vom Wortlaut her von zwei unterschiedlichen Werbeformen aus: zum einen von der Art der Werbung, die gegen eine bestimmte Gegenleistung ausgestrahlt wird, zum anderen von derjenigen, die als sogenannte Eigenwerbung des Veranstalters erfolgt. Diese Eigenwerbung wurde erst mit der revidierten Fernsehrichtlinie vom 19. Juni 1997 in die gesetzliche Definition aufgenommen. Bevor auf diese neue Werbeform eingegangen und der Grund für deren gesetzliche Niederlegung nachvollzogen werden kann, muss daher zunächst die ursprüngliche Form der gesetzlich definierten Rundfunkwerbung untersucht werden.

a) Wirtschaftswerbung

Der rundfunkrechtliche Werbebegriff findet seinen Ursprung im Wettbewerbsrecht[374], demzufolge Werbung „jede an eine andere Person gerichtete geschäftliche Anpreisung von Waren oder Leistungen zur Förderung des Absatzes und der Leistungsverwertung durch Abschluss von Geschäften“ ist.[375] Werbung wird demzufolge als absatz- und beschaffungspolitisches Instrument verstanden.[376] Die Werbung aufgrund ideeller, konfessioneller oder sonstiger nichtwirtschaftlicher Motive wird davon nicht umfasst.

Die vorwiegende Meinung in der juristischen Literatur vertritt die Ansicht, dass auch das Rundfunkrecht diesen sogenannten engen Werbebegriff zugrunde legt und damit nur reine Wirtschaftswerbung umfasst.[377] Werbung im Sinne dieser Gesetze seien daher nur solche Äußerungen, die dem wirtschaftlichen Erwerb zu dienen suchen. Vertreter dieser Auffassung können sich dabei zum einen auf den eindeutigen Wortlaut des § 2 Abs. 2 Nr. 5 RStV stützen, der bei der Werbung von der Äußerung bei der Ausübung eines „Handels, Gewerbes, Handwerks oder freien Berufs“ spricht.[378] Zum anderen lässt sich eine solche Auslegung auch aus der amtlichen Begründung zu § 7 Abs. 7 RStV[379] her-

---

[374] *Hartstein/Ring/Kreile/Dörr/Stettner*, § 7 RStV, Rnd. 5; *Schulz*, in: *Hahn/Vesting*, § 2 RStV, Rnd. 82; *Beucher/Leyendecker/v. Rosenberg*, § 7 RStV, Rnd. 9.
[375] *Baumbach/Hefermehl*, Anm. 1 vor § 3 UWG; vgl. auch *Beater*, § 8, Rnd. 59.
[376] *Gloy*, in: *Gloy/Leschelder*, § 9, Rnd. 13.
[377] *Engels/Giebel*, ZUM 2000, 265 (268); *Hartstein/Ring/Kreile/Dörr/Stettner*, § 7 RStV, Rnd. 3; *Castendyk*, in: *v. Hartlieb/Schwarz*, 251. Kapitel, Rnd. 8; *Bosman*, ZUM 1990, 545 (546); *Herkströter*, ZUM 1992, 395 (398); *Herrmann*, AfP 1991, 498 (500); *Herrmann*, § 20, Rnd. 28; *Schröder*, ZUM 2000, 6 (8); *Hochstein*, AfP 1991, 696 (698); *Hesse*, S. 101; *Tschentscher/Klee*, ZUM 1994, 146 (146); a.A. *Grosskopf*, WRP 1990, 153 (153); *Reidt*, AfP 1990, 101 (101).
[378] *Schaar*, S. 84.
[379] Jetzt § 7 Abs. 8 RStV.

leiten. Dort heißt es nämlich, dass Werbung im Sinne des § 2 Abs. 2 Nr. 5 RStV lediglich Wirtschaftswerbung sei.[380]

Eine Ausnahme dazu bildet § 42 RStV, der den Kirchen[381] sowie den politischen Parteien[382] während der Wahlkampfphase zum Deutschen Bundestag Sendezeiten einräumt und damit Äußerungen, die nicht-wirtschaftlichen Zwecken dienen, ermöglicht.[383] Grund für diese Ausnahme ist die besondere verfassungsrechtliche Stellung der Kirchen und der politischen Parteien, die in den Art. 104 und 21 GG zum Ausdruck kommt. Dass diese Art der Werbung eine Ausnahme ist, zeigt sich schon darin, dass die entsprechenden Vorschriften nicht bei den sonstigen Werbevorschriften der §§ 7 ff. RStV zu finden sind, sondern unter dem Abschnitt der Sendezeit für Dritte aufgeführt werden.[384] Aus einem Umkehrschluss kann damit gefolgert werden, dass der Rundfunkstaatsvertrag den Werbebegriff ansonsten nur als Wirtschaftswerbung definiert.[385]

Ob sich eine solche Auslegung auch aus § 7 Abs. 8 RStV herleiten lässt[386], demnach Werbung politischer, weltanschaulicher oder religiöser Art unzulässig ist, erscheint allerdings fraglich. Denn wenn das Gesetz schon den engen Werbebegriff zugrunde legt, wäre ein solches Verbot überflüssig gewesen, da politische Werbung schon gar nicht unter den Werbebegriff subsumiert werden kann und der Norm somit kein eigenständiger Regelungsgehalt verbliebe.[387] Aus der Existenz diese Norm kann aber im Umkehrschluss auch nicht auf einen weiten Werbebegriff geschlossen werden. Die Norm soll vielmehr sicherstellen, dass die Regelungen des RStV auch die dort untersagten Formen der Werbung erfassen.[388]

Aufgrund der Beschränkung der Werbeverbote auf politische, weltanschauliche oder religiöse Zwecke könnte allerdings geschlossen werden, dass sonstige ideelle Werbung erlaubt ist.[389] Denn ein weitergehendes ausdrückliches Verbot lässt sich dem Rundfunkstaatsvertrag ansonsten nicht entnehmen.

---

380 Siehe die amtliche Begründung zum Vierten Staatsvertrag zur Änderung rundfunkrechtlicher Staatsverträge (Vierter Rundfunkänderungsstaatsvertrag), abgedruckt bei *Hartstein/Ring/Kreile/Dörr/Stettner*, § 7 RStV.

381 Es handelt sich hierbei um die Evangelischen Kirchen, die Katholische Kirche sowie die Jüdischen Gemeinden, vgl. § 42 Abs. 1 RStV; weitere kirchliche oder weltanschauliche Gemeinschaften haben hingegen keinen Anspruch auf Einräumung von Sendezeiten, vgl. dazu das Urteil des Niedersächsischen OVG vom 7. Mai 1998, ZUM-RD 1999, 147 (149).

382 Ausführlicher zur Wahlwerbung siehe *Herbert Bethge*: „Rechtsfragen der Wahlwerbung in Hörfunk und Fernsehen", S. 31, in *Jürgen Becker* (Hrsg): Wahlwerbung politischer Parteien im Rundfunk, München 1990; *Hesse*: Wahlwerbung und Wahlberichterstattung im Rundfunk in RuF 94, S. 351 ff.

383 Siehe auch *Gundel*, ZUM 2005, 345 (346).

384 Schon im Rundfunkstaatsvertrag von 1987 war die Bereitstellung von Sendezeiten für Parteien besonders geregelt, vgl. dazu *Herrmann*, § 20, Rnd. 28.

385 *Beucher/Leyendecker/v. Rosenberg*, § 7 RStV, Rnd. 9.

386 So *Herkströter*, ZUM 1992, 395 (398).

387 Siehe auch *Schwarz/Eichler*, AfP 1996, 228 (230).

388 *Engels/Giebel*, ZUM 2000, 265 (268).

389 So *Kopp*, K&R 1998, 513 (516).

Einer solchen Auslegung stehen allerdings im Gemeinschaftsrecht begründete Hindernisse entgegen. Die Beschränkung auf Wirtschaftswerbung ist nämlich auch mit kompetenzrechtlichen Gründen zu erklären. Da sich nämlich die Gesetzgebungskompetenz der Europäischen Gemeinschaft hinsichtlich des Rundfunks und der Rundfunkwerbung lediglich auf den Bereich des freien Dienstleistungsverkehrs im Sinne der Art. 49 ff EGV beschränkt, fällt eine Regelung für die ideelle Werbung überhaupt nicht in ihren Kompetenzbereich.[390] § 2 Abs. 2 Nr. 5 RStV, der die Definition der Fernsehwerbung aus Art. 1 c) der EU-Fernsehrichtlinie wortgleich übernommen hat, ist insofern dementsprechend auszulegen.[391]

Dies wird zudem durch eine Gegenüberstellung mit der Definition in der Europaratskonvention bestärkt. Diese umfasst im Gegensatz zur Fernsehrichtlinie nämlich auch die Werbung zur Unterstützung einer Sache oder Idee.[392]

Dennoch stellt sich die Frage, ob ein solcher enger Werbebegriff überhaupt erforderlich ist. Grund für die Beschränkung auf Wirtschaftswerbung war die Überlegung, dass es finanzkräftigen Gruppierungen nicht ermöglicht werden sollte, sich durch den Ankauf von Sendezeiten meinungsbildend zu betätigen und den Rundfunk auf diese Weise einzelnen gesellschaftlichen Gruppierungen auszuliefern.[393]

In diesem Zusammenhang weisen Stimmen in der Literatur darauf hin, dass sich das Gebot der Ausgewogenheit und der Meinungsvielfalt nur auf das Programm selbst, nicht aber auf Werbeinhalte beziehe[394] und sich der Zuschauer bei der Werbung sowieso über die Einseitigkeit der Äußerungen bewusst sei.[395] Diese Argumentation verkennt jedoch, dass sich auch Werbebotschaften durchaus meinungsbildend auswirken können, wie ja auch die Werbung der politischen Parteien deutlich zeigt.[396] Somit ist es nur folgerichtig, die Meinungsvielfalt und das System der pluralistischen Ausgewogenheit durch ein Verbot politischer, weltanschaulicher oder religiöser Werbung zu schützen.

---

390 Vgl. auch *Kopp*, K&R 1998, 513 (515).

391 Siehe auch die amtliche Begründung zu § 2, Vierter Rundfunkänderungsstaatsvertrag: „Die neu eingefügte Nummer 5 übernimmt die Begriffsbestimmung der Fernsehwerbung aus Art. 1 der Fernsehrichtlinie." Abgedruckt bei *Hartstein/Ring/Kreile/Dörr/Stettner*, § 2 RStV.

392 Art. 2 der Europaratskonvention lautet: „Im Sinne dieses Übereinkommens bedeutet Werbung jede öffentliche Äußerung zur Förderung des Verkaufs, des Kaufs oder der Miete oder Pacht eines Erzeugnisses oder einer Dienstleistung, zur Unterstützung einer Sache oder Idee oder zur Erzielung einer anderen vom Werbetreibenden gewünschten Wirkung, wofür dem Werbetreibenden gegen Bezahlung oder eine ähnliche Gegenleistung Sendezeit zur Verfügung gestellt wird." Siehe dazu auch *Dupuy*, Légipresse N° 67, 81 (86).

393 BVerfGE 83, 238 (296); *Hartstein/Ring/Kreile/Dörr/Stettner*, § 7 RStV, Rnd. 5; *Herkströter*, ZUM 1992, 395 (398); *Stettner*, ZUM 1995, 559 (563, 570); *Beucher/Leyendecker/v. Rosenberg*, § 7 RStV, Rnd. 9; *Gundel*, ZUM 2005, 345 (346).

394 *Ricker/Schiwy*, Kapitel F, Rnd. 98.

395 *Ricker*, ZUM 1989, 499 (502); *Ricker/Schiwy*, Kapitel F, Rnd. 97.

396 Siehe dazu auch *Stettner*, ZUM 1995, 559 (562).

Es erscheint jedoch, auch im Hinblick auf Art. 5 Abs. 1 S. 2 GG, fraglich, ob auch andere Werbeformate, also solche, die weder als Wirtschaftswerbung noch als Werbung politischer, weltanschaulicher oder religiöser Art angesehen werden, verboten werden müssen. Zu denken ist hierbei an Privatannoncen, Kontaktanzeigen, Werbung für Sportvereine u.Ä. Eine Gefahr für die oben erwähnte Gruppenfreiheit ist nämlich nicht ersichtlich.[397] Vielmehr erscheint das Verbot in § 7 Abs. 8 RStV völlig ausreichend, um dem Schutz der Meinungsvielfalt und dem vom Gesetzgeber sicherzustellenden Mindestmaß an Ausgewogenheit genüge zu tun.[398]

Aufgrund des eindeutigen Wortlautes und der oben genannten Gründe muss jedoch davon ausgegangen werden, dass die Regelungen des Rundfunkstaatsvertrages einen engen, also auf reine Wirtschaftswerbung begrenzten Begriff voraussetzen. Ob und wieweit Cross-Promotion als Wirtschaftswerbung angesehen werden kann, bleibt einem gesonderten Kapitel vorbehalten.

b) Mediale Werbung

Die herrschende Meinung und die höchstrichterliche Rechtsprechung ordnen dem Werbebegriff nicht nur rein instrumentale Werbung zu, also die als solche gekennzeichnete und vom übrigen Programm getrennte Werbung[399], sondern auch die mit dem sonstigen Programm verbundenen Werbeformen, die sogenannte mediale Werbung.[400]

Diese weite Auslegung findet ihre Berechtigung im Sinn und Zweck der Werbevorschriften des Rundfunkstaatsvertrages, insbesondere im Trennungs- und Kennzeichnungsgebot, einem auch im Wettbewerbsrecht längst anerkannten Grundsatz, demnach redaktionelle und werbende Teile in einem Medium voneinander getrennt sein müssen.[401] Im Bereich des Fernsehens wird dem Kennzeichnungsgebot dadurch Genüge getan, dass die Werbung durch die Einblendung des Schriftzuges „Werbung“ angekündigt wird.

Das in § 7 Abs. 3 RStV[402] niedergelegte Trennungs- und Kennzeichnungsgebot soll den Zuschauer zum einen vor einer Irreführung über den vermeintlich redaktionellen Charakter werbewirksamer Äußerungen

---

[397] Siehe auch *Castendyk*, in: *Schwarze*, S. 155.
[398] *Schwarz/Eichler*, AfP 1996, S. 228 (232); *Castendyk*, in: *Schwarze*, S. 155.
[399] *Fuhr/Rudolf/Wasserburg*, S. 359.
[400] *Sack*, AfP 1991, 704 (705); *Herkströter*, ZUM 1992, 395 (402); ausführlich zu dieser Fragestellung *Schaar*, S. 80-84; Urteil des BGH vom 22. Februar 1990, ZUM 1990, 291 (294); *Grosskopf*, WRP 1990, 153 (154).
[401] *Herkströter*, Media Perspektiven 1998, 106 (108); *Greffenius/Fikentscher*, ZUM 1992, 526 (528).
[402] Vgl. den Wortlaut des § 7 Abs. 3 S. 1 RStV: „Werbung und Teleshopping müssen als solche klar erkennbar sein. Sie müssen im Fernsehen durch optische Mittel, im Hörfunk durch akkustische Mittel eindeutig von anderen Programmteilen getrennt sein.“

schützen.[403] Der Zuschauer vertraut nämlich unabhängigen und an journalistischen Maßstäben orientierten Kommunikationsinhalten mehr als denen der Werbetreibenden.[404] Dies gilt umso mehr, als kaum jemand im Zeitalter der Massenkommunikation die gelieferten Informationen auf ihren Wahrheitsgehalt untersuchen kann.[405] Insofern möchte das Trennungsgebot die Informationsklarheit sicherstellen.[406] Außerdem geht das Publikum davon aus, dass die Werbung grundsätzlich außerhalb des Programms gesendet wird, so dass das Trennungsgebot damit auch vor einer Irreführung schützt.[407]

Zum anderen dient das Trennungsgebot dem Schutz des Programms gegenüber wirtschaftlicher Einflussnahme und somit sachfremden Einflüssen auf die Sendungen.[408] Da der Erfolg der Werbetreibenden unmittelbar von der Akzeptanz des Programms durch den Zuschauer abhängig ist, liegen Versuche der Werbewirtschaft, Einfluss auf das Programm zu nehmen, auf der Hand. Das Trennungsgebot schützt damit die Rundfunkfreiheit gegenüber Gefährdungen, die von den Veranstaltern selbst ausgehen, weil sie aufgrund der Erwartungshaltung ihrer Werbekunden unter starkem Druck stehen.[409] Schon seit einigen Jahren zeichnen sich Entwicklungen von indirekten Einflussnahmen durch die Schaffung eines für die Werbetreibenden optimalen Programmumfeldes und sogar von unmittelbaren Beeinflussungen der Werbetreibenden auf einzelne Veranstaltungen ab.[410] Würde man daher die mediale, also programmintegrierte Werbung, nicht dem rundfunkrechtlichen Werbebegriff zuordnen, fiele gerade die für den Zuschauer nicht erkennbare und damit gefährliche Werbung aus dem Anwendungsbereich der relevanten Werbevorschriften heraus und würde letztendlich die programmintegrierte Werbung gegenüber der gekennzeichneten Werbung privilegieren. Das Kennzeichnungs- und Trennungsgebot liefe damit ins Leere.[411]

---

403 Vgl. auch *Bornemann*, K&R 2001, 302 (310); *Ricker/Schiwy*, Kapitel F, Rnd. 89; *Holznagel/Stettner*, ZUM 2004, 617 (618).

404 *Engels*, RuF 1997, 214 (217); siehe auch *Petersen*, S. 61.

405 *Engels*, RuF 1997, 214 (217).

406 So *Reidt*, AfP 1990, 101 (102).

407 Siehe auch *Holznagel/Stettner*, ZUM 2004, 617 (619); *Sack*, WRP 1990, 791 (797).

408 *Ladeur*, ZUM 1999, 672 (676); sowie *Bork*, ZUM 1990, 11 (14); Urteil des BGH vom 22. Februar 1990, ZUM 1990, 291 (294), *Engels*, RuF 1997, 214 (218); Urteil des KG vom 27. Mai 1997, ZUM-RD 1998, 140 (141); *Ricker/Schiwy*, Kapitel F, Rnd. 88: *Holznagel/Stettner*, ZUM 2004, 617 (619); *Sack*, WRP 1990, 791 (797).

409 *Ladeur*, in: *Hahn/Vesting*, § 46, Rnd. 5; dazu auch *Reidt*, AfP 1990, 101 (102).

410 *Schaar*, S. 27; *Engels*, RuF 1997, 214 (218); *Engels/Giebel*, ZUM 2000, 265 (270); dazu auch *Ladeur*, ZUM 1999, 672 (676); *Ladeur*, K&R 2005, 145 (148); siehe auch *Karstens/Schütte*, S. 99, die dem Rundfunksender eine sogenannte Übersetzungsaufgabe zuschreiben: Der Rundfunkveranstalter muss demnach die Zielgruppenwünsche der Werbekunden in Zuschauerwünsche übersetzen und im Idealfall beide befriedigen.

411 Siehe auch *Henning-Bodewig*, GRUR Int. 1987, 538 (543); *Grosskopf*, WRP 1990, 153 (154).

c) Das Merkmal der Entgeltlichkeit

Charakteristisch für die klassische Rundfunkwerbung ist weiterhin die Dreiecksbeziehung der agierenden natürlichen oder juristischen Personen, nämlich die Beziehung zwischen dem Werbetreibendem, dem Fernsehsender und dem Zuschauer. Der Fernsehsender tritt im Rahmen der Rundfunkwerbung als Medium zwischen Werbetreibendem und Zuschauer auf, wobei es nach der gesetzlichen Definition erforderlich ist, dass der Fernsehsender für die Überlassung der Sendezeit ein Entgelt oder eine ähnliche Gegenleistung erhält.[412] Unter Überlassung von Sendezeit an den Werbetreibenden ist dabei die Ausstrahlung von Äußerungen in dessen eigener Verantwortung zu verstehen.[413]

In der Literatur und der Rechtsprechung ist allerdings umstritten, ob das Merkmal der Entgeltlichkeit wirklich konstitutiver oder lediglich deklaratorischer Natur ist. Entscheidend wird diese Frage in den Fällen, in denen der Fernsehsender Werbezeit unentgeltlich zur Verfügung stellt. So ist es durchaus vorstellbar, dass ein Veranstalter, der gleichzeitig Zeitungsverleger ist, für die Bewerbung seines Print-Produkts unentgeltlich Sendezeit zur Verfügung stellt.

Das VG Berlin[414] vertritt in ständiger Rechtsprechung die Auffassung, dass das Kriterium „gegen Entgelt oder eine ähnliche Gegenleistung" für den Werbebegriff konstitutiv sei. Es stützt sich dabei auf den Wortlaut der Fernsehrichtlinie sowie auf die Definition der Rundfunkwerbung der Europaratskonvention, die ebenfalls von „Bezahlung oder ähnlicher Gegenleistung" spricht. Bei fehlender Entgeltlichkeit könne daher dem VG Berlin zufolge auf den fehlenden Werbecharakter geschlossen werden.[415] In eine andere Richtung scheint allerdings der BGH zu tendieren, wenn er in seinem „Wer erschoß Boro?"-Urteil[416] von „...Werbung [...] – sei sie entgeltlich oder unentgeltlich" spricht. Der Frage nach einer konstitutiven oder rein deklaratorischen bzw. indiziellen Natur geht der BGH in dieser Entscheidung nicht weiter nach, scheint aber anhand oben zitierter Formulierung auch unentgeltliche Werbung im Sinnes des § 2 Abs. 2 Nr. 5 RStV für möglich zu halten.

Das Erfordernis einer Entgeltlichkeit könnte auch auf den weitergehenden Wortlaut des § 2 Abs. 2, Nr. 5 RStV gestützt werden, der von Äußerungen, „die gegen Entgelt [...] oder als Eigenwerbung gesendet werden", spricht. Da nämlich bei der Eigenwerbung ein Entgelt für die Ausstrahlung gerade nicht geleis-

---

412 Vgl. § 2 Abs. 2 Nr. 5 RStV.

413 Siehe *Köhler*, S. 62; *Reidt*, AfP 1990, 101 (101); daneben hat sich auch der Rundfunkveranstalter für den Inhalt der Werbesendung zu verantworten, siehe *Hartstein/Ring/Kreile/Dörr/Stettner*, § 7 RStV, Rnd. 8; sowie *Schwarz/Eichler*, AfP 1996, 228 (232).

414 Beschluss des VG Berlin vom 27. Januar 1998, AfP 1998, 337; Urteil des VG Berlin vom 15. April 1999, ZUM 1999, 751 ff.; Urteil des VG Berlin vom 16. September 2002, ZUM 2002, 933.

415 Urteil des VG Berlin vom 15. April 1999, ZUM 1999, 751 (757).

416 Urteil des BGH vom 22. Februar 1990, ZUM 1990, 291 (295).

tet wird,[417] könnte aus einem Umkehrschluss gefolgert werden, dass bei der klassischen Werbung eine Gegenleistung in jedem Falle erforderlich ist. Es ist aber vielmehr davon auszugehen, dass der Gesetzgeber mit dieser Einfügung klarstellen wollte, dass nicht nur klassische Dreiecksbeziehungen der Fernsehwerbung zugrunde liegen können, sondern auch bloße Zweierbeziehungen zwischen Fernsehveranstalter und Zuschauer.

Das Erfordernis einer Gegenleistung könnte sich auch aus der Tatsache herleiten lassen, dass die Werbung eine primäre Rolle in der Programmfinanzierung der privaten Fernsehveranstalter spielt. Der Gesetzgeber wollte mit den Vorschriften über die Werbung möglicherweise nur entgeltliche Äußerungen regeln. Jedoch befasst sich eine Vielzahl der Werbevorschriften nicht nur mit Finanzierungsfragen, sondern verfolgt auch den Schutz des Programms und der Zuschauer, so dass aus der bloßen Tatsache, dass Werbung der Programmfinanzierung dient, kein Schluss auf eine erforderliche Entgeltlichkeit gezogen werden kann.

Systematisch kann ein Vergleich mit der Schleichwerbung vorgenommen werden. Es ist nämlich festzustellen, dass die Schleichwerbung ihrer gesetzlichen Definition nach auch keine Entgeltlichkeit voraussetzt, sondern diesem Kriterium rein indizielle Wirkung beimisst.[418] Es erscheint aber wenig überzeugend, der Schleichwerbung, die rein logisch das Vorliegen von Werbung voraussetzt, einen weitergehenden Anwendungsbereich als der Werbung als solcher zuzusprechen.[419] Somit wäre das Erfordernis einer Gegenleistung nach systematischer Auslegung nicht zwingend.

Die Aufnahme der Entgeltlichkeit in die Legaldefinition kann auch mit historischen Erwägungen begründet werden. Mehrere Mitgliedstaaten wollten nämlich der Europäischen Gemeinschaft die Rechtsetzungsbefugnis für den Rundfunk absprechen.[420] Da die Europäische Gemeinschaft dem Grundsatz der begrenzten Einzelermächtigung zufolge in ihrer Gesetzgebungskompetenz auf die im EGV niedergelegten Bereiche beschränkt ist, wollte die Kommission durch die Betonung des Merkmals der Entgeltlichkeit lediglich die Zuständigkeit der Gemeinschaft hinsichtlich des Bereichs der Dienstleistungen, welche ja laut Art. 50 EGV ebenfalls in der Regel gegen Entgelt erbracht werden, bekräftigen.[421]

Darüber hinaus hatte der Gesetzgeber damals wohl lediglich die klassische Spotwerbung sowie das Sponsoring vor Augen und war sich der Konstellationen fehlender Entgeltlichkeit wohl kaum bewusst.[422]

---

[417] Ausführlicher zur Eigenwerbung siehe Teil 3, Kapitel B.
[418] Vgl. § 2 Abs. 2 Nr. 6, S. 2 RStV: „Eine Erwähnung oder Darstellung gilt insbesondere dann als zu Werbezwecken beabsichtigt, wenn sie gegen Entgelt oder eine ähnliche Gegenleistung erfolgt."
[419] So *Schaar*, S. 87.
[420] *Hartstein/Ring/Kreile/Dörr/Stettner*, B 4, Rnd. 60; *Pukall*, S. 151.
[421] *Schaar*, S. 88; *Martin-Pérez de Nanclares*, S. 95.
[422] *Henning-Bodewig*, GRUR Int. 1987, 538 (549); *Schaar*, S. 88.

Ausschlaggebend dürfte das Ergebnis einer teleologischen Auslegung der Norm sein. Es ist nämlich durchaus fraglich, ob das Kriterium der Entgeltlichkeit dem Ziel der Werbevorschriften gerecht wird. Die Werbevorschriften des Rundfunkstaatsvertrages schützen unter anderem den Zuschauer vor der unbewussten Beeinflussung werbender Äußerungen. Damit dieser eine bewusste und aufmerksame Haltung gegenüber werbenden Darstellungen aufbauen kann, muss die Werbung vom übrigen Programm getrennt und als solche gekennzeichnet werden. Ob die Überlassung der Sendezeit letztlich unentgeltlich oder entgeltlich erfolgt, bleibt dem Zuschauer verschlossen. Die Frage nach der Entgeltlichkeit der überlassenen Sendezeit betrifft lediglich das Innenverhältnis zwischen Fernsehveranstalter und Werbetreibenden. Der Zuschauer bleibt über die genaueren Vertragsbeziehungen und Zahlungsmodalitäten zwischen dem Fernsehsender und seinem Werbekunden unaufgeklärt. Für ihn stellt es sich insofern als rein zufällig dar, ob der Werbespot unentgeltlich oder gegen Bezahlung oder gegen eine andere Gegenleistung gesendet wurde. In diese Richtung geht auch *Bork*[423], wenn er ausführt, dass ein Werbespot dennoch ein Werbespot bleibt, wenn sich ein Rundfunkveranstalter bereit erklärt, diesen unentgeltlich auszustrahlen. Auf den Zuschauer wird immer noch werbend eingewirkt – und ob der Sender dies unentgeltlich tut oder nicht, ist für den Zuschauer völlig unerheblich.

Wenn Stimmen in der Literatur in diesem Zusammenhang meinen, dass es unrealistisch sei, dass ein Rundfunkveranstalter einem Werbetreibenden Sendezeit unentgeltlich zur Verfügung stellt,[424] so steht dem die gängige Praxis der Werbewirtschaft entgegen. Denn es kommt durchaus vor, dass Rundfunksender Freischaltungen, also Werbespots, die nicht in Rechnung gestellt aber dennoch ausgestrahlt werden, vornehmen. Dies geschieht meist im Rahmen von sogenannten TKP-Garantien[425]. Verspricht nämlich der Sender seinem Werbekunden, innerhalb eines bestimmten Zeitraumes einen vorher ausgehandelten TKP nicht zu überschreiten, so gewährt er, sofern der Spot von weniger Zuschauern als erwartet gesehen wird, solange kostenlose Werbeschaltungen, bis im Durchschnitt der vereinbarte TKP erreicht wird.[426]

Selbst wenn man dies als quasi nachgeholte Leistung und damit als Gegenleistung werten möchte, sind angesichts der vielfältigen Unternehmensverflechtungen auch andere Konstellationen denkbar. So ist es durchaus vorstellbar, dass – wie bereits oben angesprochen – ein Fernsehsender, der gleichzeitig Zeitungsverleger ist, für die Bewerbung seines Print-Produkts unentgeltlich Sendezeit zur Verfügung stellt.[427] Diese Spots nicht als Werbung

---

[423] *Bork*, ZUM 1990, 11 (12).
[424] So *Köhler*, S. 42.
[425] Der Tausend-Kontakt-Preis (TKP) gibt an, wieviel es kostet, auf einem bestimmten Kanal mit einem 30-sekundigen Werbespot tausend Zuschauer einer bestimmten Zielgruppe zu erreichen, vgl. *Karstens/Schütte*, S. 500.
[426] *Karstens/Schütte*, S. 325.
[427] Siehe auch *Bornemann*, K&R 2001, 302 (308).

im rundfunkrechtlichen Sinne zu begreifen, ist angesichts obiger Ausführungen nicht haltbar.

Sofern in der juristischen Literatur teilweise angenommen wird, dass die Begriffe „Entgelt" und „ähnliche Gegenleistung" weit ausgelegt werden müssten,[428] um einem Leerlaufen der Werbevorschriften Einhalt zu gebieten, vom Entgeltbegriff aber zumindest die Erstattung der Selbstkosten umfasst sein müsste, so sind obige Ausführungen entsprechend heranzuziehen. Denn auch hier stellt sich es für den Zuschauer als rein zufällig dar, ob die Selbstkosten erstattet wurden oder nicht.[429]

Dieser Auslegung der Norm könnten jedoch Grenzen gesetzt sein. Grundsätzlich muss nämlich der Rundfunkstaatsvertrag, der die Definition der Fernsehrichtlinie wortgleich übernommen hat, richtlinienkonform ausgelegt werden. Das heißt auch, dass der Grundsatz der begrenzten Einzelermächtigung beachtet werden muss. Dieser Grundsatz ergibt sich daraus, dass die Europäische Gemeinschaft nur über die Kompetenzen verfügen darf, die ihr im Vertrag eingeräumt wurden.[430] Da sich die Richtlinienkompetenz im Rundfunkwesen auf den freien Dienstleistungsverkehr nach Art. 49 EGV stützt, muss sich die Auslegung der Normen in diesem Rahmen halten. Diese Grenzen stehen der Auslegung des Merkmals „Entgeltlichkeit" letztlich aber nicht entgegen. Denn unter Dienstleistungen im Sinne des EGV sind nach Art. 50 EGV solche Leistungen zu verstehen, die „in der Regel gegen Entgelt" erbracht werden.[431] Eine Entgeltlichkeit oder eine andere Gegenleistung wird nicht zwingend gefordert.[432] Demzufolge hält sich die obige Auslegung des Merkmals der Entgeltlichkeit in richtlinienkonformen Grenzen.

Festzuhalten ist demnach, dass dem Merkmal der Entgeltlichkeit bzw. der Gegenleistung rein indizielle Wirkung beizumessen ist.[433] Von fehlender Gegenleistung ist daher nicht per se auf fehlenden Werbecharakter zu schließen.[434] Die rechtliche Einstufung als Werbung ist vielmehr im folgenden Kapitel bei der Frage nach der Förderungs- bzw. Werbeabsicht festzumachen.

---

[428] So *Höfling/Möwes/Pechstein*, Kapitel D, S. 67.

[429] Siehe auch *Holznagel*, S. 135, dem zufolge es nicht erforderlich ist, dass die Kosten für die Leistungserbringung vollständig abgedeckt werden.

[430] Die einzelstaatliche Zuständigkeit ist damit die Regel, die Gemeinschaftszuständigkeit die Ausnahme, vgl. *Kopp*, K&R 1998, 513 (514); *Bux*, S. 37; *Roider*, S. 29; *Börner*, ZUM 1985, 577 (578).

[431] Vgl. den Gesetzeswortlaut; siehe auch *Bux*, S. 109; *Börner*, ZUM 1985, 577 (579).

[432] Siehe auch *Meinel*, S. 65.

[433] Vgl. auch *Ahrens*, GRUR 1995, 307 (314), dem zufolge es im Hinblick auf den Normzweck der Sicherung unabhängiger Programmgestaltung unerheblich ist, ob für die Werbung ein Entgelt gezahlt wird; vgl. auch *Bornemann*, K&R 2001, 302 (310).

[434] Siehe auch *Engels*, RuF 1997, 214 (220), dem zufolge das Merkmal der Entgeltlichkeit kein Begriffsmerkmal der Werbung, sondern bloßes Indiz dafür ist.

d) Das Kriterium der Förderungsabsicht

aa) Intention der Äußerung

Ein weiteres maßgebendes Kriterium für die Bestimmung von Werbung ist also das Ziel der Absatzförderung. Von einer angestrebten Absatzförderung kann dann ausgegangen werden, wenn die gesendete Äußerung werbend auf den Zuschauer einwirken will und nicht aus informierenden oder unterhaltenden Gründen ausgestrahlt wird.[435]

Entscheidend ist daher, ob die Äußerung oder Darstellung aufgrund eines unabhängigen und eigenverantwortlich verfolgten Interesses des Veranstalters gesendet wird oder aber vielmehr von einem Fremdinteresse, nämlich dem des Werbetreibenden, gesteuert wird.

bb) Abgrenzung der redaktionell aufgemachten Werbung von redaktionell motivierter Empfehlung

Abgrenzungsschwierigkeiten können zwischen redaktionell aufgemachter Werbung und redaktionell motivierten Empfehlungen auftreten. Unter redaktionell aufgemachter Werbung versteht man eine Werbesendung, die die Gestalt eines regulären Programms hat.[436] Wegen der redaktionellen Tarnung ist der werbende Charakter der Sendung für die Zuschauer nur selten wahrnehmbar, so dass ein Großteil der Zuschauer über den Werbecharakter derartiger Sendungen irregeführt wird.[437]

Bei redaktionell motivierten Empfehlungen hingegen handelt es sich um solche Erwähnungen, mit denen von keinem der Beteiligten eine Absatzförderung verfolgt wird, die aber dennoch objektiv eine Werbewirkung entfalten. Zu denken ist dabei beispielsweise an eine positive Erwähnung in einer Ratgebersendung oder die Bekanntgabe von Warentests.

Die Frage nach dem Werbecharakter der Darstellung richtet sich nach oben genannten Kriterien. Ausgangspunkt ist zunächst die redaktionelle Gestaltungsfreiheit, wie sie in Art. 5 Abs. 1 S. 2 GG gewährleistet wird. Demnach darf es Programmveranstaltern nicht verwehrt sein, auch solche Äußerungen zu senden, die als unvermeidliche Nebenfolge eine Werbewirkung nach sich ziehen.

Voraussetzung für die Zulässigkeit einer solchen Äußerung außerhalb der Werbeblöcke ist aber nach oben genannten Grundsätzen ein programmlich-dramaturgischer Anlass,[438] der frei von wirtschaftlichen Beweggründen ist.

---

[435] *Engels/Giebel*, ZUM 2000, 265 (268); *Engels*, RuF 1997, 214 (220).
[436] So *Hartstein/Ring/Kreile/Dörr/Stettner*, § 7 RStV, Rnd. 54; siehe auch *Castendyk*, in: *v. Hartlieb/Schwarz*, 251. Kapitel, Rnd. 21.
[437] Siehe auch *Sack*, AfP 1991, 704 (713).
[438] *Platho*, ZUM 2000, 46 (48); *Herkströter*, Media Perspektiven 1998, 106 (109).

Programm und damit keine Werbung liegt also vor, wenn der redaktionelle Inhalt aufgrund eines unabhängigen und eigenverantwortlich verfolgten Interesses des Senders vermittelt wird. Dies ist beispielsweise dann nicht der Fall, wenn eine Sendung nur unter dem Vorwand eines redaktionellen Anlasses produziert wurde, um unter diesem Deckmantel werbende Äußerungen zu tätigen.[439] Ebenso besteht kein sachlicher, mit der publizistischen Informationsaufgabe gegebener Anlass, wenn der Zuschauer auch ohne Nennung und Darstellung bestimmter Firmen sachgerecht unterrichtet werden kann.[440]

Die Annahme einer Förderungsabsicht ist oft schwer feststellbar.[441] Daher müssen zwangsläufig objektive Kriterien herangezogen werden. Wurde ein Entgelt für die Ausstrahlung geleistet, ist dies ein starkes Indiz für eine Absatzförderungsabsicht.[442] Hingegen sind gemäß obiger Ausführungen trotz fehlender Entgeltleistung eine Förderungsabsicht und damit eine werbende Äußerung im rundfunkrechtlichen Sinne nicht von vornherein ausgeschlossen. Des Weiteren kann als objektives Kriterium die Darstellung als solche herangezogen werden. Zu prüfen ist dabei, ob bestimmte Produkte übermäßig herausgestellt werden, sei es durch ihre Intensität oder durch ihre Häufigkeit.[443]

e) Gegen Entgelt

Das letzte Merkmal, das nach der Definition des Werbebegriffs in der Fernsehrichtlinie sowie im RStV gefordert wird, ist erneut das einer Entgeltlichkeit.[444] Die Entgeltlichkeit soll sich in diesem Fall auf die Waren oder Dienstleistungen beziehen, auf die die erstrebte Absatzförderung gerichtet ist. Problematisch sind hier die Fälle, in denen für Produkte oder Dienstleistungen geworben wird, für die der Zuschauer kein Entgelt zahlt.

aa) Für den Zuschauer unentgeltliche Produkte

In den überwiegenden Fällen bereitet dieses Merkmal der Entgeltlichkeit keinerlei Schwierigkeiten. Der Werbetreibende möchte ein Produkt, das käuflich zu erwerben oder zu mieten ist, oder eine Dienstleistung, für die der Verbraucher

---

[439] So der „Holtkötter"-Fall, OLG Hamburg, Urteil vom 1. Juni 1995, AfP 1997, 807.
[440] So OLG Hamburg, Urteil vom 22. Februar 1996, ZUM 1997, 394.
[441] Vgl. auch *Engels/Giebel*, ZUM 2000, 265 (268).
[442] Vgl. auch *Schulz*, in: *Hahn/Vesting*, § 2 RStV, Rnd. 94.
[443] Vgl. auch *Platho*, ZUM 2000, 46 (48); *Engels/Giebel*, ZUM 2000, 265 (269); *Ahrens*, GRUR 1995, 307 (311); *Schulz*, in: *Hahn/Vesting*, § 2 RStV, Rnd. 82.
[444] Siehe den letzten Halbsatz der Legaldefinition in § 2 Abs. 2 Nr. 5: Werbung „ist jede Äußerung [...], die [...] gesendet wird mit dem Ziel den Absatz von Waren [...] *gegen Entgelt* zu fördern"

ein Entgelt zu leisten hat, vermarkten. In diesen Fällen ist das Merkmal der Entgeltlichkeit unproblematisch gegeben.

Es gibt aber auch Konstellationen, in denen nicht der Zuschauer selbst, sondern ein anderer die überwiegende bzw. ausschließliche Gegenleistung entrichtet. Zu denken ist dabei beispielsweise an eine kostenlose Zeitung oder Zeitschrift, die sich ausschließlich durch Anzeigen finanziert, oder an einen Fernsehsender, der seine Einnahmen mit Werbung und Sponsoring etc. erzielt.

Fraglich ist daher, ob auch diese Fallgestaltungen unter die gesetzliche Definition der Werbung subsumiert werden können. Ausgangspunkt muss auch hier wieder Sinn und Zweck der Werbevorschriften sein. Neben dem Schutz des Zuschauers ist es vor allem die Unabhängigkeit des redaktionellen Programms, die mit den werberechtlichen Normierungen gesichert werden soll.[445] Solange der Werbetreibende einen wirtschaftlichen Erfolg anstrebt, ist stets eine Einflussnahme auf das Programm zu befürchten. Ob nun aber die angestrebte Absatzförderung vom Zuschauer und von einer anderen Zielgruppe erfüllt wird, ist in diesem Zusammenhang unerheblich.

bb) Entgeltlichkeit im Rahmen des Art. 50 EGV

Diese Auffassung wird auch durch Anlehnung an die Begriffsdefinition der Entgeltleistung im Rahmen der Dienstleistungsfreiheit des Art. 50 EGV gestützt. Dort wird nämlich nach überwiegender Meinung auch davon ausgegangen, dass Leistung und Gegenleistung in keinem synallagmatischen Zusammenhang stehen müssten[446] und es unerheblich sei, ob der Leistungsempfänger direkt an den Leistungserbringer oder mittelbar über einen Dritten zahlt oder ob der Dritte selbst die Gegenleistung erbringt.[447] Denn Art. 50 EGV verlangt nicht, dass die Dienstleistung von demjenigen bezahlt werden muss, demgegenüber sie erbracht worden ist.[448] Es ist insbesondere nicht notwendig, dass in einem mehrgliedrigen Dienstleistungsvorgang, wie es bei der Fernsehwerbung der Fall ist, jeder einzelne Vorgang entgeltlich sein muss. Es reicht aus, dass eine der dabei entstehenden Zwischenstufen entgeltlich ist.[449] Das Recht der Dienstleistungsfreiheit kommt insoweit auch der Dienstleistung zugute, die von einem anderen als dem Empfänger vergütet wird.[450] Daher ist es also nicht erforderlich, dass der Zu-

---

[445] *Ladeur*, ZUM 1999, 672 (676); sowie *Bork*, ZUM 1990, 11 (14); Urteil des BGH vom 22. Februar 1990, ZUM 1990, 291 (294); *Engels*, RuF 1997, 214 (218).

[446] *Reich*, RuF 1989, 305 (307); *Martin-Pérez de Nanclares*, S. 58; a.A. *Börner*, ZUM 1985, 577 (579), der einen synallagmatischen Vertrag des Privatrechts als unerläßlich ansieht. Er bezieht sich dabei auf den Wortlaut „Entgelt", insbesondere auf die erste Silbe „Ent...".

[447] *Grosskopf*, AfP 1995, 464 (467); *Martin-Pérez de Nanclares*, S. 57; *Pukall*, S. 147; *Gulich*, S. 43.

[448] *Bux*, S. 110; *Pukall*, S. 147.

[449] *Meinel*, S. 63.

[450] *Bux*, S. 110; siehe auch *Roider*, S. 44.

schauer selbst das Entgelt für ein bestimmtes Produkt oder eine Dienstleistung zu zahlen hat. Auch ein Dritter kann – mittelbar oder unmittelbar – die angestrebte Gegenleistung erbringen. So reicht es beispielsweise aus, dass der Werbekunde und nicht der Zuschauer eine Entgeltleistung übernimmt.[451] Diese Meinung wird auch durch das Urteil des EuGH in der Rechtssache „Bond van Adverteerders"[452] gestützt, dem zufolge Art. 50 EGV nicht verlangt, dass die Dienstleistung von demjenigen bezahlt werden müsse, dem sie zugute kommt.

Dies wird auch durch eine weitere Überlegung gestützt. Art. 50 EGV dient nämlich dem Zweck, Dienstleistungen, also Leistungserbringungen, die einen Erwerbszweck verfolgen, von Schenkungen abzugrenzen.[453] Das Fernsehen als solches ist entweder gebührenpflichtig oder dient als Medium für die in der Regel entgeltliche Ausstrahlung von Werbeinhalten. Auch wenn das Fernsehen damit an sich kein käufliches Gut ist, so kann es dennoch nicht als unentgeltlich gewertet werden. Eine Verneinung der Entgeltlichkeit kann nur dort vorgenommen werden, wo das Fernsehen nicht geschäftsmäßig betrieben wird.[454] Dies dürfte grundsätzlich auf keinen Veranstalter zutreffen.[455] Vielmehr ist es das Anliegen eines jeden Senders, durch die Programmveranstaltung ein möglichst großes Publikum zu erreichen, um dadurch wiederum die Werbeerlöse zu steigern.[456]

f) Zwischenergebnis

Festzuhalten ist somit, dass es sich bei dem Begriff der Werbung im Sinne des § 2 Abs. 2 Nr. 5 RStV um jede anpreisende Äußerung im geschäftlichen Verkehr handelt, die von einem öffentlich-rechtlichen oder privaten Veranstalter unabhängig von einer entsprechenden Kennzeichnung gesendet wird mit der Absicht, einen wirtschaftlichen Erfolg zu erzielen. Eine Entgeltzahlung für die Überlassung der Sendezeit ist dafür ein bloßes Indiz. Das beworbene Produkt kann dabei für den Zuschauer selbst unentgeltlich sein.

---

[451] *Bux*, S. 111 sowie *Gulich*, S. 42, die treffenderweise folgendes Beispiel anführen: Auch die Dienstleistung eines Rechtsanwalts oder Krankenhauses wird häufig nicht vom Mandanten bzw. Patienten, sondern von der Rechtsschutz- bzw. Krankenversicherung gezahlt. Dass dennoch eine Dienstleistung vorliegt, wird niemand in Zweifel ziehen.

[452] EuGH Urteil vom 26. April 1988 – Rs 352/85 (Bond van Adverteerders), Slg. 1988, 2085 (2131, Rnd. 16).

[453] *Gulich*, S. 41; *Meinel*, S. 65; *Roider*, S. 42; so auch *Börner*, ZUM 1985, 577 (578); siehe auch *Holznagel*, S. 134.

[454] *Meinel*, S. 65.

[455] Ausnahme hierfür ist allenfalls reiner „Missionsfunk", zu dem das durch den Vatikan veranstaltete *Radio Vaticano* zählt, vgl. *Holznagel*, S. 136.

[456] So auch *Brummel*, S. 64.

B. Eigenwerbung im Sinne des § 2 Abs. 2 Nr. 5 RStV

Während dem klassischen Werbebegriff die oben genannte Dreiecksbeziehung[457] zugrunde liegt, zeichnet sich die Eigenwerbung durch eine bloße Zweierbeziehung aus: Werbetreibender und Fernsehveranstalter sind hier identisch. Da der Begriff der Eigenwerbung in der Literatur für die unterschiedlichsten Erscheinungsformen verwendet wird,[458] sind für die folgenden Ausführungen zunächst einige Begriffsbestimmungen notwendig.

Der Begriff der Eigenwerbung fand erst mit der revidierten Fernsehrichtlinie 97/36/EG aus dem Jahre 1997 Einzug in den Rundfunkstaatsvertrag.[459] In ihren Erwägungsgründen wird die Eigenwerbung als eine besondere Form der Werbung bezeichnet, „bei der der Veranstalter seine eigenen Produkte, Dienstleistungen, Programme oder Sender vertreibt."[460] Klargestellt wird in diesem Zusammenhang also, dass der Fernsehveranstalter selbst für den Absatz von Waren im eigenen Programm werben kann. Es handelt sich somit um Werbung für Produkte, mit Hilfe derer sich der Rundfunksender neben dem Verkauf von Werbezeiten eine Einnahmequelle erschließen möchte, also um Werbung für alle eigenen Produkte, nicht nur für Programme und Sendungen.[461]

Hierunter fällt z.B. die werbliche Darstellung von Produkten aus weiteren Geschäftsfeldern[462] des betreffenden Fernsehsenders sowie die Bewerbung eigener Merchandising-Produkte. Bei rundfunkspezifischen Merchandising-Produkten handelt es sich um solche Waren, die mit dem Sender oder einer bestimmten Sendung in einem gewissen Zusammenhang stehen, wie z.B. eine Tasse mit dem Senderlogo oder das Plüschtier zu Käpt'n Blaubär.[463]

Dagegen ist die Eigenwerbung im Sinne des § 2 Abs. 2 Nr. 5 RStV von Programmhinweisen und Trailern[464] zu unterscheiden, bei denen es um die Bewerbung des eigenen Senders geht.[465] Hier wird ebenfalls oft von Eigenwerbung gesprochen, allerdings im Sinne von sogenannter Eigenpromotion.[466] Dabei handelt es sich zwar zunächst begrifflich auch um Eigenwerbung, allerdings wird diese von den Werbezeitbeschränkungen ausgenommen und gilt als Pro-

---

457 Werbetreibender – Rundfunkveranstalter – Zuschauer.

458 Sehr oft wird der Begriff der Eigenwerbung für Programmhinweise und sogenannte Station Promotion gebraucht; diese beiden Formate sind jedoch hinsichtlich ihrer Kennzeichnungs- und Trennungspflicht sowie hinsichtlich der Anrechnung auf die Werbezeitkontingente voneinander zu trennen.

459 Vgl. den Wortlaut des § 2 Abs. 2 Nr. 5 RStV.

460 Erwägungsgrund Nr. 39 der Richtlinie 97/36/EG.

461 Vgl. auch *Erlmeier/Reinwald*, ZUM 2002, 440 (441).

462 Wenn z.B. ein Rundfunkunternehmen gleichzeitig Zeitungsverleger ist und sein Print-Produkt bewirbt, Beispiel bei *Bornemann*, K&R 2001, 302 (308).

463 Beispiel bei *Hartstein/Ring/Kreile/Dörr/Stettner*, § 45 RStV, Rnd. 27.

464 Zu Programmhinweisen siehe unten Teil 3, Kapitel E.

465 *Engels/Giebel*, ZUM 2000, 265 (279).

466 Die gemeinsamen Richtlinien der Landesmedienanstalten verwenden das Begriffspaar Eigen- und Fremdpromotion.

gramm.[467] Auch innerhalb der Mitgliedstaaten werden die Begrifflichkeiten oft miteinander vermengt. Der Umstand, dass die Fernsehrichtlinie die sogenannte Self-Promotion nicht definiert, wird daher von vielen als unglücklich bezeichnet. So war auf europäischer Ebene ein von der Beratungsgesellschaft *KOAN/CARAT* im Rahmen einer Studie herausgegebener Fragebogen[468] in Umlauf, mit dem herausgefunden werden sollte, ob die Fernsehrichtlinie künftig bestimmte Werbeformen, so auch die sogenannte Self-Promotion, definieren und konkretisieren solle. Der Fragebogen richtete sich an alle Marktbeteiligten, also an Fernsehveranstalter, Regulierungsbehörden, Werbetreibende, Rechteinhaber etc.[469] Ein veröffentlichtes Ergebnis lag im Juli 2005 vor.[470] Aus dem zusammenfassenden Résumé geht hervor, dass von den Marktbeteiligten eine Überarbeitung der Definition der Eigenwerbung für sinnvoll gehalten wird.[471]

C. Begleitmaterialien

Hinweise auf sogenannte Begleitmaterialien gelten gemäß Art. 18 Abs. 3 der Fernsehrichtlinie und §§ 16 Abs. 4 und 45 Abs. 3 RStV nicht als Werbung, wenn diese direkt vom Programm abgeleitet sind. Dies ist dann der Fall, wenn sie mit der Fernsehsendung in einem funktionalen Zusammenhang stehen und die Sendung ergänzen oder vertiefen.[472] So auch der Erwägungsgrund Nr. 35 der

---

[467] Dazu mehr im Kapitel über Programmhinweise.

[468] Der Titel der von *KOAN/CARAT* betriebenen Studie lautet: *Comparative study concerning the impact of the regulatory measures on the televised advertising market in the EU Member States, EEE States and certain other countries*, im Internet abrufbar unter http://europa.eu.int/comm/avpolicy/stat/2004/44-03-questionnaire-en.doc; Kapitel 10 lautet: „Self-Promotion is not defined as such in the directive.
10.1 Could a definition for self-promotion be added? Should this definition indicate what is the precise meaning of „ancillary products directly derived from the broadcasters programmes“?
10.2 Should this definition also specify the meaning of „programme of a broadcaster“. Should the definition of self-promotion include the promotions by a broadcaster of the programmes of another televised service belonging to the same group of company?“

[469] Für eine Definition der Eigenpromotion hat sich der *Conseil supérieur de l'audiovisuel de la communauté française de Belgique* (*CSA*) ausgesprochen, vgl. Beitrag des belgischen *CSA*, S. 4; im Internet abrufbar unter http://europa.eu.int/comm/avpolicy/ regul/reviewtwf2003 /contribution.htm.

[470] Vgl. *Rapport Final*, abrufbar im Internet unter http:// ec. europa.eu/avpolicy/docs/library/ studies/finalised/bird_bird/pub_rapportfinal_en.pdf.

[471] Vgl. *Rapport Final*, S. 100.

[472] *Bosman*, ZUM 1990, 545 (553); noch einschränkender siehe *Herkströter*, ZUM 1992, 395 (406), der solche Hinweise außerhalb der Werbeblöcke nur dann als rechtmäßig ansieht, wenn das Produkt für die Nutzung der Sendung unerläßlich ist; etwas weitergehender *Schulz*, in: *Hahn/Vesting*, § 2 RStV, Rnd. 86, der eine Erhöhung des Nutzens des Programms fordert; siehe auch *Reidt*, AfP 1990, 101 (103), der das redaktionelle Interesse verneint, wenn zwar

revidierten Fernsehrichtlinie, der in diesem Zusammenhang verlangt, dass das entsprechende Produkt dazu bestimmt sein muss, den Zuschauern die volle oder interaktive Nutzung der betreffenden Programme zu ermöglichen. In dieselbe Richtung gehen auch die gemeinsamen Richtlinien der Landesmedienanstalten, die in Nr. 15 fordern, dass solche Hinweise nicht den Werbevorschriften unterfallen, wenn durch diese Materialien der Inhalt der Sendung „erläutert, vertieft oder nachbearbeitet" wird.

Beispielhaft genannt werden können in diesem Zusammenhang schriftliche Begleitmaterialien zu einer Bildungssendung oder das Spiel zu einer Quiz-Sendung. Nicht darunter fallen aber Hinweise, die nur dem Zweck dienen, die Kaufentscheidung des Zuschauers zu beeinflussen, ohne selbst redaktionell veranlasst zu sein.[473] In einem solchen Fall sind diese Hinweise zwar nicht unzulässig, müssen jedoch außerhalb des redaktionellen Teils im Werbeblock platziert werden.[474] Eine wertende Art der Hinweise auf Begleitmaterialien ist jedoch unschädlich.[475] Die Entgegennahme von Geld oder geldwerten Vorteilen als Gegenleistung für redaktionelle Hinweise auf Begleitmaterialien ist aber nach den ARD- und ZDF-Richtlinien nicht statthaft.[476]

Hinweise, die nicht den Werbevorschriften unterfallen, dürfen allerdings auch nicht unbegrenzt ausgestrahlt werden. Da sie in einem unmittelbaren Zusammenhang mit der jeweiligen Sendung stehen müssen, dürfen sie auch nur im Zusammenhang mit dieser Sendung oder mit dessen Programmankündigung am jeweiligen Sendetag erscheinen.[477]

Nach den gemeinsamen Richtlinien der Landesmedienanstalten gelten auch Hinweise auf Bezugsmöglichkeiten von Wiedergaben der Sendungen auf Audio- und Videokassetten, Schallplatten und ähnliche Bild- und Tonträger nicht als Werbung.[478]

---

ein äußerer thematischer Bezug zu einzelnen Sendungen vorliegt, es in den Sendungen aber nicht entscheidend auf die Nutzung der vorgestellten Produkte ankommt.

[473] Zum Beispiel passende Angebote eines Reisebüros im Anschluss an eine Urlaubsberichterstattung, Beispiel bei *Hochstein*, AfP 1991, 696 (702).

[474] *Beucher/Leyendecker/v. Rosenberg*, § 7 RStV, Rnd. 15.

[475] *Ladeur*, in: *Hahn/Vesting*, § 15 RStV, Rnd. 6.

[476] Anderer Ansicht *Köhler*, S. 132, bei dessen Erscheinen die ARD-Richtlinien allerdings noch nicht erlassen waren; vgl. auch *Sack*, AfP 1991, 704 (705), der bei Entgeltzahlungen des begünstigten Unternehmens einen Werbezweck vermutet.

[477] Siehe Nr. 15 Abs. 6 der gemeinsamen Richtlinien der Landesmedienanstalten; für die *ARD* siehe Nr. 14.2. der ARD-Richtlinien; vgl. auch *Engels/Giebel*, ZUM 2000, 265 (275); *Eberle*, ZUM 1991, 56 (59).

[478] Siehe Nr. 15 Abs. 4 der gemeinsamen Richtlinien der Landesmedienanstalten.

D. Abgrenzung zu Merchandising-Produkten

Diese Begleitmaterialien dürfen nicht mit den oben genannten Merchandising-Produkten verwechselt werden.[479] Unter Merchandising versteht man im Allgemeinen die lizenzmäßige Vermarktung von (realen oder fiktiven) Figuren, Namen, Logos, Motiven etc.[480] Gegenstand des Merchandisingvertrages ist damit die Sekundärverwertung der durch die Primärnutzung erlangten Popularität,[481] so dass es letztendlich um die „Kapitalisierung von Beliebtheit" geht.[482]

Wie oben bereits erwähnt, handelt es sich bei rundfunkspezifischen Merchandising-Produkten um Waren, die mit dem Sender, sei es mit dem Programm, dem Sender als solchen oder den Moderatoren oder Schauspielern, in einem Zusammenhang stehen, ohne dass aber Hinweise auf diese Produkte programmlich oder redaktionell veranlasst sind[483] und somit als Hinweise auf Begleitmaterialien im Sinne der §§ 16 Abs. 4, 45 Abs. 3 RStV gelten. Hinweise auf diese Merchandising-Produkte gelten daher als Werbung im Sinne des § 2 Abs. 2 Nr. 5 RStV.[484]

E. Programmhinweise und -trailer

Von der Eigenwerbung im Sinne des § 2 Abs. 2 Nr. 5 RStV sind Programmhinweise des Senders zu unterscheiden. Während es sich bei der oben erwähnten Eigenwerbung um eine besondere Form der Werbung handelt, die ebenso wie die klassische Werbung auf die Werbezeitkontingente angerechnet wird und als Werbung gekennzeichnet werden muss, sind Programmhinweise nach den §§ 16 Abs. 4, 45 Abs. 3 RStV nicht auf die Dauer der Werbung anzurechnen.[485] Diese Vorschriften gehen zurück auf Art. 18 Abs. 3 der Fernsehrichtlinie[486], der erst mit der revidierten Fassung in die Richtlinie aufgenommen wurde. Der Erwägungsgrund Nr. 34 der Fernsehrichtlinie erklärt dazu, dass die tägliche Sendezeit für Hinweise eines Fernsehveranstalters im Zusammenhang mit

[479] *Hartstein/Ring/Kreile/Dörr/Stettner*, § 15 RStV, Rnd. 12 sowie § 45 RStV, Rnd. 27.
[480] *Schertz*, ZUM 2003, 631 (632).
[481] *Schertz*, ZUM 2003, 631 (632).
[482] So *Schertz*, ZUM 2003, 631 (631).
[483] *Hochstein*, AfP 1991, 696 (702).
[484] *Schulz*, in: *Hahn/Vesting*, § 2 RStV, Rnd. 92 sowie § 15 RStV, Rnd. 6; ausführlich zum Merchandisingvertrag siehe *Schertz*, ZUM 2003, S. 631 ff.
[485] § 15 RStV, der sich in den ersten drei Absätzen mit der Werbedauer im öffentlich-rechtlichen Rundfunk befasst, lautet in Abs. 4: „Hinweise der Rundfunkanstalten auf eigene Programme [...] gelten nicht als Werbung im Sinne der Absätze 1 bis 3"; § 45 RStV, der für die privaten Rundfunkveranstalter gilt, befasst sich ebenfalls in den ersten beiden Absätzen mit der Dauer der Werbung. Abs. 3 lautet: „Hinweise des Rundfunkveranstalters auf eigene Programme [...] gelten nicht als Werbung im Sinne der Absätze 1 und 2."
[486] Art. 18 Abs. 3 der Fernsehrichtlinie lautet: „Im Sinne dieses Artikels gilt folgendes nicht als Werbung: Hinweise des Fernsehveranstalters auf eigene Programme [...]".

seinen eigenen Programmen nicht in die maximale Sendezeit für Werbung einzubeziehen ist.

Unter den Begriff des Programmhinweises fallen die oben genannten klassischen Programmansagen, Vorschautafeln, Voice-over-Ansagen und die Programmtrailer[487], die allesamt kommende Sendungen ankündigen und vorstellen. Der im Folgenden verwendete Begriff der Programmhinweise umfasst daher sämtliche vorstehend genannten Varianten. Ob auch die sogenannte Station Promotion, also Selbstdarstellungen des Senders ohne konkreten Programmbezug, darunter fallen, bleibt einem gesonderten Kapitel vorbehalten.[488]

I. Programmhinweise als Werbung

Fraglich ist nun in diesem Zusammenhang, ob Programmhinweise an sich Werbung im rundfunkrechtlichen Sinne sind und lediglich hinsichtlich der Anrechnung auf die Werbezeitkontingente anders behandelt werden sollen[489] oder ob es sich schon rein begrifflich nicht um Werbung im rundfunkrechtlichen Sinne handelt.[490]

Nach dem Wortlaut des Art. 18 Abs. 3 1. Alt. der Fernsehrichtlinie, des Erwägungsgrundes Nr. 34 sowie der §§ 16 Abs. 4, 45 Abs. 3 des Rundfunkstaatsvertrages werden Programmhinweise nicht vollständig aus dem Werbebegriff, sondern nur hinsichtlich der zeitlichen Beschränkungen ausgenommen.[491] Das spricht dafür, Programmhinweise zunächst als Werbung zu begreifen. Eine solche rechtliche Bewertung wäre folgerichtig, wenn Programmhinweise alle Tatbestandsmerkmale des Werbebegriffs im Sinne des § 2 Abs. 2 Nr. 5 RStV erfüllen.

Dass der Sender die Programmhinweise ausstrahlt, um möglichst viele Zuschauer zum Einschalten des Programms anzuhalten, dürfte unstreitig sein. Die werbende Zielsetzung dieser Hinweise ist daher neben dem ebenfalls gegebenen Informationszweck eindeutig.[492] Da der Werbebegriff auch den der medialen Werbung beinhaltet, ist es unschädlich, dass Programmhinweise und Trailer nicht als Werbung gekennzeichnet und vom übrigen Programm getrennt ausgestrahlt werden. Die Frage des weiteren Merkmals der Werbung, dem der

---

[487] Darunter fallen alle Trailer, die sich auf bestimmte Sendungen beziehen, also Einzel-Promos, General-Promos, Kombinationstrailer etc. Zu den verschiedenen Trailer-Arten siehe Teil 2, Kapitel F.I.4.

[488] Siehe Teil 3, Kapitel F.

[489] So wohl *Hesse*, S. 103; *Platho*, MMR 2002, 21 (22); *Hartstein/Ring/Kreile/Dörr/Stettner*, § 7 RStV, Rnd. 10.

[490] So *Engels/Giebel*, ZUM 2000, 265 (279, 280), der von einer „unglücklichen Formulierung" spricht, die im Rahmen der Umsetzung der Fernsehrichtlinie entstanden ist; siehe auch *Castendyk*, in: *v. Hartlieb/Schwarz*, S. 654.

[491] Vgl. auch den Beschluss des VG Berlin vom 4. Oktober 2000, ZUM-RD 2001, 48 (50).

[492] Siehe auch *Beucher/Leyendecker/v. Rosenberg*, § 7 RStV, Rnd. 11.

Entgeltlichkeit der Überlassung der Sendezeit, stellt sich in dieser Zweier-Beziehung nicht. Gerade deshalb wurde ja das Format der Eigenwerbung mit in die Werbedefinition aufgenommen.

Problematisch im Hinblick auf die Einordnung als Werbung ist allein die Frage nach der Entgeltlichkeit der Dienstleistung, da der Zuschauer dem Fernsehunternehmen für den Empfang der Sendungen nichts zahlen muss.
In diesem Zusammenhang wird deshalb das Kriterium der Entgeltlichkeit bei der Bewerbung von Free-TV-Sendern und damit das Vorliegen von Werbung teilweise verneint,[493] weil sich die privaten Fernsehsender größtenteils durch Werbeeinnahmen, jedenfalls nicht durch Zuschauerbeiträge finanzieren, der Zuschauer mithin für die Inanspruchnahme des Programms kein Entgelt leistet.
Dass der Zuschauer über seine GEZ-Gebühr die Landesmedienanstalten mitfinanziert[494] und deshalb möglicherweise ein Entgelt für einen Free-TV-Sender leistet, erscheint zu weit hergeholt. Denn durch die Mitfinanzierung der Aufsichtsorgane über den privaten Rundfunk fließt den Sendern kein Vermögensvorteil zu.

Wie oben bereits gesehen, ist das Merkmal der Entgeltlichkeit weit auszulegen. Dies muss nämlich nicht synallagmatischer Natur sein, vielmehr genügen auch mittelbare Leistungen. Insofern liegt eine Entgeltlichkeit bei der Bewerbung von Free-TV-Sendern vor, als die Zuschauerakzeptanz unmittelbar mit den Werbeeinnahmen zusammenhängt. Die Zahl der Zuschauer stellt damit nämlich einen geldwerten Vorteil für den Fernsehsender dar,[495] so dass das Merkmal der Entgeltlichkeit, wenn auch nur mittelbar, bejaht werden kann. Gleiches muss für die Anpreisung von Zeitungen oder Zeitschriften gelten, die sich ausschließlich aus Anzeigen und Werbung finanzieren.

Diese Überlegungen lassen sich, wie bereits ausgeführt, auch auf die Rechtsprechung zur Dienstleistungsfreiheit stützen. Nach Art. 50 EGV sind Dienstleistungen nämlich solche Leistungen, die in der Regel gegen Entgelt erbracht werden. Ob nun aber der Leistungsempfänger direkt an den Leistungserbringer, also in unserem Fall an den Fernsehveranstalter, oder mittelbar über einen Dritten zahlt oder ob der Dritte selbst zahlt, ist unerheblich.[496] Leistung und Gegenleistung müssen nicht in einem synallagmatischen Zusammenhang stehen.[497] Wenn also der Werbekunde einen sich nach den Marktanteilen des Programms zu berechnenden Kontaktpreis an den Rundfunkveranstalter zahlt, kann von einem gegenseitigen Leistungsverhältnis ausgegangen werden.

---

[493] So *Castendyk*, in: *v. Hartlieb/Schwarz*, S. 654; *Engels/Giebel*, ZUM 2000, 265 (279), die eine Absatzbeziehung allenfalls beim Pay-TV oder beim Pay-per-view annehmen; ebenso *Schulz*, in: *Hahn/Vesting*, § 2 RStV, Rnd. 85; ablehnend auch *Höfling/Möwes/Pechstein*, Kapitel D, S. 67.

[494] 2% der GEZ-Gebühren können nach § 40 RStV für die Landesmedienanstalten verwendet werden.

[495] So auch *Grosskopf*, AfP 1995, 464 (467).

[496] *Grosskopf*, AfP 1995, 464 (467).

[497] *Reich*, RuF 1989, 305 (307).

Daher kann auch das Merkmal der Entgeltlichkeit bejaht werden, so dass der rundfunkrechtliche Werbebegriff erfüllt ist. Aus diesem Grunde stellen Programmhinweise grundsätzlich Werbung dar,[498] sind aber nicht den Zeitbeschränkungen der §§ 16 Abs. 4, 45 Abs. 3 RStV unterworfen. Da Programmhinweise nicht ausdrücklich als Werbung gekennzeichnet werden müssen, werden sie auch als mediale Werbung charakterisiert.[499]

Im Widerspruch dazu stehen die gemeinsamen Richtlinien der Landesmedienanstalten, die in Nr. 15 (1) erklären, dass Programmhinweise nicht als Werbung im Sinne von § 2 Abs. 2 Nr. 5 RStV gelten.[500] Während also sowohl die Fernsehrichtlinie als auch der Rundfunkstaatsvertrag Programmhinweise nur hinsichtlich der zeitlichen Beschränkungen von den Werbebestimmungen ausnehmen, verneinen die gemeinsamen Richtlinien schon den Werbebegriff als solchen. Da aber Programmhinweise alle Merkmale des Werbebegriffs erfüllen, kann dieser rechtlichen Bewertung der Landesmedienanstalten nicht gefolgt werden. Die Richtlinien halten sich insofern in dieser Hinsicht nicht in dem vom Rundfunkstaatsvertrag gesetzlich vorgegebenen Rahmen.

Im Gegensatz zu den gemeinsamen Richtlinien der Landesmedienanstalten nehmen die ARD- sowie die ZDF-Richtlinien die Programmhinweise nicht schon begrifflich aus dem Werbebegriff heraus, sondern erklären die für Werbesendungen geltenden Bestimmungen für Programmhinweise für unanwendbar.[501] Die Richtlinien der öffentlich-rechtlichen Rundfunkveranstalter lehnen sich damit an die Auslegung der Fernsehrichtlinie sowie des Rundfunkstaatsvertrages an.

Festzuhalten bleibt somit, dass Programmhinweise alle Merkmale der Fernsehwerbung erfüllen, nicht aber den zeitlichen Werberestriktionen unterliegen. Dass der Gesetzgeber selbst der Auffassung war, dass Programmhinweise die Merkmale des Werbebegriffs erfüllen, zeigt auch der Umstand, dass er mit § 45 Abs. 3 RStV bzw. Art. 18 Abs. 3 Fernsehrichtlinie diese Hinweise von den

---

[498] Anderer Ansicht *Engels/Giebel*, ZUM 265 (280), die aus § 45 Abs. 3 RStV nicht den Umkehrschluss ziehen wollen, dass es sich bei Programmhinweisen um Werbung handelt. Dies begründen sie mit der „unglücklichen Formulierung“ des § 45 Abs. 3 RStV, die in Folge der Umsetzung der Fernsehrichtlinie entstanden sei. Dazu ist jedoch anzumerken, dass bereits die Fernsehrichtlinie in Art. 18 Abs. 3 den gleichen Wortlaut wie der darauf basierende § 45 Abs. 3 RStV hat, es mithin zu keiner anderen Formulierung im Rahmen der Umsetzung gekommen ist.

[499] *Fuhr/Rudolf/Wasserburg*, S. 360.

[500] Siehe Nr. 15 (1) der gemeinsamen Richtlinien der Landesmedienanstalten: „Eigenpromotion sind Hinweise auf die für einen Veranstalter zugelassenen Programme. Sie gelten nicht als Werbung i.S. von § 2 Abs. 2 Nr. 5 RStV.“

[501] Vgl. Nr. 16 der ARD-Richtlinien sowie Nr. 16 der ZDF-Richtlinien: „Für Programme und Sendungen, die der Selbstdarstellung oder Information über den Rundfunk oder die Programmleistungen dienen, sind die für das redaktionell gestaltete Programm allgemein geltenden Bestimmungen, insbesondere die allgemeinen Programmgrundsätze, zu beachten. Die nach dem Rundfunkstaatsvertrag und diesen Richtlinien für Werbesendungen geltenden Bestimmungen finden auf solche Maßnahmen keine Anwendung.“

Werbebestimmungen überhaupt erst herausnehmen musste. Nur so kann auch der Erwägungsgrund Nr. 34 der Fernsehrichtlinie erklärt werden, der Hinweise eines Veranstalters im Zusammenhang mit seinen eigenen Programmen nicht in die maximale tägliche oder stündliche Sendezeit für Werbung einbezieht.

II. Trennungs- und Kennzeichnungspflicht

Fraglich ist allerdings, ob Programmhinweise nur von den zeitlichen Restriktionen befreit sind oder ob sie auch darüber hinaus vom Trennungs- und Kennzeichnungsgebot freigestellt sind. § 45 Abs. 3 RStV nimmt Programmhinweise seinem Wortlaut nach nämlich nur aus den zeitlichen Beschränkungen heraus.

Auch aus der Fernsehrichtlinie geht dies nicht eindeutig hervor, da sich möglicherweise gleich zwei Erwägungsgründe mit der Ausstrahlung von Programmhinweisen beschäftigen: zum einen Nr. 34, der Hinweise eines Veranstalters im Zusammenhang mit seinen eigenen Programmen nicht in die maximale tägliche oder stündliche Sendezeit für Werbung einbezieht, zum anderen Erwägungsgrund Nr. 39, der „insbesondere Trailer, die aus Programmauszügen bestehen", als Programm gelten lässt.

1. Gleichbehandlung von Programmhinweisen und -trailern

Dabei stellt sich zunächst die Frage, ob schlichte Programmhinweise anders als Programmtrailer behandelt werden sollen. Erwägungsgrund Nr. 34 spricht nämlich lediglich von Programmhinweisen, während Erwägungsgrund Nr. 39 „insbesondere" von Trailern spricht, die aus Programmauszügen bestehen. Dass aber schlichte Programmhinweise, wie beispielsweise die Ansagetafel oder der Hinweis durch eine Ansagerin anders behandelt werden sollen als Programmtrailer, macht keinen ersichtlichen Sinn. Zum einen kann oft keine klare Trennung zwischen klassischen Programmhinweisen und Trailern gemacht werden, insbesondere, wenn Hinweise durch eine Ansagerin gegeben werden, die zwischendurch durch Einblendung von Programmauszügen unterbrochen werden. Hier ist es schlichtweg unmöglich, dieses an sich einheitliche Format auseinander zu reißen und unterschiedlichen Regelungen zu unterwerfen. Zum anderen spricht Erwägungsgrund Nr. 39 S. 2 „insbesondere" von Trailern, beschränkt sich somit nicht ausschließlich auf Programmtrailer. Da auch andere Programmhinweise einen direkten Bezug zum Programm haben und es keinen Unterschied machen kann, ob ein Programmansager die kommende Sendung inhaltlich zusammenfasst oder ein Trailer diese Aufgabe mittels Einblendung von Bildsequenzen übernimmt, muss der Erwägungsgrund Nr. 39 S. 2 für alle Arten der Programmhinweise gelten. Die scheinbare Differenzierung in den Erwägungsgründen zwischen Programmhinweisen und Programmtrailern ist als vom Gemeinschaftsgesetzgeber unbeabsichtigt zu werten. Dass sich der Gesetzgeber über die Möglichkeit von Unstimmigkeiten im Klaren war, zeigt auch der letzte Halbsatz des Erwägungsgrundes Nr. 39, in dem es heißt, dass die die Eigenwerbung betreffenden Vorschriften möglicherweise überprüfungsbedürftig sind.

Auch die gemeinsamen Richtlinien der Landesmedienanstalten differenzieren nicht zwischen Programmhinweisen und Programmtrailern, sondern sprechen pauschal von sogenannter Sender- bzw. Eigenpromotion.[502] Dabei soll es sich um Hinweise auf die für einen Veranstalter zugelassenen Programme handeln, wobei sie sich auf das Gesamtprogramm und einzelne Sendungen sowie auf die in ihnen handelnden Personen oder auf Veranstaltungen sowie sonstige Ereignisse außerhalb der Programme des Veranstalters beziehen können.[503] Die ARD- und ZDF-Richtlinien differenzieren ebenso wenig zwischen Trailern und anderen Programmhinweisen.[504] Die nachfolgende Prüfung des Trennungs- und Kennzeichnungsgebots umfasst daher Programmhinweise und Programmtrailer gleichermaßen.

2. Kennzeichnungsgebot

Da Programmhinweise und -trailer kraft gesetzlicher Fiktion als Programm gelten, muss auch das in § 7 Abs. 3 RStV niedergelegte Kennzeichnungsgebot entfallen. Das Gesetz kennt außer der Kennzeichnungspflicht für Werbe- und Dauerwerbesendungen keine anderweitigen Kennzeichnungen.

3. Trennungsgebot

Programmhinweise und -trailer müssen auch nicht vom übrigen Programm getrennt werden. Dies ergibt sich aus dem Sinn und Zweck des Trennungsgebots. Dieses liegt vor allem im Schutz des redaktionellen Teils vor sachfremden Einflüssen. Da Programmhinweise und -trailer aber als Programm und damit selbst als Teil des publizistischen Gesamtwerkes gelten, kann hier vom Trennungsgebot abgesehen werden.

Somit unterliegen alle Arten von Programmhinweisen weder dem Trennungs- noch dem Kennzeichnungsgebot, sondern gelten vielmehr als Programm. Die Formulierung „gelten" bringt aber – wie bereits oben gesehen – eine gesetzliche Fiktion zum Ausdruck und geht grundsätzlich von der Zugehörigkeit zum Werbebegriff aus.[505]

---

[502] Siehe Nr. 15 (1) der gemeinsamen Richtlinien der Landesmedienanstalten.
[503] Siehe Nr. 15 (2) der gemeinsamen Richtlinien der Landesmedienanstalten.
[504] Siehe Nr. 16 der ARD-Richtlinien sowie Nr. 16 der ZDF-Richtlinien.
[505] *Platho*, MMR 2002, 21 (22).

III. Bewertung als Programm

Trotz des werbenden Charakters der Programmhinweise gelten diese also nicht als Werbung, sondern als Programm. Grund dafür sind folgende Überlegungen: Zum einen haben Programmhinweise immer einen direkten Bezug zum Programm[506] und können daher aus der Programmaufgabe der Sender gerechtfertigt sein.[507] Dem wird teilweise entgegengehalten, dass die Ausstrahlung weder aus journalistischen Motiven noch aus redaktionellem Anlass, sondern ausschließlich zur Beeinflussung des Zuschauers gesendet wird, um höhere Marktanteile zu erreichen.[508] Durch die eigenverantwortliche Vermittlungsentscheidung[509] überwiegt aber der programmliche Aspekt der Programmhinweise gegenüber dem Werbecharakter. Die besondere Beziehung zwischen dem Rundfunkveranstalter und dem Zuschauer kann daher stärker gewichtet werden als die ebenfalls angestrebte Quote nebst Werbepreis.[510] Zum anderen wird auch das Kriterium der Zuschauerbindung herangezogen, was als Rechtfertigung dafür gilt, die Selbstdarstellungen des Senders aus der Anrechnung der Werbezeitkontingente herauszunehmen[511] – so die gemeinsamen Richtlinien der Landesmedienanstalten, die in Nr. 15 (2) S. 2 erklären, dass die Sender- bzw. Eigenpromotion der Zuschauerbindung dient und insofern nicht den Werbevorschriften unterliegt.

Des Weiteren wird teilweise angeführt, dass die mit der klassischen Werbung verbundenen Risiken, nämlich die Abhängigkeit des Programms von den Werbetreibenden und eine mögliche Irreführung des Zuschauers, nicht gegeben sind.[512]

IV. Allgemeine Programmgrundsätze

Da Programmhinweise und Programmtrailer gemäß der gesetzlichen Fiktion als Programm gelten, unterliegen sie dementsprechend auch den für das Programm geltenden Vorschriften.[513] Sie sollen daher dem Gebot zur Sachlichkeit und Objektivität gerecht werden und keine unwahren Aussagen enthalten.[514] Dass

---

[506] So *Ladeur*, in: *Hahn/Vesting*, § 15 RStV, Rnd. 6.

[507] *Beucher/Leyendecker/v. Rosenberg*, § 7 RStV, Rnd. 11; siehe auch die Entscheidung des BVerfG vom 5. Februar 1991 (das sogenannte WDR-Urteil), BVerfGE 83, 138 (313).

[508] *Grosskopf*, WRP 1990, 153 (155).

[509] So *Engels/Giebel*, ZUM 2000, 265 (279).

[510] *Platho*, MMR 2002, 21 (24).

[511] *Hartstein/Ring/Kreile/Dörr/Stettner*, § 45 RStV, Rnd. 25; *Platho*, MMR 2002, 21 (24); *Bornemann*, K&R 2001, 302 (308); *Engels/Giebel*, ZUM 2000, 265 (279).

[512] *Ladeur*, in: *Hahn/Vesting*, § 15 RStV, Rnd. 6.

[513] So Nr. 16 der ARD-Richtlinien sowie Nr. 16 der ZDF-Richtlinien, nach denen insbesondere die allgemeinen Programmgrundsätze zu beachten sind; *Beucher/Leyendecker/v. Rosenberg*, § 7 RStV, Rnd. 11; *Bork*, ZUM 1990, 11 (15); *Bosman*, ZUM 1990, 545 (548).

[514] *Schröder*, ZUM 2000, 6 (9); *Grosskopf*, WRP 1990, 153 (155).

die werbende Darstellung des eigenen Senders nicht neutral ist und nicht neutral sein kann, um ihren Zweck zu erfüllen, liegt auf der Hand. Der Zuschauer ist sich zudem des umwerbenden Charakters der Hinweise und Trailer des Senders bewusst und hält sie für keine objektive Information. Dies bedeutet aber nicht, dass in missbräuchlicher Weise auf den Zuschauer eingewirkt werden und dieser durch unsachliche Beiträge manipuliert werden darf.[515] Ebenso wenig darf mit der Self-Promotion eine unsachliche Herabwürdigung konkurrierender Sender einhergehen.[516]

Teilweise wird auch eine Beschränkung werbender Selbstdarstellungen der Rundfunkveranstalter gefordert.[517] Dies soll sich aus der Funktion des Rundfunks als Medium des gesellschaftlichen Meinungsspektrums ergeben, da durch ein Übermaß an rundfunkeigener Werbung nämlich die Vermittlungsfunktion des Rundfunks verkürzt werde. Der Rundfunk dürfe somit nicht den Rundfunkveranstaltern ausgeliefert werden. Dem muss jedoch entgegengehalten werden, dass die Rundfunkveranstalter selbst den Umfang ihrer Selbstdarstellung bestimmen können sollten, um mit den anderen Sendern publizistisch konkurrieren zu können. Außerdem steht als Korrektiv auch immer noch das Empfinden des Zuschauers im Vordergrund, der aufgrund eines zu großen Umfangs der Self-Promotion möglicherweise den Sender wechseln wird. Eine Auslieferung des Rundfunks an den Rundfunkveranstalter selbst ist mithin nicht zu befürchten.

Dass auch das allgemeine Beeinflussungsverbot beachtet werden muss,[518] erscheint allerdings fraglich. Dieses verbietet nämlich Dritten, auf den Programminhalt des Rundfunkveranstalters Einfluss zu nehmen sowie den Programmverantwortlichen, sich beeinflussen zu lassen und einseitig im Sinne des Einflussnehmenden zu berichten. Da aber der Programmverantwortliche durch die eigene Bewerbung keinen sachfremden Einflüssen ausgeliefert sein kann, greift auch nicht das allgemeine Beeinflussungsverbot.[519]

F. Station Promotion

Die sogenannte Station Promotion dient der Selbstdarstellung und Selbstanpreisung des Rundfunkveranstalters, ohne auf konkrete Sendungen Bezug zu nehmen. In der Literatur wird daher zum Teil von einer Mischkategorie ausgegangen, da aufgrund der fehlenden Entgeltlichkeit keine Werbung und wegen des fehlenden Programmbezugs auch kein Programm vorliegen würde.[520] Aller-

---

[515] *Bork*, ZUM 1990, 11 (15); *Grosskopf*, WRP 1990, 153 (155).
[516] *Bork*, ZUM 1990, 11 (16).
[517] So *Neft*, S. 101.
[518] So *Schröder*, ZUM 2000, 6 (9).
[519] So auch *Bork*, ZUM 1990, 11 (15).
[520] *Castendyk*, in: *v. Hartlieb/Schwarz*, S. 654; dazu kritisch *Platho*, MMR 2002, 21 (22).

dings sollen durch dieses Sendeformat die Zuschauer an das Programm des Veranstalters gebunden und neue Zuschauer hinzu gewonnen werden. In diesem Zusammenhang beabsichtigt die Station Promotion, durch höhere Einschaltquoten bzw. größere Marktanteile die Werbeeinnahmen zu steigern.[521] Da nach der hier vertretenen Auffassung das Merkmal der Entgeltlichkeit rein indizieller Natur ist, erfüllen auch diese Formen der Selbstdarstellung ebenso wie Programmhinweise die Tatbestandsmerkmale des rundfunkrechtlichen Werbebegriffs im Sinne des § 2 Abs. 2 Nr. 5 RStV.[522]

Fraglich ist auch hier, ob diese Arten der Selbstdarstellung von den zeitlichen Werberestriktionen ausgenommen sind. Art. 18 Abs. 3 der Fernsehrichtlinie sowie die §§ 16 Abs. 4, 45 Abs. 3 RStV nehmen nämlich vom Wortlaut her nur „Hinweise auf eigene Programme" aus dem Anwendungsbereich der Werbezeitregelungen aus. Station Promotion und Image-Trailer nehmen aber gerade keinen Bezug auf konkrete Programme, sondern bewerben den Sender als solchen. Insofern könnte man zunächst annehmen, dass die Privilegierung der zeitlichen Nichtanrechnung auf die Werbekontingente für Station Promotion nicht gilt.[523]

Der Erwägungsgrund Nr. 39 der Fernsehrichtlinie spricht in diesem Zusammenhang „insbesondere" von Trailern, die aus Programmauszügen bestehen. Die Nennung von Programmtrailern ist also nicht abschließend, so dass durchaus auch Image-Trailer sowie sonstige Station Promotion als Programm angesehen werden können. Ausschlaggebend muss hier eine teleologische Auslegung der genannten Normen sein: Grund für die vorliegende Fiktion der Programmhinweise und Programmtrailer als Programm und für die Nichtanwendung der werberechtlichen Vorschriften ist das in den gemeinsamen Richtlinien der Landesmedienanstalten genannte Kriterium der Zuschauerbindung.[524] Diese Zuschauerbindung kann auf unterschiedliche Art und Weise realisiert werden. Der Veranstalter kann zum einen auf konkrete Sendungen hinweisen und besonders sehenswerte Programme hervorheben. Er kann zum anderen aber auch den Sender als solchen präsentieren und das dem Sender immanente Image kommunizieren. Solche Image-Trailer haben zwar keinen direkten Programmbezug, da auf keine konkrete Sendung hingewiesen wird. Ein programmlicher Bezug besteht aber mittelbar, als vom vermittelten Image auch das abgeleitet werden kann, was den Sender ausmacht. Der Station Promotion lassen sich nämlich sowohl der Schwerpunkt der gesendeten Genres als auch die angesprochene Ziel-

---

[521] *Stettner*, ZUM 1995, 559 (568); *Grosskopf*, WRP 1990, 153 (155).

[522] Anderer Ansicht *Bosman*, ZUM 1990, 545 (547), der die Station Promotion nicht als Wirtschaftswerbung ansieht, weil es sich nicht um die entgeltliche Überlassung von Sendezeit an Dritte handelt, sondern um eine unentgeltliche Programminformation der eigenen Zuschauer in Form eigengestalteten Programms.

[523] So beispielsweise in Österreich, wo es dem *ORF* lediglich gestattet ist, konkrete Sendehinweise auf *ORF*-Programme zu geben, nicht aber, Imagewerbung zu betreiben, vgl. dazu Teil 4, Kapitel D.

[524] Nr. 15 (2) der gemeinsamen Richtlinien der Landesmedienanstalten.

gruppe entnehmen. Der Zuschauer, der sich aufgrund des kommunizierten Images mit dem Sender identifizieren kann, lässt sich ebenso an das eigene Programm binden wie der Zuschauer, den eine konkret vorgestellte Sendung anspricht und der aus diesem Grund dem Veranstalter treu bleibt.

Der Station Promotion kann also genauso wie den Programmhinweisen und Programmtrailern ein programmlicher Bezug zugesprochen werden, mit Hilfe dessen das Ziel der Zuschauerbindung realisiert werden kann. Insofern gilt die Fiktion des Erwägungsgrundes Nr. 39 der Fernsehrichtlinie auch für Station Promotion. Die werberechtlichen Vorschriften sind demnach nicht anwendbar, so dass entsprechende Trailer und Spots weder den zeitlichen Werberestriktionen der §§ 16 Abs. 4, 45 Abs. 3 RStV noch dem Trennungs- und Kennzeichnungsgebot des § 7 Abs. 3 RStV unterliegen.[525]

Die Frage, ob die Bewerbung von Sendern innerhalb einer Senderfamilie (Cross-Promotion) in Form von Station Promotion, Programmtrailern oder Programmhinweisen als Fernsehwerbung bewertet werden muss, bleibt dem nächsten Kapitel vorbehalten.

G. Cross-Promotion im Fernsehen

Das Format der Cross-Promotion hat weder in der revidierten Fernsehrichtlinie noch im Rundfunkstaatsvertrag vom 1. April 2005 eine ausdrückliche gesetzliche Regelung erfahren. Lediglich die gemeinsamen Richtlinien der Landesmedienanstalten vom 10. Februar 2000 beschäftigen sich mit der Erscheinungsform dieser sogenannten „Fremdpromotion".[526] Aufgrund der kontroversen Diskussionen in der Literatur[527] und einer den gemeinsamen Richtlinien entgegengesetzten Rechtsprechung[528] wäre eine ausdrückliche Normierung in jedem Falle wünschenswert. Dies zeigt auch die bereits oben genannte Studie der Beratungsgesellschaft *KOAN/CARAT*, die von den Marktbeteiligten in Europa in Erfahrung bringen möchte, ob eine Definition der Self-Promotion und

[525] So auch *Kreile*, ZUM 2000, 194 (200).

[526] Siehe Nr. 15 (3) der gemeinsamen Richtlinien Landesmedienanstalten: „Fremdpromotion ist der werbliche Hinweis auf einen anderen Rundfunkveranstalter als Unternehmen oder dessen Sendungen und Dienstleistungen."

[527] In der juristischen Literatur wurde die sogenannte Cross-Promotion bislang selten diskutiert. Genannt werden können dazu folgende Literaturhinweise: *Bornemann*, K&R 2001, 302; *Platho*, MMR 2002, 21; *Hartstein/Ring/Kreile/Stettner/Dörr*, § 45 RStV, Rnd. 26; *Beucher/Leyendecker/v. Rosenberg*, § 7 RStV, Rnd. 11; sehr kurz *Birkert/Reiter/Scherer*, § 11, Rnd. 19; *Laukemann*, S. 272; am Rande für den Bereich des Pay-TV siehe *Schulz*, in: *Hahn/Vesting*, § 2 RStV, Rnd. 85; für den öffentlich-rechtlichen Rundfunk § 15 RStV, Rnd. 6; kurz dazu *Engels/Giebel*, ZUM 2000, 265, 280; sowie *Grosskopf*, WRP 1990, 153; dazu auch *Bork*, ZUM 1990, 11, (16); *Loitz/Arnold/Schmitz/Isenbart*, S. 163 ff. und S. 169 ff.; *Ladeur*, Rnd. 549.

[528] Urteil des VG Berlin vom 16. September 2002 (noch nicht rechtskräftig), ZUM 2002, 933.

damit im Umkehrschluss auch die der Cross-Promotion in der Fernsehrichtlinie für sinnvoll erachtet wird.

I. Cross-Promotion im privaten Fernsehen – der Fall *ProSieben/MABB*

Von den deutschen Gerichten hat sich bislang nur das Verwaltungsgericht Berlin mit der Frage der rechtlichen Behandlung der Cross-Promotion auseinandersetzen müssen und zwar im bereits oben genannten Fall der *ProSieben Sat.1 Media AG* gegen die *Medienanstalt Berlin-Brandenburg* (*MABB*).[529] Die *MABB* als zuständige Landesmedienanstalt hatte im Juni 2000 zwei von *ProSieben* im Januar 2000 gesendete Spots für den Nachrichtensender *N24* beanstandet.[530] Letzterer wird von der Firma *N24 Gesellschaft für Nachrichten und Zeitgeschehen mbH* betrieben. Diese war eine 100%ige Tochtergesellschaft der damaligen *ProSieben Media AG* und ist jetzt eine 100%ige Tochtergesellschaft der *ProSieben Sat.1 Media AG*. Die Hinweise auf *N24* wurden außerhalb der Werbeblöcke, ohne Anrechnung auf die Werbezeitkontingente und ohne entsprechende Kennzeichnung ausgestrahlt. Die damalige *ProSieben Media AG* hatte sich bereits im Juli 1999 an die *MABB* gewandt, um sich über die rechtliche Beurteilung der Cross-Promotion zwischen den zu ihrer Senderfamilie gehörenden Sendern *ProSieben*, *Kabel eins* und *N24* abzustimmen, wobei sie entgegen der Auffassung der *MABB* meinte, dass es sich dabei um Eigenpromotion handele, die nicht zur Sendezeit für Werbung zu zählen sei.

Unabhängig davon hatte sich auch der *Arbeitskreis Werbung der Landesmedienanstalten* auf eine entsprechende Vorlage der *Bayerischen Landeszentrale für Neue Medien* (*BLM*) hin im August 1999 mit dem Thema befasst und war zu der Auffassung gelangt, dass Cross-Promotion zwischen den Sendern *ProSieben*, *Kabel eins* und *N24* zulässig sei, was der *ProSieben Media AG* mit Schreiben vom 31. August 1999 auch mitgeteilt wurde.

In der Medienratssitzung vom 4. Oktober 1999 beschloss der Medienrat der *MABB*, dass ihr Direktor das Thema zunächst in die *Direktorenkonferenz der Landesmedienanstalten* (*DLM*) einbringen sollte, damit später die dort gefun-

---

[529] Siehe Beschluss des VG Berlin vom 4. Oktober 2000, ZUM-RD 2001, 48; Urteil des VG Berlin vom 16. September 2002, ZUM 2002, 933; zum Rechtsstreit siehe auch „Sonderkonditionen für die Familie", in W&V 10/2000, S. 9.

[530] Der rundfunkrechtliche Bescheid lautete: „1. Die Ausstrahlung von Werbespots für *N24* am 3. Januar 2000 um 0.22 Uhr und um 7.19 Uhr unter Verstoß gegen das Trennungs- und Kennzeichnungsgebot (§ 49 Abs. 3 Satz 1 und 2 MStV / § 7 Abs. 3 Satz 1 und 2 RStV) wird beanstandet.

2. Sie werden aufgefordert, Werbespots für den Fernsehsender *N24* künftig gemäß § 49 Abs. 3 Satz 1 und 2 MStV / § 7 Abs. 3 Satz 1 und 2 RStV zu kennzeichnen und anzukündigen.

3. Es wird darauf hingewiesen, dass diese Werbespots als Werbung dem zulässigen Gesamtwerbevolumen (pro Stunde 20% bzw. pro Tag 15%, § 52 Abs. 1 und 2 MStV / § 45 Abs. 1 und 2 RStV) zuzurechnen sind."

dene Position weiter beraten werden könnte. In ihrer Sitzung vom 25. Oktober 1999 kam die *DLM* jedoch zu keiner abschließenden Beurteilung. In der Medienratssitzung vom 17. April 2000 beschloss die *MABB*, die Cross-Promotion förmlich zu beanstanden und erließ im Juni 2000 einen sofort vollziehbaren entsprechenden Bescheid. Gegen diesen Bescheid hat die *ProSieben Media AG* im Juli 2000 Anfechtungsklage vor dem VG Berlin erhoben. Gleichzeitig hat sie im vorläufigen Rechtsschutz die Anordnung der aufschiebenden Wirkung der Klage begehrt. Die aufschiebende Wirkung wurde antragsgemäß mit Beschluss vom 4. Oktober 2000 angeordnet. Der Klage wurde mit Urteil vom 16. September 2002 stattgegeben.

Im Rahmen der folgenden Ausführungen wird auf die Rechtsprechung des VG Berlin näher einzugehen sein. Zunächst soll sich dem Thema aber losgelöst von den Ausführungen des VG Berlin genähert werden.

1. Cross-Promotion als Werbung

Wie oben bereits ausgeführt wurde, bedienen sich die Produzenten der ausgestrahlten Cross-Promotion-Spots der gleichen gestalterischen Methoden wie bei der Bewerbung des sendereigenen Programms. Die gesendeten Formate reichen damit vom konkreten Programmhinweis auf eine kommende Sendung bis hin zur vom Programm losgelösten Station Promotion.

Da auch hier neben dem verfolgten Informationszweck vor allem das Einschalten des betreffenden Programms bezweckt wird, liegt die für die Fernsehwerbung erforderliche Absatzförderungsabsicht vor. Wie bereits ausgeführt wurde, ist das Merkmal der Entgeltlichkeit der gesendeten Spots rein deklaratorischer Natur. Da auch mediale Werbung von der Definition des § 2 Abs. 2 Nr. 5 RStV erfasst wird, spricht eine fehlende Kennzeichnung der Cross-Promotion nicht gegen das Vorliegen von Werbung. Soweit das Vorliegen des letzten Merkmals, nämlich das weitere Entgeltlichkeitserfordernis im Sinne des § 2 Abs. 2 Nr. 5 S. 1 a.E. RStV, angezweifelt wird, weil der Zuschauer im Free-TV kein Entgelt für den Empfang des Programms zahlt, so kann auf die entsprechenden Ausführungen zum Werbebegriff verwiesen werden.[531] In Anlehnung an die Begriffsdefinition der Entgeltleistung im Rahmen des Art. 50 EGV ist nämlich davon auszugehen, dass es unerheblich ist, ob der Leistungsempfänger direkt an den Leistungserbringer oder mittelbar über einen Dritten zahlt oder ob der Dritte, in diesem Falle der Werbekunde, selbst die Gegenleistung erbringt. Das erforderliche Gegenleistungsverhältnis liegt hier zwischen dem Sender und dem Werbetreibenden vor. Aus diesem Grunde ist es unschädlich, dass der Zuschauer für den Empfang des Programms kein Entgelt zahlt.

Die rundfunkrechtliche Literatur scheint das Merkmal der Entgeltlichkeit ebenfalls als rein deklaratorisch anzusehen. Zwar wird die Frage der Entgelt-

---

[531] Siehe Teil 3, Kapitel A II. 2.e).

lichkeit im Rahmen der Ausführungen zur Cross-Promotion nicht direkt angesprochen.[532] Da aber alle Verfasser der Frage nach dem Veranstalterbegriff nachgehen und insofern die Prüfung der Entgeltlichkeit überspringen, scheinen sie letzterem auch keine konstitutive Bedeutung zuzumessen. Ansonsten wäre die Prüfung des Veranstalterbegriffs schlichtweg überflüssig.

Damit sind sämtliche Tatbestandsmerkmale des Werbebegriffs im Sinne des § 2 Abs. 2 Nr. 5 RStV erfüllt. Zu prüfen bleibt, ob diese Spots über die §§ 16 Abs. 4, 45 Abs. 3 RStV dennoch als Programm angesehen werden können.

2. Abgrenzung zu redaktionellen Querverweisen

Von den grundsätzlich als Werbung geltenden Trailern oder Spots für andere Sender sind redaktionelle Querverweise zu unterscheiden. Diese unterscheiden sich in ihrer Zielsetzung von den werblichen Hinweisen dadurch, dass sie nicht wirtschaftlich motiviert sind. So können nämlich vor dem Hintergrund des Art. 5 Abs. 1 S. 2 GG durchaus publizistische Gründe für Hinweise auf andere Sender vorliegen. Sie können zum Teil auch als Serviceleistung für die Zuschauer angesehen werden.[533] In solchen Fällen tritt der gleichzeitige Werbeeffekt gegenüber dem redaktionellen Bezug des Hinweises in den Hintergrund. In der Literatur wird als Beispiel für solche Querverweise Monica Lierhaus auf *Premiere World* mit dem Hinweis „mehr bei den Kollegen bei *ran*" genannt.[534]

3. Fiktion als Programm über § 45 Abs. 3 RStV

Ebenso wie bei der Bewerbung des eigenen Programms stellt sich auch in diesem Zusammenhang die Frage, ob Cross-Promotion-Spots und -trailer in die Werbezeitkontingente einzuberechnen sind sowie dem in § 7 Abs. 3 RStV statuierten Trennungs- und Kennzeichnungsgebot unterliegen oder ob auch für sie die gesetzliche Fiktion als Programm gilt.

Die einschlägige Norm für die rechtliche Würdigung der Ausstrahlung von Cross-Promotion im privaten Rundfunk ist § 45 Abs. 3 RStV, der auf Art. 18 Abs. 3 der revidierten Fernsehrichtlinie zurückgeht und diesen fast wortgleich übernommen hat.[535] Dort heißt es, dass Hinweise des Rundfunkveranstal-

---

[532] Siehe *Hartstein/Ring/Kreile/Dörr/Stettner*, § 45 RStV, Rnd. 26; *Ladeur*, in: *Hahn/Vesting*, § 45 RStV, Rnd. 11; *Bornemann*, K&R 2001, 302 ff.; *Platho*, MMR 2002, 21 ff.

[533] *Platho*, MMR 2002, 21 (21, Fußn. 7).

[534] Siehe *Platho*, MMR 2002, 21 (21, Fußn. 7).

[535] Da die Fernsehrichtlinie, wie der Name schon besagt, lediglich den Bereich des Fernsehens und nicht den des Hörfunks regelt, spricht die Richtlinie von dem *Fernseh*veranstalter, während der Rundfunkstaatsvertrag die Terminologie des *Rundfunk*veranstalters bzw. der *Rundfunk*anstalten verwendet. Im Gegensatz zu § 45 Abs. 3 RStV, der wie die Fernsehricht-

ters auf eigene Programme nicht als Werbung im Sinne der Absätze 1 und 2 gelten, also nicht in die maximale tägliche Sendezeit[536] miteinzuberechnen sind. Dreh- und Angelpunkt ist damit die Frage, wer als Rundfunkveranstalter in diesem Sinne anzusehen ist. Würde nur derjenige als Veranstalter definiert werden, der die rundfunkrechtliche Lizenz der jeweiligen Landesmedienanstalt innehat[537] bzw. die redaktionelle Verantwortung über das Programm trägt, müssten werbende Hinweise auf das Programm von anderen Familienmitgliedern als Werbung gekennzeichnet, vom übrigen Programm getrennt und auf die Werbezeitkontingente angerechnet werden. Sollte hingegen nicht dieser formelle oder enge[538] Veranstalterbegriff heranzuziehen, sondern gesellschaftsrechtliche Mehrheitsbeteiligungen entscheidend sein, müssten diese Hinweise möglicherweise als Programm gelten.

a) Veranstalterbegriff im Rundfunkstaatsvertrag

Der Rundfunkstaatsvertrag definiert den Begriff des Rundfunkveranstalters auch in der Fassung vom 1. März 2007 nicht. Die entsprechende Begriffsdefinition des Art. 1 b) der Fernsehrichtlinie hat der deutsche Gesetzgeber nicht umgesetzt. Dies bedeutet jedoch nicht, dass auf die dortige Definition nicht zurückgegriffen werden könnte. Nach der amtlichen Begründung zum Vierten Rundfunkänderungsstaatsvertrag ist die Richtlinie nämlich bei der Auslegung des Rundfunkstaatsvertrages stets zu berücksichtigen.[539] Die Definition der Fernsehrichtlinie wird unten näher untersucht werden.

Auch ohne eine konkrete Definition des Veranstalters lassen sich dem Rundfunkstaatsvertrag dennoch Hinweise auf die Merkmale des Begriffs des Rundfunkveranstalters entnehmen.

Rückschlüsse auf den Veranstalterbegriff lassen sich zum einen aus dem Wortlaut des § 45 Abs. 3 RStV selbst ziehen. Dort heißt es: „Hinweise des Rundfunkveranstalters auf *eigene* Programme [...]“. Dies deutet auf einen engen Veranstalterbegriff hin. Hätte der Gesetzgeber auch Hinweise auf Programme anderer Familienmitglieder mit in die gesetzliche Regelung des § 45 Abs. 3 RStV aufnehmen wollen, hätte er diesen Absatz anders formulieren können, so z.B.: „Hinweise *der* Rundfunkanstalten auf *ihre* Programme“ oder „Hinweise

---

linie den Veranstalter im Singular verwendet, ist in § 15 Abs. 4 RStV von den Rundfunkanstalten im Plural die Rede.

[536] Von derzeit 20%, also zwölf Minuten pro voller Stunde, vgl. § 45 Abs. 1 und 2 RStV.

[537] Gemäß § 20 Abs. 1 RStV bedürfen private Veranstalter zur Veranstaltung von Rundfunk einer Zulassung nach Landesrecht.

[538] Das VG Berlin verwendet in seinem Beschluss vom 4. Oktober 2000, ZUM 2002, 48 (50) das Begriffspaar „enger“ und „weiter“ Veranstalterbegriff.

[539] Siehe Begründung zum Vierten Rundfunkänderungsstaatsvertrag, abgedruckt bei *Hartstein/Ring/Kreile/Dörr/Stettner*, A 2.2.

des Rundfunkveranstalters auf *seine* Programme"[540]. Eine Auslegung dem Wortlaut nach lässt also den Schluss auf einen engen Veranstalterbegriff zu.

Auch eine systematische Auslegung lässt Rückschlüsse auf einen formellen oder engen Veranstalterbegriff zu. Wenn der Rundfunkstaatsvertrag den Begriff des Veranstalters auch nicht definiert, so weist er nämlich zentrale Vorschriften in Bezug auf den privaten Veranstalter auf. Im Mittelpunkt steht hier § 20 Abs. 1 S. 1 RStV. Demzufolge bedürfen private Veranstalter zur „Veranstaltung von Rundfunk" einer Zulassung.[541] Die Veranstaltereigenschaft wird somit an das Vorliegen einer entsprechenden Lizenz geknüpft[542], was für einen engen Veranstalterbegriff spricht. Dies wird vor allem durch den Umstand bekräftigt, dass die Zulassung nicht dem Veranstalter an sich, sondern vielmehr einem bestimmten Programm erteilt wird.[543] Die Rundfunklizenz wird dabei nicht nur an sachliche, sondern auch an persönliche Bedingungen geknüpft.[544] Ein Blick auf die jeweiligen Landesmediengesetze verdeutlicht dies. So enthält beispielsweise die Sendeerlaubnis im Geltungsbereich des Medienstaatsvertrages Berlin-Brandenburg Angaben zur Programmart und zu den wesentlichen Merkmalen des Programms.[545] Diesbezügliche nachträgliche Änderungen werden von der Medienanstalt nur dann genehmigt, wenn diese die tragenden Überlegungen der ursprünglichen Auswahlentscheidung nicht in Frage stellen.

Des Weiteren ist es wohl herrschende Meinung, dass die Lizenz nicht im Wege der Gesamtrechtsnachfolge übergehen und auch nicht aufgrund vertraglicher Übereinkunft übertragen werden kann.[546] Stets ist die Lizenz an den konkreten Antragsteller und an dessen konkretes Programm gebunden.

Auch aus dem Umstand, dass aufgrund haftungsrechtlicher oder steuerlicher Motive 100%ige Tochtergesellschaften von Fernsehveranstaltern ausgegründet werden, kann keine automatische Lizenzübertragung gefolgert werden. Denn das Rundfunkrecht soll dann von einem anderen Rechtssubjekt als demjenigen ausgeübt werden, der die Lizenz erhalten hat.[547]

Diese Beispiele verdeutlichen, dass das Vorliegen der Lizenz und damit auch die Bejahung einer möglichen Veranstaltereigenschaft eben nicht an die bloße wirtschaftliche Zugehörigkeit einer Muttergesellschaft geknüpft werden.

---

[540] *Platho*, MMR 2002, 21 (23).

[541] Es handelt sich dabei verwaltungsrechtlich um ein präventives Verbot mit Erlaubnisvorbehalt, vgl. *Fechner*, Rnd. 941; ebenso Mitteilung der *KEK*, ZUM 2003, 904 (905).

[542] So auch *Platho*, MMR 2002, 21 (23); *Erlmeier/Reinwald*, ZUM 2002, 440 (444).

[543] *Beucher/Leyendecker/v. Rosenberg*, § 20 RStV, Rnd. 7.

[544] Siehe auch *Renck-Laufke*, ZUM 2004, 344 (348).

[545] § 29 Abs. 3 StV Bln-Bbg.

[546] Mitteilung der *KEK* 2003, ZUM 2003, 904 (909).

[547] *Renck-Laufke*, ZUM 2004, 344 (348); ebenso Mitteilung der *KEK* 2003, ZUM 2003, 904 (909).

b) Landesmediengesetze

Auch in den einzelnen Landesmediengesetzen steht die Veranstaltereigenschaft in engem Zusammenhang zur Lizenz, die auch als Zulassung, Erlaubnis, Sendeerlaubnis oder Konzession bezeichnet wird.[548] Mit Ausnahme des Bayerischen Mediengesetzes stellen alle Landesgesetze ausdrücklich klar, dass eine Übertragung dieser Lizenz nicht möglich ist.[549]

Einige Landesmediengesetze definieren den Veranstalter als denjenigen, der ein Rundfunkprogramm unter eigener Verantwortung gestaltet und verbreitet.[550] Entscheidendes Merkmal für die Veranstaltereigenschaft ist damit die Letztverantwortung für das verbreitete Programm.[551]

Das Bremische Landesmediengesetz definiert den Veranstalter sogar als denjenigen, der „nach *Zulassung* durch die Landesanstalt als Veranstaltergemeinschaft oder als Einzelveranstalter ein Rundfunkprogramm veranstalten und verbreiten darf“[552]. In dieselbe Richtung geht das Rundfunkgesetz für das Land Nordrhein-Westfalen, das unter Veranstalter denjenigen versteht, der nach Zulassung durch die Landesanstalt für Rundfunk Nordrhein-Westfalen ein Rundfunkprogramm veranstaltet und verbreitet.[553] Damit liegen deutliche Anhaltspunkte dafür vor, dass auch die jeweiligen Landesgesetzgeber einen engen Veranstalterbegriff vorausgesetzt haben.

---

548 Siehe § 12 Abs. 1 LMedienG BaWü; § 24 StV Bln-Bbg; § 7 BremLMG; § 3 HmbMedienG; § 4 Abs. 1 HPRG; § 8 RundfG-M-V; § 5 Abs. 1 LRG Nds; § 5 Abs. 1 S. 1 LRG Rh.-Pfalz; § 5 Abs. 1 SächsPRG; § 3 Abs. 1 MedienG LSA; § 48 Abs. 1 SaarlLRG; § 9 Abs. 1 LRG Schl.-Holst; § 4 Abs. 1 TRG.

549 Siehe § 12 Abs. 4 LMedienG BaWü; § 29 Abs. 3, letzter Satz StV Bln-Bbg; § 11 Abs. 3 BremLMG; § 22 Abs. 3 S. 3 HmbMedienG; § 7 Abs. 3 HPRG; § 18 Abs. 2 S. 2 RundfG-M-V; § 11 Abs. 4 LRG Nds; § 8 Abs. 1, letzter Satz LRG NW; § 5 Abs. 1 S. 2 LRG Rh.-Pfalz; § 49 Abs. 4, letzter Satz SaarlLRG; § 11 Abs. 3 S. 1 SächsPRG; § 8 Abs. 4 S. 1 MedienG LSA; § 15 Abs. 4 S. 2 LRG Schl.-Holst; § 7 Abs. 3 S. 1 TRG.

550 Siehe § 2 Nr. 10 LMedienG BaWü; § 2 Abs. 1 Nr. 3 HPRG; § 3 Abs. 13 RundfunkG-M-V; § 2 Abs. 2 Nr. 1 LRG Nds; § 1 Abs. 11 SächsPRG; § 2 Abs. 1 Nr. 2 MedienG LSA; § 2 Abs. 2 Nr. 6 SaarlLRG; § 2 Abs. 1 Nr. 3 TRG.

551 *Birkert/Reiter/Scherer*, § 2 RStV, Rnd. 21.

552 So § 2 Abs. 8 BremLMG.

553 Siehe § 2 Abs. 9 LRG NW.

c) Rechtsprechung des Bundesverfassungsgerichts

Das Bundesverfassungsgericht hat in seinem „extra radio"-Beschluss[554] aus dem Jahre 1998 eine Definition des Rundfunkveranstalters unternommen. Veranstalter ist dem Gericht zufolge die natürliche oder juristische Person, die die Struktur des Programms festlegt, die Abfolge plant, die Sendungen zusammenstellt und diese unter einer einheitlichen Bezeichnung dem Zuschauer anbietet.[555] Diese Voraussetzungen müssen wohl im Hinblick auf die gewählte Formulierung kumulativ vorliegen.[556] Unter der Bezeichnung des Programms versteht das Gericht die auf längere Dauer angelegte, planmäßige und strukturierte Abfolge von Sendungen oder Beiträgen. Nicht notwendig ist es, dass der Veranstalter das Programm selbst ausstrahlt oder die einzelnen Sendungen selbst produziert. Entscheidend ist vor allem die tatsächlich ausgeführte Tätigkeit und nicht die Bezeichnung als Rundfunkveranstaltung im Gesetz. Anderenfalls könnte nämlich der Gesetzgeber den Schutzbereich des Art. 5 Abs. 1 S. 2 GG selbst festlegen.

Das Bundesverfassungsgericht legt den Schwerpunkt damit auf die tatsächliche redaktionelle Verantwortung für die Zusammenstellung des Programms und grenzt diese von einer bloßen Zuliefererereigenschaft ab.[557] Da die redaktionelle Verantwortung für das ausgestrahlte Programm in der Regel der Erlaubnisinhaber selbst trägt,[558] setzt damit auch das Bundesverfassungsgericht den sogenannten engen Veranstalterbegriff voraus.[559]

---

[554] Beschluss des BVerfG vom 20. Februar 1998, BVerfGE 97, 298; in diesem Fall hatte das Bundesverfassungsgericht zu entscheiden, ob die privaten Anbieter im Geltungsbereich des bayerischen Medienrechts Rundfunkveranstalter und damit Träger der Rundfunkfreiheit sein können. Im Gegensatz zu den anderen Bundesländern darf dort nämlich Rundfunk nur in öffentlich-rechtlicher Trägerschaft durch die *Bayerische Landeszentrale für neue Medien* (*BLM*) veranstaltet werden, während die privaten Anbieter gesetzlich nicht als Veranstalter gelten. Die *BLM* selbst produziert keine eigenen Programme und stellt auch nicht Programme aus privaten Angeboten zusammen. Da die eingereichten Programme auch nicht im Auftrag oder nach Weisung der *BLM* produziert werden, sondern die Gestaltungsfreiheit und damit die redaktionelle Verantwortung allein bei den privaten Anbietern liegt, hat das Bundesverfassungsgericht letzteren die Veranstaltereigenschaft ungeachtet der gesetzlichen Veranstaltereigenschaft der *BLM* zugesprochen; kritisch zu diesem Beschluss siehe *Buchholtz*, AfP 1998, 201 ff.; *Stettner*, K&R 1999, 355 ff.; Anmerkungen von *Bornemann*, MMR 1998, 425; zum Bayerischen Modell siehe auch *Dobmeier*, ZUM 2004, S. 644 ff.

[555] BVerfGE 97, 298 (310).

[556] *Buchholtz*, AfP 1998, 201 (201).

[557] Siehe dazu auch *Hartstein/Ring/Kreile/Dörr/Stettner*, § 20 RStV, Rnd. 10.

[558] So auch *Platho*, MMR 2002, 21 (23).

[559] Zu beachten ist hierbei aber, dass auch der Hersteller einer einzelnen Sendung durchaus Veranstalter sein kann, sofern er die Entscheidungsbefugnis bezüglich ihres Inhalts und ihrer Ausstrahlung hat. Ob er Inhaber einer von der jeweiligen Landesmedienanstalt erteilten Sendeerlaubnis ist oder nicht, muss außer Betracht bleiben, so der Beschluss des OLG Celle vom 23. Mai 2002, ZUM 2003, 54 (55), in dem es um die angebliche Ausstrahlung von Schleich-

Der Rechtsprechung des Bundesverfassungsgerichts folgen auch die nachgeordneten Gerichte. Nachdem sich das VG Berlin im einstweiligen Verfahren der *ProSieben Sat.1 Media AG* gegen die *MABB* auf keinen Veranstalterbegriff festlegen wollte und es aus wirtschaftlicher Betrachtung sogar für plausibel hielt, die Mutter einer Senderfamilie als Veranstalterin zu betrachten,[560] folgt das Gericht im Hauptsacheverfahren[561] nunmehr der Rechtsprechung des Bundesverfassungsgerichts und stellt einzig und allein darauf ab, wer die redaktionelle Verantwortung für das Programm trägt. Diese Auffassung entspricht auch der herrschenden Meinung in der Literatur.[562] Die Frage, ob dieser grundsätzlich zulassungsrechtliche Veranstalterbegriff mit Blick auf Sinn und Zweck der Eigenpromotion zu eng ist, bleibt einem gesonderten Kapitel vorbehalten[563].

d) Definition der Fernsehrichtlinie

Die oben zitierte Rechtsprechung des Bundesverfassungsgerichts deckt sich mit der in Art. 1 b) der Fernsehrichtlinie niedergelegten Definition. Diese wurde infolge der Revision im Jahre 1997 neu mit aufgenommen. Fernsehveranstalter ist demnach die natürliche oder juristische Person, die die redaktionelle Verantwortung für die Zusammensetzung von Fernsehprogrammen trägt und die diese Fernsehprogramme sendet oder von Dritten senden lässt.[564] Der Gemeinschaftsgesetzgeber statuiert damit eindeutig einen engen Veranstalterbegriff und ist damit auf derselben Linie wie das Bundesverfassungsgericht. Die Definition der Fernsehrichtlinie deckt sich ebenfalls mit der aus dem Rundfunkstaatsvertrag gezogenen Auslegung.

---

werbung innerhalb der Sendung *Big Brother* bzw. um die Verantwortlichkeit der Produzentin der Sendung ging.

560 Beschluss des VG Berlin vom 4. Oktober 2000, ZUM-RD 2001, 48 (50).

561 Urteil des VG Berlin vom 16. September 2002, ZUM 2002, 933 (936).

562 *Beucher/Leyendecker/v. Rosenberg*, § 1 RStV, Rnd. 14; *Platho*, MMR 2002, 21 (23); so grundsätzlich auch *Bumke/Schulz*, in: *Hahn/Vesting*, § 20 RStV, Rnd. 33, der allerdings im Fall der Cross-Promotion den zulassungsrechtlichen Veranstalterbegriff als zu eng ansieht.

563 Siehe dazu Teil 3, Kapitel G.4.e.

564 Art. 1 b) der Fernsehrichtlinie lautet: „Für die Zwecke dieser Richtlinie bedeutet ‚Fernsehveranstalter' die natürliche oder juristische Person, die die redaktionelle Verantwortung für die Zusammensetzung von Fernsehprogrammen im Sinne von Buchstabe a trägt und die diese Fernsehprogramme sendet oder von Dritten senden läßt." Buchstabe a), auf den verwiesen wird, lautet: „Für die Zwecke dieser Richtlinie bedeutet ‚Fernsehsendung': die drahtlose oder drahtgebundene, erdgebundene oder durch Satelliten ermittelte, unverschlüsselte oder verschlüsselte Erstsendung von Fernsehprogrammen, die zum Empfang durch die Allgemeinheit bestimmt ist. Der Begriff schließt die Übermittlung an andere Veranstalter zur Weiterverbreitung an die Allgemeinheit ein. Nicht eingeschlossen sind Kommunikationsdienste, die auf individuellen Abruf Informationen oder andere Inhalte übermitteln, wie Fernkopierdienste, elektronische Datenbanken und andere ähnliche Dienste."

e) Europaratskonvention

Wie bereits angesprochen hat die Europaratskonvention aufgrund des Vorrangs der Fernsehrichtlinie nur für diejenigen Staaten grundlegende Bedeutung, die nicht Mitglieder in der Europäischen Union sind. Nur der Vollständigkeit halber sei daher angemerkt, dass auch die Europaratskonvention hinsichtlich des Rundfunkveranstalters in Art. 2 c) darauf abstellt, wer die Fernsehprogramme zusammenstellt und sie verbreitet oder verbreiten lässt.[565] Auch hier steht eindeutig die redaktionelle Verantwortung im Vordergrund.

f) Gemeinsame Richtlinien der Landesmedienanstalten

Die Landesmedienanstalten haben jeweils für das Fernsehen sowie für den Hörfunk gemeinsame Richtlinien erlassen. Hinsichtlich des Fernsehens beschäftigen sich die gemeinsamen Richtlinien der Landesmedienanstalten in Nr. 15 Abs. 3 mit der Cross-Promotion und lassen Rückschlüsse auf den dort zugrunde gelegten Veranstalterbegriff zu. Gleiches gilt für den Bereich des Hörfunks in Nr. 13 der für den Hörfunk geltenden Richtlinien.

In Abs. 1 wird nämlich jeweils die Eigenpromotion definiert und der Cross-Promotion - die Richtlinien sprechen von sogenannter Fremdpromotion - inhaltlich entgegengesetzt. Bei der Eigenpromotion soll es sich demnach um Hinweise auf die „für einen Veranstalter zugelassenen“ Programme handeln. Damit steht auch hier die von der jeweiligen Landesmedienanstalt erteilte Lizenz im Vordergrund. Als Grund für die Nichtanrechnung der Eigenpromotion auf die Werbezeitkontingente wird das Kriterium der Zuschauerbindung erwähnt.

Den gemeinsamen Richtlinien zufolge ist die Fremdpromotion, also die Cross-Promotion, der werbliche Hinweis auf einen „anderen“ Rundfunkveranstalter. Die Richtlinien statuieren damit einen engen Veranstalterbegriff. Als normkonkretisierende Verwaltungsvorschrift kommt ihnen Bindungswirkung gegenüber den Gerichten zu.[566]

---

[565] Art. 2 c) der Europaratskonvention lautet: „Im Sinne dieses Übereinkommens bedeutet Rundfunkveranstalter die natürliche oder juristische Person, die Fernsehprogramme für den Empfang durch die Allgemeinheit zusammenstellt und sie verbreitet oder vollständig und unverändert durch einen Dritten verbreiten lässt.“; siehe dazu auch *Höfling/Möwes/Pechstein*, Kapitel E, S. 114.

[566] Zur Bindungswirkung siehe Teil 2, A. II. d), bb).

g) *Arbeitskreis Werbung* der Landesmedienanstalten

Der Vollständigkeit halber sei noch die Meinungsfindung innerhalb des *Arbeitskreises Werbung*[567] aufgeführt. Dieser beschloss auf eine entsprechende Vorlage der *BLM* in seiner Sitzung vom 25. August 1999, dass die Cross-Promotion zwischen den Sendern *ProSieben*, *Kabel eins* und *N24* zulässig sei. Diese Auffassung wurde mittlerweile aufgegeben. Im April 2002 trafen sich nämlich die Fachreferenten „Werbung" der Landesmedienanstalten, der vormalige *Arbeitskreis Werbung*, und sprachen sich bei einer Gegenstimme für den sogenannten „engen" Veranstalterbegriff aus.

h) Direktorenkonferenz der Landesmedienanstalten

Die Direktorenkonferenz der Landesmedienanstalten befasste sich am 25. Oktober 1999 ohne eine abschließende Bewertung mit der werberechtlichen Behandlung der Cross-Promotion. Im Dezember 1999 sprachen sie sich schließlich ebenfalls für den engen Veranstalterbegriff aus.[568]

i) Zwischenergebnis

Zusammenfassend kann festgestellt werden, dass sowohl die Regelungen auf europäischer Ebene als auch die nationalen und landesgesetzlichen Vorschriften und Richtlinien von einem engen bzw. formellen Veranstalterbegriff ausgehen. Dies wird zudem durch die Rechtsprechung des Bundesverfassungsgerichts gestützt.

---

[567] Die *Arbeitsgemeinschaft der Landesmedienanstalten*, die *ALM*, führt unter anderem *die Gemeinsame Stelle Programm, Werbung und Medienkompetenz*. Die damalige *Gemeinsame Stelle Werbung* bestand gemäß der Verfahrensordnung vom 13. Dezember 1994 aus einer Geschäftsführung und einem Arbeitskreis, dem sogenannten *Arbeitskreis Werbung*, dem alle Landesmedienanstalten angehörten. Die *Gemeinsame Stelle* wurde mit dem Ziel einer ländereinheitlichen Verfahrensweise bei der Anwendung des Rundfunkstaatsvertrages und der auf ihm beruhenden Richtlinien eingerichtet. Die Landesmedienanstalten berücksichtigen die Entscheidungsvorschläge *der Gemeinsamen Stelle Werbung* bei der Anwendung der staatsvertraglichen Regelungen im Bereich landesweiter, regionaler und lokaler Rundfunkprogramme.

[568] Nach schriftlicher Auskunft der *Landesanstalt für Rundfunk Nordrhein-Westfalen* vom 21. Januar 2005.

4. Teleologische Erweiterungen und Einschränkungen des § 45 Abs. 3 RStV

In der Literatur werden zum Teil Versuche unternommen, den Veranstalterbegriff durch teleologische Auslegung zu erweitern bzw. zu reduzieren. Diese sollen im Folgenden vor dem Hintergrund der derzeitigen Regelungen dargestellt werden. Dabei ist zu berücksichtigen, dass das zurzeit gültige System der Rundfunkvorschriften auf nationaler Ebene nur zwei ausdrückliche, voneinander abgrenzbare Kategorien von Sendeformaten kennt: Programm einerseits und Werbung[569] andererseits. Bei der Diskussion um die rundfunkrechtliche Bewertung von Cross-Promotion geht es daher immer um die Zuordnung zu einer dieser beiden Kategorien, also darum, ob Cross-Promotion als Werbung mit allen dazugehörigen Einschränkungen zu bewerten ist oder aber als Programm und damit frei von jeglichen Einschränkungen gelten muss. Klar als solche definierte Zwischenformen gibt es nach den derzeitigen Regelungen nicht. Daher müssen die nachstehend genannten Ansätze und Auslegungen allein vor dem Hintergrund dieser Kategorisierung gesehen werden. In einem gesonderten Kapitel soll der Frage nachgegangen werden, ob eine solche Ausschließlichkeit im Hinblick auf Cross-Promotion sinnvoll und interessengerecht ist.

a) Veranstalteridentität bei vollständiger Gesellschafteridentität

In der Literatur wird teilweise bei Identität der Mehrheitsgesellschafter auf eine Identität der Veranstalter bzw. auf eine Zulässigkeit der Cross-Promotion zwischen den Sendern einer Senderfamilie geschlossen, auch wenn beide Sender über eine jeweils eigene Lizenz verfügen.[570] Auch das VG Berlin hat im vorläufigen Rechtsschutz in Erwägung gezogen, dass es bei wirtschaftlicher Betrachtungsweise plausibel erscheinen würde, die Muttergesellschaft einer Senderfamilie als Veranstalterin der Tochtergesellschaft anzusehen.[571] Diese Ansicht verkennt aber, dass die jeweilige Sendeerlaubnis gerade nicht aufgrund der wirtschaftlichen Zugehörigkeit zu ein und derselben Muttergesellschaft erteilt wird. Vielmehr kommt es bei der Lizenzerteilung auf sachliche sowie auf persönliche und programmbezogene Aspekte an. Gerade diese Lizenzerteilung mit der einhergehenden redaktionellen Verantwortung steht bei der Bestimmung des Veranstalters im Vordergrund.

---

[569] Einschließlich Sponsoring, Teleshopping und Dauerwerbesendungen.

[570] *Hartstein/Ring/Kreile/Dörr/Stettner*, § 45 RStV, Rnd. 26 ohne weitere Begründung.

[571] Beschluss des VG Berlin vom 4. Oktober 2000, ZUM-RD 2001, 48 (50).

b) Veranstalteridentität bei Identität der Mehrheit der Gesellschafter

Des Weiteren wird in der Literatur zum Teil plädiert, nicht nur bei vollständiger Gesellschafteridentität, sondern auch bei Identität der Mehrheit der Gesellschafter von „einem" Veranstalter auszugehen.[572] Dem wird neben dem oben genannten Argument zutreffenderweise entgegen gehalten, dass dieser Maßstab im Rundfunkstaatsvertrag keine konkrete Stütze findet und sich bei genauerer Betrachtung als zu undifferenziert erweist.[573] So wird gefragt, wo denn aus Sicht der Zuschauer und der Wettbewerber der Unterschied liegen soll, wenn Fernsehsender Cross-Promotion in ihren Programmen betreiben und in einem Fall bei zwei Sendern die Gesellschafter zu 49% und im anderen Fall zu 51% identisch sind, gesellschaftsrechtlich aber beispielsweise ein Abstimmungsquorum von 66% vereinbart ist.

c) Veranstalter durch konzentrationsrechtliche Zurechnung

In der medienrechtlichen Literatur wird zuweilen die Frage aufgeworfen, ob sich der zulassungsrechtliche Veranstalterbegriff mit der werberechtlichen Definition des Veranstalters des § 45 Abs. 3 RStV überhaupt decken muss.[574] Nach einigen Ansichten ist der Rundfunkveranstalter möglicherweise nach anderen Kriterien zu definieren bzw. sind andere Vorschriften für dessen Begriffsbestimmung heranzuziehen. Insbesondere geht es hierbei um die Frage, ob auch derjenige Rundfunkveranstalter sein kann, demnach den konzentrationsrechtlichen Vorschriften des Rundfunkstaatsvertrages die Zuschaueranteile anderer Programme zugerechnet werden.[575]

Ausgangspunkt hierfür sind die medienkonzentrationsrechtlichen Vorschriften, insbesondere § 26 Abs. 1 RStV. Dort heißt es, dass ein Unternehmen eine unbegrenzte Anzahl von Programmen „selbst oder durch ihm zurechenbare Unternehmen" veranstalten darf, sofern es dadurch keine vorherrschende Meinungsmacht erlangt. Einem Rundfunkunternehmen werden demnach auch andere Programme zugerechnet, sofern die in § 28 RStV genannten Beteiligungsgrenzen überschritten sind. Dies bedeutet insbesondere, dass einem Unternehmen sämtliche Programme eines anderen Unternehmens zugerechnet werden, an dem es unmittelbar mit mindestens 25% am Kapital oder an den Stimmrechten beteiligt ist. Ebenso werden mittelbare Beteiligungen gewichtet, sofern das andere Unternehmen zu ihm im Verhältnis eines verbundenen Unternehmens im Sinne von § 15 Aktiengesetz steht und dieses am Kapital oder an den Stimmrechten des Veranstalters mit mindestens 25% beteiligt ist. Nach § 28

[572] So *Hartstein/Ring/Kreile/Dörr/Stettner*, § 45 RStV, Rnd. 26 ohne weitere Begründung.
[573] So *Bornemann*, K&R 2001, 302 (309).
[574] Diese Frage verneinend *Bumke/Schulz*, in: *Hahn/Vesting*, § 20 RStV, Rnd. 33 sowie *Bornemann*, K&R 2001, 302 (307 ff.).
[575] So *Bornemann*, K&R 2001, 302 (308).

Abs. 1 S. 3 RStV sind diese Unternehmen als einheitliche Unternehmen anzusehen.[576]

Aus diesem Umstand wird in der Literatur teilweise geschlossen, dass mehrere private Veranstalter als „ein“ Veranstalter im Sinne des § 45 Abs. 3 RStV betrachtet werden müssten.[577] Dem wird von anderer Seite entgegengehalten, dass die Regelungsgegenstände von Werbung und Medienkonzentration unterschiedlich seien, so dass sich eine schematische Übertragung auf den Veranstalterbegriff verbiete.[578] Insofern sind zunächst beide Regelungsziele herauszuarbeiten, um anschließend prüfen zu können, ob die Zurechnungstatbestände des § 28 RStV auch auf die der Eigenpromotion zugrunde liegenden Regelungen angewandt werden können.

aa) Regelungsziele der Konzentrationsbestimmungen

Zentrale Norm der Konzentrationsregeln im Fernsehen ist § 26 RStV. Wie bereits seine amtliche Überschrift zeigt, dient diese Norm der „Sicherung der Meinungsvielfalt im Fernsehen“ und soll vor allem einer vorherrschenden Meinungsmacht im Fernsehen vorbeugen. Der Rundfunk soll allen gesellschaftlichen Gruppen Gelegenheit zu meinungsbildendem Wirken geben und nicht einzelnen gesellschaftlichen Gruppen ausgeliefert werden. Vorherrschende Meinungsmacht ist insbesondere bei zunehmender horizontaler Konzentration zu befürchten, weshalb das Wachstum bzw. der wachsende Marktanteil von horizontal integrierten Medienunternehmen, also von Senderfamilien, von Gesetzes wegen begrenzt werden soll.

bb) Sinn und Zweck der Zurechnungstatbestände

Die Zurechnungstatbestände des § 28 Rundfunkstaatsvertrag verfolgen keinen Selbstzweck. Vielmehr dienen sie als Hilfsmittel zur Sicherung der Meinungsvielfalt bzw. als Effektuierung der entsprechenden gesetzlichen Regelungen, nämlich des § 26 RStV.[579]

Um die Meinungsvielfalt im Rundfunk zu sichern und vorherrschende Meinungsmacht eines Unternehmens zu verhindern, stehen rein theoretisch mehrere Möglichkeiten zur Verfügung. Der deutsche Gesetzgeber hat sich, wie bereits oben ausgeführt, für das Zuschauermarktanteilsmodell entschieden. Demnach bleibt für die Bestimmung zur Vielfaltssicherung zwar der Fernseh-

---

[576] Vgl. den Wortlaut von § 28 Abs. 1 S. 3 RStV: „Die im Sinne der Sätze 1 und 2 verbundenen Unternehmen sind als einheitliche Unternehmen anzusehen, und deren Anteile am Kapital oder an den Stimmrechten sind zusammenzufassen.“

[577] *Bornemann*, K&R 2001, 302 (308); so wohl auch *Bornemann/Lörz*, Art. 8, Rnd. 41.

[578] *Platho*, MMR 2002, 21 (23); *Hartstein/Ring/Kreile/Dörr/Stettner*, § 45 RStV, Rnd. 26.

[579] Siehe auch *Platho*, MMR 2002, 21 (23).

veranstalter als Lizenzträger bzw. die verschiedenen Programme mit ihrer Zulassung und ihrem Zuschaueranteil Anknüpfungspunkt, allerdings erfolgt ihre Zusammenfassung unter einem unternehmensbezogenen Blickwinkel.[580] Dies trägt vor allem dem Umstand Rechnung, dass nahezu alle bundesweit tätigen Fernsehveranstalter mit anderen Unternehmen verflochten sind. Da diese wirtschaftlichen Abhängigkeiten und daraus resultierende Einflussbeziehungen mit erfasst werden sollen, musste der Gesetzgeber entsprechende Zurechnungstatbestände schaffen. Es sollte verhindert werden, dass sich Unternehmen durch die rechtliche Ausgliederung von Unternehmensteilen oder durch die Gründung vermeintlich selbständiger Unternehmen den Konzentrationsvorschriften entziehen können. Die Zurechnungstatbestände dienen damit im Wesentlichen der Verhinderung der Umgehung der Konzentrationsvorschriften.

cc) Regelungsziele des § 45 Abs. 3 RStV hinsichtlich der Eigenpromotion

Eigenpromotion der Fernsehveranstalter, und damit sind in diesem Zusammenhang konkrete Programmhinweise, Trailer und Station Promotion gemeint, genießt das Privileg des § 45 Abs. 3 RStV: Sie gilt nicht als Werbung im Sinne der Absätze 1 und 2, ist also nicht in die täglichen und stündlichen Werbezeitkontingente einzuberechnen. Grund hierfür ist, wie bereits ausgeführt, zum einen die Programmbezogenheit. Da Programmhinweise immer einen direkten Bezug zum Programm haben,[581] können sie nämlich aus der Programmaufgabe der Sender gerechtfertigt sein.[582] Durch die eigenverantwortliche Vermittlungsentscheidung[583] überwiegt zudem der programmliche Aspekt der Programmhinweise gegenüber dem ebenfalls vorliegenden Werbecharakter.

Weiteres Kriterium für die Privilegierung der Eigenpromotion ist das der Zuschauerbindung, so auch die gemeinsamen Richtlinien der Landesmedienanstalten in Nr. 15 (2) S. 2. Hier wird der besonderen Beziehung zwischen Sender und Zuschauer Rechnung getragen. Diese Sonderbeziehung wird gegenüber dem werbenden Effekt der Programmhinweise und der Eigenpromotion höher bewertet. Der Rundfunkstaatsvertrag gesteht den Rundfunkveranstaltern damit zu, den Zuschauer an das eigene Programm zu binden und damit zu versuchen, seinen Marktanteil zu erhalten bzw. zu erhöhen.

---

[580] So die amtliche Begründung zu § 28 Rundfunkstaatsvertrag 1996, abgedruckt bei *Hartstein/Ring/Kreile/Dörr/Stettner*, § 28 RStV; siehe auch *Heinrich*, Media Perspektiven 1994, 297 (303).

[581] *Ladeur*, in: *Hahn/Vesting*, § 15 RStV, Rnd. 6.

[582] *Beucher/Leyendecker/v. Rosenberg*, § 7 RStV, Rnd. 11; siehe auch die Entscheidung des BVerfG vom 5. Februar 1991, BVerfGE 83, 138 (313).

[583] *Engels/Giebel*, ZUM 2000, 265 (279).

dd) Übertragbarkeit der Zurechnungsregelungen des § 28 RStV auf die Regelung des § 45 Abs. 3 RStV

Zu prüfen bleibt, ob die Zurechnung von Zuschauer- bzw. Marktanteilen auf das Werberecht bzw. auf die Bestimmungen bezüglich der Eigenpromotion übertragen werden kann. In der Literatur wird dazu teilweise erklärt, dass der Regelungsgegenstand der Konzentrationsvorschriften ein anderer als der des Werberechts sei und der Gedanke der Zurechnung damit nicht auf das Werberecht übertragen werden könne.[584] Allein aus dem Umstand heraus, dass der Regelungsgegenstand ein anderer ist, kann aber eine Übertragung des Zurechnungsgedankens nicht von vornherein ausgeschlossen werden. Zwar kann sich durch die Tatsache, dass ein Gesetz, hier der Rundfunkstaatsvertrag, in verschiedenen Abschnitten verschiedene Regelungsziele verfolgt, die Berechtigung ergeben, identische Begriffe mit verschiedenem Inhalt zu belegen, zwingend ist dies aber nicht.[585] Vielmehr muss genauer untersucht werden, ob diese Regelungsgegenstände einander möglicherweise zuwiderlaufen.

Wie oben ausgeführt, dienen die Obergrenzen des § 26 RStV sowie die Zurechnungsregeln des § 28 RStV der Vielfaltssicherung. Ein Rundfunkveranstalter soll nicht über die dort statuierten Obergrenzen hinaus Rundfunk veranstalten können. Wirtschaftliche Abhängigkeiten und damit einhergehende Einflussmöglichkeiten sollen miterfasst werden. Der Gesetzgeber sieht damit die Familienbildung im Hinblick auf die Meinungsvielfalt als Gefahr an. Horizontale Konzentrationen sollen durch den Rundfunkstaatsvertrag mit dem Zuschaueranteilsmodell eingedämmt werden.[586]

Fraglich ist, wie sich dies mit dem Privilegierungsgedanken des § 45 Abs. 3 RStV verträgt. Dieser Norm zufolge ist die Bindung des Zuschauers an das eigene Programm so schützenswert, dass entsprechende Hinweise nicht auf die Werbezeitkontingente anzurechnen sind. Stellt man diesen Gedanken den Konzentrationsvorschriften gegenüber, so muss man feststellen, dass die dortigen Zurechnungsvorschriften gerade nicht darauf übertragen werden können. Denn wenn das Konzentrationsrecht die horizontale Konzentration als Gefahr für die Vielfaltssicherung ansieht, so wäre es widersprüchlich, durch die Zulassung von Cross-Promotion das Familienwachstum zu fördern. Daraus folgt, dass der Gesetzgeber zwar – trotz des werbenden Charakters – die Bindung an das eigene Programm zulässt, aber gerade nicht in Hinblick auf die Familie.

---

[584] *Hartstein/Ring/Kreile/Dörr/Stettner*, § 45 RStV, Rnd. 26.

[585] *Bornemann*, K&R 2001, 302 (309).

[586] Vgl. auch *Pelny*, AfP 1998, 35 (36).

ee) Recht auf Ausschöpfung des gesetzlich erlaubten Konzentrationsgrades

Obiges Ergebnis könnte im Hinblick auf den nach dem Gesetz tolerierten Grad an horizontaler Konzentration in Frage gestellt werden. Unstreitig ist ein Zuschaueranteil bis zur Vermutung von vorherrschender Meinungsmacht, also bis zu einem Zuschaueranteil von 30% im Durchschnitt eines Jahres, konzentrationsrechtlich unbedenklich. Daher könnte man zu dem Schluss kommen, dass das Argument, die Konzentrationsregeln würden das Familienwachstum begrenzen wollen, erst ab einem erreichten Zuschaueranteil von 30% eingreifen würde und dass es bis zu dieser Grenze jedem Fernsehsender frei stehe, diese Obergrenzen auszureizen.

Allerdings wäre es widersprüchlich, Senderwachstum zu fördern, wenn man es sodann ab einem bestimmten Grad an Konzentration wieder begrenzen würde. Gerade auch vor dem Hintergrund, dass einmal eingetretene Konzentrationen kaum rückgängig zu machen sind,[587] ist es konsequent, das Senderwachstum von vornherein zu begrenzen. Das Argument, Wachstum von Senderfamilien bis zu einem Zuschaueranteil von 30% fördern zu können, greift damit nicht.

ff) Widerspruch zu den Regelungen zur Eigenpromotion

Obige Ausführungen könnten zu der Überlegung anregen, ob dann nicht auch die Eigenpromotion für einen einzelnen Sender außerhalb des Werbeblocks als unzulässig zu bewerten wäre bzw. ob obige Ausführungen nicht der Zulässigkeit der Eigenwerbung widersprechen. Denn der jeweilige Fernsehsender bezweckt ja mit der Eigenpromotion ebenfalls einen Senderwachstum, so dass auch hier die Gefahr droht, dass dieser die 30%-Grenze erreicht. Schließlich kann man auch der Auffassung sein, dass es irrelevant ist, ob ein Rundfunkveranstalter mit einem Kanal 30% Zuschaueranteil erreicht oder mit drei Tochterunternehmen jeweils 10%. Allerdings ist dem entgegenzuhalten, dass die schlichte Self-Promotion nicht die oben aufgeführten Synergiepotenziale in sich trägt. Von der Self-Promotion für den einzelnen Kanal geht nämlich nicht eine solche Dynamik aus, wie es bei der gegenseitigen Bewerbung von mehreren Sendern der Fall ist. In diesen Fällen erreichen die Sender einer Familie nämlich nicht nur die Zuschauer des beworbenen Senders, sondern auch die Zuschauer, die den jeweils anderen Kanal eingeschaltet haben. Es werden damit bei gleich bleibenden Produktionskosten erheblich mehr Zuschauer erreicht als bei der bloßen Self-Promotion für das ausstrahlende Programm.

Dass also Self-Promotion für einen einzelnen Kanal außerhalb des Werbeblocks im Hinblick auf den programmlichen Bezug zulässig ist, steht in

---

[587] BVerfGE 57, 295 (323); BVerfGE 73, 118 (173).

keinem Widerspruch zu der Tatsache, dass Familienwachstum und Senderwachstum an sich begrenzt werden sollen.

gg) Wirtschaftliche Zugehörigkeit kein Grund für Privilegierung

Darüber hinaus muss man feststellen, dass bloße wirtschaftliche Zugehörigkeiten und Abhängigkeiten keinen Grund für Privilegierungen im Werberecht begründen. Sowohl der Rundfunkstaatsvertrag als auch die Fernsehrichtlinie stellen klar, dass Werbung für unternehmenseigene Produkte nicht privilegiert wird. Insofern wurde gerade die Definition der Eigenwerbung mit in die Werbedefinition des § 2 Abs. 2 Nr. 5 RStV bzw. Art. 1 c) Fernsehrichtlinie aufgenommen. Wenn also Werbung für unternehmenseigene Produkte oder Dienstleistungen als Werbung bzw. Eigenwerbung im Sinne des § 2 Abs. 2 Nr. 5 RStV gilt, gibt es keinen ersichtlichen Grund, warum unternehmenseigene Fernsehsender hinsichtlich der Werbevorschriften anders behandelt werden sollten. Niemand würde ernstlich auf die Idee kommen, Werbung für mit dem Sender wirtschaftlich verflochtene Produkte nicht als Werbung im rundfunkrechtlichen Sinne anzusehen. Die Literatur geht ebenfalls davon aus, dass der Rundfunkveranstalter seine Rundfunkaktivitäten von den anderen unternehmerischen Tätigkeiten trennen muss und seine Rundfunkprogramme nur in Anwendung der allgemeinen Werberegeln als Werbeträger für die sonstigen Unternehmensbereiche einsetzen darf.[588] Wirtschaftliche Gesichtspunkte müssen daher bei der Frage nach dem Veranstalterbegriff außen vor bleiben.

hh) Verwandte Märkte

Im Zusammenhang mit der Anwendung der konzentrationsrechtlichen Vorschriften würde sich zudem ein weiteres Problem stellen. Denn nach diesen Vorgaben sind dem Fernsehsender bei geringfügigem Unterschreiten der 30%-Grenze auch Beteiligungen an medienrelevanten Unternehmen zuzurechnen, sofern das Unternehmen dort eine marktbeherrschende Stellung hat, vgl. § 26 Abs. 2 S. 2 RStV. Insofern würde sich auch hier die Frage stellen, wie die Bewerbung von Produkten aus medienrelevanten Geschäftsfeldern zu bewerten wäre. Würde man ausschließlich nach wirtschaftlichen Gesichtspunkten gehen und die konzentrationsrechtlichen Zurechnungstatbestände für ausschlaggebend halten, würden sämtliche Bewerbungen von Tonträgern, Print-Produkten etc. nicht als Werbung gelten. Dies ist schon aufgrund des Trennungs- und Kennzeichnungsgebots rechtlich nicht haltbar.

---

[588] *Hartstein/Ring/Kreile/Dörr/Stettner*, § 7 RStV, Rnd. 57.

d) Teleologische Erweiterung des Veranstalterbegriffs unter dem Gesichtspunkt der Zuschauerbindung

Zu prüfen bleibt, ob der Veranstalterbegriff des Rundfunkstaatsvertrages unter dem Gesichtspunkt der Zuschauerbindung teleologisch erweitert werden kann mit der Folge, dass als Veranstalter auch der Sender gilt, der mit einem anderen Sender wirtschaftlich verbunden ist. Wie die Landesmedienanstalten in ihren gemeinsamen Richtlinien ausführen, dient die Eigenpromotion der Zuschauerbindung. Hier wird also der besonderen Beziehung zwischen Sender und Zuschauer Rechnung getragen. Diese Sonderbeziehung wird gegenüber dem werbenden Effekt der Programmhinweise und der Eigenpromotion höher bewertet. Ihnen kommt das Privileg zu, als Programm und nicht als Werbung bewertet zu werden. Wie aber der Begriff der Zuschauerbindung schon zeigt, geht es um die „Bindung" des Zuschauers. Gebunden werden kann aber nur ein Zuschauer, der bereits da ist und zwar als aktueller Zuschauer der Programms.[589] So wird in der Literatur zutreffenderweise ausgeführt, dass „Zuschauerbindung" für ein anderes als das ausstrahlende Programm bereits ein Widerspruch in sich sei und der Programmhinweis auf ein anderes Programm als „Zuschauergenerierung" bezeichnet werden müsse.[590]

Das VG Berlin führt in seinem Beschluss im Rahmen des vorläufigen Rechtsschutzes aus, dass Sinn der Privilegierung der Eigenwerberegeln die Zuschauerbindung an das Programm der Familie sei.[591] Hier wird also ein Familienprogramm fingiert, das es so allerdings gar nicht gibt. Denn „ein" Programm aller Familienmitglieder gibt es nicht. Vielmehr werden erst mehrere Programme zu einem sogenannten Familienprogramm.[592] Der Zuschauer, der durch Programmhinweise gebunden werden soll, kann aber nur jeweils ein einziges Programm sehen und muss sich im Rahmen seiner Auswahlentscheidung zwangsläufig gegen andere Programme derselben Familie entscheiden. Insofern ist die Bindung an das Familienprogramm praktisch nicht realisierbar.

e) Teleologische Reduktion des § 45 Abs. 3 RStV auf das ausstrahlende Programm

In der Literatur wird zum Teil der Frage nachgegangen, ob eine teleologische Auslegung des § 45 Abs. 3 RStV nicht sogar zu einer Reduktion des Anwendungsbereichs dieser Norm führen würde mit der Folge, dass die dort statuierte Privilegierung nur für das jeweils ausstrahlende Programm gilt.[593] Damit würde

---

[589] So *Platho*, MMR 2002, 21 (24).
[590] Siehe *Platho*, MMR 2002, 21 (24).
[591] Beschluss des VG Berlin vom 4. Oktober 2000, ZUM-RD 2001, 48 (50).
[592] So auch *Platho*, MMR 2002, 21 (24).
[593] So *Platho*, MMR 2002, 21 (24); ablehnend *Ladeur*, Rnd. 549.

Cross-Promotion auch dann als Werbung gelten, wenn diese zwischen Sendern desselben Lizenzinhabers stattfindet.[594]

Angeführt wird hier zunächst der Grund der Privilegierung des § 45 Abs. 3 RStV, nämlich das Kriterium der Zuschauerbindung. Diese Zuschauerbindung sei im Wesentlichen auf das ausstrahlende Programm bezogen, so dass die Cross-Promotion auch dann nicht privilegiert werden könne, wenn die Zulassungsinhaber der jeweiligen Sender identisch wären.

Dafür spricht zum einen der bereits genannte Umstand, dass wirtschaftliche Zugehörigkeiten eines Fernsehsenders im Rundfunkstaatsvertrag für den Bereich der Werbung grundsätzlich außer Betracht bleiben sollen und dass ein Fernsehveranstalter seinen Sender nicht als Werbeträger für eigene Produkte einsetzen soll. Zudem harmoniert diese Auslegung auch mit den Zielvorgaben der konzentrationsrechtlichen Vorschriften, da Cross-Promotion als Mittel zur Wachstumsförderung nicht uneingeschränkt möglich wäre. Außerdem muss man sich die Frage stellen, ob es denn überhaupt einen Unterschied macht, ob ein Lizenznehmer zwei Sender verantwortet oder ob der zweite Sender von einer 100%igen Tochterfirma, aber damit eben von einem anderen Erlaubnisinhaber, veranstaltet wird. Ein Unterschied kann hier nur in der formalen Gesellschafterstruktur gesehen werden. Dann macht es aber keinen Sinn, in dem einen Fall Cross-Promotion außerhalb des Werbeblocks für unzulässig zu werten und in dem anderen Fall die Privilegierung des § 45 Abs. 3 RStV zuzulassen.

Allerdings ist es fraglich, ob diese einschränkende Auslegung mit dem oben herausgearbeiteten engen bzw. formellen Veranstalterbegriff vereinbar ist. Denn nach der Definition des Fernsehveranstalters in der Fernsehrichtlinie sowie nach der Rechtsprechung des Bundesverfassungsgerichtes gilt als Veranstalter derjenige, der die redaktionelle Letztverantwortung über das Programm trägt, im Regelfall also der Lizenzinhaber, der in der vorliegenden Fallkonstellation die Verantwortung über beide Sender gleichermaßen trägt.

Jedoch ist davon auszugehen, dass der Gemeinschaftsgesetzgeber mit seiner Begriffsdefinition in der Fernsehrichtlinie nur die Frage habe regeln wollen, wer als Verantwortlicher eines Programms heranzuziehen ist. Das Bundesverfassungsgericht seinerseits wollte in dem „extra radio"-Beschluss[595] klären, wer Rundfunkveranstalter und damit Träger der Rundfunkfreiheit sein kann. Dass das Gericht damit auch die Werbemöglichkeiten eines Senders ausweiten wollte, ist nicht anzunehmen. Daher muss § 45 Abs. 3 RStV dahingehend ausgelegt werden, dass die Privilegierung nur für das jeweils ausstrahlende Programm gilt.

---

[594] Beispiel hierfür wäre z.B. der *Heimatkanal* und *GoldStar TV*, die beide von *GoldStar TV GmbH & Co. KG* veranstaltet werden oder für den Bereich des Pay-TV das Programmbouquet von *Premiere World*, deren Programme alle von der *Premiere Medien GmbH & Co. KG* veranstaltet werden.

[595] Beschluss des BVerfG von 20. Februar 1998, BVerfGE 97, 298.

5. Rechtsprechung des VG Berlin

An Rechtsprechung hinsichtlich der werberechtlichen Bewertung der Cross-Promotion liegt bislang nur das nicht rechtskräftige Urteil des VG Berlin vom 16. September 2002 (VG 27 A 193/00) sowie der Beschluss des entsprechenden vorläufigen Rechtsschutzes vor.[596] Der Sachverhalt wurde bereits oben ausgeführt.[597]

Das VG Berlin hält das Merkmal der Entgeltlichkeit im Rahmen des Werbebegriffs im Sinne des § 2 Abs. 2 Nr. 5 RStV für konstitutiv. Da kein Nachweis für eine Entgeltzahlung des Senders *N24* an *ProSieben* vorgelegt wurde, schloss das Gericht das Vorliegen von Werbung aus diesem Grunde aus. Nach der hier vertretenen Ansicht ist das Vorliegen einer Entgeltzahlung keine notwendige Voraussetzung des § 2 Abs. 2 Nr. 5 RStV.

Den Begriff der Eigenwerbung verneint das VG Berlin ebenfalls, allerdings paradoxer Weise mit der Begründung, die auch die unterlegene *MABB* vertrat, nämlich damit, dass der Rundfunkstaatsvertrag den engen Veranstalterbegriff voraussetze. In seinen Entscheidungsgründen führt das Gericht diesbezüglich aus, dass für den Veranstalterbegriff des Rundfunkstaatsvertrages die Fernsehrichtlinie heranzuziehen sei. Demnach sei also Veranstalter, wer die redaktionelle Verantwortung für die Zusammensetzung von Fernsehprogrammen trage und diese Programme sende oder senden lasse. Nachfolgend kommt es zu dem Schluss, dass die redaktionelle Verantwortung für das Programm *N24* die *N24 Gesellschaft für Nachrichten und Zeitgeschehen mbH* trage und für das Programm von *ProSieben* die damalige *ProSieben Media GmbH.* Aus diesen Gründen solle keine Eigenwerbung vorliegen, da *ProSieben* eben keine „eigenen" Produkte beworben habe, sondern Produkte eines anderen Veranstalters.

Das VG Berlin ist damit zwar zu dem Schluss gekommen, dass die Cross-Promotion zwischen *ProSieben* und *N24* nicht auf die Werbekontingente anzurechnen sei, allerdings mit den Argumenten der *MABB*, dass nämlich ein enger Veranstalterbegriff heranzuziehen ist. Letztendlich ist die *MABB* also am Merkmal der Entgeltlichkeit gescheitert, welches nach der hier vertretenen Ansicht aber lediglich deklaratorischer Natur ist.

6. Zusammenfassung

Für die Werbeform der Cross-Promotion im privaten Fernsehen gibt es weder im Rundfunkstaatsvertrag noch in der Fernsehrichtlinie eine eindeutige gesetzliche Regelung. Für eine entsprechende rechtliche Einordnung ist vor allem die Frage nach dem Veranstalterbegriff ausschlaggebend. Die Definition in der

---

[596] Beschluss des VG Berlin vom 4. Oktober 2000, ZUM-RD 2001, 48; Urteil des VG Berlin vom 16. September 2002, ZUM 2002, 933.
[597] Siehe Teil 3, Kapitel G. I.

Fernsehrichtlinie, die Rechtsprechung des Bundesverfassungsgerichts sowie die gemeinsamen Richtlinien der Landesmedienanstalten gehen von einem engen bzw. formellen Veranstalterbegriff aus.

Die konzentrationsrechtlichen Vorschriften der §§ 26 ff. RStV können auf § 45 Abs. 3 RStV nicht übertragen werden, da die jeweiligen Regelungsziele einander zuwiderlaufen. Problematisch erweist sich zudem die Frage, wie bei einer solchen Übertragung die Zurechnung von Beteiligungen auf verwandten Märkten zu behandeln wäre. Darüber hinaus stellen wirtschaftliche Zugehörigkeiten im Rundfunkstaatsvertrag keinen Grund für Privilegierungen im Werbebereich dar.

Der Umstand, dass mit der Self-Promotion das Wachstum eines Senders gefördert wird, wird im Hinblick auf den programmlichen Bezug in Kauf genommen. Die Synergieeffekte, die mit uneingeschränkter Cross-Promotion einhergehen, widersprechen aber den Konzentrationsregeln, die das Familienwachstum als Gefahr für den Meinungspluralismus ansehen. Da es keinen Unterschied macht, ob ein Fernsehunternehmen zwei Sender veranstaltet oder einen dieser Sender durch eine 100%ige Tochtergesellschaft ausstrahlen lässt, spricht vieles für eine teleologische Reduktion des § 45 Abs. 3 RStV mit der Folge, dass die dort statuierte Privilegierung nur für das jeweils ausstrahlende Programm gilt. Cross-Promotion zwischen Sendern einer Senderfamilie kann daher außerhalb des Werbeblocks nach den derzeitigen Vorschriften nicht als zulässig bewertet werden.

Ob auch andere Regelungsmöglichkeiten außerhalb der bestehenden Kategorisierung in Programm einerseits und Werbung andererseits vorstellbar sind, bleibt dem letzten Kapitel vorbehalten.

II. Cross-Promotion im öffentlich-rechtlichen Fernsehen

Gerichtliche Auseinandersetzungen über die Zulässigkeit von Cross-Promotion außerhalb des Werbeblocks im öffentlich-rechtlichen Fernsehen gibt es bislang nicht.

Die entsprechende Norm für die rechtliche Bewertung von Cross-Promotion im öffentlich-rechtlichen Rundfunk ist § 16 Abs. 4 RStV[598], der auf Art. 18 Abs. 3 der Fernsehrichtlinie zurückzuführen ist.[599] In § 16 Abs. 4 RStV heißt es, dass „Hinweise der Rundfunkanstalten auf eigene Programme“ nicht als Werbung im Sinne der Absätze 1 und 2 gelten. Gleiches statuieren die ARD-Richtlinien in Nr. 1.1 S. 2 und die ZDF-Richtlinien in Nr. 1.1 S. 2. In Nr. 16 wird jeweils wiederholt, dass für Programme, die der Selbstdarstellung oder Information über den Rundfunk oder die Programmleistungen dienen, die für Werbesendungen geltenden Bestimmungen nicht anzuwenden sind. Anders als

---

[598] Bis zum Siebten Rundfunkänderungsstaatsvertrag § 15 Abs. 4 RStV.

[599] *Hartstein/Ring/Kreile/Dörr/Stettner*, § 16 RStV, Rnd. 4.

in den gemeinsamen Richtlinien der Landesmedienanstalten wird hier nicht näher zwischen Eigen- und Fremdpromotion differenziert.

Im Gegensatz zu der für den privaten Rundfunk geltenden Vorschrift des § 45 Abs. 3 RStV, die von „Hinweisen *des Rundfunkveranstalters* auf eigene Programme" spricht, wird für den öffentlich-rechtlichen Rundfunk der Plural („Hinweise *der Rundfunkanstalten*") verwendet. Fraglich ist daher, ob im öffentlich-rechtlichen Rundfunk ein anderer Maßstab als im privaten Rundfunk anzulegen ist, ob also mehrere Rundfunkanstalten unter Umständen als eine Einheit begriffen werden können mit der Folge, dass ein weiterer Anwendungsbereich der Privilegierung der Self-Promotion eröffnet ist.
Da es „den" öffentlich-rechtlichen Sender per se in Deutschland nicht gibt, sondern vielmehr unterschiedliche Anstaltsformen und Kooperationen bestehen, müssen die verschiedenen denkbaren Konstellationen der Cross-Promotion im öffentlich-rechtlichen Rundfunk jeweils getrennt untersucht werden.

1. Abgrenzung zu redaktionellen Querverweisen

Es wurde bereits ausgeführt, dass es sich bei der Eigenpromotion um Werbung im Sinne des § 2 Abs. 2 Nr. 5 RStV handelt, diese aber über § 45 Abs. 3 RStV als Programm fingiert wird. Auch im öffentlich-rechtlichen Fernsehen sind von dieser Werbeform redaktionelle Querverweise abzugrenzen. Aufgrund der in Art. 5 Abs. 1 S. 2 GG gewährleisteten Rundfunkfreiheit muss es den Fernsehanstalten gestattet sein, aus publizistischen Motiven heraus Hinweise auf andere Sendungen geben zu dürfen. Werbliche Effekte müssen damit als zwangsläufige Nebenfolge in Kauf genommen werden. Entscheidend ist auch hier die Zielrichtung der Darstellungen, ob es also für entsprechende Verweise einen journalistischen Anlass gibt oder ob vielmehr werbliche Interessen im Vordergrund stehen.

2. Werbung innerhalb des *Ersten Programms*

Fraglich ist zunächst, ob die *ARD* bzw. das *Erste Deutsche Fernsehen* auf Sendungen werblich hinweisen darf, die von unterschiedlichen Landesrundfunkanstalten eingebracht worden sind. Dafür spricht der Wortlaut des § 16 Abs. 4 RStV, der von *„den Rundfunkanstalten"* im Plural spricht. Des Plurals bedurfte es nach Meinungen in der Literatur deswegen, weil es eine Zusammenfassung der öffentlich-rechtlichen Landesrundfunkanstalten zu einer einheitlichen Anstalt im rechtlichen Sinne nicht gibt.[600]

---

[600] *Bornemann*, K&R 2001, 302 (309); *Platho* spricht dennoch von „einer öffentlich-rechtlichen" Familie, siehe MMR 2002, 21 (25); die *ARD* selbst bezeichnet sich als nicht rechtsfähige Arbeitsgemeinschaft selbständiger Anstalten des öffentlichen Recht, vgl. die

Auch nach der oben befürworteten teleologischen Reduktion des § 45 Abs. 3 RStV bzw. des hier einschlägigen § 16 Abs. 4 RStV mit der Konsequenz, dass die Privilegierung nur für das jeweils ausstrahlende Programm gilt, muss man zu dem Ergebnis kommen, dass Werbung innerhalb der *ARD* nicht auf die Werbezeitkontingente angerechnet werden muss. Dafür spricht nämlich die strukturelle Eigenart der *ARD*: § 1 S. 1 des ARD-Staatsvertrags[601] und die darauf beruhende Verwaltungsvereinbarung der Landesrundfunkanstalten, der sogenannte ARD-Fernsehvertrag[602], verpflichten die Rundfunkanstalten zur Gestaltung eines „gemeinsamen" Fernsehprogramms[603], des *Ersten Deutschen Fernsehens*. Nach der Rechtsprechung des Bundesverwaltungsgerichts handelt es sich bei dem *ARD*-Gemeinschaftsprogramm rechtlich um „ein einheitliches Programm" und nicht nur um die parallele Ausstrahlung inhaltsgleicher Programme.[604] Anders als bei den privaten Senderfamilien, bei denen es nicht „das" Familienprogramm an sich, sondern vielmehr mehrere gleichzeitig ausgestrahlten Programme auf verschiedenen Kanälen gibt, kann man im Zusammenhang mit der *ARD* von „einem" einzigen Programm, dem „Familienprogramm", sprechen.[605] Daher gelten auch unter Berücksichtigung einer teleologischen Reduktion des § 16 Abs. 4 RStV Programmhinweise der *ARD* für Sendungen, die von unterschiedlichen Landesrundfunkanstalten eingebracht worden sind, nicht als Werbung im Sinne der Absätze 1 und 2 des § 16 RStV. Das Trennungs- und Kennzeichnungsgebot entfällt ebenfalls.

Sofern in der Literatur die Auffassung vertreten wird, dass dadurch eine Ungleichbehandlung des öffentlich-rechtlichen Fernsehens gegenüber dem privaten Fernsehen stattfindet,[606] so ist dem entgegenzuhalten, dass schon die zugrundeliegenden Fallkonstellationen nicht vergleichbar sind. Während es sich bei den Sendern einer Senderfamilie um verschiedene Programme auf verschiedenen Kanälen handelt, veranstalten die jeweiligen Landesrundfunkanstalten

---

Website der *ARD*, abrufbar unter http://www.ard.de/intern/mitglieder/-/id=8146/cjedhß/index.html.

601 § 1 S. 1 ARD-Staatsvertrag i.d.F. der Bek. vom 27. Juli 2001 (GVBl. S. 547), geändert durch Art. 2 des 7. RÄndStV vom 25. September 2003 (GVBl. S. 613), abgedruckt bei *Ring*, Medienrecht, C IV 1.01, lautet: „Die in der Arbeitsgemeinschaft der öffentlich-rechtlichen Rundfunkanstalten der Bundesrepublik Deutschland (ARD) zusammengeschlossenen Landesrundfunkanstalten werden verpflichtet, gemeinsam ein Fernsehvollprogramm zu gestalten."

602 Verwaltungsvereinbarung der Landesrundfunkanstalten über die Zusammenarbeit auf dem Gebiet des Fernsehens (ARD-Fernsehvertrag) vom 26./27. November 1991, geändert am 30. November 1998, abgedruckt bei *Ring*, Medienrecht, C IV 1.300.

603 Art. 1 dieser Verwaltungsvereinbarung lautet: „Die Rundfunkanstalten veranstalten ein gemeinsames Fernsehprogramm, das sich aus den Programmbeiträgen der Rundfunkanstalten zusammensetzt (Fernsehgemeinschaftsprogramm „Deutsches Fernsehen")." Im Gegensatz dazu gibt es keine Vereinbarung der *ARD* über die Zusammenarbeit auf dem Gebiet des Hörfunks, siehe auch *Hartstein/Ring/Kreile/Dörr/Stettner*, vor § 11 RStV, Rnd. 73.

604 BVerwGE 75, 67 (73).

605 So auch *Bornemann*, K&R 2001, 302 (304); ebenso *Platho*, MMR 2002, 21 (25).

606 So *Bornemann*, K&R 2001, 302 (307).

nämlich mit dem *Ersten Deutschen Fernsehen* ein „gemeinsames" Fernsehprogramm. Entsprechende Hinweise beziehen sich daher auf dieses „eigene" Programm.

3. Werbung des *Ersten* für ein Drittes Programm und umgekehrt

Zu untersuchen ist weiterhin, ob das *Erste Programm* werbliche Hinweise auf ein Drittes Programm geben darf und vice versa, ohne dies auf die Werbezeitkontingente anzurechnen. Der ARD-Staatsvertrag verpflichtet die Landesrundfunkanstalten zur Gestaltung eines „gemeinsamen" Fernsehprogramms. Die Dritten Programme werden dagegen von jeder Landesrundfunkanstalt autonom und ohne Rücksicht auf die „Schwesteranstalten" veranstaltet.[607] Zwischen den Regionalprogrammen und der *ARD* als solcher gibt es keinerlei rechtliche Verbindungen, ein „eigenes" Programm dieser Anstalten existiert nicht. Es gibt auch keine Anknüpfungspunkte für eine mögliche Zurechnung der Programme, wie es teilweise für den Bereich des privaten Fernsehens befürwortet wird. Allein die Zugehörigkeit zum öffentlich-rechtlichen Rundfunk reicht für eine Zurechnung der Programme nicht aus. Die Voraussetzungen des § 16 Abs. 4 RStV sind daher nicht erfüllt, derartige werbliche Programmhinweise dürfen nicht außerhalb der Werbeblöcke ausgestrahlt werden.

4. Werbung eines Dritten Programms für ein Drittes Programm

Wie oben bereits ausgeführt, veranstaltet jede Landesrundfunkanstalt ihr Regionalprogramm autonom und ohne Rücksicht auf andere Landesrundfunkanstalten.[608] Lediglich im Rahmen der *ARD* strahlen die Rundfunkanstalten ein gemeinsames Programm aus und können in diesem Zusammenhang als Einheit angesehen werden. Da man aber bei den verschiedenen Programmen der Landesrundfunkanstalten nicht von „eigenen" Programmen sprechen kann und eine Zurechnung aufgrund der bloßen Zugehörigkeit zum System des öffentlich-rechtlichen Rundfunks nicht vorzunehmen ist, muss auch hier die Privilegierung des § 16 Abs. 4 RStV nach wohl herrschender Meinung entfallen.[609] Außerhalb des Werbeblocks sind daher nur Programmhinweise für das jeweilige Regionalprogramm zulässig.

---

[607] *Bornemann*, K&R 2001, 302 (305).
[608] *Bornemann*, K&R 2001, 302 (305).
[609] *Hartstein/Ring/Kreile/Dörr/Stettner*, § 16 RStV, Rnd. 12, die beispielsweise Hinweise vom *BR* auf Programme des *MDR 3* außerhalb des Werbeblocks für unzulässig halten; so auch *Platho*, MMR 2002, 21 (25).

5. Werbung des *Ersten*, der Dritten Programme oder des *ZDF* für *3sat* oder *arte*

a) „Eigene" Programme in Hinblick auf eingegangene Kooperationen

Kontrovers wird auch die Frage diskutiert, wie werbliche Hinweise des *Ersten Programms*, der Dritten Programme oder des *ZDF* auf die Programme von *3sat* oder *arte* zu bewerten sind. So wird teilweise angeführt, dass die Landesrundfunkanstalten auch auf die von ihnen mit anderen zusammen veranstalteten Programme hinweisen dürften.[610] Dafür könnte zunächst der Wortlaut des § 16 Abs. 4 RStV sprechen, der von „eigenen" Programmen spricht. Der Begriff „eigene Programme" könnte neben Programmen, die ausschließlich von einer Fernsehanstalt gesendet und verantwortet werden, ebenso Programme umfassen, die sie mit anderen gemeinsam veranstaltet. Insofern könnte man auf die Idee kommen, nach dem Vorbild der Konzentrationsvorschriften für den privaten Rundfunk, auch diese Beteiligungen gegenseitig zuzurechnen. Dies wird zum Teil wegen der ausländischen Kooperationspartner als problematisch angesehen, da die Programme *3sat* und *arte* wegen eben dieser ausländischen Beteiligungen keiner einheitlichen öffentlich-rechtlichen Anstalt oder „Familie" zugeordnet werden können.[611] Das Wort „eigene" kann aber auch dahingehend ausgelegt werden, dass gerade nur das jeweils ausstrahlende Programm gemeint ist. So kann das *ZDF* beispielsweise den Sender *3sat* auch nicht sein „eigen" nennen, da neben ihm noch andere Sender beteiligt sind.

Gegen eine solche weite Auslegung spricht aber vor allem der Zweck der Privilegierung der Eigendarstellungen im Rundfunkstaatsvertrag. Dieser liegt nämlich in der Zuschauerbindung des jeweils ausstrahlenden Programms, nicht aber anderer Programme. Außerdem kennt der Rundfunkstaatsvertrag auch im Bereich des öffentlich-rechtlichen Fernsehens hinsichtlich des Vorliegens von Werbung keine Ausnahmeregelungen für eingegangene Kooperationsverhältnisse oder weitergehende wirtschaftliche Verflechtungen. Sofern nicht schon der Wortlaut dahingehend ausgelegt wird, so ergibt jedenfalls eine teleologische Reduktion des § 16 Abs. 4 RStV, dass werbliche Hinweise des *Ersten Programms*, der Dritten sowie des *ZDF* für *3sat* und *arte* außerhalb des Werbeblocks unzulässig sind.

b) Gleichbehandlung mit dem privaten Fernsehsektor

Darüber hinaus muss man auch der Frage nachgehen, ob eine andere Beurteilung nicht eine ungerechtfertigte Benachteiligung des privaten Fernsehens darstellen würde. Zwar sind die Werbevorschriften im öffentlich-rechtlichen einer-

[610] *Hartstein/Ring/Kreile/Dörr/Stettner*, § 16 RStV, Rnd. 12.
[611] *Platho*, MMR 2002, 21 (25).

seits sowie im privaten Fernsehen andererseits bewusst unterschiedlich ausgestaltet worden,[612] so dass man meinen könnte, dass eine unterschiedliche Behandlung auch im Bereich der Self-Promotion gewollt sei. So wird zum Teil darauf hingewiesen, dass die einschlägige Norm der Privilegierung der Programmhinweise gerade nicht in der Norm zu finden ist, die für beide Teile des dualen Systems verbindlich ist, nämlich in § 7 RStV.[613]

Allerdings ist der Bereich der Werbung vor allem im Hinblick auf die Gebührenfinanzierung der öffentlich-rechtlichen Anstalten unterschiedlich geregelt worden. Aus diesem Grunde gelten in beiden Teilen jeweils andere Werbezeitkontingente. Dass eine unterschiedliche Behandlung auch für den Bereich der Programmhinweise gewollt war, ist aber nicht ersichtlich. Vielmehr ist nach der amtlichen Begründung des § 16 Abs. 4 RStV das Gegenteil der Fall: Demnach wollte der Gesetzgeber nämlich mit der Einfügung dieser Norm im Zuge des Vierten Rundfunkänderungsstaatsvertrags im Jahre 2000 den „Gleichklang für die Eigenwerbung und die Spendenaufrufe für den öffentlich-rechtlichen sowie den privaten Rundfunk sichergestellt wissen“[614]. Diese amtliche Begründung stützt daher das Ergebnis, dass § 16 Abs. 4 RStV und § 45 Abs. 3 RStV gleichermaßen ausgelegt werden müssen, dass also auch im öffentlich-rechtlichen Rundfunk die Privilegierung nur für das jeweils ausstrahlende Programm gilt. Zu Recht wird deshalb auch festgestellt, dass eine Ungleichbehandlung beider Bereiche eine Schieflage im dualen System zur Folge haben würde.[615]

6. Werbung des *Ersten*, der Dritten Programme oder des *ZDF* für *Phoenix* oder *KI.KA*

Bezüglich der werblichen Hinweise des *Ersten*, der Dritten Programme oder des *ZDF* für *Phoenix* oder *KI.KA* gilt ähnliches wie für das im Hinblick auf *3sat* und *arte* ausgeführte. So wird in der Literatur zum Teil auf die „gemeinsame“ Veranstaltung dieser Programme abgestellt mit der Folge, dass entsprechende Hinweise nicht als Werbung im Sinne des § 16 Abs. 4 RStV gelten sollen.[616] Der Wortlaut ist indes nicht eindeutig und kann in beide Richtungen interpretiert werden. Ausschlaggebend ist auch hier eine teleologische Reduktion des § 16 Abs. 4 RStV auf das jeweils ausstrahlende Programm sowie die Notwendigkeit der Gleichbehandlung mit dem privaten Fernsehen. Außerhalb des Werbeblocks sind daher werbliche Hinweise des *Ersten*, der Dritten Programme oder des *ZDF* auf Programme von *Phoenix* oder *KI.KA* unzulässig.

---

[612] Vgl. dazu auch *Platho*, MMR 2002, 21 (25).
[613] So *Platho*, MMR 2002, 21 (24).
[614] *Hartstein/Ring/Kreile/Dörr/Stettner*, § 16 RStV, Rnd. 4.
[615] *Loitz/Arnold/Schmitz/Isenbart*, S. 172.
[616] *Hartstein/Ring/Kreile/Dörr/Stettner*, § 16 RStV, Rnd. 12.

7. Werbung zwischen *ARD* und *ZDF*

a) Im Allgemeinen

Da die *ARD* und das *ZDF* in keiner Weise ein gemeinsames Programm mit der Folge eines „eigenen" Programms im Sinne des § 16 Abs. 4 RStV veranstalten noch sonst miteinander verbunden sind, ist hier kein Raum für werbliche Hinweise auf den jeweils anderen Sender außerhalb der Werbeblöcke.[617]

Fraglich ist daher, wie der jahrelang ausgestrahlte Claim „Bei *ARD* und *ZDF* sitzen Sie in der ersten Reihe" außerhalb des Werbeblocks bewertet werden muss, insbesondere, ob es sich dabei noch um Self-Promotion oder schon um Werbung für Dritte handelt. So wird teilweise ausgeführt, dass mit diesem Slogan die Vorzüge der öffentlich-rechtlichen Fernsehanstalten betont würden und der ausstrahlende Sender mit dem Slogan seine Zugehörigkeit zu diesem System demonstrieren wolle. Obwohl damit zwangsläufig ein werblicher Nebeneffekt entfaltet werde, könne immer noch von Eigenwerbung gesprochen werden.[618] Dem steht aber zum einen der eindeutige Wortlaut des § 16 Abs. 4 RStV entgegen, der schlichtweg von „eigenen" Programmen spricht. *ARD* und *ZDF* veranstalten aber kein gemeinsames Programm. Zum anderen gibt es im Gesetz keinerlei Stütze dafür, Self-Promotion für die Zugehörigkeit zu einem bestimmten System senden zu können. Ebenso wenig könnte (unzulässige) Cross-Promotion im privaten Fernsehen mit dem Argument für zulässig erklärt werden, dass beide Sender zum System der privaten Fernsehveranstalter gehören.

b) Bei abwechselnd übertragenen Sendungen

Etwas anderes muss bezüglich solcher Sendungen gelten, die zwangsläufig abwechselnd von der *ARD* und dem *ZDF* ausgestrahlt werden, wie z.B. bei der Fußballweltmeisterschaft oder bei den Olympischen Spielen. Nur so kann man dem Kriterium der Zuschauerbindung gerecht werden. Denn nur durch einen Hinweis auf das jeweils andere Programm ist wiederum dessen Hinweis auf das eigene Programm möglich. Der Hinweis auf das andere Programm ist damit ein notwendiger Zwischenschritt auf dem Weg zur eigenen Zuschauerbindung.[619] Hier ist aber einschränkend festzuhalten, dass zwingende Gründe für eine abwechselnde Übertragung vorliegen müssen. Wenn zwei Sender ein Programm

---

617 So auch *Hartstein/Ring/Kreile/Dörr/Stettner*, § 16 RStV, Rnd. 12.

618 *Bork*, ZUM 1990, 11 (16); so auch *Lindner*, ZUM 2005, 520 (521), der einen solchen Slogan weder rundfunkrechtlich noch rundfunkpolitisch beanstandet.

619 So auch *Ladeur*, in: *Hahn/Vesting*, § 15 RStV, Rnd. 6; eine engere Ansicht vertreten *Hartstein/Ring/Kreile/Dörr/Stettner*, § 16 RStV, Rnd. 12, denen zufolge ein Sender nicht auf den anderen Sender werblich hinweisen darf, wenn dieser am nächsten Tag das Ereignis überträgt. Redaktionelle Hinweise sind nach dieser Auffassung aber zulässig.

abwechselnd auf beiden Sendern ausstrahlen, nur um ihren Bekanntheitsgrad zu steigern, kann oben genanntes nicht gelten.

8. Zusammenfassung

Auch im öffentlich-rechtlichen Fernsehen sind eingegangene Kooperationen und wirtschaftliche Verflechtungen bei der Frage nach dem Vorliegen von Werbung der gesetzlichen Wertung zufolge nicht ausschlaggebend. Anknüpfungspunkte für eine Zurechnung der Programme aufgrund der bloßen Zugehörigkeit zum System der öffentlich-rechtlichen Fernsehanstalten liegen nicht vor. Das Kriterium der Zuschauerbindung gilt auch hier nur für das jeweils ausstrahlende Programm. Dies wird schließlich dadurch bekräftigt, dass der Gesetzgeber eine Gleichbehandlung der Eigenpromotion im Bereich des öffentlich-rechtlichen und des privaten Fernsehens ausdrücklich gewollt hat.

III. Wettbewerbswidrigkeit

Die voranstehenden Ausführungen haben gezeigt, dass Cross-Promotion im Fernsehen in vielen Fällen als Werbung im Sinnes des § 2 Abs. 2 Nr. 5 RStV zu bewerten ist, diese also als solche zu kennzeichnen, vom übrigen Programm zu trennen und auf die Werbezeitkontingente anzurechnen ist. Auch bei den übrigen cross-medialen Bezugnahmen ist das in § 7 Abs. 3 RStV niedergelegte Kennzeichnungs- und Trennungsgebot zu beachten, sofern es sich nicht um redaktionell veranlasste Darstellungen handelt. Fraglich ist daher, ob ein Verstoß gegen das Kennzeichnungs- und Trennungsgebot möglicherweise einen Wettbewerbsverstoß darstellt.

1. Rechtsbruch

Sollte das Kennzeichnungs- und Trennungsgebot nicht eingehalten werden, kommt ein Fall des unlauteren Wettbewerbs durch Rechtsbruch im Sinne des § 4 Nr. 11 UWG in Betracht. Da diese Vorschrift § 3 UWG konkretisiert, müssen zudem die dort genannten Voraussetzungen vorliegen.[620]

[620] Vgl. auch *Götting*, in: *Fezer*, § 4-11 UWG, Rnd. 40; *Lettl*, Rnd. 404.

a) Wettbewerbshandlung

Zunächst muss überhaupt eine „Wettbewerbshandlung“ im Sinne des § 2 Abs. 1 Nr. 1 UWG vorliegen, also eine „Handlung einer Person mit dem Ziel, zugunsten des eigenen oder eines fremden Unternehmens den Absatz oder den Bezug von Waren oder die Erbringung oder den Bezug von Dienstleistungen, einschließlich unbeweglicher Sachen, Rechte und Verpflichtungen zu fördern“. Während bei einem Unternehmer eine objektiv auf den Wettbewerb bezogene Handlung ein widerlegbares Indiz für eine Wettbewerbsabsicht ist,[621] gilt eine solche Vermutung aufgrund des Art. 5 Abs. 1 S. 2 GG für das Fernsehen nicht.[622] Damit soll vor allem verhindert werden, dass es über die Anwendung des Wettbewerbsrechts zu einer nicht vertretbaren Einschränkung der Rundfunkfreiheit kommt.[623] Daher besteht zunächst einmal die Vermutung, dass der Sender mit der Berichterstattung die Öffentlichkeit über Angelegenheiten von allgemeinem Interesse informieren möchte.[624] Wird allerdings das Fernsehen mit der Zielsetzung instrumentalisiert, eigenen oder fremden Wettbewerb zu fördern, liegt eine Wettbewerbshandlung im Sinne des § 2 Abs. 1 Nr. 1 UWG vor.[625]

Bei der Ausstrahlung von Cross-Promotion und anderen werblichen Darstellungen für weitere Geschäftsfelder des Fernsehveranstalters liegt keine Wahrnehmung publizistischer Aufgaben vor. Ein redaktioneller Anlass besteht gerade nicht. Vielmehr sollen die Zuschauer auf weitere Veranstalter oder Produkte des mit dem Fernsehsender wirtschaftlich verflochtenen Unternehmens aufmerksam gemacht werden, so dass eine Absatzförderungsabsicht und damit auch eine Wettbewerbshandlung im Sinne des § 2 Abs. 1 Nr. 1 UWG vorliegt.[626]

b) Relevante Norm

Des Weiteren muss ein Verstoß gegen eine gesetzliche Vorschrift gegeben sein. Sofern das Kennzeichnungs- und Trennungsgebot nicht beachtet wird, liegt ein Verstoß gegen § 7 Abs. 3 RStV vor. Da es aber nicht Aufgabe des Wettbewerbsrechts ist, Gesetzesverstöße generell zu sanktionieren, stellt nicht jeder Rechtsverstoß zwangsläufig einen Wettbewerbsverstoß dar.[627] Vielmehr ist eine Wettbewerbshandlung nur dann wettbewerbswidrig, wenn der verletzten Norm zumindest eine sekundäre Schutzfunktion zu Gunsten des Wettbewerbsrechts zukommt, wenn diese also auch dazu bestimmt ist, im Interesse der Marktteil-

---

[621] Vgl. auch *Gloy*, in: *Gloy/Loschelder*, § 11, Rnd. 10.
[622] *Lettl*, Rnd. 90; *Fezer*, in: *Fezer*, § 2 UWG, Rnd. 52.
[623] Vgl. auch *Emmerich*, S. 42.
[624] *Lettl*, Rnd. 90.
[625] *Fezer*, in: *Fezer*, § 2 UWG, Rnd. 52.
[626] Bejahend für den Fall der getarnten Werbung siehe auch *Beater*, § 11, Rnd. 53.
[627] Siehe dazu BT-Drucks. 15/1487, 19.

nehmer das Marktverhalten zu regeln. Dieser Zweck muss nicht der einzige und auch nicht der primäre sein.[628] Verstöße gegen Normen ohne jeglichen Wettbewerbsbezug fallen daher nicht unter § 4 Nr. 11 UWG. Die frühere Unterscheidung zwischen wertbezogenen und wertneutralen Vorschriften hatte der BGH bereits vor der im Jahre 2004 erfolgten Novellierung des UWG aufgegeben.[629]

Sollte ein Fernsehveranstalter gegen das Kennzeichnungs- und Trennungsgebot verstoßen, stellt sich also die Frage, ob dieses in § 7 Abs. 3 RStV niedergelegte Gebot eine Norm ist, die dazu bestimmt ist, im Interesse der Marktteilnehmer das Marktverhalten zu regeln.

Das Trennungsgebot dient nicht nur dazu, sachfremde Einflüsse auf das Programm zu verhindern.[630] Vielmehr soll durch das Trennungsgebot auch die Gleichheit der wettbewerblichen Ausgangsbedingungen für die betroffenen Wettbewerber gesichert werden.[631] Daher fällt schon aus diesem Grund ein Verstoß gegen das Trennungsgebot unter § 4 Nr. 11 UWG.[632]

Des Weiteren wird ein Verstoß gegen das Trennungsgebot auch deshalb als wettbewerbswidrig angesehen, weil in einem solchen Fall Normen verletzt werden, die der Rundfunkfreiheit aus Art. 5 Abs. 1 S. 2 GG als einem wichtigen Gemeinschaftsgut dienen und daher von unmittelbar wettbewerbsregelnder Bedeutung sind.[633] Die Instrumentalisierung des Fernsehens für außerpublizistische Zwecke ist nämlich mit der Rundfunkfreiheit nicht vereinbar, denn diese zeichnet sich vor allem durch Programmfreiheit aus, die sich nach publizistischen Kriterien richten soll.[634]

---

[628] *Lettl*, GRUR-RR 2004, 225 (225); *Götting*, in: *Fezer*, § 4-11, Rnd. 50.

[629] Siehe BGHZ 144, 255 (Abgasemissionen) und BGHZ 150, 343 (Elektroarbeiten); zur früheren Rechtslage siehe auch *Henning-Bodewig*, GRUR Int. 1987, S. 544 ff; der BGH ging ursprünglich davon aus, dass eine Unlauterkeit nur bei Verstößen gegen sittlich fundierte und sonstige wertbezogene Normen vorlag und ein Verstoß gegen wertneutrale Vorschriften nur dann wettbewerbswidrig war, wenn sich der Wettbewerber bewusst und planmäßig über diese hinweggesetzt hatte, um sich einen Vorsprung gegenüber seinen gesetzestreuen Konkurrenten zu verschaffen, vgl. *Emmerich*, S. 422 mit weiteren Nachweisen.

[630] Zu diesem Aspekt siehe *Ladeur*, ZUM 1999, 672 (676); sowie *Bork*, ZUM 1990, 11 (14); *Engels*, RuF 1997, 214 (218); Urteil des KG vom 27. Mai 1997, ZUM-RD 1998, 140 (141); *Ricker/Schiwy*, Kapitel F, Rnd. 88: *Holznagel/Stettner*, ZUM 2004, 617 (619).

[631] Siehe dazu das Urteil des BGH vom 22. Februar 1990, ZUM 1990, 291 (296).

[632] So auch *Kotthoff*, in: *Ekey/Klippel/Kotthoff/Meckel/Plaß*, § 4 UWG, Rnd. 593; siehe auch *Castendyk*, in: *Schwarze*, S. 159, der den Trennungsgrundsatz zu den Grundsätzen des Wettbewerbsrechts zählt; vgl. auch *v. Jagow*, in: *Harte-Bavendamm/Henning-Bodewig*, § 4 UWG, Rnd. 120; *Speckmann*, Rnd. 794; *Emmerich*, S. 441.

[633] Vgl. *Piper*, in: *Köhler/Piper*, § 1, Rnd. 749; *Götting*, in: *Fezer*, § 4-11 UWG, Rnd. 73; siehe dazu auch das Urteil des BGH vom 22. Februar 1990, ZUM 1990, 291 (296); vgl. auch *Sack*, WRP 1990, 791 (800).

[634] Vgl. *Piper*, in: *Köhler/Piper*, § 1, Rnd. 750; *Götting*, in: *Fezer*, § 4-11 UWG, Rnd. 73; a. A. *Harte-Bavendamm*, § 4 UWG, Rnd. 121.

c) Wettbewerbliche Relevanz

Um die Verfolgung von Bagatellfällen zu verhindern, muss die Wettbewerbshandlung schließlich gemäß § 3 UWG geeignet sein, den Wettbewerb zum Nachteil der Mitbewerber, der Verbraucher oder der sonstigen Marktteilnehmer nicht nur unerheblich zu beeinträchtigen. Ein konkreter Schaden muss dabei also nicht eingetreten sein.[635]

Da sich die Fernsehveranstalter bei der Ausstrahlung von Cross-Promotion außerhalb der Werbeblöcke geldwerte Werbezeit sparen und es vor allem die Ausstrahlung von Werbung ist, mit denen sich die privaten Fernsehveranstalter finanzieren, ist der Wettbewerb zum Nachteil anderer Fernsehsender nicht nur unerheblich beeinträchtigt. Zudem dient das Trennungsgebot auch dem Schutz der Zuschauer, die journalistisch motivierten Darstellungen ein größeres Vertrauen als werblich motivierten entgegen bringen. Damit ist durch die Ausstrahlung werblicher Darstellungen im Programm auch der Wettbewerb zum Nachteil der Verbraucher beeinträchtigt.

Im Gegensatz zur alten Rechtslage vor der Novellierung des UWG im Jahre 2004 ist für die Bejahung einer Wettbewerbswidrigkeit kein bewusstes und planvolles Handeln mehr notwendig.[636]

2. Ergebnis

Ein Verstoß gegen das in § 7 Abs. 3 RStV niedergelegte Kennzeichnungs- und Trennungsgebot stellt damit einen Wettbewerbsverstoß im Sinne des § 4 Nr. 11 UWG dar.

H. Cross-Promotion innerhalb anderer Medien

Cross-Promotion ist nicht nur auf horizontaler Ebene zwischen verschiedenen Fernsehsendern zu finden. Sie erstreckt sich auch auf die Vernetzung anderer Medien, die mit dem jeweiligen Fernsehsender oder dessen Muttergesellschaft wirtschaftlich verbunden sind. Da der Schwerpunkt der vorliegenden Arbeit in der Bewertung von Cross-Promotion im Bereich des Fernsehens liegt, werden im Folgenden ausschließlich Formen der Cross-Promotion zwischen Fernsehsendern und anderen Medien dargestellt. Dabei stehen zunächst die rundfunkrechtlichen Vorschriften im Vordergrund. Sollten in bestimmten Fallkonstellationen die rundfunkrechtlichen Normen nicht einschlägig sein, wird bereits

---

[635] *Lettl*, GRUR 2004, 449 (450).

[636] *Lettl*, Rnd. 393; *Köhler*, in: *Hefermehl/Köhler/Bornkamm*, § 4 UWG, Rnd. 11.56; *Emmerich*, S. 434; *Götting*, in: *Fezer*, § 4-11 UWG, Rnd. 107.

dann das Wettbewerbsrecht herangezogen. Ansonsten bleibt die Prüfung von möglichen Wettbewerbsverletzungen einem gesonderten Kapitel vorbehalten.[637]

I. Fernsehen/Presse

1. Verlags-TV

Für Unternehmen, die sowohl als Rundfunkveranstalter als auch als Presseverleger agieren, ist vor allem die Ausstrahlung des sogenannten Verlags-TV von Interesse. Darunter versteht man solche Sendungen, die meist als zugelieferte TV-Magazine ausgestrahlt werden und die aufgrund ihres Titels, der gestalterischen Form sowie ihrer journalistischen Aufmachung einen Bezug zu einem entsprechenden Print-Magazin aufweisen.[638] Vorteilhaft für das Unternehmen ist dabei vor allem der Umstand, dass sowohl der Titel als auch das jeweilige Logo fester Bestandteil der Studiodekoration sind und sich diese so im Gedächtnis des Zuschauers festsetzen, der möglicherweise aufgrund der geschauten Sendung das jeweilige Print-Produkt kaufen wird. Beispiele von Verlags-TV sind unter anderem *stern TV*, *Spiegel TV*, *BRAVO TV*, *Cinema TV* oder *Focus TV*.

Zu berücksichtigen ist dabei, dass es sich bei den ausgestrahlten Magazinen teilweise um Fensterprogramme im Sinne des § 31 RStV handelt.[639] Den wirtschaftlichen Synergieeffekt nutzt in diesem Falle der Veranstalter des Fensterprogramms und nicht der Hauptveranstalter.

Maßgebend für die rundfunkrechtliche Beurteilung des Verlags-TV ist das in § 7 Abs. 3 RStV normierte Trennungs- und Kennzeichnungsgebot sowie das in § 7 Abs. 6 RStV niedergelegte Verbot der Schleichwerbung.[640] Aufgrund des

---

[637] Teil 3, Kapitel H.IX.

[638] *Engels/Giebel*, ZUM 2000, 265 (281); *Mohr/Scherer*, ZUM 2001, 147 (148); siehe auch Ziffer 20 Abs. 1 der gemeinsamen Richtlinien der Landesmedienanstalten.

[639] Die Aufnahme von Fensterprogrammen in das Hauptprogramm, also die Einräumung von Sendezeit für unabhängige Dritte, ist eine vielfaltssichernde Maßnahme gemäß § 30 RStV. Hat ein Unternehmen mit den ihm zurechenbaren Programmen vorherrschende Meinungsmacht erlangt, so kann es gemäß § 26 Abs. 4 RStV ihm zurechenbare Beteiligungen an Veranstaltern aufgeben, gegebenenfalls seine Marktstellung auf medienrelevanten verwandten Märkten vermindern oder vielfaltssichernde Maßnahmen im Sinne der §§ 30-32 RStV ergreifen. Als solche gelten entweder die Einräumung von Sendezeit für unabhängige Dritte, also die hier angesprochenen Fensterprogramme, oder aber die Einrichtung eines Programmbeirats nach § 32 RStV.

[640] Das Verbot der Schleichwerbung kann als implizites Anerkenntnis dafür gesehen werden, dass der Trennungsgrundsatz allein keine absolute Anwendung finden kann, vgl. *Platho*, ZUM 2000, 46 (49). Denn durch die Beschreibung der unzulässigen Fallgestaltung wird zugleich eingeräumt, dass es auch Fälle der zulässigen Vermischung von Werbung und Programm geben kann. So hat auch der BGH hervorgehoben, dass es bei einer verfassungsrechtlichen Auslegung im Rahmen des Unvermeidbaren zulässig sein muss, Werbung als Be-

deutlichen Bezugs zur Print-Ausgabe des jeweiligen Magazins und der laufenden Einblendung des entsprechenden Logos und des mit der Print-Ausgabe übereinstimmend gestalteten Bühnenbilds kann nämlich ein werbender Effekt der TV-Sendung nicht verneint werden. Insofern könnte es sich dabei um Werbung im Sinnes des § 2 Abs. 2 Nr. 5 RStV oder möglicherweise sogar um (verbotene) Schleichwerbung[641] im Sinne des § 2 Abs. 2 Nr. 6 RStV handeln.

a) Schleichwerbung

Der Begriff der Schleichwerbung wird in § 2 Abs. 2 Nr. 6 RStV entsprechend Art. 10 Abs. 4 der Fernsehrichtlinie definiert. Schleichwerbung ist demnach die „Erwähnung oder Darstellung von Waren, Dienstleistungen, Namen, Marken oder Tätigkeiten eines Herstellers von Waren oder eines Erbringers von Dienstleistungen in Programmen, wenn sie vom Veranstalter absichtlich zu Werbezwecken vorgesehen ist und die Allgemeinheit hinsichtlich des eigentlichen Zwecks dieser Erwähnung oder Darstellung irreführen kann." Gemäß Satz 2 dieser Norm gilt die Erwähnung insbesondere dann als zu Werbezwecken beabsichtigt, wenn sie gegen Entgelt oder eine ähnliche Gegenleistung erfolgt.

aa) Absichtlichkeit

Wichtigstes Abgrenzungskriterium ist hier also das Merkmal „absichtlich zu Werbezwecken", das erst mit dem Vierten Rundfunkänderungsstaatsvertrag eingefügt wurde. Entscheidend ist hier also, ob Äußerungen oder Darstellungen noch journalistisch gerechtfertigt sind oder vielmehr aus rein werblichen Gründen herausgestellt werden.[642] Verlangt wird damit ein finales und zielgerichtetes Handeln des Fernsehveranstalters.[643] Gemäß Nr. 7 Abs. 1 der gemeinsamen Richtlinien der Landesmedienanstalten bestimmt sich die Frage der Absichtlichkeit nach objektiven Kriterien.

Damit wird an die gerichtliche Anwendungspraxis im Wettbewerbsrecht angeknüpft, bei der ebenfalls aus objektiven Indizien die tatsächliche Vermutung einer Wettbewerbsabsicht abgeleitet wird bzw. die allgemeine Lebenserfahrung bei einer objektiv werbegeeigneten Handlung für das Vorliegen einer

---

standteil der realen Umwelt bei Berichten aus dieser Umwelt darzustellen und diese nicht künstlich ausgespart werden muss, vgl. BGH ZUM 1990, 291 (295).

[641] Schleichwerbung ist gemäß § 7 Abs. 6 RStV unzulässig, der Zusatz „verbotene" Schleichwerbung ist daher überflüssig und wird im Folgenden nicht weiter verwendet.

[642] Vgl. auch *Platho*, ZUM 2000, 46 (48); *Castendyk*, in: *v. Hartlieb/Schwarz*, 251. Kapitel, Rnd. 20.

[643] *Kreile*, ZUM 2000, 194 (198); *Hartstein/Ring/Kreile/Dörr/Stettner*, § 7 RStV, Rnd. 46; *Ladeur*, in: *Hahn/Vesting*, § 7 RStV, Rnd. 53.

Werbeabsicht spricht.[644] Neben einer eventuell geleisteten Entgeltzahlung kann hier die Häufigkeit und Dauer einer Darstellung sowie deren programmliche Relevanz herangezogen werden.[645] Unwiderlegbare Indizien liegen insbesondere dann vor, wenn eine vertragliche Verpflichtung für die Einblendung von Produkten besteht oder bereits in der Entstehungsphase eines Programms dieses bewusst auf die Einbringung von Produkten hin geschrieben wird.[646]

bb) Irreführung des Zuschauers

Ein weiteres Kriterium der Schleichwerbung ist das der Irreführung des Zuschauers, welche in der Regel dann vorliegt, wenn dieser die Darstellung oder Erwähnung von Waren aus dramaturgischen Gründen oder aus Gründen der Wahrnehmung von Informationsinteressen für gerechtfertigt hält.[647] Darin kann auch ein Abgrenzungskriterium zur bloßen Missachtung des Trennungs- und Kennzeichnungsgebots gesehen werden, das oftmals in einem Zuge mit dem Vorliegen von Schleichwerbung genannt wird. Denn nur dann, wenn der Zuschauer wirklich über den wahren Charakter der Äußerungen oder Darstellungen getäuscht werden kann, liegt Schleichwerbung vor. Die bloße Missachtung des Kennzeichnungsgebots allein muss noch nicht zwangsläufig zum Vorliegen von Schleichwerbung führen.[648]

cc) Kriterium der Entgeltlichkeit

Dem Kriterium einer Entgeltleistung wird der Legaldefinition zufolge rein indizielle Bedeutung zugemessen. Es bedarf also nicht unbedingt einer beweisbaren Gegenleistung an den Fernsehsender, um das Vorliegen von Schleichwerbung zu bejahen. Liegt aber eine solche Gegenleistung vor, spricht dies für eine Werbeabsicht und damit für das Vorliegen von Schleichwerbung.

dd) Besondere Konstellation der wirtschaftlichen Verflechtung

Das Merkmal der Entgeltlichkeit, das wohl stärkste Indiz für das Vorliegen von Schleichwerbung, entfällt in der Regel dort, wo für ein Produkt des eigenen

---

[644] *Engels/Giebel*, ZUM 2000, 265 (270).
[645] Siehe dazu auch das Urteil des Niedersächsischen OVG vom 15. Dezember 1998, AfP 1999, 300 (302), in dem sich das Gericht mit einer Sendung zum 100. Geburtstag der Barbie-Puppe befasste.
[646] *Hartstein/Ring/Kreile/Dörr/Stettner*, § 7 RStV, Rnd. 7.
[647] BGH ZUM 1990, 291 (295); vgl. auch *Platho*, ZUM 2000, 46 (49); *Castendyk*, in: *v. Hartlieb/Schwarz*, 251. Kapitel, Rnd. 20.
[648] Vgl. auch *Castendyk*, in: *Schwarze*, S. 163.

Konzerns Schleichwerbung betrieben wird, ebenso bei der Bewerbung von Produkten wirtschaftlich verflochtener Unternehmen. Dass hier keine Entgeltleistung zu finden ist, liegt also in der Natur der Sache. Fraglich ist daher, ob es schon einen früheren Anknüpfungspunkt geben kann, ob möglicherweise schon der bloße Umstand einer wirtschaftlichen Verbundenheit ein Indiz für das Vorliegen von Schleichwerbung sein kann. Dafür spricht, dass grundsätzlich jedes ökonomische Interesse dazu verleiten kann, bestimmte Erwähnungen nur einer möglichen Absatzförderung zuliebe zusenden. Es bedarf also nicht unbedingt einer Entgeltleistung eines Dritten, um einen solchen Anreiz zu geben. Auch die Förderung eines konzerneigenen Produkts ist durchaus im Interesse desjenigen, der für ein entsprechendes Produkt Schleichwerbung betreibt. Daher muss bereits der bloße Umstand einer wirtschaftlichen Verbundenheit des Senders mit demjenigen, zu dessen Gunsten eine Darstellung erfolgt, als ein Indiz für das Vorliegen von Schleichwerbung gewertet werden; dies umso mehr als eine Entgeltleistung nicht nachweisbar, weil üblicherweise nicht vorhanden ist.

b) Zwischenergebnis

Ein unwiderlegbares Indiz für das Vorliegen von Schleichwerbung ist eine geleistete Entgeltzahlung für die Erwähnung oder Darstellung von Produkten in einer Sendung. Da bei wirtschaftlich miteinander verflochtenen Unternehmen eine solche Zahlung in der Regel nicht nachweisbar ist, muss schon dieser wirtschaftliche Hintergrund als ein – wenn auch widerlegbares – Indiz für das Vorliegen von Schleichwerbung angesehen werden.

c) Anwendung auf das Verlags-TV

Bezüglich der Ausstrahlung des Verlags-TV's ist also entscheidend, ob Anlehnungen und Hinweise auf das Print-Produkt noch journalistisch gerechtfertigt sind oder aus rein werblichen Gründen herausgestellt werden.[649] Die optische Bezugnahme der TV-Sendung auf das Print-Produkt allein stellt nach vorwiegender Meinung in der Literatur und gemäß den gemeinsamen Richtlinien der Landesmedienanstalten noch keine Werbung dar.[650] Jedoch darf den gemeinsamen Richtlinien und der Literatur zufolge der werbliche Effekt und damit eine gezielte Absatzförderung des Print-Produkts nicht in den Vordergrund rücken.[651]

Ziffer 20 Abs. 2 der gemeinsamen Richtlinien führt weiter aus, unter welchen Voraussetzungen Verlags-TV nicht als Werbung einzustufen ist. Dies

---

[649] Vgl. auch *Platho*, ZUM 2000, 46 (48).
[650] *Hartstein/Ring/Kreile/Dörr/Stettner*, § 7 RStV, Rnd. 55 b; *Ladeur*, in: *Hahn/Vesting*, § 7 RStV, Rnd. 74; Ziffer 20 der gemeinsamen Richtlinien der Landesmedienanstalten.
[651] Vgl. auch *Mohr/Scherer*, ZUM 2001, 147 (151).

soll dann nicht der Fall sein, wenn in der Sendung kein Hinweis auf die nächste bzw. aktuelle Ausgabe des Print-Produkts enthalten ist. In der Literatur wird weiterhin zum Teil gefordert, dass die TV-Sendung durch ihren Inhalt oder ihre Gestaltung keinen direkten Bezug zur nächsten Ausgabe des Print-Produkts aufweisen dürfe.[652]

d) Hinweis auf Print-Produkte als Hinweis auf Begleitmaterialien?

Fraglich ist, ob es sich bei einem Hinweis auf das jeweilige Print-Produkt möglicherweise um einen Hinweis auf Begleitmaterialien im Sinne des § 45 Abs. 3 RStV handelt mit der Folge, dass ein entsprechender Hinweis nicht als Werbung gelten würde. Wie oben bereits ausgeführt, handelt es sich dann um Begleitmaterialien, wenn diese den Inhalt der Sendung vertiefen oder ergänzen. Gemäß den gemeinsamen Richtlinien gilt das Print-Produkt nicht als Begleitmaterial in diesem Sinne, unabhängig davon, ob zwischen der Rundfunksendung und dem Print-Produkt ein thematischer Zusammenhang besteht oder nicht. Dieser Auslegung ist auch zu folgen, da die Print-Ausgabe von vornherein einen selbständigen Zweck verfolgt und insofern nicht als Begleitmaterial angesehen werden kann.[653]

2. Fernsehen/Programmzeitschriften

Medienkonzerne können des Weiteren davon profitieren, dass sie neben der Fernsehveranstaltung auch Programmzeitschriften verlegen.[654] Auf diese Weise können nämlich bestimmte Programme bzw. bestimmte Sendungen von ausgewählten Programmen besonders hervorgehoben und empfohlen werden.[655] Da die TV-Nutzung damit im wahrsten Sinne des Wortes gesteuert wird, wird in diesem Zusammenhang auch von „Verkehrslenkungssystemen" gesprochen.[656] So gibt es Studien, die nachweisen, dass die redaktionellen Angebote der Programmzeitschriften tatsächlich einen Einfluss auf das Publikumsverhalten

---

[652] *Engels/Giebel*, ZUM 2000, 265 (281), die aber einen zurückhaltenden Hinweis als reine Quellenangabe aus publizistisch-journalistischen Gründen als möglicherweise gerechtfertigt ansehen; *Mohr/Scherer*, ZUM 2001, 147 (151).

[653] *Ladeur*, in: *Hahn/Vesting*, § 7 RStV, Rnd. 74; eine andere Ansicht vertreten *Hartstein/Ring/Kreile/Dörr/Stettner*, § 7 RStV, Rnd. 55 b; kritisch dazu *Loitz/Arnold/Isenbart*, S. 164 und S. 400, die ein Zuschauerinteresse dahingehend sehen, anlässlich der TV-Sendung darüber informiert zu werden, dass ergänzende Informationen in einer bestimmten Zeitschriftenausgabe nachgelesen werden können und die es als widersprüchlich ansehen, dass Zeitschriften Hinweise auf die Fernsehsendung geben dürfen, umgekehrt aber nicht.

[654] So verlegt beispielsweise der *Bertelsmann*-Verlag die Programmzeitschrift *rtv*.

[655] Siehe auch *Engel*, S. 109.

[656] *Lilientahl* in Welt am Sonntag vom 6. August 2003, „Bauers neue Medienmacht".

haben, zumindest, was den Zusammenhang von Spielfilmbewertungen und die Filmauswahl der Zuschauer betrifft.[657] Durch entsprechend gezielte Cross-Promotion kann damit eine bestehende Meinungsmacht erst richtig manifestiert werden.[658]

Im Extremfall könnten die Verleger von Zeitschriften soweit gehen, manche Programme überhaupt nicht in ihren Programmübersichten aufzulisten. Ob dies allerdings Akzeptanz in der Leserschaft finden würde, ist überaus fraglich, da der Leser an einer unvollständigen Programmzeitschrift kein Interesse hat und eine solche Zeitschrift wohl nicht kaufen würde.[659] Darüber hinaus konnten bei oben genannter Studie auch keine Anhaltspunkte dafür gefunden werden, dass systematische Bevorzugungen wirtschaftlich verflochtener Unternehmen bestehen.[660] Punktuelle Bevorzugungen sind aber keinesfalls ausgeschlossen, so dass die Fragestellung nicht bloß theoretischer Natur ist.

a) Keine Auflistung

Sofern der Verlag einen bestimmten Sender bzw. ein bestimmtes Programm nicht in seine Programmzeitschrift mit aufnimmt, ist dieses Verhalten an § 20 Abs. 1 GWB zu messen.

Demnach ist es marktbeherrschenden sowie marktstarken Unternehmen verboten, andere Unternehmen, also sowohl Wettbewerber als auch Geschäftspartner,[661] ohne sachlich gerechtfertigten Grund unterschiedlich zu behandeln. Dieses Diskriminierungsverbot richtet sich also ausschließlich an marktstarke oder marktbeherrschende Unternehmen. Ob ein Unternehmen marktbeherrschend ist, beurteilt sich nach den §§ 19 Abs. 2 und 3 GWB. Marktstarke Unternehmen sind dabei solche, die zwar keine überragende Marktstellung haben und auch keinem wesentlichen Wettbewerb ausgesetzt sind, von denen aber andere kleine oder mittlere Unternehmen abhängig sind, vgl. § 20 Abs. 2 GWB. Es würden also nur solche Programmzeitschriften dem Diskriminierungsverbot unterliegen, die einen entsprechenden Marktanteil hätten.[662]

---

[657] Gutachten zur Berücksichtigung medienrelevanter verwandter Märkte bei der Anwendung des Zuschaueranteilsmodells im Siebten Jahresbericht der *KEK*, S. 229.

[658] *Lilienthal* in Welt am Sonntag vom 6. August 2003, „Bauers neue Medienmacht".

[659] *Engel*, S. 110; so auch HansOLG Hamburg, Urteil vom 15. Mai 1997, 3 U 90/96, WuW/E OLG 5861 ff.; hier war der Fall allerdings genau anders herum gelagert. In diesem Fall ging es darum, dass *ProSieben* die Belieferung der Programmpläne von *ProSieben* und *Kabel eins* an die Programmzeitschrift *TV Today* einstellen wollte, nachdem *TV Today* einen kritischen Artikel über *ProSieben* veröffentlicht hatte.

[660] Gutachten zur Berücksichtigung medienrelevanter verwandter Märkte bei der Anwendung des Zuschaueranteilsmodells im Siebten Jahresbericht der *KEK*, S. 229.

[661] *Markert*, in: *Immenga/Mestmäcker*, § 20, Rnd. 91

[662] Bislang hat aber kein Anbieter eine solche dominante Stellung, vgl. auch *Engel*, S. 109; der Europäische Gerichtshof hatte sich 1995 mit einem Streit um den irischen öffentlich-rechtlichen Rundfunk befasst, der für sich das Monopol für die Herausgabe von Programm-

Des Weiteren setzt das Diskriminierungsverbot voraus, dass die unterschiedliche Behandlung in einem Geschäftsverkehr erfolgt, der üblicherweise gleichartigen Unternehmen zugänglich ist. Gleichartig sind Unternehmen dann, wenn sie gegenüber dem Normadressaten gleichartige Grundfunktionen ausüben.[663] „Üblicherweise zugänglich" ist der Geschäftsverkehr dann, wenn die in Betracht kommenden Kreise ihn als zugänglich empfinden.[664] Die Aufnahme in Programmzeitschriften steht üblicherweise allen Fernsehsendern zu. Gegenüber dem Normadressaten, also dem Verleger der Programmzeitschrift, erfüllen die Sender auch gleichartige Grundfunktionen, so dass bei den Fernsehsendern von gleichartigen Unternehmen ausgegangen werden kann.

Nach der Prüfung, ob zwei gleichartige Unternehmen unterschiedlich behandelt worden sind, muss der Frage nach einem sachlichen Grund dieser Ungleichbehandlung nachgegangen werden. Hier ist eine umfassende Interessenabwägung der beteiligten Unternehmen unter Berücksichtigung der auf die Freiheit des Wettbewerbs gerichteten Zielsetzung des GWB vorzunehmen.[665] Dabei liegt ein sachlicher Grund grundsätzlich in jeder verständigen unternehmerischen Erwägung, sofern sie nicht wesentlichen Grundsätzen des Kartellrechts widerspricht,[666] wobei vor allem das Ziel, die Märkte offen zu halten, zu berücksichtigen ist. Wie bereits oben angesprochen, kann in einer Nichtberücksichtigung bestimmter Sender keine verständige unternehmerische Erwägung gesehen werden, da der Verlag sich letztendlich selbst schaden würde.[667] Auch die bloße Tatsache, dass ein Sender einem Konkurrenten gehört, vermag ein solches Verhalten nicht zu rechtfertigen.

b) Anlehnung an den Fall der sogenannten Anzeigenverweigerung

Hier kann zudem eine Parallele zur sogenannten Anzeigenverweigerung gezogen werden. Es handelt sich dabei um Presseerzeugnisse, die in ihrem Verbreitungsgebiet marktbeherrschend sind und die sich weigern, bestimmte Informations-, Werbe- oder Stellenanzeigen abzudrucken. Bei diesem Unterfall des Diskriminierungsverbots ist das Konkurrenzverhältnis alleine kein ausreichender Grund für eine entsprechende Weigerung. Vielmehr sind hier die Interessen des

zeitschriften beanspruchte. Dieses Monopol erachtete der Gerichtshof für unzulässig, vgl. EuGH vom 6. April 1995, Rs. C-241/91 P, Slg. 1995 I 743, 824, R 56 – RTE.

[663] *Markert*, in: *Immenga/Mestmäcker*, § 20, Rnd. 100.

[664] *Markert*, in: *Immenga/Mestmäcker*, § 20, Rnd. 109.

[665] Urteil des BGH vom 22. September 1981, WuW/E BGH 1829, 1834 - „Original-VW-Ersatzteile II".

[666] *Rittner*, § 19, Rnd. 67.

[667] Vgl. auch HansOLG Hamburg, Urteil vom 15. Mai 1997, 3 U 90/96, abgedruckt in WuW/E OLG 5861 ff., demnach eine Programmzeitschrift, die nicht das vollständige Programm enthält, an dem den Zuschauern gelegen ist, mit so großen Einbußen rechnen muss, dass ihre wirtschaftliche Existenz gefährdet ist.

Verlages gegen die Interessen der Inserenten abzuwägen. Voraussetzung ist zunächst, dass das Presseerzeugnis aufgrund des typischen Inhalts der Anzeige als geeignete Informationsquelle in Betracht kommt,[668] was bei Fernsehsendern in Bezug auf Programmzeitschriften bejaht werden kann.
Was das Konkurrenzverhältnis betrifft, so hat sich bei den Publikumszeitschriften der Abdruck von Werbeanzeigen konkurrierender Verlage als üblich herausgebildet, sofern das beworbene Produkt kein unmittelbarer Wettbewerber ist.[669] So wird in der Literatur befürwortet, dass ein marktbeherrschender Zeitungsverlag jedenfalls in der Einführungsphase verpflichtet ist, Werbeanzeigen einer neuen Programmzeitschrift abzudrucken, auch wenn das den Interessen der eigenen Programmzeitschrift und der regionalen Programmveröffentlichung in der Tageszeitung zuwiderläuft.[670] Da die Programmzeitschriften mit den Fernsehsendern jedenfalls in keinem direkten Wettbewerbsverhältnis stehen, muss auch hier die Interessenabwägung zugunsten des nicht aufgeführten Fernsehsenders ausfallen. Ein marktbeherrschender oder marktstarker Verlag von Programmzeitschriften darf daher die Aufnahme von Programmen nicht aufgrund eines bloßen mittelbaren Konkurrenzverhältnisses verweigern.

c) Einseitige Bewertungen

Eine praxisnähere Variante ist die, dass Programmzeitschriften besonders gute Rezensionen für Sender des eigenen Konzerns schreiben bzw. vorwiegend Tipps und Hinweise auf ihre eigenen Sender geben.[671] Sollten hier keine unabhängigen journalistischen Gründe sondern vielmehr werbliche Motive ausschlaggebend gewesen sein, könnte ein Verstoß gegen das Gebot der Trennung von redaktionellen Inhalten und Werbung vorliegen, so dass eine mögliche Wettbewerbswidrigkeit seitens des Verlags in Betracht gezogen werden muss.

---

668 *Lübbert*, in: *Wiedemann*, § 28, Rnd. 35.
669 *Lübbert*, in: *Wiedemann*, § 28, Rnd. 38.
670 *Lübbert*, in: *Wiedemann*, § 28, Rnd. 38 sowie das Urteil des KG vom 12. September 1990, U 3919/90, WuW/E OLG 4628, das die Frage allerdings offen gelassen hat.
671 Nach dem Gutachten zur Berücksichtigung medienrelevanter verwandter Märkte bei der Anwendung des Zuschaueranteilsmodells im Siebten Jahresbericht der *KEK*, S. 2, gibt es bislang keine Nachweise für systematische Bevorzugungen wirtschaftlich verflochtener Unternehmen; das HansOLG Hamburg hat sich in seinem Urteil vom 14. April 2005 mit einem Fall auseinandersetzen müssen, in dem eine Kooperation zwischen einem TV-Zeitschriftenverleger und einem Pay-TV-Sender vorlag und letzterer angeblich einseitig bevorzugt wurde, AfP 2005, S. 282 ff. Das Gericht sah die nicht zu leugnende Bevorzugung und die damit einhergehende fördernde Wirkung des Senders *Premiere* für gerechtfertigt an, weil sich die Zeitschrift *TV Digital* offenkundig mit digitalen Sendern befasste, insofern als Special-Interest-Zeitschrift anzusehen ist, und *Premiere* den Großteil der digitalen Programme anbietet, vgl. AfP 2005, 282 (285).

aa) Verschleierung des Werbecharakters von Wettbewerbshandlungen

Hier wären die §§ 3, 4 Nr. 3 UWG einschlägig, denen zufolge derjenige unlauter handelt, der den Werbecharakter von Wettbewerbshandlungen verschleiert.

aaa) Wettbewerbshandlung

Zunächst muss also auch hier eine Wettbewerbshandlung im Sinne des § 2 Abs. 1 Nr. 1 UWG vorliegen. Ebenso wie im Rundfunkbereich gilt auch im Pressebereich die Vermutung einer Wettbewerbshandlung bei objektiv auf den Wettbewerb bezogenen Handlungen aufgrund des in Art. 5 Abs. 1 S. 2 GG normierten Presseprivilegs nicht.[672] Aufgrund des hohen Rangs der Pressefreiheit[673] liegt eine Wettbewerbsförderung auch dann nicht vor, wenn die Auswirkungen der Berichterstattung auf den Wettbewerb schwerwiegend sind.[674] Erst wenn die Berichterstattung an sich als Instrument des Konkurrenzkampfes eingesetzt wird, ist von einer Wettbewerbshandlung auszugehen.[675] Entscheidend ist also, ob überhaupt eine Verschleierung von Werbung und damit eine Instrumentalisierung der Berichterstattung vorliegt.

bbb) Verschleierung eines Werbecharakters

Von einer derartigen Verschleierung ist dann auszugehen, wenn unter redaktioneller Tarnkappe Wirtschaftswerbung betrieben wird.[676] Ein solcher Fall ist dann gegeben, wenn das äußere Erscheinungsbild einer Wettbewerbshandlung so gestaltet ist, dass der durchschnittlich informierte, angemessen aufmerksame und verständige Verbraucher den Werbecharakter nicht erkennt.[677] Eine Missachtung dieses Trennungsgebots[678] stellt deshalb einen Verstoß gegen die guten

---

[672] *Lettl*, § 4, Rnd. 90; siehe auch oben Teil 3, Kapitel G. III.1.a); *Gloy*, in: *Gloy/Loschelder*, § 11, Rnd. 11; *Köhler*, in: *Hefermehl/Köhler/Bornkamm*, § 2 UWG, Rnd. 38; *Fezer*, in: *Fezer*, § 2 UWG, Rnd. 47; *Keller*, in: *Harte-Bavendamm/Henning-Bodewig*, § 2 UWG, Rnd. 52.

[673] Siehe dazu BVerfGE 50, 234 (239 ff.).

[674] *Fezer*, in: *Fezer*, § 2 UWG, Rnd. 47; *Keller*, in: *Harte-Bavendamm/Henning-Bodewig*, § 2 UWG, Rnd. 52.

[675] *Fezer*, in: *Fezer*, § 2 UWG, Rnd. 47.

[676] Urteil des BGH vom 23. Oktober 1997, AfP 1997, 913 (915); siehe auch das Urteil des OLG Hamburg vom 14. April 2005, AfP 2005, 282 (284).

[677] *Köhler*, in: *Hefermehl/Köhler/Bornkamm*, § 4 UWG, Rnd. 3.11; *Lettl*, § 4, Rnd. 260; siehe dazu auch die vom EuGH angeführten Voraussetzungen an den „Durchschnittsverbraucher", EuGH, WRP 1998, 848 (850); vgl. dazu auch *Lettl*, GRUR 2004, 449 (456).

[678] Das Trennungsgebot ist in den Pressegesetzen der Länder konkretisiert, vgl. das Pressegesetz von Baden-Württemberg (§ 10), Bayern (Art. 9), Berlin (§ 9), Brandenburg (§ 11), Bremen (§ 10), Hamburg (§ 10), Hessen (§ 8), Mecklenburg-Vorpommern (§ 9), Niedersachen (§

Wettbewerbssitten dar, weil der Verbraucher über die Veranlassung zur Berichterstattung getäuscht wird.[679]

Bei der Beurteilung einer solchen Konstellation ist vor allem die Pressefreiheit des Art. 5 Abs. 1 S. 2 GG zu beachten. Gibt es publizistische Gründe für bestimmte Rezensionen, so kann ein Verlag die verschiedenen Sender selbstverständlich unterschiedlich behandeln. Erst wenn offensichtlich unternehmensfremde Programme systematisch in unsachlicher Weise vernachlässigt bzw. unternehmenseigene Programme ohne publizistisch begründbaren Anlass bevorzugt werden, kann von einer Werbeverschleierung ausgegangen werden.[680] Ein Verlag ist aber jedenfalls nicht gehalten, sich bei der Auswahl der rezensierten Programme an den realen Marktverhältnissen zu orientieren. Eine solche Verpflichtung würde nämlich der freien verlegerischen Entscheidung im Hinblick auf Inhalt und Ausrichtung von Presseerzeugnissen widersprechen.[681]

Sollten aber werbliche Motive für eine Rezension ausschlaggebend gewesen sein, ist von einer Verschleierung des Werbecharakters im Sinne des § 4 Nr. 3 UWG auszugehen.

ccc) Wettbewerbliche Relevanz

Die Wettbewerbshandlung muss schließlich gemäß § 3 UWG geeignet sein, den Wettbewerb zum Nachteil der Mitbewerber, der Verbraucher oder der sonstigen Marktteilnehmer nicht nur unerheblich zu beeinträchtigen. Die Verschleierung des Werbecharakters von Wettbewerbshandlungen begründet dabei nicht per se eine erhebliche Beeinträchtigung, diese ist vielmehr gesondert festzustellen.[682] Sofern ein Programmzeitschriftenverlag publizistisch nicht zu rechtfertigende Bewertungen eines Programms des eigenen Medienkonzerns abgibt, wird durch die dabei freigesetzten Synergieeffekte eine Marktmacht begründet, die als nicht nur unerhebliche Beeinträchtigung des Wettbewerbs zu bewerten ist. Ein solches Verhalten wäre damit unlauter im Sinne des § 4 Nr. 3 UWG.

---

10), Nordrhein-Westfalen (§ 10), Rheinland-Pfalz (§ 10), Saarland (§ 10), Sachsen-Anhalt (§ 20), Sachsen (§ 9), Schleswig-Holstein (§ 10), Thüringen (§ 10).

[679] Urteil des OLG Hamburg vom 14. April 2005, AfP 2005, 282 (284).

[680] Zur Voraussetzung des Vorliegens eines publizistischen Anlasses siehe auch *Ahrens*, GRUR 1995, 307 (310).

[681] So das Urteil des OLG Hamburg vom 14. April 2005, AfP 2005, 282 (284).

[682] *Köhler*, in: *Hefermehl/Köhler/Bornkamm*, § 3 UWG, Rnd. 71; *Schünemann*, in: *Harte-Bavendamm/Henning-Bodewig*, § 3 UWG, Rnd. 259.

3. Fernsehen/Buchverlag

Cross-mediale Verknüpfungen finden sich nicht nur im Bereich des Fernsehens und der Zeitungen bzw. Zeitschriften. Derartige Verbindungen gibt es auch zwischen Fernsehen und Buchverlagen. Eine beliebte Methode, eigene Verlagserzeugnisse dem Zuschauer zu präsentieren, ist der Hinweis auf das sogenannte „Buch zum Film“ sowie auf Bücher, die als Romanvorlage für eine Filmproduktion dienten. Fernsehveranstalter, die zugleich im Verlagswesen tätig sind, können möglicherweise so auf diese Produkte hinweisen, ohne dies auf die Werbezeitkontingente des Rundfunkstaatsvertrages anrechnen zu müssen. Bezüglich der Hinweise auf Bücher können vor allem die drei Varianten Romanvorlage, „Buch zum Film“ und „Making-Of“-Buch unterschieden werden.

a) Romanvorlage

Zum einen gibt es die reine Romanvorlage, also ein Buch, das völlig unabhängig von einer späteren Verfilmung geschrieben und verlegt wurde.[683] Wenn ein vom Fernsehsender ausgestrahlter Film nach einer Romanvorlage entstanden ist, stellt sich die Frage, in welchen Grenzen ein werblicher Hinweis auf den entsprechenden Roman zulässig ist. Ist der Veranstalter gleichzeitig mit dem Buchverlag unternehmerisch verbunden, ist die Grenze zur Schleichwerbung fließend. Zu prüfen ist daher, unter welchen Umständen ein Hinweis auf das Buch möglicherweise als Begleitmaterial im Sinne des § 45 Abs. 3 RStV anzusehen ist bzw. aus journalistisch-redaktionellem Anlass gerechtfertigt sein könnte und wann ein Fall der Schleichwerbung vorliegt.

Den Roman, der als Filmvorlage diente, als Begleitmaterial im Sinne des § 45 Abs. 3 RStV anzusehen erscheint problematisch, da dieser in der Regel völlig losgelöst von der späteren Verfilmung geschrieben und verlegt wurde und einen selbständigen Zweck verfolgt. Rundfunkrechtlich dürfte daher das Vorliegen eines Begleitmaterials ausscheiden. Allerdings liegt nach vorwiegender Meinung ein hinreichender journalistischer und publizistischer Anlass vor, einen entsprechenden Hinweis auf das Buch zu geben.[684] Des Weiteren sieht die herrschende Meinung nicht nur den Hinweise als solchen für zulässig an, sondern auch den Hinweis auf den Verlag und den Preis. Letztere dürfen aber nicht werbend hervorgehoben werden, da ansonsten ein Verstoß gegen das in § 7 Abs. 6 RStV normierte Verbot der Schleichwerbung vorliegen würde.[685]

---

[683] Zum Beispiel der verfilmte Roman *Anna Karenina* von *Leo Tolstoi*.

[684] *Hartstein/Ring/Kreile/Dörr/Stettner*, § 7 RStV, Rnd. 57; *Ladeur*, in: *Hahn/Vesting*, § 7 RStV, Rnd. 77.

[685] *Hartstein/Ring/Kreile/Dörr/Stettner*, § 7 RStV, Rnd. 57; *Ladeur*, in: *Hahn/Vesting*, § 7 RStV, Rnd. 77.

b) „Buch zum Film"

Einer anderen Beurteilung bedarf möglicherweise die Frage, ob das „Buch zum Film" als Begleitmaterial zu bewerten ist. Im Unterschied zur Romanvorlage wurde hier das Buch erst anlässlich des Films oder der Serie geschrieben und ist sozusagen die schriftliche Version des Films.[686] Die gemeinsamen Richtlinien der Landesmedienanstalten sehen in Nr. 15 (5) Bücher dann als Begleitmaterialien an, wenn diese die Sendung „erläutern, vertiefen oder nachbearbeiten". Da das Buch zum Film den Inhalt der Sendung wiedergibt, könnte man insofern noch ein „Nachbearbeiten" annehmen, so dass ein Hinweis auf das Buch, unabhängig davon, ob es sich um einen eigenen oder fremden Verlag handelt, nicht den Werbevorschriften unterliegt. Gemäß den gemeinsamen Richtlinien der Landesmedienanstalten ist auch ein Hinweis auf die Bezugsquelle zulässig. Daher darf wohl auch ein Hinweis auf den Verlag und den Preis erfolgen, allerdings ohne diese werbend hervorzuheben, da ansonsten ein Verstoß gegen das in § 7 Abs. 6 RStV normierte Verbot der Schleichwerbung vorliegen würde.[687]

c) „Making-Of"-Buch

Als Drittes ist das „Making-of"-Buch zu nennen, das neben der inhaltlichen Wiedergabe des Films auch Hintergrundinformationen zu Schauspielern, Dreharbeiten, Requisiten etc. gibt und zur Anschauung oftmals Fotos enthält.[688]
Dieses Format erfüllt die Voraussetzungen des Begleitmaterials im Sinne des § 45 Abs. 3 RStV und Nr. 15 (5) der gemeinsamen Richtlinien der Landesmedienanstalten, da aufgrund der dort gegebenen Hintergrundinformationen ein „Erläutern" und „Vertiefen" vorliegt. Wegen des Hinweises auf Verlag und Preis gilt das oben zum „Buch zum Film" Ausgeführte. Allerdings ist einschränkend zu berücksichtigen, dass Hinweise auf das „Making-Of"-Buch nur im Zusammenhang mit der Ausstrahlung des jeweiligen Films oder mit der entsprechenden Programmankündigung am jeweiligen Sendetag ausgestrahlt werden dürfen.[689]

d) Literaturmagazine

Cross-Promotion-Potenziale liegen auch in der wirtschaftlichen Verknüpfung von Fernsehsendern und sogenannten Buchclubs. So zeigt der zur *Bertelsmann-*

---

[686] Zum Beispiel das „Buch zum Film" des Kinofilms *Spiderman*.
[687] *Hartstein/Ring/Kreile/Dörr/Stettner*, § 7 RStV, Rnd. 57; *Ladeur*, in: *Hahn/Vesting*, § 7 RStV, Rnd. 77.
[688] Zum Beispiel das Making-of-Buch zum Film *Starwars*.
[689] Vgl. Nr. 14 Abs. 3 der gemeinsamen Richtlinien der Landesmedienanstalten.

Familie gehörende Fernsehsender *VOX* seit Beginn des Jahres 2002 ein Literaturmagazin, das vom *Bertelsmann*-Buchclub gesponsort wird.[690] Daneben gibt es eine Reihe weiterer Literatursendungen auf anderen Sendern, die bestimmte Bücher lobend hervorheben.[691] Auf diese Weise könnten Fernsehveranstalter versucht sein, ihre Verlagserzeugnisse einem breiten Publikum zugänglich machen, ohne einen Etat für gesonderte Rundfunkwerbung bereitstellen zu müssen. Es wird daher zu prüfen sein, wann die Grenze zur Schleichwerbung überschritten wird.

Literaturmagazine, die sich mit der Neuerscheinung von Verlagsprodukten bzw. mit dem Buchmarkt im Allgemeinen beschäftigen, müssen naturgemäß bestimmte Bücher hervorheben. Im Falle einer positiven Besprechung hat dies zwangsläufig einen werbenden Effekt für den Verlag. Schwierig gestaltet sich auch hier die Abgrenzung zwischen Zuschauerinformation und Produktwerbung.[692] Im Rahmen des Informationsauftrages der Fernsehveranstalter muss es zulässig sein, ein Buch umfassend, und demnach auch lobend, zu besprechen.[693] Der werbende Nebeneffekt muss daher als unvermeidbare Folge hingenommen werden. Sofern bei der Besprechung aber eindeutig die Absatzförderung der entsprechenden Verlagserzeugnisse in den Vordergrund gerät und der journalistische Bereich verlassen wird, liegt ein Indiz für das Vorliegen von Schleichwerbung vor. Dies ist im Einzelfall jeweils daraufhin zu überprüfen.

II. Fernsehen/Hörfunk

Erscheinungsformen der Cross-Promotion sind nicht nur auf Fernsehen und Presse beschränkt. Vielmehr lassen sich sowohl im öffentlich-rechtlichen als auch im privaten Fernsehen Cross-Promotion für Hörfunksender finden. Für den Bereich des öffentlich-rechtlichen Fernsehens kann hier beispielhaft ein Programmhinweis der *ARD* für das *SFB Radio 88,8* oder ein Image-Trailer auf *ARD* für *InfoRadio* (beide RBB) außerhalb des Werbeblocks genannt werden.
Denkbar ist auch der umgekehrte Fall, dass im Radio Hinweise auf ein mit dem Sender wirtschaftlich verbundenes Fernsehunternehmen gegeben werden. Der öffentlich-rechtliche Hörfunk gibt ebenfalls Programmhinweise auf Fernsehprogramme, in der Regel auf das regionale Dritte.[694] Beispielhaft kann hier der Programmhinweis auf *Radio 1* auf die Abendschau im *RBB* genannt werden.

---

690 *Willkommen im CLUB.*

691 Die meisten Literaturmagazine gibt es immer noch auf den öffentlich-rechtlichen Sendern, so z.B. *capriccio* im *BR*, *Bücher, Bücher* im *HR*, *Kulturzeit* auf *3sat*, *Literatur im Foyer* im *SWR* oder *Lesen!* im *ZDF*.

692 *Hartstein/Ring/Kreile/Dörr/Stettner*, § 7 RStV, Rnd. 53.

693 Siehe auch *Ladeur*, in: *Hahn/Vesting*, § 7 RStV, Rnd. 66; *Hartstein/Ring/Kreile/Dörr/Stettner*, § 7 RStV, Rnd. 53; siehe auch *Castendyk*, in: *v. Hartlieb/Schwarz*, S. 657.

694 Vgl. auch *Platho*, MMR 2002, 21 (25).

Der Rundfunkstaatsvertrag enthält auch hinsichtlich der Cross-Promotion zwischen Fernseh- und Hörfunkveranstaltern keine ausdrückliche Regelung.

1. Privater Rundfunk

Einziger Anknüpfungspunkt könnte hier § 45 Abs. 3 RStV sein, dem zufolge Hinweise des Rundfunkveranstalters auf eigene Programme nicht als Werbung gelten. Da „Rundfunk“ der Oberbegriff sowohl für das Fernsehen als auch für den Hörfunk ist,[695] könnte man zunächst davon ausgehen, dass damit auch Hinweise eines Fernsehveranstalters für Programme eines Hörfunksenders, an dem er wirtschaftlich beteiligt ist, nicht als Werbung gelten. Dagegen spricht aber vor allem eine systematische sowie eine teleologische Auslegung.
Obwohl der Rundfunkstaatsvertrag sowohl Vorschriften für das Fernsehen als auch für den Hörfunk bereit hält, handelt es sich dennoch um zwei von einander unabhängige Medien. Das zeigen auch die gemeinsamen Richtlinien der Landesmedienanstalten, die jeweils getrennte Vorschriften für das Fernsehen und für den Hörfunk erlassen haben.

Auch Sinn und Zweck des § 45 Abs. 3 RStV sprechen für eine getrennte Behandlung beider Medien. So dient die Self-Promotion im Bereich des Fernsehens der Zuschauerbindung,[696] die Self-Promotion des Hörfunks der Hörerbindung.[697] Damit kann also nur die Bindung an ein und dasselbe Medium gemeint sein.

Zudem kann noch ein Vergleich mit den Werbevorschriften für andere Medien herangezogen werden. So ist es einem Fernsehveranstalter unbestrittenermaßen nicht erlaubt, außerhalb des Werbeblocks Werbung für eine Zeitschrift auszustrahlen, an der er ein wirtschaftliches Interesse hat oder dessen Verleger er ist. Es gibt aber keinen Grund, diese beiden Medien, also Hörfunk und Presse, die beide gleichermaßen von der Fernsehveranstaltung unabhängig sind, anders zu behandeln. Einem Fernseh- oder Hörfunkveranstalter bleibt es selbstverständlich unbenommen, redaktionell veranlasste Hinweise auf entsprechende Sendungen zu geben, auch wenn er mit dem jeweiligen Veranstalter wirtschaftlich verbunden ist.

2. Öffentlich-rechtlicher Rundfunk

Im Bereich des öffentlich-rechtlichen Rundfunks sind die jeweiligen Landesrundfunkanstalten verpflichtet, sowohl Fernseh- also auch Hörfunkprogramme zu gestalten. Allerdings kann auch dieser Umstand zu keinem anderen Ergebnis

---

[695] Vgl. die Definition in § 1 Abs. 1 RStV; vgl. auch *Herrmann/Lausen*, § 2, Rnd. 14.
[696] Vgl. Nr. 15 Abs. 2 S. 2 der gemeinsamen Richtlinien der Landesmedienanstalten.
[697] Vgl. Nr. 13 Abs. 2 S. 2 der gemeinsamen Richtlinien der Landesmedienanstalten.

als im Bereich des privaten Rundfunks führen. Anknüpfungspunkt für den öffentlich-rechtlichen Rundfunk ist § 16 Abs. 4 RStV. Auch hier könnte man auf den Gedanken kommen, „Hinweise der Rundfunkanstalten auf eigene Programme“ würden sowohl Hinweise auf Fernseh- als auch auf Hörfunkprogramme umfassen.

Allerdings wird eine solche Auslegung der Norm schon durch die Systematik dieser Vorschrift widerlegt. Absatz 4, der die Programmhinweise einer Rundfunkanstalt von den Werbezeitkontingenten ausnimmt, verweist nämlich auf die Absätze 1 bis 3 des § 16 RStV. Diese beschäftigen sich aber ausschließlich mit der Dauer der Werbung im Fernsehen, erst Absatz 5 bezieht sich auf Werbung im Hörfunk. Damit kann mit dem Begriff „Rundfunkveranstalter“ entweder nur der „Fernsehveranstalter“ oder aber nur der „Hörfunkveranstalter“ gemeint sein.

Zudem gilt auch hier, dass der Hörfunk- oder Fernsehveranstalter sein Medium nicht als Werbeträger für andere Unternehmensbereiche einsetzen darf. Von diesen Ausführungen ausgenommen sind redaktionell gerechtfertigte Sendehinweise.

III. Fernsehen/Musikverlag

Betreibt ein Unternehmen neben der Fernsehveranstaltung auch einen Musikverlag, ist es besonders reizvoll, die eigenen Tonträger dem Fernsehzuschauer zu präsentieren. Denkbar sind daher Fernsehformate, die sich letztlich in der Präsentation entsprechender CDs und Videoclips erschöpfen. Hierbei ist insbesondere an die Sender *VIVA* und *MTV* zu denken. Die Synergieeffekte zwischen der Produktion von CDs sowie anderen Tonträgern und der Ausstrahlung im Fernsehen sind beachtlich. So wird nämlich die im Endeffekt als Unterhaltung für die Zuschauer vermarktete Werbung[698] ihrerseits wieder durch Werbung finanziert mit der Folge, dass die Musikverlage und somit auch der Fernsehsender, sofern diese mit dem Verlag wirtschaftlich verbunden sind, doppelt verdienen.

Hier müssen dieselben Kriterien wie für die Beurteilung von Literaturmagazinen herangezogen werden. Grundsätzlich gilt damit, dass ein redaktioneller Anlass und eine journalistisch unabhängige Vermittlungsentscheidung für die Präsentation der Musik bzw. der Musikvideos vorliegen müssen. Sofern dieser journalistische Bereich aber verlassen wird und lediglich die Absatzförderung im Vordergrund steht, müssen solche Programmformate als unzulässig im Sinne des § 7 Abs. 6 RStV angesehen werden. So geht auch die Literatur

[698] So auch das Zitat von *Hans Hege*, Direktor der *Medienanstalt Berlin-Brandenburg*, in Der Tagesspiegel vom 14. Juni 2005, S. 27, dem zufolge es Sinn und Zweck der Musiksender ist, mit Videoclips den Verkauf von Tonträgern anzukurbeln und man daher bei sehr, sehr enger Handhabung niemals einen Musiksender hätte lizensieren dürfen.

davon aus, dass Sendungen für die Vermarktung von Schallplatten unzulässig sind, da dann nicht die Information des Zuschauers im Vordergrund steht, sondern die Erzielung von Einnahmen.[699] In der Praxis dürfte es natürlich schwer fallen, eine solche Absatzförderungsabsicht nachzuweisen. Sollten allerdings ausschließlich Musikclips des unternehmenseigenen Verlags gezeigt werden, könnte dies als eine dahingehende Vermutung angesehen werden. Allein aus dem Umstand, dass Musikvideos gezeigt werden und diese möglicherweise zum Kauf des jeweiligen Tonträgers anregen, kann jedenfalls nicht ohne weiteres auf eine Gewinnerzielungsabsicht geschlossen werden. Aufgrund des Art. 5 Abs. 1 S. 2 GG muss es einem Sender zugestanden werden, dem Publikum neue bzw. nach seinem Dafürhalten für den Zuschauer sehenswerte Videos zu zeigen und über den Stand auf dem Musikmarkt zu berichten. Dass der Musikverlag durch den potenziellen Mehrverkauf von CDs, Kassetten oder Schallplatten Gewinne erzielt, muss als unvermeidbare Nebenfolge in Kauf genommen werden.

IV. Fernsehen/Internet

Fernsehveranstalter nutzen das Fernsehen auch als Medium, um auf ihr Online-Angebot, insbesondere auf die eigene Website hinzuweisen. Meist handelt es sich dabei um Hinweise auf weitergehende Informationen zu einer Sendung bzw. einem bestimmten Thema oder Hinweise auf einen Live-Chat, in dem weitere Fragen gestellt und beantwortet werden können. Umgekehrt kann die Website auf künftige TV-Programme des Senders hinweisen.[700]

Studien haben belegt, dass die drei Medien Fernsehen, Hörfunk und Internet stark voneinander profitieren. Vor allem bei den Jugendlichen wurde beobachtet, dass diese nicht nur zwischen verschiedenen Fernsehsendern, sondern vielmehr zwischen den verschiedenen Medien „zappen".[701] So will beispielsweise der Sender *RTL* mit seinem starken Markennamen zwischen allen drei Plattformen gezielt Cross-Promotion einsetzen.[702]

Bei der rechtlichen Beurteilung ist zwischen dem öffentlich-rechtlichen und dem privaten Fernsehen zu differenzieren. Der Unterschied liegt vor allem darin, dass beim öffentlich-rechtlichen Fernsehen hinsichtlich seiner Online-Aktivitäten ein direkter inhaltlicher Programmbezug gefordert wird und Werbung und Sponsoring verboten sind.[703] Dagegen dürfen die Homepages der privaten Sender auch andere Dienstleistungen umfassen und durch Werbung finanziert werden.

---

[699] *Hartstein/Ring/Kreile/Dörr/Stettner*, § 7 RStV, Rnd. 57.
[700] Vgl. auch *Gleich*, Media Perspektiven 2003, 510 (510).
[701] *Raff*, Media Perspektiven 2002, 117 (117).
[702] *Sewczyk*, Media Perspektiven 2002, 115 (115).
[703] Vgl. zu diesem Themekomplex auch *Loebbecke/Niedermeyer/Kaplan/Kurucu*, S. 3; *Hartstein/Ring/Kreile/Dörr/Stettner*, § 11 RStV, Rnd. 10.

1. Öffentlich-rechtliches Fernsehen

Da bei den öffentlich-rechtlichen Sendern ein direkter inhaltlicher Programmbezug der Online-Aktivitäten gegeben sein muss, kann ein Hinweis auf die entsprechende Homepage als noch vom Programmauftrag gedeckt angesehen werden. Dabei handelt es sich demnach um eine zulässige Betätigung, die in einem funktionalen Zusammenhang zur Anstaltsaufgabe steht.[704]

Da es den Sendern auch erlaubt ist, Programmzeitschriften herauszugeben und es keinen Unterschied macht, mittels welchen Mediums diese Programminformationen verbreitet werden, steht einer Online-Aktivität mit Programmbezug und einem entsprechenden Hinweis darauf nichts entgegen.[705] In der Literatur wird der Internetauftritt zudem mit der Eigenwerbung der Rundfunkanstalt gleichgesetzt.[706]

2. Privates Fernsehen

Hinweise eines Senders auf die eigene Homepage werden in der Regel gegeben, damit sich der Zuschauer über ein bestimmtes Thema genauer informieren kann. Insofern sind diese Hinweise als redaktionelle Verweise zu verstehen. Der Fall entspricht damit den Hinweisen auf Begleitmaterialien, die direkt vom Programm abgeleitet sind.

Fraglich ist, wie der Umstand zu bewerten sind, dass die entsprechenden Websites auch Werbung enthalten. Ein Hinweis auf die Homepage könnte damit möglicherweise einem werblichen Hinweis gleichstehen. Dabei ist aber zum einen zu berücksichtigen, dass private Sender, die sich hauptsächlich durch Werbung finanzieren müssen, auch bei ihren Online-Aktivitäten auf Werbeeinnahmen angewiesen sind. Zum anderen bezieht sich ein entsprechender Hinweis des Senders außerhalb des Werbeblocks auf einen programmbezogenen Inhalt. Erst wenn sich der Hinweis auf eine Werbeschaltung bezieht, um Absatzförderung zu betreiben, kann dieser nicht mehr als redaktioneller Verweis angesehen werden. Nicht zulässig wären daher bloße Verweise auf die Homepage, um die Besucherfrequenz zu steigern und dadurch höhere Werbeerlöse zu erzielen.

---

704 So *Libertus*, in: *Hahn/Vesting*, § 12 RStV, Rnd. 103; *Lindner*, ZUM 2005, 520 (523).
705 *Herrmann/Lausen*, § 10, Rnd. 137.
706 So *Lindner*, ZUM 2005, 520 (521).

V. Fernsehen/Filmproduktion

Einige Fernsehveranstalter halten Beteiligungen an Filmproduktionsfirmen. Wie bereits erwähnt, schafft es in der Regel kein Medium, so viele Rezipienten zu erreichen, wie das Fernsehen. Insofern liegt der Gedanke nahe, den in Kürze erscheinenden Film dem breiten Fernsehpublikum vorzustellen und anzupreisen. Sofern ein Fernsehsender Hinweise auf einen Kinofilm gibt, an dessen Produktion, Verbreitung oder Verwertung er beteiligt war oder ist, gilt das zu Hinweisen im Rahmen von Literaturmagazinen und Musiksendern Ausgeführte. Sofern es einen journalistischen Anlass für die lobende Hervorhebung eines Films gibt, muss ein werbender Nebeneffekt in Kauf genommen werden. Liegt aber ein bloßes wirtschaftliches Interesse in Form der Absatzförderung im Vordergrund, kann von Schleichwerbung im Sinne des § 2 Abs. 2 Nr. 6 RStV ausgegangen werden.

VI. Fernsehen/Mediendienstleistungen

Eine weitere Möglichkeit der Cross-Promotion bietet die Verbindung von Fernsehveranstaltung und Mediendienstleistung. Hervorzuheben sind dabei die sogenannten Servicenummern (häufig die 0180-Nummern), die vor allem dann eingeblendet werden, wenn sich der Zuschauer in einer bestimmten Art und Weise an der Fernsehveranstaltung beteiligen soll, wie z.B. bei Quiz-Sendungen, Gewinnspielen und ähnlichen Sendungen.[707] Wenn der Sender auch an diesem Dienstleistungsunternehmen wirtschaftlich beteiligt ist, kann er davon doppelt profitieren: Zum einen wird der Zuschauer durch einen bestimmten Anreiz, meist eine Gewinnerwartung, an das Programm gebunden, was sich positiv auf den Werbepreis auswirkt. Zum anderen erhält der Fernsehveranstalter Einnahmen aus der Inanspruchnahme der kostenpflichtigen Servicenummer.

Auch bei der Einblendung einer Servicenummer kann die Abgrenzung zur Schleichwerbung fließend sein. Dies umso mehr, wenn der Veranstalter an dem jeweiligen Mediendienstleistungsunternehmen wirtschaftlich beteiligt ist.
Ausgangspunkt der rechtlichen Prüfung muss zunächst einmal die Programmfreiheit des Fernsehsenders sein. Diesem steht das grundsätzliche Recht zu, seine eigene Programmwahl zu treffen und in diesem Rahmen beispielsweise Unterhaltungssendungen auszustrahlen, an denen sich der Zuschauer in einer bestimmten Art und Weise – z.B. telefonisch – beteiligen kann. Dass für eine solche telefonische Teilnahme eine Servicenummer bereitgestellt werden muss und diese etwas kostet, liegt in der Natur der Sache. Eine solche Kostenein-

[707] Als Beispiel kann hier die Version der Quiz-Sendung *Wer wird Millionär* genannt werden, bei der der Zuschauer per SMS mitspielen kann, vgl. *Sewczyk*, Media Perspektiven 2002, 115 (115).

nahme muss daher im Rahmen des von publizistischen Gründen getragenen Programmauftrags als unvermeidbarer Nebeneffekt hingenommen werden.

Anders ist der Fall zu bewerten, in dem der journalistische Bereich erkennbar verlassen wird und eine Sendung nur unter dem Deckmantel gesendet wird, um Einnahmen aus den Servicenummern zu erzielen. Dann würde ein Fall der in § 7 Abs. 6 RStV verbotenen Schleichwerbung vorliegen. Die Abgrenzung zwischen Programm- und Gewinninteresse wird allerdings in der Praxis schwierig zu ziehen sein. Auch hier kann letztlich nur durch eine genaue Prüfung im Einzelfall ein Ergebnis gefunden werden.

VII. Sonstige Formen der Cross-Promotion

1. Fernsehen/Veranstaltungen

Wenn sich der Rundfunkveranstalter auch als Veranstalter von Konzerten oder anderen kulturellen Veranstaltungen betätigt und auf diese hinweist, ist wiederum das in § 7 Abs. 6 RStV normierte Schleichwerbeverbot zu beachten. Wenn die Veranstaltung im eigenen Sender übertragen wird, ist selbstverständlich ein entsprechender Programmhinweis oder -trailer zulässig.

Sofern die Veranstaltung in keinem unmittelbaren Zusammenhang mit der Fernsehsendung steht, kann genauso wie auf Veranstaltungen Dritter in sachlicher Weise auf diese Veranstaltung hingewiesen werden.[708] Der Rundfunkveranstalter ist nämlich keinem programmlichen Neutralitätsgebot unterworfen.[709] Sofern seitens des Veranstalters ein Programminteresse und kein Gewinninteresse verfolgt wird, ist ein Hinweis, auch wenn er einen werbenden Nebeneffekt zur Folge hat, von Art. 5 Abs. 1 S. 2 GG umfasst und darf außerhalb des Werbeblocks ausgestrahlt werden. In diesem Zusammenhang ist nämlich auch die Funktion des Rundfunks zu berücksichtigen, der unter anderem als Informationsmedium dient. Sofern der Veranstalter auf Veranstaltungen hinweist, an denen er wirtschaftlich beteiligt ist, dies allerdings in nicht sachlicher Weise vornimmt, liegt ein Indiz für Schleichwerbung vor. Denn in einem solchen Falle würde es sich um Eigenwerbung im Sinne des § 2 Nr. 5 S. 1 RStV handeln.

2. Börsengang des Fernsehveranstalters

Viele private Fernsehsender sind auch neben der eigentlichen Fernsehveranstaltung und der Beteiligung auf verwandten Medienmärkten unternehmerisch tätig. Dies ist ihnen im Gegensatz zu den öffentlich-rechtlichen Sendern auch um-

---

[708] *Hartstein/Ring/Kreile/Dörr/Stettner*, § 7 RStV, Rnd. 57.
[709] *Ladeur*, in: *Hahn/Vesting*, § 7 RStV, Rnd. 64.

fassend gestattet.[710] Im Zusammenhang mit dem eigenen bevorstehenden Börsengang ist ein Sender geneigt, diese gesellschaftsrechtliche Umstrukturierung dem Zuschauer mitzuteilen und für den Erwerb entsprechender Aktien zu werben.[711] Im Zuge des geplanten Börsengangs des Senders *ProSieben* im Jahre 1997 hatte dieser daher auf den Erwerb seiner Aktien aufmerksam gemacht. Auch *Klassikradio* hat auf seinen geplanten Börsengang hingewiesen.

Für die rechtliche Bewertung dieser Fallkonstellation muss zwischen der bloßen Mitteilung des Börsengangs und der Empfehlung zum Kauf von Aktien differenziert werden.

a) Hinweis auf Börsengang

Bei dem bloßen Hinweis auf den Börsengang kann durchaus der informierende Charakter überwiegen und vom Programmauftrag gedeckt sein, auch wenn die Mitteilung mittelbar dem Absatz der Aktien dienlich ist. Wie oben bereits dargestellt, kann nicht jede absatzdienliche Ausstrahlung als Schleichwerbung bewertet werden. Sofern es einen hinreichenden journalistischen Anlass für die entsprechende Mitteilung gibt, muss ein eventuell werbender Nebeneffekt hingenommen werden. Voraussetzung dabei ist aber, dass die Mitteilung auf marktschreierische und unsachliche Anpreisung verzichtet. Die Grenze zur Bejahung von Schleichwerbung im Sinne des § 7 Abs. 6 RStV ist daher fließend.

b) Kaufempfehlung

Anders stellt sich die Lage bei Empfehlungen oder gar bei der Werbung zum Kauf von Aktien dar. Diese werden in der Literatur als problematisch angesehen.[712] Da hier nämlich erkennbar die Absatzförderung im Vordergrund steht, sind die Voraussetzungen für die Bejahung von Werbung erfüllt. Da hier nicht die klassische Dreiecksbeziehung, sondern eine bloße Zweierbeziehung vorliegt – Werbetreibender und Veranstalter sind in diesem Falle identisch – liegt ein Fall der Eigenwerbung im Sinne des § 2 Nr. 5 2. RStV, und weil als solche nicht gekennzeichnet, ein Fall von Schleichwerbung vor.

---

[710] *Hartstein/Ring/Kreile/Dörr/Stettner*, § 7 RStV, Rnd. 75.
[711] So beispielsweise der Sender *ProSieben* im Jahre 1997.
[712] Siehe *Ladeur*, in: *Hahn/Vesting*, § 7 RStV, Rnd. 65.

VIII. Zusammenfassung

Werbliche cross-mediale Bezugnahmen im Fernsehen sind vor dem Hintergrund des in § 7 Abs. 3 RStV normierten Trennungs- und Kennzeichnungsgebots sowie des in § 7 Abs. 6 RStV festgelegten Verbots der Schleichwerbung zu bewerten. Da das Merkmal der Entgeltzahlung für eine entsprechende Darstellung oder Äußerung bei wirtschaftlich verflochtenen Unternehmen in der Regel entfällt, kann bereits dieser Umstand ein Indiz für das Vorliegen von Schleichwerbung sein. Entscheidend ist daneben vor allem die Zielrichtung der Äußerungen. Stehen journalistische Gründe im Vordergrund, müssen werbliche Effekte als unvermeidbare Nebenfolge in Kauf genommen werden. Insbesondere muss es schon in Hinblick auf Art. 5 Abs. 1 S. 2 GG zulässig sein, die reale Wirklichkeit darzustellen. Rücken dagegen wirtschaftliche Interessen und werbliche Absichten in den Vordergrund, kann von Schleichwerbung im Sinnes des § 2 Abs. 2 Nr. 6 RStV und von einem Verstoß gegen das Kennzeichnungs- und Trennungsgebot des § 7 Abs. 3 RStV ausgegangen werden.

IX. Mögliche Wettbewerbswidrigkeit

In den voranstehenden Kapiteln wurde ausgeführt, in welchen Fällen ein Verstoß gegen das in § 7 Abs. 6 RStV normierte Schleichwerbeverbot zu bejahen ist. In diesen Konstellationen liegt in der Regel auch ein wettbewerbswidriges Verhalten im Sinne des § 4 Nr. 3 UWG vor.[713] Durch die Instrumentalisierung des Rundfunks zu Werbezwecken liegt in den oben aufgezeigten Fallkonstellationen eine Wettbewerbshandlung im Sinne des § 2 Abs. 1 Nr. 1 UWG vor. Die Verschleierung zu Werbezecken wurde bereits bejaht. Das letzte Kriterium der wettbewerblichen Relevanz gemäß § 3 UWG muss ebenfalls bejaht werden; denn in der Verknüpfung zweier (Massen-)Medien zu Werbezwecken liegt eine nicht nur unerhebliche Beeinträchtigung des Wettbewerbs zugunsten der Mitbewerber und der Verbraucher vor. Daneben ist in diesen Fällen auch ein wettbewerbswidriges Verhalten im Sinne des § 4 Nr. 11 UWG gegeben.[714]

---

[713] Zur Vermeidung von Wiederholungen wird hinsichtlich der einzelnen Voraussetzungen auf das Kapitel der Werbeverschleierung von Wettbewerbshandlungen im Rahmen von Programmzeitschriften verwiesen.

[714] Dazu siehe Teil 3, Kapitel G.III.

TEIL 4: CROSS-PROMOTION IN ANDEREN EU-MITGLIEDSTAATEN

Werbeformen wie Cross-Promotion finden sich nicht nur im deutschen Fernsehen. Überall dort, wo sich Senderfamilien etabliert haben, ist diese Marketingstrategie zu beobachten. Auffällig dabei ist, dass die nationalen Vorschriften zum Teil erheblich voneinander abweichen. Zu untersuchen ist insbesondere, ob sich die unterschiedlichen Regelungen zur horizontalen Konzentration in den Vorschriften zur Cross-Promotion widerspiegeln und entsprechend streng oder großzügig ausgestaltet sind oder nicht.

In den folgenden Kapiteln wird zunächst das jeweilige Fernsehsystem sowie die momentane Fernsehlandschaft des entsprechenden Mitgliedstaates aufgezeigt. Danach werden horizontale Konzentrationstendenzen sowie die entsprechenden Konzentrationsvorschriften, falls vorhanden, dargestellt. Im Anschluss daran werden die Erscheinungsformen der Cross-Promotion im Fernsehbereich sowie deren rechtliche Behandlung erläutert.

Da sich das Problem der rechtlichen Behandlung von Cross-Promotion in einigen Ländern noch nicht konkret gestellt hat bzw. in einigen Mitgliedstaaten noch keine nationalen Regelungen getroffen worden sind, musste im Rahmen dieser Arbeit auf die Auskünfte und Auslegungen der entsprechenden Aufsichts- und Regulierungsbehörden zurückgegriffen werden.

A. Großbritannien

I. Fernsehsystem

Großbritannien hat sich Mitte der fünfziger Jahre für ein duales Rundfunksystem entschieden.[715] Der *Television Act* von 1954 ließ den Wettbewerb im Fernsehsektor zu, traf aber gleichzeitig eine Vielzahl von Vorkehrungen, um ein ausgewogenes und qualitativ hochwertiges Programm zu sichern.[716]

Der öffentlich-rechtliche Rundfunk, die *British Broadcasting Company* (*BBC*), war nach dem Zweiten Weltkrieg Vorbild für die Reorganisation des öffentlich-rechtlichen Rundfunks in Deutschland.[717]

Wenn sich auch das britische Rundfunksystem auf den ersten Blick nicht allzu sehr von dem unseren unterscheidet, so ist doch der verfassungsrechtliche Hintergrund ein ganz anderer. Entscheidend dabei ist, dass es in Großbritannien keine geschriebene Verfassung wie in Deutschland gibt, die die Rundfunkfreiheit positiv vorgibt. Vielmehr werden die sogenannten *Civil Liberties*, also die bürgerlichen Freiheitsrechte, durch das *Common Law* gewährleistet. Diese

---

[715] *Holznagel*, S. 52; siehe auch *Pätzold/Röper*, Media Perspektiven 1998, 278 (278).

[716] *Holznagel*, S. 56.

[717] *Pätzold/Röper*, Media Perspektiven 1998, 278 (278); siehe auch den Bericht der *KEK* 2000, S. 386.

Rechte beinhalten unter anderem auch die Meinungs-, Informations- und Pressefreiheit. Aufgrund des Grundsatzes der Souveränität des Parlaments ist die britische Legislative nicht daran gehindert, diese *Civil Liberties* abzuändern oder gar abzuschaffen.[718] Insofern ist die Rundfunkfreiheit weitaus weniger geschützt, als dies in Deutschland der Fall ist. Im Zeitalter zahlreicher supranationaler Abkommen ist dieser verfassungsrechtliche Hintergrund allerdings in einem anderen Licht zu sehen. So ist auch Großbritannien beispielsweise der Europäischen Menschenrechtskonvention beigetreten, die in Art. 10 EMRK die Rundfunkfreiheit schützt, so dass sich Großbritannien nicht einfach über die durch das *Common Law* verbürgten *Civil Liberties* hinwegsetzen kann.[719] Ein weiterer Unterschied zum deutschen Rundfunksystem ist, dass das britische nicht föderalistisch ausgestaltet, sondern zentralistisch organisiert ist. Insofern ist der nationale Rundfunkmarkt in Großbritannien anders strukturiert als der unsere.[720]

Auch in Großbritannien gibt es jeweils ein eigenes Aufsichtsgremium für das öffentlich-rechtliche Fernsehen auf der einen und für das private Fernsehen auf der anderen Seite. Für die *BBC* ist dabei das *BBC Board of Governors* zuständig[721], während das private Fernsehen der Kontrolle des *Office of Communication* (*Ofcom*) untersteht, das die Aufgaben der *Independent Television Commission* (*ITC*)[722] ab dem 29. Dezember 2003 übernommen hat. Mit dem *Ofcom* wurde nunmehr eine einheitliche Regulierungsbehörde etabliert, die die Aufgaben der bislang fünf von einander unabhängigen Regulierungsbehörden, nämlich des *ITC*, der *Broadcasting Standards Commission*, des *Office of Telecommuni-*

---

[718] *Holznagel*, S. 109.

[719] Zwar hat das britische Parlament kein Transformationsgesetz verabschiedet, nach dem die EMRK unmittelbar anwendbar wäre, dennoch besteht in Großbritannien ein dahingehender Konsens, dass die Unabhängigkeit der Rundfunkordnung zu wahren ist, vgl. *Holznagel*, S. 110.

[720] So wird beispielsweise der private Rundfunk durch ein zentrales Organ, nämlich das *Office of Communication (Ofcom)*, überwacht, während in Deutschland jedes Bundesland über eine eigene Landesmedienanstalt (mit Ausnahme von Berlin und Brandenburg, die per Staatsvertrag eine gemeinsame Landesmedienanstalt errichtet haben) verfügt; vgl. auch *Pätzold/Röper*, Media Perspektiven 1998, 278 (278).

[721] Es werden für einen Zeitraum von vier Jahren zwölf Mitglieder nach Absprache mit der Opposition von der Regierung ernannt, vgl. *Humphreys*, in: *Hans-Bredow-Institut*, S. 330.

[722] *Steemers*, Media Perspektiven 1998, 287 (287); die *ITC* als unabhängiges Organ bestand aus einem Vorsitzenden und einem Stellvertreter sowie acht bis zehn zusätzlichen Mitgliedern, die vom Innenminister berufen wurden. Wegen der Gewährleistung der Unabhängigkeit durften Angehörige des *BBC* sowie Abgeordnete des Unterhauses nicht berufen werden. Außerdem mussten mindestens drei Mitglieder die Interessen Nordirlands, Schottlands und Wales' vertreten, vgl. Bericht der *KEK* 2000, S. 389; Vorgängerin der *ITC* war die *IBA* (*Independent Broadcasting Authority*), die zugleich als Rundfunkanbieterin und Regulierungsbehörde fungierte, vgl. *Steemers*, Media Perspektiven 1998, 287 (288); siehe dazu auch *Holznagel*, S. 66.

cations (*OFTEL*), der *Radio Authority*, sowie der *Radiocommunications Agency* übernommen hat.[723]

II. Fernsehlandschaft

Auf dem britischen Fernsehmarkt spielt der terrestrische Übertragungsweg im Gegensatz zum Kabel- und Satellitenfernsehen noch eine übergeordnete Rolle.[724] Dennoch weist das sogenannte *Multi-Channel*-Fernsehen ein starkes Wachstum auf.[725]

1. Das terrestrische analoge Fernsehen

Derzeit können in Großbritannien fünf analoge Fernsehprogramme terrestrisch empfangen werden. Dabei handelt es sich um die öffentlich-rechtlichen Programme *BBC 1* und *BBC 2* sowie die kommerziellen Sender *Channel 3* (vormals *ITV*) sowie *Channel 4* und *Channel 5*.

a) Das öffentlich-rechtliche Fernsehen

Die 1927 auf Grundlage einer *Royal Charter* gegründete *BBC* ist den sogenannten „*Public-service*"-Prinzipien unterworfen – ähnlich wie die öffentlich-rechtlichen Rundfunkanstalten in Deutschland den Anforderungen an die Grundversorgung gerecht werden müssen. Die *BBC* wird ebenso wie die deutschen öffentlich-rechtlichen Rundfunkanstalten vor allem durch eine Rundfunkgebühr finanziert.[726] Aufgrund des immer stärker werdenden Wettbewerbs auf dem britischen Fernsehmarkt intensiviert nun aber auch die *BBC* ihre kommerziellen Aktivitäten, was in Großbritannien nicht unumstritten geblieben ist.[727] Neben den analogen Programmen der *BBC 1* und *BBC 2*[728] verfügt die *BBC* über digitale Kanäle, die die Programme *BBC Choice*, *BBC Knowledge*, *BBC Par-*

---

[723] Siehe auch die Homepage der *Ofcom*, www.ofcom.org.uk.

[724] Siehe auch *McGougan*, Media Perspektiven 2004, 538 (538); drei Viertel der britischen Fernsehhaushalte empfangen das Fernsehprogramm allein über Antenne, vgl. Bericht der *KEK* 2000, S. 387; *Zimmer*, Media Perspektiven 2000, 438 (438); vgl. auch *Steemers*, Media Perspektiven 1998, 287 (287); zur Entwicklung des Kabelrundfunks siehe auch *Holznagel*, S. 61 ff.; *Bromley*, Kapitel 2.

[725] *Ward*, S. 202; laut Angabe der *Ofcom* empfingen am Jahresende 2003 schon zwölf Millionen Haushalte das *Multi-Channel*-Fernsehen.

[726] Die Gebührenerhöhung richtet sich dabei nach einem Index, der sich aus den Steigerungen der Einzelhandelspreise ergibt, vgl. *Holznagel*, S. 55.

[727] Ausführlicher dazu *Steemers*, Media Perspektiven 1998, 287 (296).

[728] *BBC 2* wird seit 1964 gesendet, vgl. *Holznagel*, S. 55.

liament, *News 24* sowie zwei Kinderkanäle und den Kulturkanal *BBC 4* übertragen. Mit einem Zuschaueranteil von 36,5% im Jahr 2003[729] hat das öffentlich-rechtliche Fernsehen eine starke Stellung auf dem britischen Fernsehmarkt.

b) Das private Fernsehen

aa) *ITV/Channel 3*

Die Senderkette *ITV* (*Independent Television*), seit dem 22. September 1955 auf Sendung und seit dem *Broadcasting Act* von 1990 *Channel 3* genannt, ist ein Verbund von 16 privaten Anbietern, die jeweils für die Versorgung eines ihnen zugewiesenen Gebiets sowie gemeinsam für das landesweite Frühstücksfernsehen zuständig sind.[730]

Die mit dem Gesetz von 1954 gegründete *Independent Television Authority* (*ITA*), die als Aufsichts- und Lizensierungsinstanz für *ITV* fungierte, gleichzeitig aber auch die technische Verbreitung übernahm und damit rein rechtlich gesehen als verantwortlicher Veranstalter galt, teilte Großbritannien in 14 Regionen auf und wählte für jede Region eine Programmgesellschaft aus, die zur Programmzulieferung verpflichtet wurde.[731] Für London wurden dabei zwei Gesellschaften lizensiert, die sich das Programm jeweils nach Wochentagen aufteilten. Im Jahre 1983 wurde schließlich mit dem Frühstücksfernsehen das 16. Mitglied des *ITV*-Netzwerks lizensiert, das als überregionaler Dienst fungiert.[732] Die *ITV*-Sender tragen jeweils zu einem nationalen Fernsehprogramm mit separaten regionalen Fensterprogrammen zu bestimmten Tageszeiten bei. Hintergrund der Regionalisierung des *ITV*-Programms war zum einen das Bestreben, den Wettbewerb zwischen den einzelnen Programmgesellschaften zu fördern. Zum anderen wollte man die Produktion von regional ausgestalteten Sendungen fördern.

Bei den *ITV*-Sendern handelt es sich im einzelnen um *Anglia* (Ostengland), *Border* (Borders/Isle of Man), *Carlton* (London/Werktagsprogramm), *Carlton Central* (Ost-, West- und Süd-Midlands), *Carlton West Country* (Südwestengland), *Channel* (Kanalinseln), *Grampian* (Nordschottland), *Granada* (Nordwestengland), *HTV* (Wales/Westengland), *LWT* (London/Wochenendprogramm), *Meridian* (Süd- und Südostengland), *Scottish* (Zentralschottland), *Tyne Tees* (Nordostengland), *UTV* (Nordirland), *Yorkshire* (Yorkshire).[733] Der

[729] Vgl. *Ward*, S. 202.
[730] Bericht der *KEK* 2000, S. 387; *Steemers*, Media Perspektiven 1998, 287 (290); *Holznagel*, S. 52.
[731] *Holznagel*, S. 57.
[732] *Barendt/Hitchens*, S. 87.
[733] *Steemers*, Media Perspektiven 1998, 287 (290).

Veranstalter *GMTV* (*Good Morning TV*) ist Lizenznehmer des Frühstücksfernsehens.[734]

Bei diesen fünfzehn privaten Anbietern handelt es sich allerdings nicht um wirtschaftlich voneinander unabhängige Veranstalter. Vielmehr werden sämtliche *ITV*-Lizenzen von den vier Unternehmen *ITV Plc.*, *Scottish Media Group*, *Yattendon* und *Ulster Television* gehalten.[735] Neben *ITV* werden mittlerweile noch zwei weitere Programme ausgestrahlt: Das für jüngeres Publikum zugeschnittene *ITV2* sowie das Kinderprogramm *CITV*.

ITV ist nach den Sendern der *BBC* der populärste Sender mit einem Zuschaueranteil im Jahre 2003 von 23,7%.

bb) *Channel 4*

Bis in die achtziger Jahre teilten sich die *BBC* und *ITV* den britischen Fernsehmarkt, den man damals noch als „komfortables Duopol" bezeichnen konnte.[736] Im Jahre 1982 ging dann jedoch der werbefinanzierte *Channel 4* auf Sendung,[737] der im Eigentum einer gemeinnützigen Stiftung steht[738] und derzeit einen Zuschaueranteil von ca. 10% aufweist.[739] Da die *BBC* und *ITV* keine ausreichenden Angebote für die gesellschaftlichen Minderheiten zur Verfügung stellen konnten, sollte *Channel 4* vor allem letzteren zugute kommen.[740] Zudem war *Channel 4* der erste Sender, der den überwiegenden Teil seiner Programmproduktion in Auftrag gab und über keine eigenen Produktionskapazitäten verfügte.[741] *Channel 4* war nämlich nach der Konzeption des *Broadcasting Act* von

---

734 *Humphreys*, in: *Hans-Bredow-Institut*, S. 332; Anteilseigner des *GMTV* sind *Carlton*, *Granada*, *Disney* und *SMG*, vgl. *Ward*, S. 205.

735 Die Beteiligungsverhältnisse sehen dabei so aus: *ITV Plc* hält *Anglia TV*, *Granada TV*, *LWT*, *Tyne Tees TV*, *Border TV*, *Meridian TV*, *Yorkshire TV*, *Carlton TV*, *Central TV*, *HTV* und *Westcountry TV*. Die *Scottish Media Group* ist Anteilseigner von *Grampian TV* und *Scottish TV*. *Yattendon* besitzt *Channel TV* und *Ulster Television* besitzt *Ulster TV*, vgl. *Ward*, S. 205; siehe auch die Homepage des *ITV*, www.itv.co.uk.

736 The „*comfortable duopoly*", vgl. *Barendt/Hitchens*, S. 82; siehe auch *Steemers*, Media Perspektiven 1998, 287 (287); vgl. auch *Pätzold/Röper*, Media Perspektiven 1998, 278 (278); siehe auch *Holznagel*, S. 52, der vom „behaglichen Duopol" spricht, das zur „Bastion von Gewerkschaftsprivilegien" geworden sei.

737 Siehe dazu auch die Website von Channel 4, abrufbar unter www.channel4.com/about_c4/information.html.

738 Sogenannte Non-Profit-Organisation, vgl. *Steemers*, Media Perspektiven 1998, 287 (288).

739 *Ward*, S. 202.

740 *Steemers*, Media Perspektiven 1998, 287 (292); dieselbe, Media Perspektiven 1996, 402 (403); *Holznagel*, S. 59; *Humphreys*, in: *Hans-Bredow-Institut*, S. 332; *Bromley*, Kapitel 2.

741 *Gibbons*, S. 131; vgl. auch *Pätzold/Röper*, Media Perspektiven 1998, 278 (278); siehe auch *Steemers*, Media Perspektiven 1998, 287 (292).

1980 ein reiner *„Publisher-Broadcaster“*.[742] Seit der erneuten Lizenzerteilung im Jahre 1998 ist nun aber auch *Channel 4* verpflichtet, 60% des Programms aller und 70% der in der Hauptsendezeit ausgestrahlten Sendungen selber zu produzieren.[743]

Um die Qualität der *Channel 4*-Programme zu gewährleisten, wurden sämtliche *ITV*-Sender auf Grundlage des *Broadcasting Act* 1990[744] verpflichtet, *Channel 4* bei unzureichenden Werbeeinnahmen mitzufinanzieren.[745] Dabei wurde unter anderem eine Verpflichtung zur Cross-Promotion festgeschrieben, so dass *Channel 4* und die *ITV*-Sender sich gegenseitig promoten sollten. Mit Wirkung vom 1. Januar 1999 wurde diese Form der Quersubventionierung gesetzlich abgeschafft.[746] *Channel 4* muss sich seitdem um eine eigenständige Finanzierung kümmern.[747] Dennoch soll die inhaltliche Ausgestaltung dieser gesetzlich verankerten Verpflichtung zur Cross-Promotion in einem gesonderten Kapitel näher ausgeführt werden.

cc) *Channel 5*

Am 30. März 1997 startete schließlich *Channel 5* sein Programm.[748] Hinter der Muttergesellschaft *Channel 5 Television Group* stehen die Anteilseigner der *RTL*-Gruppe sowie *United Business Media*.[749]

2. Digitales terrestrisches Fernsehen, Satelliten- und Kabelfernsehen

Am digitalen terrestrischen Empfang nehmen nur wenige Haushalte teil, obwohl dies seit 1998 in Großbritannien möglich ist. Seither stehen nämlich sechs digitale Multiplexe, also technische Plattformen für das Digitalfernsehen, zur Verfügung,[750] von denen einer der *BBC*, zwei weitere *Channel 3*, *4* und *5* und die

---

[742] Die Sendungen sollten vorwiegend von Produzenten stammen, die unabhängig von der *BBC* und dem *ITV*-Netzwerk waren. Damit sollte vor allem eine unabhängige Produktionsindustrie aufgebaut werden, vgl. *Holznagel*, S. 60.

[743] Ausführlicher zur Programmgestaltung siehe *Steemers*, Media Perspektiven 1998, 287 (293).

[744] Abrufbar unter http://www.legalbasics.org.

[745] *Steemers*, Media Perspektiven 1998, 287 (287); vgl. auch *Pätzold/Röper*, Media Perspektiven 1998, 278 (279).

[746] Vgl. auch *Steemers*, Media Perspektiven 1998, 287 (296).

[747] *Gibbons*, S. 131; *Holznagel*, S. 66.

[748] *Barendt/Hitchens*, S. 87; ausführlicher zur vorgeschriebenen Programmgestaltung siehe *Steemers*, Media Perspektiven 1998, 287 (293); *Channel 5* hatte im Jahre 2003 einen Marktanteil von 6,3%, vgl. *Ward*, S. 202.

[749] *Ward*, S. 206.

[750] *Barendt/Hitchens*, S. 106; *Gibbons*, S. 146.

restlichen Plattformen neuen Anbietern zustehen.[751] Jedes Multiplex kann dabei mindestens drei Fernsehprogramme übertragen.[752]

Das Satellitenfernsehen spielt im Zusammenhang mit *Multi-Channel*-Fernsehen eine größere Rolle. Dort ist *BSkyB* (*British Sky Broadcasting*) von größter Bedeutung. Dieser ging 1990 aus der Fusion der beiden damaligen Konkurrenten *Sky TV*, das dem Medienunternehmer *Murdoch* gehörte,[753] und *BSB* hervor.[754] Der größte Anteilseigner an *BSkyB* ist die *News Corporation* mit 35%.

Der Markt für Kabelbetreiber wird vor allem von den beiden Unternehmen *NTL* und *Telewest* dominiert.[755]

III. Horizontale Medienkonzentration und Konzentrationskontrolle

1. Horizontale Medienkonzentration

Klassisches Beispiel für die Entwicklung von horizontaler Konzentration in Großbritannien ist *Channel 3*. Während die *ITV*-Sender nämlich sehr lange von verschiedenen Gesellschaften mit den unterschiedlichsten Eigentumsverhältnissen betrieben wurden, hat sich *ITV* gerade in den letzten Jahren dahingehend entwickelt, dass einige wenige Unternehmen eine Vielzahl der Sender beherrschen und es nur noch wenige unabhängige Sender gibt (so *Channel TV* und *Ulster*).[756] Seinen Höhepunkt hat diese Konzentrationsentwicklung mit der Fusion der *Granada-Group* und der *Carlton-Group* zu *ITV plc.* erreicht. Die jeweiligen Sender sind dabei allerdings für unterschiedliche Verbreitungsgebiete zuständig.

Eine große nationale Senderfamilie in Großbritannien ist die der *News Corporation*, des viertgrößten Medienunternehmens der Welt.[757] Sie hält eine beträchtliche Zahl an Fernsehsendern in Großbritannien, so beispielsweise zu 100% *Sky One*, *Sky News*, *Sky Travel*, *Sky Sports*, *Sky Sports 2*, *Sky Sports 3*, *The Computer Channel*, *Sky Multi Channel*, *Sky Soap*, *Fox Kids*, *The Movie Channel* und *Sky Movie Gold*.[758]

---

[751] Diese sind nicht verpflichtet, bestehende analoge Dienste zu übertragen, vgl. *Barendt/Hitchens*, S. 107.

[752] *Steemers*, Media Perspektiven 1996, 402 (403).

[753] *Pätzold/Röper*, Media Perspektiven 1998, 278 (280).

[754] Bericht der *KEK* 2000, S. 388; siehe auch *Holznagel*, S. 65.

[755] *Bromley*, Kapitel 2.

[756] *Humphreys*, in: *Hans-Bredow-Institut*, S. 332.

[757] *Advisory Panel on Media Diversity*, S. 40.

[758] Des Weiteren hält die *News Corporation*: *BskyB* (35%), *QVC* (20%), *Paramount Channel* (25%), *Nickelodeon UK* (50%), *Sky Movies* (81%), *Music Choice Europe* (49%), *National Geographic UK* (50%), *The History Channel* (50%), *Granada Sky Broadcasting* (insgesamt sieben Kanäle, 49, 5%) und *Sky Scottish* (50%), vgl. *Ward*, S. 213.

2. Konzentrationskontrolle

Für die medienspezifische Konzentrationskontrolle ist ausschließlich die *Ofcom*, Nachfolgerin der *ITC*, zuständig. Gesetzliche Grundlage für die Kontrolle der Medienkonzentration ist der *Broadcasting Act* von 1996, der durch den *Communication Act* von 2003 geändert wurde.

Der *Broadcasting Act* von 1996[759] sah zunächst auch in Großbritannien das sogenannte Zuschaueranteilsmodell („*Audience share*“[760]) vor. Davor war – ähnlich unserem Beteiligungsmodell – die Anzahl der Fernsehlizenzen eines Unternehmens entscheidend. Maßgebend dabei war die „*Two-Licences-Rule*“, derzufolge ein Unternehmen nicht mehr als zwei regionale *Channel-3*-Lizenzen innehaben durfte.[761]

Nach dem Zuschaueranteilsmodell[762] war hingegen der Besitz an mehreren Sendern zulässig, solange ein Zuschaueranteil von 15% nicht überschritten wurde.[763] Verglichen mit der 30%-Hürde in Deutschland also eine recht strenge Regelung. Im Zuge einer Liberalisierung der Medienmärkte wurde am 17. Juli 2003 der *Communication Act 2003* erlassen, dessen Ziel es war, Investoren anzulocken und den Wettbewerb zu stärken.[764] Im Zuge dessen wurde die 15%-Hürde aufgehoben, ebenso das bislang geltende Verbot eines Jointventures der beiden *ITV*-London-Sender sowie das Verbot, gleichzeitig einen *ITV*-Sender und eine Beteiligung an *Channel 5* zu halten. Nunmehr ist es auch Unternehmen aus Nicht-EU-Staaten gestattet, Fernsehen in Großbritannien zu veranstalten.[765]

IV. Erscheinungsformen der Cross-Promotion

Cross-Promotion ist in Großbritannien keine neue Werbeform. Im Gegenteil: Anfang der neunziger Jahre gab es bereits gesetzliche Normierungen, die eine solche Überkreuz-Werbung ausdrücklich forderten, so im Fall von *ITV* und *Channel 4*. Diese Art der Cross-Promotion ist zwar mit der hier in Untersuchung stehenden Überkreuz-Werbung nicht vergleichbar, da die zugrunde liegenden wirtschaftlichen Umstände und die jeweiligen Interessenlagen anders gelagert

---

[759] Abrufbar unter http://www.legalbasics.org.

[760] *Ward*, S. 215; die Zuschauermarktanteile werden im Auftrag der *ITC* vom *BARB*, dem *Broadcasting Audience Research Board*, der gemeinsamen Zuschauerforschung von *BBC* und den Privatsendern gemessen, vgl. *Pätzold/Röper*, Media Perspektiven 1998, 278 (280).

[761] Bericht der *KEK* 2000, S. 392; siehe auch *Steemers*, Media Perspektiven 1998, 287 (291); zum alten Modell siehe auch *Holznagel*, S. 299.

[762] Ebenso wie in Deutschland wurden auch in Großbritannien für den Gesamtmarkt alle empfangbaren Programme miteinbezogen, also auch die öffentlich-rechtlichen Sender der *BBC*.

[763] *Stock/Röper/Holznagel*, S. 134.

[764] *Ward*, S. 215; *Advisory Panel on Media Diversity*, S. 43.

[765] Kapitel 5, Nr. 348 (1) des *Communication Act 2003*.

waren. Während es sich nämlich bei *ITV* und *Channel 4* um wirtschaftlich voneinander unabhängige Fernsehveranstalter handelt, steht bei der in der vorliegenden Arbeit zu untersuchenden Form der Cross-Promotion eine Muttergesellschaft im Hintergrund, die ein gesteigertes Interesse an der gegenseitigen Bewerbung ihrer Tochterunternehmen hat.

Dennoch soll auch diese Form der Cross-Promotion zwischen *ITV* und *Channel 4* dargestellt werden. Sie verdeutlicht nämlich in anschaulicher Weise die wirtschaftliche Bedeutung dieser Werbeform.

1. Cross-Promotion zwischen *ITV* und *Channel 4*

Anlässlich der Lizenzerteilung an *Channel 4* wurde festgelegt, dass *ITV* den neu gegründeten und mit zwangsläufigen Anfangsschwierigkeiten zu kämpfenden Sender finanziell zu unterstützen habe. Zu diesem Zweck sollten die *ITV*-Gesellschaften die Werbezeiten von *Channel 4* in ihrem eigenen Sendegebiet vermarkten. Im Gegenzug dazu erhielt *Channel 4* eine jährliche Abgabe, aus der er sich zu 80% und *S4C* zu 20% finanzierte.[766] Gesetzliche Grundlage dafür war Abschn. 37 des *Broadcasting Act* von 1990. Dieser erlaubte der *ITC* zudem, eine gegenseitige Promotion bei *Channel 3* und *4* durchzusetzen. Eine entsprechende Verpflichtung zur Cross-Promotion in Wales wurde für die Sender *HTV* und *S4C* vorgesehen.

In diesem Zusammenhang wurde den regionalen *ITV*-Sendern aufgegeben, zweimal täglich 30 Sekunden Promotion für *Channel 4* auszustrahlen, eine davon in der Hauptsendezeit von 18.00 bis 22.30 Uhr.[767] *Channel 4* wurde im Gegenzug dazu verpflichtet, gleiches für *ITV* zu unternehmen. Auch *GMTV*, der gemeinsame Frühstückssender von *ITV*, sollte eine 30 Sekunden dauernde Promotion für das *Channel 4*-Frühstücksprogramm in der Zeit von 7.30 bis 09.25 ausstrahlen, *Channel 4* im Gegenzug ebenso für *GMTV*.[768]

Seit 1993 vermarktet *Channel 4* seine Werbezeiten selbst. Die Vorschriften bezüglich der gegenseitigen Werbung wurden aber zunächst beibehalten, da man davon ausging, dass *Channel 4* auch weiterhin Werbeunterstützung benötigte.[769]

Im Jahr 1998 stellte die *ITC* allerdings fest, dass *Channel 4* mittlerweile über ein ausreichendes und stetiges Einkommen verfüge und überlegte, ob die Vorschriften zur Cross-Promotion und zur „Subventionierung" (sogenannte „*Funding Formula*") überhaupt noch erforderlich seien. Einerseits wurde hervorgehoben, dass die Cross-Promotion für den Zuschauer ein nützlicher Service

[766] *Steemers*, Media Perspektiven 1998, 287 (292).
[767] Siehe die Pressemitteilung der *ITC* vom 7. Januar 1998 *Consultation on future of ITV and Channel 4/S4C Cross-Promotion*, abrufbar unter www.itc.org.uk.
[768] Dieses Arrangement wurde schließlich im gegenseitigen Einverständnis im Jahre 1994 auf 20 Sekunden reduziert.
[769] Pressemitteilung der *ITC* vom 7. Januar 1998.

sein könne. Auf der anderen Seite wurde aber auch argumentiert, dass dem Zuschauer ohnehin schon viele Möglichkeiten zur Programminformation zur Verfügung stehen würden, wie z.B. durch Programmzeitschriften, Teletext etc. Sollte *Channel 4* daher Werbung für sein Programm machen wollen, könne er sich auch entsprechende Werbezeit bei *ITV* kaufen. Gleiches gelte im Gegenzug für *ITV*.[770] Die *ITC* beschloss daher, dass die Verpflichtung zur Cross-Promotion für *ITV* und *Channel 4* sowie für *HTV* und *S4C* ab dem 1. Januar 1999 nicht mehr gelten solle.[771] Dies entsprach auch den Vorstellungen der Mehrheit der Beteiligten. Lediglich *S4C* befürwortete eine Fortsetzung der bisherigen Praxis. Zur gleichen Zeit traten auch die weiteren Subventionierungsvorschriften außer Kraft, da die *ITC* nach der erfolgreichen Positionierung von *Channel 4* keine Notwendigkeit mehr für eine unterstützende Werbetätigkeit sah. Sollte ein Sender sein Programm bewerben wollen, stünde es ihm frei, sich entsprechende Sendezeiten bei einem anderen Veranstalter zu kaufen.[772]

Diese *ITV* ursprünglich auferlegte gesetzliche Pflicht, Cross-Promotion für den neuen *Channel 4* auszustrahlen, verdeutlicht die wirtschaftliche Tragweite dieser Werbeform. Es zeigt, dass es sich hierbei nicht um unbedeutende Trailer oder Hinweise zwischen der Werbung und dem eigentlichen Programm handelt. Vielmehr stellt Cross-Promotion ein gewichtiges Instrumentarium dar, den beworbenen Sender einem breiten Zuschauerkreis vorzustellen und den Rezipientenkreis des Senders zu vergrößern. Einem neugegründeten Sender kann damit eine bedeutsame und entscheidende Starthilfe gegeben werden.

2. Cross-Promotion innerhalb einer Senderfamilie

Cross-Promotion kommt in Großbritannien sowohl im öffentlich-rechtlichen als auch im privaten Fernsehen vor. Die *BBC* cross-promoted ihre verschiedenen Sender außerhalb der Werbezeit, meistens zwischen der Werbung und dem eigentlichen Programm. Im privaten Bereich promoted beispielsweise *ITV1* das Programm von *ITV2*. Des Weiteren gibt es Cross-Promotion zwischen *Channel 4* und *E4*, einem Pay-TV-Sender, der zu 100% *Channel 4* gehört.

---

[770] Pressemitteilung der *ITC* vom 7. Januar 1998.

[771] Siehe Pressemitteilung der *ITC* vom 14. April 1998 *ITC announce end of Channel 3 and Channel 4 cross-promotions*, abrufbar unter www.itc.org.uk; vgl. auch *Barendt/Hitchens*, S. 95.

[772] Pressemitteilung des *ITC* vom 14. April 1998; hinsichtlich der Forderung von *S4C*, die bisherigen Regelungen bestehen zu lassen, führte die *ITC* aus, dass dies in Hinblick auf die Streichung der Regelung hinsichtlich *Channel 3* und *Channel 4* unbillig sei, dies um so mehr, als *S4C* selbst für *HTV* keine Cross-Promotion ausführe.

a) Werbung

Ausgangspunkt für die rechtliche Bewertung von Cross-Promotion ist zunächst der Begriff der Werbung, der in dem *ITC Advertising Standards Code* von 2002 definiert ist.[773] Hervorzuheben ist hier vor allem, dass diese Vorschrift dem Merkmal der Entgeltlichkeit ausdrücklich keine konstitutive Bedeutung beimisst. Für das mögliche Vorliegen von Werbung ist es daher unerheblich, ob ein Sender den Spot unentgeltlich ausstrahlt oder nicht. Nr. 2.1.1 statuiert das Gebot, dass Werbung grundsätzlich vom Programm zu trennen ist.

b) *ITC Rule: The promotion on programmes, channels and related services on commercial television*

Seit dem 11. Januar 2002 gelten in Großbritannien neue Vorschriften für die Promotion von Programmen, Kanälen und anderen verwandten Diensten im kommerziellen Fernsehen, die *ITC rules on the promotion of programmes, channels and related services on commercial television*[774]. Der *Broadcasting Act* 1990 ermächtigte die *ITC*, die damals noch die Aufsicht über den privaten Fernsehsektor hatte, Richtlinien hinsichtlich der näheren Ausgestaltung der Werbevorschriften zu erlassen. Mit den oben genannten Vorschriften hat die *ITC* von dieser Ermächtigung Gebrauch gemacht. Diesen Regelungen kommt eine die Judikative bindende Wirkung zu.[775]

Dem Erlass dieser Richtlinien ging ein mehrstufiges Konsultationsverfahren voraus, an dem sich alle betroffenen Seiten beteiligen konnten. Der Verlauf dieser Meinungsbildung soll zunächst dargestellt werden, bevor im Anschluss die neue Richtlinie im Einzelnen erläutert wird.

aa) *First Consultation Paper on Cross-Promotion*

Am 3. Mai 2001 veröffentlichte die *ITC* ein sogenanntes *Consultation Paper*[776], um den betroffenen Seiten Gelegenheit zur Stellungnahme hinsichtlich der rechtlichen Behandlung von Cross-Promotion zu geben. Der *ITC* zufolge habe

---

[773] Einleitung (g) lautet: „For the purposes of the Code, the terms ‚advertisement' and ‚advertising' mean any publicity (by licensees themselves or advertisers) in breaks during or between programmes. This is irrespective of whether payment is made."

[774] Siehe die Pressemitteilung der *ITC* vom 15. Januar 2002 *ITC publishes new rules on the promotion of programmes, channels and related services on television*, abrufbar unter www.itc.org.uk.

[775] *Ladeur*, in: *Hahn/Vesting*, § 46 RStV, Rnd. 12; ausführlicher zu den einzelnen *ITC*-Regelungen siehe *Schaar*, ZUM 1998, S. 869 ff.

[776] Siehe Pressemitteilung der *ITC* vom 3. Mai 2001 *ITC invites comments on proposed guidelines on cross-promotion*, abrufbar unter www.itc.org.uk.

man bei den geplanten Richtlinien zu berücksichtigen, dass der Zuschauer durch das Ausstrahlen von Cross-Promotion nützliche Informationen erhalte. So würde dieser hinsichtlich seiner Programmauswahl in einem digitalen Umfeld besser informiert. Cross-Promotion könne damit grundsätzlich ein wichtiger Schritt sein, um den Aufbau digitaler Dienste in Großbritannien zu unterstützen.

Die *ITC* sah aber auch potenzielle Nachteile im Zusammenhang mit der Ausstrahlung von Cross-Promotion. Zum einen könne exzessive Cross-Promotion zu einem noch größeren Werbeblock im ohnehin schon stark kommerziellen Programm führen. Daher müsse eine Beschränkung dieses „*promotional clutter*“[777] und der Schutz der Programmqualität im Auge behalten werden. Fernsehsender könnten zudem in Versuchung geraten, Werbung unter dem Deckmantel redaktioneller Information einzuführen. Dies wiederum berge die Gefahr in sich, dass der Zuschauer über den wahren Inhalt des Programms irregeführt und Hinweise aus rein kommerziellen Zwecken produziert und ausgestrahlt würden.[778] Zum anderen befürchtete die *ITC*, dass Cross-Promotion von marktstarken Sendern unter Umständen wettbewerbswidrig sein könnte. Aus diesen Gründen erwog die *ITC*, für Programmunterbrechungen aufgrund von Promotion und Cross-Promotion auf *ITV*, *Channel 4* und *5* eine Beschränkung von eineinhalb Minuten pro Stunde in der Hauptsendezeit einzuführen. Die Nichtanwendung der Vorschriften bei Kabel- und Satellitensendern sei dadurch gerechtfertigt, dass der Zuschauer den Kanal wechseln könne, wenn ihn die exzessive Self-Promotion oder Cross-Promotion störe. Im Programm selbst sollten die Vorschriften verschärft werden, um dem Trennungsgrundsatz gerecht zu werden.

bb) Stellungnahme der *Campaign for Press and Broadcasting Freedom (CPBF)*

Anlässlich dieses ersten Konsultationspapiers beteiligte sich eine Reihe von Betroffenen an dem gewünschten Meinungsaustausch, darunter Fernsehveranstalter, Kabelbetreiber und Industrieverbände. Exemplarisch soll hier die Stellungnahme der *CPBF* wiedergegeben werden,[779] einer seit 1979 bestehenden Organisation, die sich für Vielfalt und Pluralismus in den Massenmedien einsetzt.[780]

Die *CPBF* hält eine strenge Regelung hinsichtlich des Umgangs mit Cross-Promotion für erforderlich, da ein erheblicher ökonomischer Druck auf den Fernsehveranstaltern laste, den eigenen Sender sowie andere Unternehmensinteressen stärker zu promoten. Während so um die Gunst des Zuschauers gebuhlt werde, drohe die Gefahr, dass das Gebot der Trennung von

---

777 *Clutter* bedeutet in diesem Zusammenhang Werbeblock.

778 Siehe die Antwort der *CPBF* vom 6. Juni 2001 zum *Consultation Paper* der *ITC*, abrufbar unter www.cpbf.org.uk.

779 Siehe die Antwort der *CPBF* vom 6. Juni 2001 zum *Consultation Paper* der *ITC*.

780 Siehe auch die Homepage der *CPBF* unter www.cpbf.org.uk.

Programm und Werbung unterlaufen werde. Eine Selbstregulierung durch den freien Wettbewerb sei nicht in der Lage, den gesetzlichen Anforderungen an Programm einerseits und Werbung andererseits gerecht zu werden. Sie beruft sich hierbei auf das System in den Vereinigten Staaten, wo die Ausstrahlung von Cross-Promotion seit den achtziger Jahren stark zugenommen hat und mangels gesetzlicher Regelungen eine Aufweichung des Trennungsgrundsatzes zu verzeichnen ist.

Die *CPBF* macht zudem darauf aufmerksam, dass Cross-Promotion auch andere, nicht medienspezifische Produkte umfassen könne. Die neue Regelung müsse daher auch die Promotion von Produkten, an denen der Fernsehveranstalter ein wirtschaftliches Interesse hat (wie beispielsweise andere Multimedia-Produkte, Bücher, Zeitschriften, Merchandising etc.), umfassen. Diese Promotion solle entweder den Vorschriften über Hinweise auf Begleitmaterialien unterfallen oder aber als klar gekennzeichnete Werbung im Rahmen der Werbezeitkontigente ausgestrahlt werden. Dem Zuschauer sollte zumindest durch einen angemessenen Zusatz mitgeteilt werden, dass der Sender ein wirtschaftliches Interesse an diesen Produkten hat, so dass der Zuschauer selbst entscheiden könne, welchen Wert er der Darstellung beizumessen habe. Dies würde zu einer weiteren Transparenz im Fernsehbereich führen.

Der *CPBF* befürwortet weiterhin, dass ein Sender sein eigenes Programm und andere Kanäle nur für 90 Sekunden pro Stunde promoten dürfe, alle anderen Hinweise als Begleitmaterialien oder Werbung bewertet werden müssten. Dies solle für alle lizensierten Sender gleichermaßen gelten. Eine unterschiedliche Behandlung sei im Hinblick auf den im Vordergrund stehenden Verbraucherschutz widersprüchlich und würde eine ungerechte Behandlung der terrestrischen Sender darstellen. Außerdem würde dann ein Sender, der sein Programm sowohl terrestrisch als auch per Kabel oder Satellit ausstrahlt, unterschiedlichen Vorschriften unterfallen. Die *CPBF* bemängelt zudem, dass in dem *Consultation Paper* keine Differenzierung zwischen den unterschiedlichen Programmarten, insbesondere den Nachrichten- und Kinderprogrammen, vorgenommen wurde, bei denen besonders stark auf die redaktionelle Unabhängigkeit geachtet werden müsse.

cc) *Second ITC Consultation Paper on Cross-Promotion*

Nachdem sich in der ersten Beratungsrunde 22 Beteiligte geäußert hatten, legte die *ITC* im Oktober 2001 ein zweites *Consultation Paper* vor.[781] Es sollte vor allem noch einmal darüber diskutiert werden, inwieweit ein Sender bestimmte Programme auf dem eigenen Kanal oder auf anderen Kanälen außerhalb der Werbezeit promoten dürfe. Bezüglich der analogen terrestrischen Sender solle in

[781] Siehe Pressemitteilung des *ITC* vom 3. Oktober 2001 *Second ITC Consultation Paper on Cross-Promotion published*, abrufbar unter www.itc.org.uk.

Erwägung gezogen werden, Promotion für eine ganz konkrete digitale Plattform oder einen bestimmten Plattformbetreiber außerhalb der entgeltlichen Werbezeit (also z.B. *ITV* für *ITV Digital*) zu verbieten.

Des Weiteren wurde überlegt, in welchem Umfang es den analogen terrestrischen Sendern, insbesondere *ITV,* erlaubt sein solle, Pay-TV-Sender und -plattformen oder Plattformdienstbetreiber zu promoten. Es wurde nämlich befürchtet, dass die Promotion der terrestrischen Sender für eigene Pay-TV-Sender zu Wettbewerbsverzerrungen auf dem Markt führen könne. Durch die großen Zuschaueranteile der analogen terrestrischen Sender hätten nämlich neue Pay-TV-Sender, die im Eigentum dieser Sender stehen, durch die Cross-Promotion einen erheblichen Wettbewerbsvorteil. Dies gelte vor allem unter Berücksichtigung dessen, wie wichtig die Promotion neuer Sender in der Anfangsphase sei. Für andere Sender könne „extensive" Cross-Promotion ernsthafte Marktzutrittserschwernisse bedeuten. Von einigen Seiten wurde eine nähere Definition verlangt, was „extensive" Cross-Promotion bedeuten solle. Die *ITC* hingegen war der Auffassung, dass das öffentliche Empfinden und die öffentliche Meinung der beste Maßstab für ein solches Kriterium seien. Da diese aber ständigen Schwankungen unterliegen, sei eine feste Definition nicht praktikabel. Vielmehr sei es wichtig, im ständigen Meinungsaustausch zu bleiben und Beschwerden, Feedbacks etc. zu registrieren und zu verfolgen.

Hinsichtlich der Cross-Promotion von Pay-TV-Plattformbetreibern ist die *ITC* der Auffassung, dass *ITV* über eine solch starke Marktposition verfüge, dass die Promotion dieser Dienste außerhalb der entgeltlichen Werbeblöcke nicht zugelassen werden sollte. Daneben bleibe es jedem Sender unbenommen, im Rahmen der Werbeblöcke für Plattformbetreiber zu werben.

c) Konsolidierte Fassung der Regelung *The promotion on programmes, channels and related services on commercial television*

Am 11. Januar 2002 trat die neue Vorschrift in Kraft, die alle bisherigen Regelungen hinsichtlich der Promotion und Cross-Promotion ersetzte.[782] Das ausdrückliche Ziel dieser Richtlinie ist es, einen ausgewogenen Nutzen aus den entsprechenden Werbeformen zu erzielen und dabei die drohenden Risiken so gering wie möglich zu halten.[783]

Die Vorteile bestünden dabei zum einen in dem Informationswert über Programme und verwandte Dienste, zum anderen in dem damit wachsenden Verständnis über digitales Fernsehen und damit in der Entwicklung zum digitalen *„switch-over"*.

---

[782] *The Promotion of programmes, channels and related services on commercial television,* http://www.ofcom.org.uk/tv/ifi/guidance/legacy/vrs_code_notes/rules_on_prog_promotion#content.

[783] Siehe die *Principles* dieser Regelung.

Die möglichen Nachteile lägen in einer möglichen Irreführung der Zuschauer über die Menge und Natur dieser Hinweise. Die redaktionelle Unabhängigkeit könne zudem gefährdet werden, wenn informative Darstellungen im Programm zu Werbung würden. Darüber hinaus bestünde die Gefahr, dass Promotion für Kanäle oder Plattformdienstbetreiber in wettbewerbsgefährdender Art und Weise betrieben werde. Nach dieser Präambel folgt die eigentliche Vorschrift, die im Folgenden sinngemäß wiedergegeben werden soll.

aa) Regelungen für sämtliche *ITC*-lizensierten Sender

Alle von der *ITC* lizensierten Sender dürfen außerhalb der Werbezeit Programme promoten und auf andere Kanäle oder verwandte Dienste (z.B. Websites), die sie betreiben, hinweisen. Diese Art der Promotion muss aber informativen Charakter haben und darf sich nicht störend für den Zuschauer auswirken. Die Menge dieser Promotion soll in regelmäßigen Abständen überprüft werden. Wichtig in diesem Zusammenhang ist die Definition des Betreibers („*provider*") eines anderen Kanals oder Dienstes in Nr. 10 der Vorschrift. Demnach ist derjenige als Betreiber anzusehen, der mindestens 30% am Kapital oder an den Stimmrechten des promoteten Senders hält.[784]

bb) Spezielle Regelungen für *Channel 3*, *4* und *5*

In Nr. 3 der Vorschrift werden spezielle Regelungen für *Channel 3*, *4* und *5* getroffen, um den fairen Wettbewerb auf dem Markt zu sichern und gleichzeitig die Informationsvorteile für den Zuschauer zu sichern. So dürfen diese Sender zwar Promotion für andere Kanäle und verwandte Dienste (wie z.B. Websites) ausstrahlen, jedoch darf keinem bestimmten Sender oder Dienst eine „extensive" Menge an Zeit eingeräumt werden.[785]

Spezielle Promotion für einen konkreten Plattformbetreiber, einschließlich *ITV Digital*, ist außerhalb der Werbeblöcke nicht zulässig; erlaubt ist lediglich die Werbung für das digitale Fernsehen im Allgemeinen.[786] Zulässig ist außerdem eine kurze, sachliche und allgemeine Erwähnung der Plattform, auf dem ein promotender Sender zu finden ist (wie z.B. *DTT*, *Dsat* oder *Cable*).[787] Sofern ein Programm auf allen Hauptplattformen übertragen wird, dürfen die Plattformdienstbetreiber namentlich genannt werden (beispielsweise *Sky*, *ITV Digital*, *Telewest* usw.), sofern diese Erwähnung sachlich und nicht-diskriminierend ist. Letzteres ist dann der Fall, wenn alle Hauptdienstbetreiber, die das Pro-

---

[784] Nr. 10 des *Code*.
[785] Zum Begriff „extensiv" siehe nächster Abschnitt.
[786] Nr. 3 b) des *Code*.
[787] Nr. 3 c) des *Code*.

gramm oder den Dienst übertragen, genannt werden.[788] Die Dauer der Promotion auf diesen Sendern in den Programmpausen wird auf 20 Sekunden pro Werbeunterbrechung limitiert.[789]

cc) Weitere Vorschriften für alle *ITC*-lizensierten Sender

Gemäß Nr. 5 ist Promotion und Cross-Promotion vorrangig im Werbeblock und nicht im Programm selbst zu platzieren. Programmintegrierte Promotion darf die redaktionelle Integrität eines Programms nicht beeinträchtigen und dazu führen, dass Programminhalte durch Werbung ersetzt werden. Die programmintegrierte Erwähnung von anderen Programmen oder Diensten muss daher einen Informationswert für den Zuschauer darstellen und darf zu keinem speziellen Erwerb aufrufen.

Kurze Hinweise im Programm selbst auf das kommende Programm auf dem eigenen Sender oder auf einem anderen Sender sind gemäß Nr. 6 der Vorschrift zulässig, wenn ein generelles Interesse des Zuschauers angenommen werden kann und diese der Eigenart des Programms entsprechen. So darf beispielsweise ein Sportprogramm ein anderes Sportprogramm promoten. Gleiches gilt für Erwähnungen und visuelle Hinweise auf interaktive Betätigungen, die den Unterhaltungswert der laufenden oder der kommenden Sendung des gleichen oder des mit ihm verwandten Kanals steigern.

Nr. 8 der Vorschrift stellt klar, dass Programm-Abspanne nicht unter die Definition der Programmzeit im Sinne dieser Vorschriften fallen. In Nr. 11 wird abschließend festgehalten, dass die öffentliche Meinung sowie die Auffassung im Markt selbst die besten Indikatoren dafür sind, ob das Ausmaß der Promotion als „extensiv" anzusehen ist oder nicht. Da diese Indikatoren von Zeit zu Zeit schwanken, wird eine weitergehende Definition dieses Terminus für nicht sinnvoll erachtet. Die *ITC* wird aber die entsprechende Meinungsbildung verfolgen und auf Beobachtungen und Beschwerden reagieren.

V. Bewertung im Vergleich zur deutschen Rechtslage

Auch die britische Aufsichtsbehörde befürchtet im Zusammenhang mit der Ausstrahlung von Cross-Promotion einen Verlust der redaktionellen Unabhängigkeit und der Programmqualität. Daneben sieht sie vor allem die Gefahr von Wettbewerbsverzerrungen und stellt insofern nicht vorrangig auf die Vielfaltssicherung, sondern vielmehr auf den wirtschaftlichen Wettbewerb ab. Im Gegensatz zur deutschen Regelung hebt die verabschiedete Vorschrift aber auch die Vorteile hervor, die Cross-Promotion für den Zuschauer haben kann und entschließt sich

[788] Nr. 3 d) des *Code*.
[789] Nr. 3 g) des *Code*.

daher, diese in Grenzen zuzulassen. Cross-Promotion ist außerhalb des Werbeblocks auch dann erlaubt, wenn ein Fernsehveranstalter an dem jeweils crosspromoteten Sender mit mindestens 30% der Kapital- oder Stimmrechte beteiligt ist – im Gegensatz zur deutschen Anwendungspraxis der Landesmedienanstalten also eine sehr liberale Vorschrift. Allerdings wird einschränkend gefordert, dass diese Promotion einen informativen Charakter aufweisen muss und entspricht insofern der französischen Vorschrift (siehe nächstes Kapitel).

Die britische Regelung geht im Gegensatz zum deutschen Rundfunkrecht auch auf die unterschiedliche Marktmacht der Sender ein. Da die analogen terrestrischen Sender von *Channel 3, 4* und *5* im Gegensatz zu den Kabel- und Satellitensendern einen viel höheren Zuschaueranteil aufweisen, sind diese Sender strengeren Vorschriften unterworfen. Insbesondere gilt für diese Sender eine Beschränkung von 20 Sekunden pro Werbeunterbrechung. Auch dieses Instrumentarium der zeitlichen Beschränkung gibt es in den deutschen Vorschriften nicht. Im Zusammenhang mit dem Werbebegriff ist festzuhalten, dass die britische Regelung einer möglichen Entgeltzahlung keine konstitutive Bedeutung beimisst. In Deutschland vertreten Teile der Literatur und der Rechtsprechung eine gegenteilige Auffassung.

B. Frankreich

I. Fernsehsystem

Frankreich hat ein duales Rundfunksystem. Das im Jahre 1944 durchgesetzte Rundfunkmonopol,[790] das unter der Regierung von *de Gaulle* bestehen blieb und erst im Laufe der Zeit unter den Regierungen von *Giscard d'Estaing* und *Mitterand* im Zuge der wirtschaftlichen Liberalisierung gelockert wurde, fand sein Ende mit dem Rundfunkgesetz vom 19. Juli 1982[791]. Dieses Gesetz garantierte einem jeden das Recht zur Veranstaltung von Rundfunk, unterwarf den privaten Rundfunk aber gleichzeitig den sogenannten *Sevice-Public*-Prinzipien, die vor allem zur Ehrlichkeit, Unabhängigkeit und Informationsvielfalt sowie zur Bildung und Unterhaltung aller Bevölkerungsschichten und nicht zuletzt zur Verteidigung der französischen Sprache verpflichten.[792] Das Gesetz sah außerdem die Möglichkeit der Privatisierung der öffentlich-rechtlichen Sender vor, was mit der Übernahme von *TF1* durch die Gruppe *Bouyges* im Jahre 1987 erfolgte.[793] 1989 entstand durch Gesetz der *Conseil Supérieur de l'Audiovisuel*

---

790 Siehe dazu *Miège*, in: *Hans-Bredow-Institut*, S. 305.

791 *Loi 82-652* vom 29. Juli 1982; vgl. *Debbasch/Isar/Agostinelli*, Rnd. 66; *Machill*, 144.

792 Vgl. Art. 5 des Gesetzes 82-652 vom 29. Juli 1982.

793 Mehrheitseigentümer ist der Bauunternehmer *Bouygues* mit 41,2% der Anteile, vgl. *Ward*, S. 50.

(*CSA*), dem noch heute die Kontrolle der Privatsender hinsichtlich der Einhaltung der geltenden Vorschriften obliegt.[794]

Die Ausgestaltung des öffentlich-rechtlichen Fernsehens sowie seine Finanzierung finden sich in den sogenannten Pflichtenheften, den *cahier des charges*. Das öffentlich-rechtliche Fernsehen finanziert sich sowohl durch Rundfunkgebühren (*redevance*) als auch durch Werbeeinnahmen.
Mit den privaten Lizenznehmern schließt der *CSA* jeweils sogenannte Konventionen (*conventions*)[795] ab, in denen die programmlichen Pflichten und entsprechende Sanktionen festgeschrieben werden.

II. Fernsehlandschaft

Das öffentlich-rechtliche Fernsehen strahlt im analogen terrestrischen Bereich die Programme *France 2*, *France 3*, *France 5* und *arte* aus.[796] Die beiden privaten Sender mit den höchsten Einschaltquoten sind *TF1*[797] und *M6*[798]. Im Bereich des Pay-TV spielt *Canal+* die größte Rolle.[799]

Neben dem terrestrischen Fernsehen ist das Satellitenfernsehen von größter Bedeutung,[800] auch wenn es sich recht spät, nämlich erst Anfang der neunziger Jahre entwickelt hat.[801] Die Kabelverbreitung liegt in Frankreich bei ca. 40%.[802]

III. Horizontale Medienkonzentration und Konzentrationskontrolle

Der französische Fernsehsektor ist hoch konzentriert,[803] eine kleine Gruppe großer Medienkonzerne, vor allem die *TF1*-Group sowie *M6*, beherrscht den

---

794 *Debbasch/Isar/Agostinelli*, Rnd. 72.

795 Die jeweiligen Konventionen können auf der Homepage des *CSA* unter www.csa.fr abgerufen werden.

796 Die Zuschaueranteile im Jahre 2003 lagen bei *France 2* bei 20,5% und bei *France 3* bei 16,1%.

797 *TF1* war ursprünglich ein öffentlich-rechtlicher Sender, der im Jahre 1987 privatisiert wurde, vgl. *Ward*, S. 50; *TF1* erreichte im Jahr 2003 einen Zuschaueranteil von 31,5%.

798 Hauptanteilseigner ist die *RTL Group* (47,5%) sowie *Suez* (37,62%).

799 Mit 3,7% Zuschaueranteil im Jahre 2003.

800 *Ward*, S. 50.

801 *Machill/Lutzhöft*, Media Perspektiven 1998, 132 (138); die beiden größten digitalen Satelliten-Plattformen sind *TPS* (*Télévision par Satellite*) und *CanalSatellite*. Anteilseigner von *CanalSatellite* sind die *Gruppe Canal+* (66%) und *Largardère* (34%), vgl. *Ward*, S. 54.

802 *Ward*, S. 50; für die geringe Popularität des Kabelanschlusses wird vor allem die Preispolitik der Kabelbetreiber verantwortlich gemacht, vgl. *Machill/Lutzhöft*, Media Perspektiven 1998, 132 (142).

803 Der sogenannte C3-Index liegt bei 80,7, vgl. *Ward*, S. 63.

Markt.[804] Einschlägig für die horizontale Konzentrationskontrolle in Frankreich ist das im Jahre 2000 modifizierte Rundfunkgesetz vom 30. September 1986[805], dessen Vorschriften ebenso wie in Deutschland nur für private Fernsehveranstalter gelten[806] und dabei stets nach der Verbreitungsart differenzieren.[807]

Art. 39 schreibt zunächst die Obergrenzen für Beteiligungen an Fernsehsendern fest: Gemäß Abschn. 1, Abs. 1 darf eine natürliche oder juristische Person maximal 49% der Aktien oder Stimmrechte an einem nationalen terrestrischen Fernsehsender halten, dessen Zuschaueranteil auf dem gesamten Fernsehmarkt höher als durchschnittlich 2,5% ist.[808] Von diesem Marktanteil an ist also immer eine Anbietergemeinschaft erforderlich.[809] Sofern ein Fernsehveranstalter Beteiligungen an zwei nationalen terrestrischen analogen Sendern halten möchte, darf er jeweils maximal 15% der Kapital- oder Stimmrechtsanteile halten,[810] will er Anteile an drei solchen Sendern halten, darf er nur jeweils mit maximal 5% beteiligt sein.[811] Letzteres gilt auch für das Satellitenfernsehen, nicht aber für digitales terrestrisches Fernsehen.[812] Sofern ein terrestrischer Sender zwischen 200.000 und 6 Millionen Einwohner erreicht, ist eine Beteiligung von maximal 50% zulässig.[813]

Für den Bereich des Satellitenfernsehens ist eine maximale Beteiligung von 50% zulässig.[814] Sofern jemand mit mehr als einem Drittel der Anteile beteiligt ist, darf er an einem zweiten Satellitensender nicht mehr als ein Drittel der Anteile halten.

Art. 41 befasst sich mit der Anzahl an Lizenzen, die einer natürlichen oder juristischen Person erteilt werden kann. So darf jeder grundsätzlich nur eine nationale Lizenz für terrestrisches Fernsehen erhalten.[815] Für die Veranstaltung von Satellitenfernsehen ist die Erteilung von maximal zwei Lizenzen zulässig.[816] Die gleichzeitige Inhaberschaft einer nationalen und einer lokalen Lizenz (mit

---

804 *Europäisches Medieninstitut*, S. 75.

805 *Loi n° 86-1067 du 30 septembre 1986*; abrufbar unter http://www.csa.fr/infos/textes/textes_resultats.php?cat=2; mit der Revision dieses Gesetzes wurde eine Liberalisierung der Vorschriften für das digitale terrestrische Fernsehen verfolgt.

806 Für die rundfunkspezifische Konzentrationskontrolle ist ausschließlich der *CSA* zuständig, vgl. Art. 41-4 des Gesetzes vom 30. September 1986; für die Überwachung sonstiger Wettbewerbsverstöße ist die Wettbewerbsbehörde zuständig, vgl. auch *Schellenberg*, S. 114.

807 Vgl. auch *Schellenberg*, S. 99.

808 Diese Schwelle wurde erst im Jahre 1994 von 25% auf 49% erhöht, vgl. *Machill/Lutzhöft*, Media Perspektiven 1998, 132 (132).

809 Zu potenziellen Problemen bei der Unternehmensleitung siehe *Schellenberg*, S. 100.

810 Art. 39, Abschn. 1, Abs. 4 des Gesetzes *n° 86-1067*.

811 Art. 39, Abschn. 1, Abs. 5 des Gesetzes *n° 86-1067*.

812 Art. 39, Abschn. 2, Abs. 3 des Gesetzes *n° 86-1067*.

813 Art. 39, Abschn. 3 des Gesetzes *n° 86-1067*; ab einer Zuschauerzahl von 6 Millionen gilt das Verbreitungsgebiet eines Senders als national, vgl. Art. 41-3, 5° des Gesetzes *n° 86-1067*.

814 Art. 39, Abschn. 2, Abs. 1 des Gesetzes *n° 86-1067*.

815 Art. 41 Abs. 1 des Gesetzes *n° 86-1067*.

816 Art. 41 Abs. 4 des Gesetzes *n° 86-1067*.

Ausnahme der Verbreitung in einem Übersee-Bezirk) ist nicht erlaubt.[817] Ein Veranstalter darf mit seiner Lizenz für analoges oder digitales Fernsehen nicht mehr als sechs Millionen Einwohner erreichen.[818] Hinsichtlich des Kabelfernsehens ist es zulässig, mehrere Lizenzen zu halten, sofern damit nicht mehr als acht Millionen Einwohner erreicht werden.[819]

Für den Bereich des digitalen terrestrischen Fernsehens darf ein und dieselbe juristische Person bis zu fünf Lizenzen innehaben.[820] Auch das französische Recht sieht Zurechnungsregeln für beherrschende Unternehmen vor und verweist diesbezüglich in Art. 41-3 Nr. 2 auf Vorschriften des Gesellschaftsrechts.[821]

IV. Cross-Promotion

1. Werbevorschriften

Maßgebend für die Werbevorschriften im französischen Fernsehen ist zunächst das Gesetz vom 30. September 1986. Dieses sieht in Art. 27 vor, dass detaillierte Bestimmungen für die Ausgestaltung der Werbevorschriften in speziellen Verordnungen, sogenannten *décrets,* zu erlassen sind.[822] Dort können unterschiedliche Bestimmungen je nach dem Verbreitungsweg getroffen werden. Eine solche

---

[817] Art. 41 Abs. 2 des Gesetzes *n° 86-1067.*

[818] Art. 41 Abs. 5 des Gesetzes *n° 86-1067.*

[819] Art. 41 Abs. 9 des Gesetzes *n° 86-1067.*

[820] Art. 41 Abs. 3 des Gesetzes *n° 86-1067.*

[821] Art. 41-3 2° verweist auf die *Loi n° 66-537 du 24 juillet 1966 sur les sociétés commerciales*, abrufbar unter http://www.admi.net/jo/loi66-537.html. Art. 355 lautet: „Lorsqu`une société possède dans une autre société une fraction du capital entre 10 et 50 p. 100, la première est considérée, pour l`application de la présente section, comme ayant une participation dans la seconde."

[822] Art. 27 des Gesetzes *n° 86-1067* lautet: „Compte tenu des missions d'intérêt général des organismes du secteur public et des différentes catégories de services de communication audiovisuelle diffusés par voie hertzienne terrestre ou par satellite, des décrets en Conseil d'État fixent les principes généraux définissant les obligations concernant:
1° la publicité, le téléachat et le parrainage
1° bis les services consacrés exclusivement à l'autopromotion et au téléachat;
[...]
Ces décrets peuvent fixer des règles différentes selon que la diffusion a lieu par voie hertzienne terrestre ou par satellite, selon qu'elle a lieu en clair ou fait appel à une rémunération de la part des usagers, ou selon l'étendue de la zone géographique desservie et pourront prévoir une application progressive en fonction du développement de la télévision numérique de terre.
Ces décrets sont pris après avis du Conseil supérieur de l'audiovisuel. Cet avis motivé est publié au Journal officiel de la République française, ainsi que le rapport de présentation du décret."

Verordnung wurde mit dem *décret n° 92-280* vom 27. März 1992 erlassen.[823] Dort heißt es in Art. 14, dass Werbung vom übrigen Programm getrennt auszustrahlen ist.[824] Der in Art. 2 definierte Begriff der Werbung übernimmt die Begriffsbestimmung der EU-Fernsehrichtlinie.[825] Eine Besonderheit des französischen Rechts zeigt sich darin, dass auf den terrestrischen Sendern die Werbung für Presse, Kinowesen und Inhaber von Übertragungswegen verboten ist. Aufgrund der hohen Werbepreise soll damit verhindert werden, dass nur die größten Medienfirmen im Fernsehen von der Werbung profitieren.[826] Fernsehsender selbst sind von diesem Verbot aber nicht betroffen.[827]

2. Cross-Promotion im privaten Fernsehen

Bis zum Jahre 1996 wurden Hinweise auf andere Kanäle oder Satelliten-Bouquets außerhalb der Werbeblöcke als nicht in die Werbezeit einzurechnende Self-Promotion des Fernsehveranstalters angesehen.[828] Als diese Hinweise verstärkt zunahmen, informierte der *CSA* die Inhaber der terrestrischen Sender darüber, dass Hinweise auf Kabel- und Satellitenkanäle oder auf andere Fernsehtätigkeiten, wie beispielsweise Pay-TV, in die Werbezeitkontingente einzuberechnen seien. Außerdem wies der *CSA* die Veranstalter darauf hin, dass auch Werbung für einen Radiosender außerhalb des Werbeblocks als Schleichwerbung angesehen werden könnte. Auch wenn Radiosendungen für den Zuschauer unentgeltlich ausgestrahlt würden, hätten sie nämlich dennoch einen spürbaren Einfluss auf die Zuhörerschaft und auf die Höhe der Werbeeinnahmen. Der *CSA* hatte schon im Jahre 1991 dafür plädiert, auch Werbung für unentgeltliche Produkte mit in den Anwendungsbereich der Werbevorschriften aufzunehmen.[829] Als er im Jahre 2001 die Lizenz der drei kommerziellen terrestrischen Sender

---

[823] Abrufbar unter http://www.csa.fr/infos/textes/textes_resultats.php.

[824] „Les messages publicitaires ou les séquences de messages publicitaires doivent être aisément identifiables comme tels et nettement séparés du reste du programme, avant comme après leur diffusion, par des écrans reconnaissables à leurs caractéristiques optiques et acoustiques." Siehe dazu auch *Debbasch/Isar/Agostinelli*, Rnd. 423.

[825] Art. 2 des *décret n° 92-280* vom 27. März 1992 lautet: „Pour l'application du présent décret, constitue une publicité toute forme de message télévisé diffusé contre rénumération ou autre contrepartie en vue soit de promouvoir la fourniture de biens ou services, y compris ceux qui sont présentés sous leur appellation générique, dans le cadre d'une activité commerciale, industrielle, artisanale ou de profession libérale, soit d'assurer la promotion commerciale d'une entreprise publique ou privée. Cette définition n'inclut pas les offres directes au public en vue de la vente, de l'achat ou de la location de produits ou en vue de la fourniture de services contre rénumération."

[826] *André-Simonet*, Légipresse N° 181, 54 (57).

[827] Art. 8 des *décret n° 92-280.*

[828] Schriftliche Auskunft des *CSA* vom 8. März 2005.

[829] *Avis n° 91-4 du 25 juillet 1991 sur le projet de décret fixant pour certains services de télévision le régime applicable à la publicité et au parrainage*, Legipresse n° 84-IV, S. 57.

TF1, *M6* und *Canal+* erneuerte, entschied er sich, spezielle Regelungen für die Cross-Promotion von Sendern in die jeweiligen Konventionen aufzunehmen.[830]

Auch die Veranstalter von Kabel- und Satellitenfernsehen wurden diesen Regelungen unterworfen. Diesen zufolge muss ein Veranstalter, sofern er außerhalb des Werbeblocks auf Aktivitäten eines anderen Veranstalters oder eines Inhabers von Übertragungswegen, mit dem er in bedeutendem Maße wirtschaftlich verbunden ist, hinweist, einen „gemäßigten" Ton anschlagen und darauf achten, dass die Präsentation einen rein informativen Charakter behält. Die Äußerungen und Darstellungen müssen daher genau, objektiv und sorgfältig sein.[831] In diesem Zusammenhang soll der Fernsehsender den Zuschauern die Ausmaße seiner wirtschaftlichen Verflechtung anzeigen. Was genau unter diesem „besonderen Maß an wirtschaftlicher Verbundenheit" (*liens capitalistiques siginificatifs*) zu verstehen ist, wird nicht näher definiert, prozentuale Grenzwerte wurden nicht festgelegt.[832]

Als konkretes Beispiel für die Anwendung dieser Regelung kann die Einführungsphase des neuen per Kabel ausgestrahlten Senders *Pink TV* genannt werden, dessen Aktionäre die kommerziellen Veranstalter *Canal+*, *M6* und *TF1* sind. Als diese Sender Werbung für *Pink TV* ausgestrahlten, mussten sie per Bandeneinblendung darauf hinweisen, dass beispielsweise *TF1* x% der Anteile an *Pink TV* hält.[833]

---

[830] Für *Canal+* siehe die Konvention von *Canal+*, Entscheidung *n° 2000-1021 du 29 novembre 2000, modifiée par avenant n° 6 signé le 6 janvier 2005*, Art. 20: „Lorsque la société présente à l'antenne, en dehors des écrans publicitaires, des activités d'édition ou de distribution de services de communication audiovisuelle, développées par une personne morale avec laquelle elle a des liens capitalistiques significatifs, elle s'attache, notamment par la modération du ton et la mesure dans l'importance accordée au sujet, à ce que cette présentation revête un caractère strictement informatif. A cette occasion, elle indique au public la nature de ces liens."
Für *M6* gilt die Konvention von *M6*, Entscheidung *n° 2001-578 du 20 novembre 2001, modifiée par avenant n° 3 signé le 2 février 2004*, Art. 25: „Lorsque la société présente à l'antenne, en dehors des écrans publicitaires, des activités d'édition ou de distribution de services de communication audiovisuelle, développées par une personne morale avec laquelle elle a des liens capitalistiques significatifs, elle s'attache, notamment par la modération du ton et la mesure dans l'importance accordée au sujet, à ce que cette présentation revête un caractère strictement informatif. A cette occasion, elle indique au public la nature de ces liens."
Für *TF1* gilt derselbe Wortlaut von Art. 25 der Konvention von *TF1*, Entscheidung *n° 2001-577 du 20 novembre 2001, modifiée par avenant n° 3 signé le 13 octobre 2003.* Derselbe Wortlaut findet sich in Art. 2-3-9 der Konvention von *TNT Direct* vom 10. Juni 2003.

[831] *Bird&Bird/Carat Crystal*, national report (Frankreich), S. 39.

[832] Auskunft des *CSA* vom 27. April 2005.

[833] Auskunft des *CSA* vom 8. März 2005.

3. Cross-Promotion im öffentlich-rechtlichen Fernsehen

Anders gestalten sich die Vorschriften für das terrestrisch ausgestrahlte öffentlich-rechtliche Fernsehen. Dort sieht es vielmehr so aus, dass die drei Sender von *France Télévision* (*France 2, France 3* und *France 5*) verpflichtet sind, sich gegenseitig zu promoten und auch auf die Programme von *arte* hinzuweisen.[834] Diese Verpflichtung gilt aber nicht für die öffentlich-rechtlichen Sender, die per Kabel oder Satellit ausgestrahlt werden.

V. Bewertung im Vergleich zur deutschen Rechtslage

Der *CSA* hat zuerkennen gegeben, dass er auch bei Hinweisen auf unentgeltlichen Rundfunk das Vorliegen von Werbung nicht ausschließen könne. Dem Merkmal der Entgeltlichkeit misst er also rein deklaratorische Bedeutung bei.

Im Gegensatz zur deutschen Regelung wird die Cross-Promotion im öffentlich-rechtlichen und im privaten Fernsehen unterschiedlich behandelt. Im öffentlich-rechtlichen Fernsehen wird Cross-Promotion sogar ausdrücklich gefordert.

Hinsichtlich des privaten Fernsehens hat sich der *CSA* für einen eher weiten Veranstalterbegriff ausgesprochen. Die französische Regelung weist dabei etwas sehr Interessantes auf. So gesteht sie verbundenen Unternehmen eine gewisse Bezugnahme aufeinander zu, koppelt dies aber an die Offenlegung ihrer wirtschaftlichen Verflechtungen und sorgt damit für eine gewisse Transparenz. Darüber hinaus muss der cross-promotende Sender auf jegliche werbliche Form verzichten.

---

[834] Hinsichtlich *France 2* und *France 3* gilt das *Cahier des missions et des charges de France 3, décret n° 94-813 du 16 septembre 1994 portant approbation des cahiers des missions et des charges des sociétés France 2 et France 3* (*JO-18/09/94-p.13378*) in der Fassung des *décret n° 2004-743 du 21 juillet 2004* (*JO-28/07/04*), Art. 5, S. 2: „La société fait connaître ses programmes deux semaines avant leur diffusion et ne peut les modifier, dans ce délai, sauf circonstances particulières le justifiant. Elle assure la promotion des programmes de *France 2* et de *La Cinquième* et diffuse de brèves séquences présentant le programme d' *Arte*.“

C. Italien

I. Fernsehsystem

Die italienische Rundfunkordnung basiert auf Art. 21 der italienischen Verfassung.[835] Auch in Italien hat die Rechtsprechung des Verfassungsgerichts die Entwicklung der Rundfunkordnung maßgebend geprägt. Im Jahre 1976 erklärte es das staatliche Rundfunkmonopol für verfassungswidrig[836] und ebnete damit den Weg für das private Fernsehen.[837] Trotz der frühen Etablierung von privaten Rundfunkstationen in den siebziger Jahren[838] entstand erst im Jahre 1990 das erste Gesetz, das sowohl Regelungen für den öffentlich-rechtlichen als auch den privaten Rundfunk enthält: das Gesetz Nr. 223/90, das sogenannte *Mammì*-Gesetz[839]. Davor wurden lediglich Regierungsdekrete erlassen.[840] Das *Mammì*-Gesetz legt fest, dass sowohl private als auch öffentlich-rechtliche Sender einem öffentlichen Interesse („*preminente interesse generale*") unterstehen und der Wettbewerb zwischen beiden Teilen dieses Systems der Verwirklichung des Pluralismus, der Objektivität, Vollständigkeit und Unparteilichkeit der Informationsvermittlung dient.[841]

Das private Fernsehen finanziert sich durch Werbeeinnahmen, das öffentlich-rechtliche Fernsehen sowohl durch eine Rundfunkgebühr[842] als auch zu 44% durch Werbeerlöse.[843] Als Aufsichtsinstanz über den Rundfunk wurde 1997 mit dem *Maccanico-I*-Gesetz[844] die *Autorità per le Garanzie nelle Comunicazioni* (*AGCOM*)[845] ins Leben gerufen, die für die Einhaltung der Gesetze im gesamten Kommunikationssektor zuständig ist.

---

[835] Demnach hat jedermann das Recht, seine Meinung in Wort und Schrift und jeder sonstigen Weise frei zu äußern und zu verbreiten („Tutti hanno diritto di manifestare liberamente il proprio penserio con la parola, lo scritto e ogni altro mezzo di diffusione").

[836] Urteil vom 28. Juli 1976, Nr. 202/1976, Giurisprudenza costituzionale 1976, S. 1267 ff.

[837] Vgl. auch *Wagner*, ZUM 1989, 221 (222).

[838] Vgl. auch *Wagner*, ZUM 1989, 221 (221); *Fauceglia*, GRUR Int. 1992, 271 (272).

[839] *Legge 6 agosto 1990, n. 223, Gazzetta Ufficiale della Repubblica Italiana del 9 agosto 1990, n. 185 Supplemento ordinario*; genannt nach dem damaligen Minister für Kommunikation *Oscar Mammì*, vgl. *Rauen*, Media Perspektiven 1999, 82 (82); *Mazzoleni*, Media Perspektiven 2003, 517 (517). Die italienische Version ist im Internet abrufbar unter http://www.agcom.it/norme_.htm#naz.

[840] *Rauen*, Media Perspektiven 1999, 82 (82); *Wagner*, ZUM 1989, 221 (222).

[841] Vgl. auch *Schellenberg*, S. 119.

[842] Dabei handelt es sich mit 94,- EUR pro Jahr um die niedrigsten Gebührensätze in der EU, vgl. *Mazzoleni*, Media Perspektiven 2003, 517 (523).

[843] Bereits Art. 21 Abs. 1 des Gesetzes vom 14. April 1975, Nr. 103/1975 erklärte Werbung als zusätzliche Einnahmequelle für zulässig, vgl. *Fauceglia*, GRUR Int. 1992, 271 (272).

[844] *Legge 31 luglio 1997, n. 249, Gazzetta Ufficiale n. 177 del 31 luglio 1997 – Supplemento ordinario*; englische Version abrufbar unter http://www.agcom.it/eng/eng_intro.htm.

[845] Die *AGCOM* setzt sich aus acht vom Parlament nominierten Mitgliedern zusammen, deren Vorsitzender vom Ministerpräsidenten vorgeschlagen und durch den Präsidenten der Republik ernannt wird.

II. Fernsehlandschaft

Ein zentrales Problem der heutigen italienischen Fernsehlandschaft ist die starke Machtposition des ehemaligen Ministerpräsidenten *Silvio Berlusconi* und die besonders enge Verknüpfung der Medien mit dem politischen System.[846] So hatte *Berlusconi* bis 2006 nicht nur als Regierungschef einen starken Einfluss auf das öffentlich-rechtliche Fernsehen der *RAI*[847] („*Radio-Audizione-Italiana*", 1952 umbenannt in „*RAI - Radio Televisione Italiana*"). Vielmehr beherrscht er auch mit seiner Holding *Fininvest*, an der er selbst mit 84,7% beteiligt ist,[848] die Sender von *Mediaset*. Die öffentlich-rechtlichen Sender der RAI sowie die Sender von *Mediaset* vereinigen auf sich einen Zuschaueranteil von knapp 90%.[849] Obwohl *Berlusconi* nach seinem erneuten Wahlsieg im Jahre 2001 versprach, einen Gesetzesvorschlag zur Auflösung des offensichtlichen Interessenkonflikts zwischen seiner Rolle als Regierungschef einerseits und als größtem Medieneigentümer Italiens andererseits vorzuschlagen, ist ein solches Gesetz während seiner zweiten Amtszeit (2001-2006) nicht verabschiedet worden.

Die politische Einflussnahme auf die Sender der *RAI* besteht durch den Parlamentarischen Kontroll- und Richtlinienausschuss.[850] Dieser hat nicht nur im Bereich der Geschäftsführung, sondern auch hinsichtlich der Programmgestaltung bindende Weisungsrechte.[851] Die *RAI*-Sender wurden seit jeher von den politischen Parteien zur Beeinflussung der öffentlichen Meinung genutzt,[852] weshalb keine Regierung bislang bereit war, die politische Kontrolle über die Sender abzugeben.[853] Die Tatsache, dass ein Großteil der Journalisten entweder bei der *RAI* oder bei *Mediaset* arbeitet, hat dazu geführt, dass diese sich während der Ära *Berlusconi* mit Kritik an der Regierung oftmals zurückhielten.[854] Aufgrund des bestehenden Duopols in Italien zeichnen sich daher Gefahren für den

---

846 *Mazzoleni*, Media Perspektiven 2003, 517 (517); vgl. auch *Sauer*, Media Perspektiven 1991, 161 (165).

847 Die *RAI* ist eine privatrechtliche Aktiengesellschaft in ausschließlich öffentlicher Hand. Das Kommunikationsgesetz von 2003 sieht die Möglichkeit der Privatisierung der *RAI* vor, wobei aber kein Anteilseigner mehr als 1% der Anteile erwerben darf, vgl. *Mazzoleni*, Media Perspektiven 2003, 517 (520); *Ward*, S. 101.

848 Die restlichen Anteile halten seine Kinder *Marina* und *Pier Silvio*, vgl. *Mazzoleni*, Media Perspektiven 2003, 517 (523).

849 *Mazzoleni*, Media Perspektiven 2003, 517 (520).

850 *Rauen*, Media Perspektiven 1999, 82 (82).

851 *Wagner*, ZUM 1989, 221 (222).

852 Ein bezeichnendes Beispiel dieser Manipulation ist der Umstand, dass es im Frühjahr 2003 weder bei *RAI* noch bei den Sendern von *Mediaset* Live-Übertragungen der großen Antikriegsdemonstrationen gab, bei denen auch gegen *Berlusconis* Unterstützung der USA im Irakkrieg demonstriert wurde. Des Weiteren wurden von den Direktoren der *RAI* bestimmte Sendungen verboten, die angeblich *Berlusconi* lächerlich gemacht hätten, vgl. *Mazzoleni*, Media Perspektiven 2003, 517 (526); vgl. auch *Wagner*, ZUM 1989, 221 (227).

853 *Mazzoleni*, Media Perspektiven 2003, 517 (526).

854 *Mazzoleni*, Media Perspektiven 2003, 517 (526).

Außenpluralismus ab, aufgrund der Abhängigkeit der *RAI* von der Politik sind darüber hinaus auch Einschränkungen des Binnenpluralismus zu befürchten.

1. Das terrestrische analoge Fernsehen

Die italienische Fernsehlandschaft zeichnet sich durch eine Vielzahl von frei empfangbaren terrestrischen analogen Fernsehsendern aus. Die Zuschauer haben im Schnitt die Wahl zwischen zwölf nationalen sowie 15 weiteren lokalen Sendern.[855] Auf nationaler Ebene werden die drei öffentlich-rechtlichen Programme *RAI 1*, *RAI 2* und *RAI 3* ausgestrahlt. Eine überragende Rolle im privaten Fernsehen spielen die Sender *Canale 5*, *Italia 1* und *Rete 4*[856] der *Mediaset*-Gruppe.[857] Daneben sind noch die ehemaligen Sender von *Telemontecarlo* zu nennen: der Sender *La 7* und *MTV Italia*[858], die aber angesichts der überragenden Rolle von *RAI* und *Mediaset* nur eine Nebenrolle spielen.

2. Digitales terrestrisches Fernsehen, Satelliten- und Kabelfernsehen

Wegen der Vielzahl der frei empfangbaren analogen terrestrischen Sender kann sich das *Multi-Channel*-Fernsehen auf dem italienischen Fernsehmarkt nicht ungehindert entfalten,[859] wobei das Satellitenfernsehen im Gegensatz zum Kabelfernsehen eine überragende Rolle spielt.[860] Was das digitale terrestrische Fernsehen betrifft, betreiben *RAI* und *Mediaset* seit Dezember 2003 bzw. seit Januar 2004 je ein Multiplex.[861]

---

855 *Ward*, S. 98; *Mazzoleni*, Media Perspektiven 2003, 517 (520).

856 *Rete 4* hat eigentlich nur eine zeitlich limitierte Lizenz und sollte nach einer Verfassungsgerichtsentscheidung von November 2002 ab dem 1. Januar 2004 nur noch per Satellit ausgestrahlt werden, vgl. *Mazzoleni*, Media Perspektiven 2003, 517 (519); vgl. auch *Rauen*, Media Perspektiven 1999, 82 (83). Hintergrund war eine Entscheidung des Verfassungsgerichts, das einige Bestimmungen des *Maccanico*-Gesetzes für verfassungswidrig befand, weil kein fester Zeitpunkt für die Öffnung von terrestrischen Fernsehfrequenzen genannt worden war. Daher sollte einer von *Berlusconis* Sendern ab dem 1. Januar 2004 nur per Satellit ausgestrahlt werden. Gleichzeitig sollte *RAI 3* keine Werbung mehr ausstrahlen dürfen. Allerdings wurde diese Entscheidung mit dem neuen Kommunikationsgesetz revidiert, die bislang nur befristet erteilte Lizenz von *Rete 4* bis auf Weiteres verlängert.

857 Im Jahre 2003 hatte *Canale 5* einen Marktanteil von 22,8%, *Italia 1* einen Marktanteil von 12,1% sowie *Rete 4* einen Marktanteil von 9,1%.

858 In den achtziger Jahren erwarb der Kinoproduzent *Vittorio Cecchi Gori* die beiden nationalen Fernsehsender *Telemontecarlo* und *Video Music*, den er später in *Telemontecarlo 2* umwandelte; mittlerweile trägt *Telemontecarlo* den Namen *La 7* und *Telemontecarlo 2* heißt *MTV*.

859 *Rauen*, Media Perspektiven 1999, 82 (86); *Ward*, S. 98; *Mazzoleni*, Media Perspektiven 2003, 517 (520).

860 *Ward*, S. 99.

861 *Ward*, S. 99.

Das Pay-TV ist in der Hand von *Rupert Murdoch*, der die zwei Unternehmen *Tele+* (Eigentümerin *Canal+*) und *Stream* (Betreiber *Telecom Italia*) erworben hat.[862] Dieses neue Unternehmen heißt nun *Sky Italia* und wird zu 80,1% von *Murdochs News Corporation* und zu 19,9% von *Telecom Italia* kontrolliert.[863]

III. Horizontale Medienkonzentration und Konzentrationskontrolle

Der italienische Fernsehmarkt ist einer der hoch konzentriertesten in Europa und geradezu ein Paradebeispiel für duopolistische Strukturen.[864] Das öffentlich-rechtliche Fernsehen sowie die privaten Sender von *Mediaset* (*Canale 5*, *Italia 1*, *Rete 4*) haben zusammen einen Marktanteil von knapp 90%.[865] Auf sie entfallen fast 85% der Werbeeinnahmen.[866] In keinem europäischen Land gibt es Sender, die über einen derart hohen Zuschaueranteil verfügen.[867] Wegen der überragenden Rolle dieser beiden Sendergruppierungen ist die Entwicklung der Vielzahl der lokalen Fernsehsender (an die 650) ziemlich begrenzt.[868] Außerdem fehlte es bis zum Jahre 1990 an einer Regulierung zur Vielfaltssicherung, was zu einer hoch konzentrierten Fernsehlandschaft geführt hat.[869] Im Jahre 1990 wurde zwar das „*Mammì*-Gesetz" verabschiedet, was allerdings die wesentlichen bestehenden Strukturen legalisierte und nur einige wenige Beschränkungen hinsichtlich der Expansion kommerzieller Fernsehveranstalter enthielt.[870] Die Marktzutrittschancen für neue unabhängige Anbieter wurden nicht verbessert. Erst der unter der englischen Bezeichnung bekannte *Broadcasting Reform Act* von 1997, das sogenannte *Maccanico*-Gesetz (Legge n. 249/1997[871]), der den vorherigen *Broadcasting Act* von 1990 (*legge Mammì*) weitestgehend ersetzt hat, führte strengere Konzentrationsregeln ein. Dort wird zunächst statuiert, dass ein Fernsehsender keine vorherrschende Meinungsmacht erlangen soll.[872] Daher darf ein Unternehmen nicht mehr als 20% der vom Frequenzplan vorgesehenen landesweiten terrestrischen Rundfunkprogramme erhalten[873] und maximal 30%

---

[862] *Mazzoleni*, Media Perspektiven 2003, 517 (520).
[863] *Mazzoleni*, Media Perspektiven 2003, 517 (521).
[864] *Mazzoleni*, Media Perspektiven 2003, 517 (518); *McGonagle*, IRIS 2004-7, S. 3; *Natale*, in: *Hans-Bredow-Institut*, S. 376; *Ward*, S. 93; *Wagner*, ZUM 1989, 221 (225).
[865] *Mazzoleni*, Media Perspektiven 2003, 517 (520).
[866] *Ward*, S. 98.
[867] *Ward*, S. 107.
[868] *Ward*, S. 98.
[869] Vgl. auch *Schellenberg*, S. 119; *Sauer*, Media Perspektiven 1991, 161 (161).
[870] *Mazzoleni*, Media Perspektiven 2003, 517 (518).
[871] Benannt nach dem federführenden Postminister *Antonio Maccanico*, vgl. *Rauen*, Media Perspektiven 1999, 82 (82).
[872] Art. 2, Nr. 1 des Gesetzes *no. 249/1997*.
[873] Vgl. Art. 2, Nr. 6 des Gesetzes *no. 249/1997* in englischer Fassung, abrufbar unter http://www.agcom.it: „On the basis of the national frequency plan, a single subject, or sub-

der Einnahmen in der Fernsehbranche erzielen.[874] Diese Schwelle von 30% sollte mit einem neuen Gesetz, dem sogenannten *Legge Gasparri,* auf 20% gesenkt werden, wobei als Berechnungsgrundlage das sogenannte integrierte Kommunikationssystem herangezogen werden sollte, das wirtschaftliche Einkünfte aus Fernsehen, Hörfunk, Print-Medien, Tonträger, Film und Werbung gleichermaßen berücksichtigt.[875] Dieses Gesetz wurde jedoch vom Verfassungsgericht für verfassungswidrig erklärt.

Auch das italienische Recht versucht, Umgehungen der Konzentrationsregeln durch Zurechnungsvorschriften zu verhindern. Einem Sender werden daher auch die Programme eines Unternehmens zugerechnet, auf das er wirtschaftliche Kontrolle ausüben kann. Das Gesetz 249/1997 enthält in Art. 2, Nr. 18 Kriterien für eine solche Kontrolle. Zur Definition der entsprechenden Beherrschungsverhältnisse wird des Weiteren auf das Zivilrecht verwiesen.[876]

---

jects controlled by or affiliated to subjects who in their turn control other holders of concessions on the basis of criteria identified by the present law, can neither be issued concessions or authorisations which allow them to cover more than 20 percent of respectively analogue television or radio networks and digital television or radio programmes, in the ambit of the national territory, transmitted over terrestrial broadcasting frequencies."

[874] Vgl. Art. 2, Nr. 8 des Gesetzes *no. 249/1997*: „In the exercise of its own powers the Authority can apply the following criteria:
a) the subjects to whom television concession are issued in a national context including for the public service, authorisations for the encrypted transmissions in a national context, or for both purposes, may raise revenue for a share not superior to 30% of the resources of the television sector in a national environment as regards encrypted and terrestrial broadcasting. The revenues with respect to the foregoing sentence are those deriving from the financing of the public service net of the fees due to the treasury, and from national advertising.
b) the subjects to whom radio concessions have been issued for the national coverage of the territory can gather the economic resources deriving from revenues obtained from publicity and sponsorship for a quota non in excess of 30% of total resources obtained in the radio sector. For the purposes of the initial development of the sector, the Authority may fix a quota regarding the collection of economic resources superior to that laid down in the present letter.
c) the subjects to whom authorisation for television broadcasting via cable or via satellite has been issued can collect revenues for no more than 30% of the total reserves as they refer to the sector of national television broadcasters over cable or satellite. In order to make possible the start up of the market and also respect of the principles of pluralism and competition, the Authority will determine a transitory period during which the foreseen limits as provided for by the present letter are not applied. In the case of programmes offered in a co-ordinated manner, the limits to which the present letter refers are applied with reference to the single cable or satellite television stations that make up the offer." Vgl. auch die Nachricht „Berlusconi legalisiert seine Medienmacht" in AfP 2003, 423; dazu auch *Campbell of Alloway/Yaqub*, S. 599.

[875] *Advisory Panel on Media Diversity*, S. 43; Bericht der *KEK* 2003, S. 360; *Europäisches Medieninstitut*, S. 113.

[876] Art. 2, § 17 des Gesetzes *no. 249/1997*; vgl. auch *Schellenberg*, S. 138.

IV. Erscheinungsform der Cross-Promotion

Im italienischen Fernsehen wird Cross-Promotion sowohl von den öffentlich-rechtlichen Sendern als auch von den privaten Sendern betrieben.[877] Im privaten Bereich cross-promoten sich beispielsweise die *Sender Italia 1*, *Canale 5* und *Rete 4* gegenseitig, deren Lizenznehmer jeweils *Mediaset* ist.

1. Werbung

Grundzüge für die Ausstrahlung von Werbung sind in Art. 8 des Gesetzes vom 6. August 1990, Nr. 223 zu finden, der auf Art. 10 der EU-Fernsehrichtlinie zurückzuführen ist.[878] Gemäß Abs. 2 muss Werbung als solche erkennbar und von den anderen Programmteilen durch deutlich wahrnehmbare optische oder akustische Mittel getrennt sein. Der Begriff der Werbung wird in Art. 1 der *Authority Rules on Advertising* (*Regolamento in materia di pubblicità radiotelevisiva e televendite*) vom 26. Juli 2001[879] definiert.[880] Dort wird der Wortlaut der Fernsehrichtlinie übernommen.

2. Cross-Promotion

Cross-Promotion innerhalb einer Senderfamilie wird in Italien nicht als Werbung, sondern als Eigenpromotion und damit als Programm gewertet.[881] Maßgebend sind dabei die *Authority Rules on Advertising* vom 26. Juli 2001, in denen es in Art. 5 heißt, dass Self-Promotion nicht als Werbung gewertet und damit auch nicht auf die Werbezeitkontingente angerechnet wird.[882]

Hinsichtlich der beispielhaft genannten Cross-Promotion der Sender *Italia 1*, *Canale 5* und *Rete 4* werden diese jeweils von *Mediaset* veranstaltet, der Lizenznehmer ist daher in allen Fällen mit dem cross-promoteten Sender identisch. Nach Auskunft der *AGCOM* würde sich an der rechtlichen Bewertung nichts ändern, wenn es sich bei den cross-promotenden Sendern um Tochterfirmen handeln würde, sei es als 100%ige Ausgliederungen oder als Inhaberinnen der

---

877 Auskunft der *AGCOM.*

878 Vgl. auch *Fauceglia*, GRUR Int. 1992, 271 (275).

879 *Delibera n. 538/01/CSP, Gazetta Ufficiale della Repubblica Italiana 8 del 8 agosto 2001, n. 183*, abrufbar unter http://www.agsom.it/attivit_.htm.

880 Art. 1 lautet: „Ai fini del presente regolamento si intende per pubblicità: ogni forma di messaggio televisivo o radiofonico trasmesso a pagamento o dietro altro compenso da un'impresa pubblica o privata nell'ambito di un'attività commerciale, industriale, artigianale o di una libera professione, allo scopo di promuovere la fornitura, dietro compenso, di beni o servizi, compresi i beni immobili, i diritti e le obbligazioni."

881 Schriftliche Auskunft der *AGCOM* vom 15. Februar 2005.

882 Siehe auch *Bird&Bird/Carat Crystal*, national report (Italien), S. 25.

Mehrheitsanteile. Denn sie würde in einem solchen Fall die medienkonzentrationsrechtlichen Vorschriften der Art. 16, § 1 des Gesetzes no. 112/2004[883] sowie Art. 2, §§ 17-18 des Gesetzes no. 249/97 heranziehen.[884] Demnach würden die Anteile, die ein Sender an einem anderen hat, ersterem zugerechnet werden mit der Folge, dass es unerheblich ist, ob zwei Sender mit einem identischen Lizenznehmer Cross-Promotion ausstrahlen oder aber zwei Sender, die jeweils von verschiedenen Lizenznehmern betrieben werden, die aber von derselben Unternehmensgruppe beherrscht werden.

V. Bewertung im Vergleich zur deutschen Rechtslage

Der rechtliche Umgang mit Cross-Promotion stellt sich in Italien im Gegensatz zur deutschen Regelung als sehr liberal dar. Während nämlich die gemeinsamen Richtlinien der Landesmedienanstalten die Werbeform der Cross-Promotion der sogenannten Self-Promotion entgegensetzen, wird in Italien Cross-Promotion als Self-Promotion angesehen, unabhängig davon, ob es sich bei den crosspromotenden Sendern um identische Lizenzinhaber oder aber um unterschiedliche Veranstalter handelt, die wirtschaftlich miteinander verbunden sind. Während in Deutschland die Konzentrationsregelungen gerade deshalb herangezogen werden, um die Zulässigkeit von Cross-Promotion außerhalb des Werbeblocks in Zweifel zu ziehen, geht die italienische Aufsichtsbehörde genau entgegengesetzt vor: Die Zurechnungsregeln werden hier herangezogen, um eine Legitimationsgrundlage für die Ausstrahlung von Cross-Promotion außerhalb des Werbeblocks zu schaffen. Angesichts der hohen Konzentration auf dem italienischen Fernsehmarkt und einem Mangel an ernsthaften Anstrengungen, diesen Konzentrationsprozessen entgegenzutreten, verwundert dies nicht.

D. Österreich

I. Fernsehsystem und Fernsehlandschaft

In Österreich hat sich erst sehr spät ein duales Rundfunksystem etabliert. 1993 hatte ein Urteil des Europäischen Gerichtshofs für Menschenrechte die Notwendigkeit einer Öffnung für private Anbieter angemahnt.[885] Es dauerte allerdings

---

[883] *Legge 3 maggio 2004, n. 112, Gazzetta Ufficiale della Repubblica Italiana n. 104 del 5 maggio 2004, Supplemento Ordinario n. 82.*
[884] Schriftliche Auskunft der *AGCOM* vom 7. März 2005.
[885] Urteil des EGMR vom 24. November 1993, abgedruckt in EuGRZ 1994, 549 ff.; siehe dazu auch *Steinmaurer*, in: *Hans-Bredow-Institut*, S. 512.

noch fast ein Jahrzehnt, bis am 5. Juli 2001 das Privatfernsehgesetz[886] verabschiedet wurde, das die Zulassung von einer bundesweiten terrestrischen Frequenz und von Ballungsraumsendern in Wien, Linz und Salzburg vorsah. Die erste Privatlizenz erhielt im Jahr 2002 die *ATV Privatfernseh GmbH*, die am 1. Juni 2003 unter dem Namen *ATV-plus* den Programmbetrieb aufnahm.[887]

Die Etablierung privater Sender ist in Österreich mit einigen Schwierigkeiten verbunden. Zum einen müssen diese mit den einstrahlenden deutschen Fernsehprogrammen konkurrieren.[888] Zum anderen hat der öffentlich-rechtliche Sender *ORF* eine sehr starke Marktdominanz und ein Profil, das eher dem privaten Sektor zugerechnet werden könnte. Ein entsprechendes kommerzielles Angebot ist daher keine wirkliche Neuerung, die Marktchancen damit nicht hoch.[889]

II. Horizontale Medienkonzentration und Konzentrationskontrolle

Aufgrund oben genannter Gegebenheiten und der kurzen Zeitspanne seit der Zulassung privater Anbieter hat sich in Österreich noch keine Senderfamilie wie in vielen anderen europäischen Staaten etabliert. Das Privatfernsehgesetz enthält dennoch rundfunkspezifische Konzentrationsvorschriften. Gemäß § 11 Abs. 1 S. kann eine Person oder Personengesellschaft Inhaber mehrerer Zulassungen für analoges terrestrisches Fernsehen sein, solange sich die von den Zulassungen umfassten Versorgungsgebiete nicht überschneiden. Gleiches gilt für die einer Person zuzurechnenden Versorgungsgebiete. Absatz 6 enthält entsprechende Zurechnungstatbestände. So gilt als mit einem Medieninhaber verbunden diejenige Person oder Personengesellschaft, die bei einem Medieninhaber mehr als 25% der Kapital- oder Stimmrechte hält.

III. Cross-Promotion innerhalb Senderfamilien

Da sich in Österreich noch keine Senderfamilien etabliert haben, hat sich das Problem der rechtlichen Behandlung der Cross-Promotion noch nicht konkret gestellt. Dennoch sollen die werberechtlichen Anknüpfungspunkte in Kürze dargestellt werden.

---

[886] Bundesgesetz, mit dem Bestimmungen für privates Fernsehen erlassen werden, BGBl I 2001/84.

[887] *Europäisches Medieninstitut*, S. 18; im Dezember 2002 gingen die Ballungsraumsender *Salzburg-TV* und im April 2003 der Linzer Sender *LT1* auf Sendung, vgl. *Steinmaurer*, S. 513.

[888] *Trappel*, Media Perspektiven 2001, 306 (308).

[889] *Trappel*, Media Perspektiven 2001, 306 (309).

Für das private Fernsehen findet sich die Definition der Werbung in § 34 Abs. 3 Privatfernsehgesetz, der den Wortlaut der EU-Fernsehrichtlinie übernommen hat. § 38 Privatfernsehgesetz statuiert das Trennungsgebot. § 44 Abs. 3 Privatfernsehgesetz nimmt „Hinweise des Rundfunkveranstalters auf eigene Sendungen" aus den Werbezeitkontingenten heraus und lehnt sich dabei mit minimalen sprachlichen Änderungen an den Wortlaut des Art. 18 Abs. 3 der Fernsehrichtlinien an.[890]

Für den Bereich des öffentlich-rechtlichen Fernsehens findet sich die mit der Fernsehrichtlinie übereinstimmende Definition der Werbung in § 13 Abs. 1 S. 2 ORF-Gesetz. Gemäß § 13 Abs. 5 gelten Hinweise des Österreichischen Rundfunks auf eigene Sendungen nicht als Werbung.

Auch in Österreich ist es daher eine Frage der Auslegung, was unter dem Begriff der „eigenen" Sendung zu verstehen und wie der Rundfunkveranstalter zu definieren ist. Die zuständige Aufsichtsbehörde *KommAustria* spricht sich dafür aus, Hinweise auf Programme anderer Fernsehveranstalter der gleichen Senderfamilie im Rahmen des Fernsehprogramms als klassische Werbung zu behandeln und diese in die zulässige Werbedauer einzubeziehen.[891] Anderenfalls käme großen Veranstaltern mit einer Mehrzahl an Programmen ein enormer Wettbewerbsvorteil gegenüber kleinen Veranstaltern zu, die nicht über dieselben Werbemöglichkeiten für eigene Programme verfügen.

IV. Verbot der Cross-Promotion innerhalb des *ORF*

Rechtliche Auseinandersetzungen im Zusammenhang mit Cross-Promotion gab es in Österreich bislang nur im öffentlich-rechtlichen Rundfunk. Die streitgegenständliche Cross-Promotion betraf dabei Spots vom *ORF*-Fernsehen für Sendungen im *ORF*-Hörfunk. Gemäß § 13 Abs. 9 ORF-Gesetz ist die Bewerbung von Hörfunkprogrammen des *ORF* in Fernsehprogrammen des *ORF* und umgekehrt unzulässig. Zulässig sind lediglich Hinweise auf einzelne Sendungsinhalte.[892] Obwohl diese Form der Cross-Promotion nicht auf horizontaler, sondern auf diagonaler Ebene stattfindet, sollen die entsprechenden Regelungen und Verfahren dargestellt werden, da sie die wirtschaftlichen Auswirkungen von

---

[890] Statt „Programme" wird der Begriff „Sendungen" verwendet.

[891] Stellungnahme der *KommAustria*, S. 3.

[892] Bundesgesetz über den österreichischen Rundfunk (ORF-Gesetz, ORF-G), BGBl. Nr. 379/1984 i.d.F. BGBl. I Nr. 97/2004; § 13 Abs. 9 ORF-G lautet: „Die Bewerbung von Hörfunkprogrammen des Österreichischen Rundfunks in Fernsehprogrammen des Österreichischen Rundfunks (§ 3 Abs. 1) und umgekehrt ist, sofern es sich nicht um Hinweise auf einzelne Sendungsinhalte handelt, unzulässig."
§ 3 Abs. 1 S. 1 lautet: „Der österreichische Rundfunk hat unter Mitwirkung aller Studios
1. für drei österreichweit und neun bundeslandweit empfangbare Programme des Hörfunks und
2. für zwei österreichweit empfangbare Programme des Fernsehens zu sorgen."

Cross-Promotion verdeutlichen und diese auf die Cross-Promotion zwischen Fernsehsendern übertragen werden können.

1. Verfahren vor dem Bundeskommunikationssenat in Sachen *D.R.P.N. GmbH* gegen den *ORF*

a) Sachverhalt

Im Jahre 2002 hatte der *ORF 1* einen TV-Spot gesendet, in dem ein Hase („Toni, der Lehrbub vom Osterhasen") dazu aufruft, das Hörfunkprogramm *Ö3* zu hören und bei den Osterfestspielen ein Auto zu gewinnen.[893] Im Anschluss wurde der Text: „*Ö3*-Osterfestspiele. Morgen kurz nach 9 Uhr in *Ö3-Extra*: Die *Ö3*-Osterfestspiele in Hitradio *Ö3*" eingeblendet und von einer Off-Sprecherin verlesen. Während des Spots wurde das vom *ORF* für sein Hörfunkprogramm *Ö3* verwendetes Logo sichtbar.

b) Vorbringen der Beschwerdeführerin

Die Beschwerdeführerin *D.R.P.N.*, ein privater, kommerzieller Hörfunkveranstalter im Versorgungsgebiet Niederösterreich, begehrte daraufhin vom Bundeskommunikationssenat die Feststellung, dass der *ORF* gegen § 13 Abs. 9 ORF-Gesetz, also gegen das Verbot der Cross-Promotion, verstoßen habe, da nicht ausschließlich neutral gehaltene Sendungsinhalte von einzelnen Hörfunksendungen präsentiert worden waren. Vielmehr würde er Imagewerbung ausstrahlen und diese nur am Rande und für den durchschnittlichen Betrachter kaum wahrnehmbar mit vereinzelten Hinweisen auf Sendungsinhalte verbinden.[894] Damit würde er unzulässige Werbung senden. Der Beschwerdeführerin entstünde dadurch ein wirtschaftlicher Schaden, dass sie in Ermangelung eines eigenen, von ihr betriebenen Fernsehprogramms nicht auf die kostengünstige Variante der Cross-Promotion zurückgreifen könne, sondern dem *ORF* Werbezeiten „für teures Geld" abkaufen müsse.[895]

---

[893] Der genaue Text lautet: „Grias eich, i bin der Toni, der Lehrbua vom Osterhasen. Mei Chef hat gsagt, i soll eich was ausrichten: *Ö3* gewinnen und Autos hören. (...) Na, anders hat er gsagt, soll i sagen: *Ö3* hören und in die Osterferien Autos gwinnnen! Ja so wars."

[894] Bescheid des Bundeskommunikationssenats, GZ 611.913/004-BKS/2002, abrufbar unter http://www.bka.gv.at/bundeskommunikationssenat, S. 2.

[895] Bescheid des Bundeskommunikationssenats, GZ 611.913/004-BKS/2002, S. 3.

c) Vorbringen des *ORF*

Der *ORF* war dagegen der Auffassung, dass es sich bei dem Spot lediglich um einen Hinweis auf einen konkreten Sendungsinhalt, nämlich auf das Gewinnspiel „*Ö3*-Osterfestspiele", gehandelt habe. Ein Schaden sei der Beschwerdeführerin nicht entstanden, da diese mit den auflagenstärksten Tageszeitungen des Landes selber Cross-Promotion betreiben könne und dies auch tatsächlich tut.

§ 13 Abs. 9 ORF-Gesetz sei dahingehend zu interpretieren, dass nur die bloße Imagewerbung verboten sei, nicht aber die Produkt-Werbung in Form von Sendungsinhaltshinweisen. Hinweise auf einzelne Sendungsinhalte könnten durchaus werblich gestaltet sein. Zudem müsse die historische Interpretation, die eine neutrale Gestaltung nahe lege, hinter die verfassungskonforme Auslegung zurücktreten, die aufgrund des Art. 10 MRK bzw. Art. 6 Abs. 1 StGG die werbliche Gestaltung von Sendungsinhaltshinweisen zulasse.[896]

d) Entscheidung des Bundeskommunikationssenats

Der Bundeskommunikationssenat, dem gemäß § 35 Abs. 1 des ORF-Gesetzes die Rechtsaufsicht über den *ORF* obliegt und der über behauptete Verletzungen des ORF-Gesetzes zu entscheiden hat, bejahte einen Verstoß gegen das in § 13 Abs. 9 ORF-Gesetz normierte Verbot der Cross-Promotion.

Er führt zunächst das Ziel der Novelle zum ORF-Gesetz an, das den *ORF* nunmehr als Stiftung organisiert hat. Demnach solle das ORF-Gesetz zum einen eine deutliche Abgrenzung der für den *ORF* erlaubten und verbotenen Tätigkeiten hinsichtlich Werbung und Sponsoring treffen. Da der Aufbau und die Entwicklung des privaten Rundfunksektors ein wesentliches rechtspolitisches Ziel sei, solle daneben aber auch eine Abgrenzung zwischen den Finanzierungsmöglichkeiten durch Werbung und Sponsoring des *ORF* einerseits sowie dem privaten Rundfunksektor andererseits getroffen werden.[897]

Grund des Verbots der Cross-Promotion seien zu befürchtende Wettbewerbsverzerrungen aufgrund des dem *ORF* zukommenden unvergleichbar starken Wettbewerbsvorteils gegenüber den privaten Rundfunkveranstaltern durch seine Möglichkeit, mehrere Fernseh- und Hörfunkprogramme zu veranstalten und diese gegenseitig zu bewerben. Um dieses Verbot nicht auszuhöhlen, seien auch werblich gestaltete Hinweise auf einzelne Sendungen unzulässig. Der Einwand des *ORF*, eine solche Auslegung verstoße gegen Art. 10 MRK, wird damit zurückgewiesen, dass das Verbot der Cross-Promotion eine zulässige Maßnahme zur Pluralismussicherung darstelle.

---

[896] Bescheid des Bundeskommunikationssenats, GZ 611.913/004-BKS/2002, S. 5.
[897] Bescheid des Bundeskommunikationssenats, GZ 611.913/004-BKS/2002, S. 8.

Der streitgegenständliche Spot weise alle Merkmale einer kommerziellen Werbung im Sinne des § 13 Abs. 1 S. 2 ORF-Gesetz auf.[898] Der neutral gehaltene Hinweis auf die *Ö3*-Osterfestspiele in *Ö3-Extra* trete gegenüber dem „Aufmerksamkeit heischenden", im Dialekt sprechenden Hasen völlig in den Hintergrund.[899] Auch in einem weiteren Verfahren gegen den *ORF* wurde ein Verstoß gegen das Verbot der Cross-Promotion vom Bundeskommunikationssenat festgestellt.[900]

2. Verfahren vor dem Verfassungsgerichtshof zur Verfassungsmäßigkeit des Verbots der Cross-Promotion

Der *ORF* hat gegen den in Sachen *D.R.P.N.* gegen den *ORF* erlassenen Bescheid Beschwerde beim Österreichischen Verfassungsgerichtshof eingereicht.[901] Er behauptet, das in § 13 Abs. 9 ORF-Gesetz normierte Verbot der Cross-Promotion sei verfassungswidrig und er sei in seinen verfassungsgesetzlich gewährleisteten Rechten auf Freiheit der Meinungsäußerung (Art. 10 EMRK) und auf Gleichheit aller Staatsbürger vor dem Gesetz (Art. 7 B-VG) verletzt.

---

898 § 13 Abs. 1 S. 2 lautet: „Kommerzielle Werbung ist jede Äußerung bei der Ausübung eines Handels, Gewerbes, Handwerks oder freien Berufs, die gegen Entgelt oder eine ähnliche Gegenleistung oder als Eigenwerbung gesendet wird, mit dem Ziel, den Absatz von Waren oder die Erbringung von Dienstleistungen, einschließlich unbeweglicher Sachen, Rechte und Verpflichtungen, gegen Entgelt zu fördern."

899 Bescheid des Bundeskommunikationssenats, GZ 611.913/004-BKS/2002, S. 9.

900 Dieses Verfahren vor dem Bundeskommunikationssenat betraf einen Fernsehspot im *ORF 2* für die Sendung *Mehrscheinchen-Report* im Hörfunksender *Ö3*, vgl. den Bescheid des Bundeskommunikationssenats GZ 611.923/995-BKS/2003, im Internet abrufbar unter der Adresse http://www.bundeskanzleramt.at/2004/4/19/innviertel-starmania.pdf. In diesem Fall parodierten drei *Ö3*-Moderatoren bzw. Redakteure ein Interview einer *ORF*-Moderatorin mit dem Bundesminister für Finanzen und riefen die Zuschauer anschließend dazu auf, *Ö3* zu hören. Es folgte eine Einblendung des Textes „*Ö3*-Mehrscheinchen-Report ab Montag fünf vor sieben im *Ö3*-Wecker" sowie das *Ö3*-Logo.
Zehn private Rundfunkveranstalter, vertreten durch den *V.d.ö.P.*, begehrten daraufhin die Feststellung, dass der *ORF* mit diesem Spot gegen § 13 Abs. 9 ORF-Gesetz verstoßen habe. Auch in diesem Fall stellte der Senat einen Verstoß gegen das Verbot der Cross-Promotion fest und führt die bereits im Verfahren *D.R.P.N* gegen den *ORF* angeführten Argumente an. Der streitgegenständliche Spot weise alle Merkmale einer kommerziellen Werbung im Sinne des § 13 Abs. 1 ORF-Gesetz auf, die § 13 Abs. 9 ORF-Gesetz gerade verbiete. Das Verbot der Cross-Promotion sei eng auszulegen, da ansonsten unüberwindbare Abgrenzungsschwierigkeiten drohen würden. Zulässig seien lediglich neutrale Sendungshinweise. Ein reiner Hinweis auf Sendungsinhalte würde auch ohne diese Elemente der Imagewerbung auskommen, vgl. den Bescheid des Bundeskommunikationssenats GZ 611.923/995-BKS/ 2003, S. 12.

901 Siehe hierzu die Erkenntnis des Verfassungsgerichtshofes vom 8. Oktober 2003, GZ: B1540/02, abrufbar im Internet unter http://ris.bka.gv.at/taweb-cgi/taweb?x=d&o=l&v=vfgh-&db=VFGHT&t=doc4.tmpl&s=JFT/09968992/02B01540:DOKR.

a) Verstoß gegen die Freiheit der Meinungsäußerung

aa) Vergleich mit dem Verbot der Inhaltswerbung für periodische Druckwerke

Der *ORF* sieht einen Eingriff in Art. 10 EMRK unter dem Gesichtspunkt gegeben, dass § 13 Abs. 9 ORF nicht geeignet sei, einem legitimen Zweck zu dienen. Der legitime Zweck liege seiner Meinung nach primär im „Schutz der Rechte anderer" und nur in zweiter Linie in der Pluralismussicherung. Ein Vergleich mit dem Verbot der Inhaltswerbung für periodische Druckwerke in § 13 Abs. 8 ORF-Gesetz[902] werfe die Frage auf, warum Hinweise auf den medialen Inhalt in einem Fall verboten und im anderen erlaubt seien und wie beide Regelungen gleichzeitig der Verhinderung von Wettbewerbsverzerrungen sowie der Sicherung der Medienvielfalt dienen können.[903]

Der Verfassungsgerichtshof sieht darin keinen Widerspruch. Er hebt die marktbeherrschende Stellung des *ORF* hervor, die mit einem massiven Vorteil im Wettbewerb mit privaten Rundfunkveranstaltern verbunden ist. Aufgrund der Vormachtstellung sowohl im Fernsehen als auch im Hörfunk werden durch gezielte Werbung erhebliche Synergieeffekte möglich. Ein grundsätzliches Verbot der Bewerbung eigener Programme ist geeignet, die Ausnutzung dieser Marktposition zu verhindern. Diese Eignung entfällt aber nicht, nur weil der Gesetzgeber dem *ORF* erlaube, neutrale Hinweise auf einzelne Sendungsinhalte zu geben.

Der Verfassungsgerichtshof sieht den Vergleich zu § 13 Abs. 8 ORF-Gesetz auch aus einem anderen Grund für nicht haltbar. Bei den Hinweisen auf andere Programme des *ORF* handelt es sich nämlich um solche, von denen zu erwarten ist, dass sie ihrerseits gemäß § 4 ORF-Gesetz in Erfüllung des Programmauftrags und unter Wahrung der Objektivität und der Unabhängigkeit des *ORF* ausgestrahlt werden.

bb) Milderer Eingriff durch Eigenwerbe-Kontingente

Der *ORF* weist auf eine Werbezeitregelung als geringere und grundrechtskonforme Einschränkung hin. Der Verfassungsgerichtshof sieht aber das grundsätzliche Verbot der Cross-Promotion nicht als unverhältnismäßig an, da auch durch

---

[902] § 13 Abs. 8 ORF-G lautet: „Werbung im Fernsehen für periodische Druckwerke darf auf den Titel (Namen des Druckwerks) und die Blattlinie, nicht aber auf deren Inhalte hinweisen. Die dafür eingeräumte Sendezeit darf nicht mehr als zwei Minuten der gesamten wöchentlichen Werbezeit betragen. Die Vergabe dieser Sendezeiten und der Tarife hat gegenüber allen Medieninhabern dieser Druckwerke zu gleichen und nichtdiskriminierenden Bedingungen zu erfolgen". Zur verfassungsrechtlichen Unbedenklichkeit siehe auch das Erkenntnis des Verfassungsgerichtshofes vom 25. Juni 2003, G304/01).

[903] Erkenntnis des Verfassungsgerichtshofes vom 8. Oktober 2003, GZ B1540/02, Ziffer 3.1.1.1.

ein Sonder-Kontingent für Self-Promotion des *ORF* diesem die oben genannten Synergieeffekte zugute kommen würden, den privaten Rundfunkbetreibern aber derzeit eine gleichwertige Möglichkeit von gegenseitiger Werbung, also von Cross-Promotion nicht zur Verfügung steht.[904] Ein Eigenwerbekontingent wäre damit zwar ein milderes, nicht aber ein gleich geeignetes Mittel.

cc) Neutrale Hinweise ohne Bezug auf Sendungsinhalte

Der *ORF* sieht § 13 Abs. 9 ORF-Gesetz als zu weit gefasst an, da dieser nicht nur Imagewerbung, sondern auch völlig neutral und informierende Hinweise verbiete, die, ohne auf einen Sendungsinhalt Bezug zu nehmen, das andere Programm darstellen und fördern wollen.

Der Verfassungsgerichtshof führt dazu aus, dass Werbeverbote dann verfassungswidrig seien, wenn die entsprechende Beschränkung so weit gehe, dass reine Tatsachenmitteilungen sowie sachliche Informationen ausnahmslos auch dann untersagt werden, wenn dieses Verbot in keinem der Tatbestände des Art. 10 EMRK Deckung finde. Ein solcher Fall liege hier aber nicht vor, da § 13 Abs. 9 ORF-Gesetz gerade nicht neutrale Hinweise, sondern die „Bewerbung“ verbiete. Gemäß der in § 13 Abs. 1 ORF-Gesetz niedergelegten Definition der Werbung kommt es also darauf an, ob der Hinweis „mit dem Ziel [...], zu fördern“ gesendet wird oder nicht. Reine Information ist durch § 13 Abs. 9 ORF-Gesetz nicht betroffen, so dass auch kein Verstoß gegen Art. 10 EMRK gegeben sei.[905]

b) Verstoß gegen den Gleichheitssatz

Der *ORF* ist zudem der Auffassung, dass § 13 Abs. 9 ORF-Gesetz gegen den Gleichheitssatz verstoße.

aa) Vergleich mit § 11 PrTV-Gesetz

Der *ORF* zieht als Argument für eine Ungleichbehandlung das Privatfernsehgesetz heran. Während es dem *ORF* verboten sei, seine verschiedenen Programme zu bewerben, so gelte ähnliches für den privaten Rundfunk, denn dort sei es den privaten Veranstaltern verboten, ein bundesweites Fernsehprogramm zu senden, sofern sie bereits mit einem Hörfunkprogramm mehr als 30% Reichweite in

---

[904] Erkenntnis des Verfassungsgerichtshofes vom 8. Oktober 2003, GZ B1540/02, Ziffer 3.1.1.2.

[905] Erkenntnis des Verfassungsgerichtshofes vom 8. Oktober 2003, GZ B1540/02, Ziffer 3.1.1.3.

ihrem Verbreitungsgebiet haben. Allerdings gelte dieses Verbot bei nicht bundesweitem Fernsehen erst dann, wenn sie zusätzlich zu ihrer 30%igen Reichweite beim Hörfunk auch noch auf einem anderen relevanten Markt (Tagespresse, Wochenpresse oder in einem Kabelnetz) eine Reichweite von über 30% überschreiten.

Der Verfassungsgerichtshof sieht darin keine Verfassungswidrigkeit des § 13 Abs. 9 ORF-Gesetz. § 11 Abs. 2 solle davor schützen, dass durch eine Heranbildung von starken Verflechtungen zwischen Presse, Hörfunk und Fernsehen Wettbewerbsverzerrungen entstehen und die Medienvielfalt geschmälert wird. § 11 PrTV-Gesetz enthalte aber keinerlei Regelungen zur Cross-Promotion, so dass hier Ungleiches miteinander verglichen werde. Sollte es in einem Medienverbund zur gegenseitigen Bewerbung in wettbewerbsverzerrender Weise kommen, so wären die §§ 34, 35 KartG und § 1 UWG eine hinreichende Handhabe. Das generelle Verbot der Cross-Promotion beim ORF finde seine sachliche Rechtfertigung in der besonderen Stellung des *ORF*, der als langjähriger Monopolist nach wie vor eine marktbeherrschende Stellung innehabe.[906]

bb) Ausländische Konkurrenten des *ORF*

Eine Ungleichbehandlung des *ORF* mit im Ausland niedergelassenen Rundfunkveranstaltern liegt dem Verfassungsgerichtshof schon deshalb nicht vor, weil ausländische Rundfunkunternehmen, die am österreichischen Rundfunkmarkt teilnehmen, keine dem *ORF* vergleichbar starke marktbeherrschende Stellung innehaben.[907]

cc) Werbung in den Print-Medien

Dem Einwand des *ORF*, er sei dadurch benachteiligt, dass private Rundfunkveranstalter, die mit privaten Presseunternehmen wirtschaftlich verbunden sind, in den Print-Medien für eigene Sendungen werben könnten, wird mit dem Argument zurückgewiesen, dass es auch dem *ORF* frei stehe, in den Print-Medien für den *ORF* zu werben, dies verbiete § 13 Abs. 9 ORF nämlich nicht.[908]

---

906 Erkenntnis des Verfassungsgerichtshofes vom 8. Oktober 2003, GZ B1540/02, Ziffer 3.1.2.1.

907 Erkenntnis des Verfassungsgerichtshofes vom 8. Oktober 2003, GZ B1540/02, Ziffer 3.1.2.2.

908 Erkenntnis des Verfassungsgerichtshofes vom 8. Oktober 2003, GZ B1540/02, Ziffer 3.1.2.3.

3. Verfahren vor dem Bundeskommunikationssenat in Sachen *Premiere Fernsehen* gegen den *ORF*[909]

Der Bundeskommunikationssenat befasste sich nochmals im Jahre 2004 mit dem Verbot der Cross-Promotion. Diesmal beanstandete die *Premiere GmbH* zwei Äußerungen auf *Ö3*. Bei einem Gespräch über einen Thriller, der am selbigen Tage auf *ORF 1* ausgestrahlt werden sollte, sagte ein Moderator am Ende der Sendung: „Es lebe hoch das österreichische Fernsehen, das öffentlich-rechtliche, acht Minuten nach halb neun". Davor wurde der Film gelobt und die Anzahl der gewonnenen Oskars genannt.

Die Beschwerdeführerin meint, dass dies über zulässige neutrale Hinweise auf Sendungen hinausgehe. Der *ORF* ist der Auffassung, dass dadurch der Wert der Institution des öffentlich-rechtlichen Fernsehens im Allgemeinen gelobt würde und keine Bewerbung speziell des *ORF* sei.

Der Bundeskommunikationssenat sieht hier die Grenze zu einem neutralen Hinweis auf eine Sendung als überschritten an. Die Äußerungen stellten Werbung dar und seien geeignet, noch unentschlossene Zuschauer zu gewinnen und damit die Zuschauerquote des *ORF 1* zu Lasten aller konkurrierender Fernsehveranstalter zu erhöhen.[910]

---

[909] Bescheid des Bundeskommunikationssenats GZ 611.933/0003-BKS/2004, abrufbar unter http://www.bundeskanzleramt.at/Docs/2005/1/12/611933_0003_BKS_2004.pdf.

[910] Bescheid des Bundeskommunikationssenats GZ 611.933/0003-BKS/2004, S. 6. Das zweite streitgegenständliche Gespräch zwischen zwei Moderatoren auf *Ö3* betraf die Nachricht über die Übertragungsrechte für die Fußball-WM 2006 in Deutschland, die der *ORF* sich gesichert hatte. Es wurde die Aussage der Generaldirektorin eingeblendet, die erklärte, dass sie sich sehr darüber freue, dass das österreichische Publikum diese WM beim *ORF* sehen könne und dass sie denke, dass sie damit ihrem öffentlich-rechtlichen Auftrag nachkomme. Daraufhin sagt ein Moderator: „Es lebe hoch, das österreichisch-rechtliche Fernsehen, öffentlich natürlich, meine ich!" Hinsichtlich dieser Äußerung verneinte der Senat einen Verstoß gegen das Verbot der Cross-Promotion. Es handele sich um allgemeine Information über einen in knapp zwei Jahren auszustrahlenden Sendungsinhalt. Die Äußerung „es lebe hoch das österreichische Fernsehen" sei noch keine unzulässige Werbung. Es orientiert sich dabei am Gesetzeszweck des Verbots der Cross-Promotion. Dieses soll Wettbewerbsverzerrungen verhindern. Da dieser Kommentar aber keine unmittelbaren Auswirkungen auf die Zuschauerzahlen der *ORF*-Fernsehprogramme habe, vor allem nicht am Tag der erstmaligen Mitteilung noch in den darauf folgenden Tagen und Wochen, trete der Werbecharakter hinter dem Informationscharakter zurück, vgl. Bescheid des Bundeskommunikationssenats GZ 611.933/0003-BKS/2004, S. 7.

V. Bewertung im Vergleich zur deutschen Rechtslage

1. Cross-Promotion auf horizontaler Ebene

Auf horizontaler Ebene hat sich die *KommAustria* für eine strenge Handhabung der Cross-Promotion und damit für einen engen Veranstalterbegriff ausgesprochen. Wirtschaftliche Gesichtspunkte wie die Zugehörigkeit zu einer bestimmten Senderfamilie sollen nicht ausschlaggebend sein. Dies entspricht einer auch in den deutschen Landesmedienanstalten verbreiteten Auffassung.

2. Cross-Promotion auf diagonaler Ebene

Die angeführten Verfahren gegen den *ORF* veranschaulichen die wirtschaftliche Bedeutung, die der Werbeform der Cross-Promotion beigemessen wird. Obwohl diese Fälle die Ausstrahlung von Cross-Promotion auf diagonaler Ebene betreffen, können die zugrunde liegenden Fragen und Argumente auf die Cross-Promotion innerhalb von Fernsehsenderfamilien übertragen werden. Der österreichische Gesetzgeber begründete das diesbezügliche Verbot der Cross-Promotion nämlich mit der überragenden Marktposition des *ORF* und mit dem Umstand, dass dieser als einziger über mehrere Fernseh- und Hörfunksender verfüge. Auch eine Senderfamilie verfügt gegenüber kleinen unabhängigen Fernsehveranstalten über mehrere Sender, so dass die zugrunde liegende Konstellation durchaus vergleichbar ist.

Der österreichische Gesetzgeber setzt das Verbot der Cross-Promotion als Mittel zur Vielfaltssicherung ein. Cross-Promotion wird also als Gefahr für den Meinungspluralismus angesehen. Während in Deutschland nicht die Zulässigkeit der Cross-Promotion an sich, sondern nur die Zulässigkeit der Ausstrahlung außerhalb des Werbeblocks diskutiert wird, hat sich Österreich für ein generelles Verbot der Cross-Promotion zwischen Fernsehen und Hörfunk entschieden. Zulässig sind aber neutral gehaltene informative Hinweise.

F. Schweden

I. Fernsehsystem und Fernsehlandschaft

Schweden hat ein duales Rundfunksystem, wobei der öffentlich-rechtliche Fernsehsender *SVT* im europäischen Vergleich mit 43% Marktanteil eine überragende Rolle spielt.[911] Bis in die achtziger Jahre hatte das öffentlich-rechtliche Fernsehen mit der *Swedish Broadcasting Corporation* eine Monopolstellung.

---

[911] *Ward*, S. 166.

Nachdem 1978 das sogenannte Nachbarschaftsradio[912] für zulässig erklärt wurde,[913] haben sich Mitte der achtziger Jahre private Fernsehveranstalter etabliert.[914]

Das öffentlich-rechtliche Fernsehen *SVT* strahlt die Sender *SVT 1*, *SVT 2*, *SVT 24*, *SVT Extra* und *Barnkanal* sowie elf regionale Fenster aus.

Neben den öffentlich-rechtlichen Sendern hat nur der private Sender *TV4* eine Lizenz für das terrestrische Fernsehen mit nationaler Reichweite.[915] Er hat einen Zuschaueranteil von rund 25% und ist damit der größte kommerzielle Fernsehanbieter.[916]

Außer *TV4* werden alle kommerziellen Sender in Schweden über Satellit oder Kabel ausgestrahlt.[917] Das digitale Fernsehen wurde 1999 eingeführt.[918] Hinsichtlich der Satellitenkanäle können die Sender *TV3*, *Kanal 5*, *Z-TV*, *TV6* (Pay-TV) und *TV8* genannt werden. Neben *TV4* spielen vor allem die Sender *TV3* (11% Marktanteil im Jahr 2003) von der Gruppe *MTG* und *Kanal 5* (8% Marktanteil im Jahr 2003) von *SBS* eine Rolle.

II. Horizontale Medienkonzentration und Konzentrationskontrolle

Der schwedische Fernsehmarkt ist hoch konzentriert,[919] die vier größten Sender erreichen gemeinsam einen Marktanteil von ca. 86%.[920] Eine spezielle Konzentrationskontrolle im Medienbereich gibt es nicht, vielmehr sind die allgemeinen Wettbewerbsvorschriften zu beachten. So ist bei einem Zusammenschluss mit einem Umsatz von über 44 Millionen Euro die Wettbewerbsbehörde zu unterrichten. Gleiches gilt, sobald zwei der betreffenden Unternehmen einen Wert von mehr als elf Millionen Euro erreichen. Neben diesen an rein wirtschaftlichen Gegebenheiten ausgerichteten Wettbewerbsvorschriften schreibt der *Radio and Television Act 2002* vor, dass die zuständige Aufsichtsbehörde, die *Radio and Television Authority*, die Zuschauer vor übermäßiger Marktmacht

---

[912] Bei diesem Nachbarschaftsradio handelt es sich um lokale Sender, die im Regelfall einen Radius von lediglich 10 Kilometern haben. Sie dürfen nur von freiwilligen Organisationen betrieben werden. Werbung ist erlaubt, da aber die Höreranteile bei ca. 2% liegen, finanzieren sich die Sender selber, vgl. *Jönsson*, Kapitel 2.
[913] *Hultén*, Media Perspektiven 1994, 224 (224).
[914] *Jönsson*, in: *Hans-Bredow-Institut*, S. 587.
[915] *Campbell of Alloway/Yaqub*, S. 776; die größten Anteilseigner von *TV4* sind der Verlag *Bonnier* (23,4%), *MTG* (15%), *Alma Media Oyj* (23,4%), *Fidelitiy Funds* (8,8%), *JP Morgan Chase Bank* (6,2%), *LRF-sfären* (6,2%) und *Bokförlaget Natur och Kultur* (5,9%).
[916] *Jönsson*, in: *Hans-Bredow-Institut*, S. 587.
[917] 37% der Haushalte können Fernsehen über Kabel, 22% über Satellit empfangen.
[918] *Jönsson*, S. 589.
[919] Vgl. auch *Jönsson*, in: *Hans-Bredow-Institut*, S. 582.
[920] *Ward*, S. 168.

schützen soll. Insbesondere im lokalen Radiosektor soll der Erhalt der Meinungsvielfalt sichergestellt werden.[921]

III. Cross-Promotion

1. Im öffentlich-rechtlichen Fernsehen

Werbung ist im öffentlich-rechtlichen Fernsehen nicht erlaubt. Gemäß § 20 des Lizenzvertrages mit dem öffentlich-rechtlichen Sender *Sveriges Television* (*SVT*) darf dieser aber seine eigenen Programme sowie die beiden anderen öffentlich-rechtlichen Unternehmen *Sveriges Radio* (*SR*) und den *Educational channel* (*UR*) bewerben.[922] Das öffentlich-rechtliche *Radio SR* ist vom öffentlich-rechtlichen Fernsehsender *SVT* organisatorisch getrennt, die Zulassung von Cross-Promotion zwischen diesen Sendern daher recht weitgehend.

2. Im privaten Fernsehen

Den privaten Fernsehsendern ist die Ausstrahlung von Werbung grundsätzlich gestattet. Dem *Radio and Television Act* von 1996[923] zufolge umfasst der Begriff der Werbung sowohl Wirtschaftswerbung als auch andere Werbebotschaften im

---

921 In diesem Zusammenhang muss die *Radio and Television Authority* bei einem Antragsteller prüfen, ob dieser eine Zeitung verlegt, in der betreffenden Gegend Radio- oder Fernsehprogramme ausstrahlt oder ob er als Anteilseigner einen entscheidenden Einfluss auf oben genannte Unternehmen hat, vgl. Kapitel 5, Abschn. 8 des *Radio and Television Act 1996*: „If there are two or more applicants for a vacant frequency, the Radio and TV Authority is to endeavour to achieve an allocation of the frequency which ensures that the content of the broadcasts is largely produced by the applicant and there are programmes with local links. In addition, the Authority is to endeavour to counter the establishment of a dominant position in the publication of news or the shaping of public opinion, and to ensure that opportunities for achieving a diverse range of views are utilised. In this connection, it should be considered whether the applicant:
1. publishes a daily newspaper or broadcasts radio or television in the transmission area,
2. exercises a decisive influence as a result of shareholdings, participations or agreements over an undertaking specified in subsection 1, or
3. is a company in which a person or entity specified in subsection 1 or 2 has a decisive influence.“

922 Vgl. auch § 22 der vorherigen *Charter for Television Broadcasting Services in Sweden*, die bis zum 31. Januar 2001 gültig war: „SVT may not carry commercial advertisements. The prohibition does not include sponsor identification, spots which advertise SVT programmes, or educational materials and similar products bearing a direct relation to programmes." Abrufbar unter http://www.legalbasicsorg; siehe dazu auch den Bericht des *Advisory Panel on Media Diversity*, S. 34.

923 *Radio and Television Act 1996:844*, englische Version abrufbar unter http://www.rtvv.se/uk/The_Swedish_Radio_and_Television_Act/.

Auftrag Dritter.[924] Im Gegensatz zur deutschen Definition fehlt das Merkmal der Entgeltlichkeit des beworbenen Produkts.[925] Aus dem Anwendungsbereich der Werbevorschriften wird die Self-Promotion des Senders für seine eigenen Programme herausgenommen. Hervorzuheben ist dabei, dass das Gesetz dem Wortlaut nach nicht nur Hinweise des Rundfunkveranstalters, sondern auch kommerzielle Werbung für die eigenen Programmangebote umfasst.[926] Das schwedische Gesetz definiert allerdings nicht, wer als Rundfunkveranstalter in diesem Sinne angesehen werden soll.

Bezüglich der kommerziellen Sendergruppe *TV4* hat die *Swedish Broadcasting Commission* entschieden, dass diese auf ihren digitalen Kanälen Werbung für ihre Sender ausstrahlen darf und dies nicht auf die Werbezeit angerechnet wird, sondern als Self-Promotion zu bewerten ist.[927] Veranstalter der verschiedenen Kanäle ist jeweils die *TV4 Company*, die cross-promotenden Sender haben damit einen jeweils identischen Lizenzinhaber. Die *Swedish Broadcasting Commission* hat sich bislang mit keinem Fall auseinandersetzen müssen, in dem die cross-promotenden Sender von unterschiedlichen Inhabern veranstaltet werden. Laut eigener Auskunft würde sie aber auch in einem solchen Fall dazu tendieren, diese Konstellation nicht anders zu behandeln und diese Form der Werbung als Eigenpromotion anzusehen.[928]

Sofern Cross-Promotion oder Self-Promotion-Spots im Werbeblock ausgestrahlt werden, sollten diese nach Meinungen in der Literatur dennoch mit in die Werbezeitkontingente einberechnet werden.[929]

IV. Bewertung im Vergleich zur deutschen Rechtslage

Die schwedische Handhabung der Cross-Promotion stellt sich im Gegensatz zu den deutschen Regelungen als vergleichsweise liberal dar. Obwohl das öffentlich-rechtliche Fernsehen einerseits und der öffentlich-rechtliche Hörfunk andererseits von unterschiedlichen Gesellschaften veranstaltet werden,[930] dürfen beide Anstalten füreinander werben. Da die für das private Fernsehen zuständige

---

[924] Kapitel 7, Abschn. 1, Abs. 3 des *Radio and Television Act* lautet: „Advertising is defined as commercial advertising and broadcasts which are commissioned by a third party but are not commercial advertising.“ Kapitel 7, Abschn. 1, Abs. 1 fordert die optische und akustische Trennung von Werbung und Programm.

[925] Siehe auch *Advisory Panel on Media Diversity*, S. 3.

[926] Kapitel 7, Abschn. 12 lautet: „The provisions of this Chapter do not apply to *commercial* advertising by the broadcast for the broadcaster's own programme services“.

[927] Schriftliche Auskunft der *Swedish Broadcasting Commission* vom 8. März 2005.

[928] Schriftliche Auskunft der *Swedish Broadcasting Commission* vom 4. April 2005.

[929] *Advisory Panel on Media Diversity*, S. 34.

[930] Bis 1993 waren die öffentlich-rechtlichen Medien in einer Organisation zusammengeschlossen, heute sind Radio und Fernsehen zwei getrennte Unternehmen: *SVT* (Fernsehen) und *SR* (Radio), vgl. *Jönsson* in *Hans-Bredow-Institut*, S. 587.

Aufsichtsbehörde die Möglichkeit nicht ausschließt, Cross-Promotion außerhalb des Werbeblocks auch zwischen Veranstaltern zuzulassen, die nicht denselben Lizenzinhaber aufweisen, tendiert sie zu einem weiten Veranstalterbegriff. Insofern besteht auch eine Gleichbehandlung zwischen dem privaten und dem öffentlich-rechtlichen Fernsehen. Auffällig ist auch hier, dass sowohl das Konzentrationsrecht als auch die rechtliche Behandlung der Cross-Promotion vergleichsweise liberal ausgestaltet sind.

G. Finnland

I. Fernsehsystem und Fernsehlandschaft

Finnland hat ein duales Rundfunksystem, welches mit dem Gesetz über den Fernseh- und Radiobetrieb (744/1998) vom 9. Oktober 1998 neu reguliert wurde. Die öffentlich-rechtliche Rundfunkanstalt *Yleisradio Oy* (*YLE*)[931] finanziert sich neben einer Rundfunkgebühr auch aus Gebühren der Betriebslizenz der kommerziellen Veranstalter.[932]

Das charakteristische am öffentlich-rechtlichen Rundfunk in Finnland war das ursprüngliche Bestehen zweier Unternehmen, die sich eine Frequenz teilten: die 1926 gegründete öffentlich-rechtliche Fernsehanstalt *YLE* sowie das in privaten Händen liegende kommerzielle Unternehmen *MTV Finnland*, das 1957 gegründet wurde, als eine Diskussion um die Einführung von Werbung begann.[933] Da *Yleisradio* selbst keine Werbung ausstrahlen wollte, wurde der Sender *MTV* gegründet, der zwar keine eigene Lizenz bekam, dafür aber Werbung ausstrahlen durfte, deren Einnahmen auch *Yleisradio* zugute kommen sollten. *MTV* musste sich die Frequenz mit *Yleisradio* teilen, war also eine Art Fensterprogramm[934] und fungierte dabei sozusagen als „Hilfs"- oder Assistenz-Kanal.[935] Obwohl *Yleisradio* das Monopol hinsichtlich der Einziehung einer Rundfunkgebühr hatte und *MTV* allein Werbung ausstrahlen durfte, war das Verhältnis zwischen beiden Veranstaltern gespannt.[936] *MTV* hatte als kommerzieller Sender von Anfang an das Bestreben, unabhängig zu werden und einen eigenen Kanal zu erhalten.[937] Auf der anderen Seite hatten beide Sender

---

[931] Neben den analogen und digitalen Programmen *YLEI 1* und *YLEI 2* werden in Finnland noch die digitalen Programme *YLE Teema* und *YLE 24* ausgestrahlt, vgl. auch *Herkman*.

[932] Sogenannte *Public-service*-Abgabe, vgl. auch *Technau*, Media Perspektiven 1997, 157 (158); die Gebühren für die Betriebslizenzen sind an den Umsatz der Unternehmen gekoppelt, vgl. *Österlund-Karinkanta*, in: *Hans-Bredow-Institut*, S. 295.

[933] Vgl. auch *Technau*, Media Perspektiven 1997, 157 (157).

[934] *Technau*, Media Perspektiven 1997, 157 (157).

[935] Als sogenannter „*auxiliary*", vgl. *Sumiala-Seppänen*, Kapitel 3; *Technau* spricht von einem „Juniorpartner", vgl. Media Perspektiven 1997, 157 (157).

[936] *Sumiala-Seppänen*, Kapitel 3.

[937] *Sumiala-Seppänen*, Kapitel 4.

ein Interesse daran, potenzielle Konkurrenten vom Markt abzuhalten. Anders als in den meisten anderen Ländern wurde der private Rundfunk nicht als Gefahr für den öffentlich-rechtlichen Rundfunk angesehen, da er zu dessen Finanzierung beitrug.[938]

Nachdem im Jahre 1988 die Pläne für eine Teilung des Kanals geschmiedet wurden, erhielt *MTV* 1993 seine eigene Lizenz.[939] Das neue Gesetz von 1993 legte ihm bestimmte, dem Grundvorsorgungsauftrag in Deutschland entsprechende Pflichten auf und entließ den nun *MTV 3* genannten Sender als unabhängigen Fernsehveranstalter, der allerdings eine Gebühr an den öffentlich-rechtlichen Sender abgeben musste.[940]

Auch die Presse hatte Interesse an einem Fernsehkanal. Als die Regierung im Jahre 1997 einen weiteren Kanal ausschrieb, um mehr Wettbewerb in den Markt zu bringen,[941] ging dieser an *Ruutunelonen Oy*, ein Unternehmen der *Sanoma Corporation*, Verleger der größten Tageszeitung in Finnland.[942] Der auf den Namen *PTV4/Channel 4* lautende Sender muss ebenfalls eine Gebühr für seine Lizenz zahlen, die zum Teil den öffentlich-rechtlichen Sendern zugute kommt.[943]

Die digitalen Lizenzen sind in 3 Multiplexe mit jeweils 4 Kanälen aufgeteilt.[944] Die Aufsicht über die Einhaltung der rundfunkrechtlichen Vorschriften obliegt der *Finnish Communications Regulatory Authority* (*FICORA*).[945]

II. Horizontale Medienkonzentration und Konzentrationskontrolle

Der finnische Fernsehmarkt ist hoch konzentriert.[946] Neben den öffentlich-rechtlichen Sendern *TV1* und *TV2*, die 44% Zuschaueranteil aufweisen, spielen nur zwei weitere Veranstalter eine wesentliche Rolle, nämlich *MTV 3*, der zusammen mit seinem Sender *SubTV* 39,9% erreicht und *Channel 4* mit einem Zuschaueranteil von 12%.[947]

---

938 *Technau*, Media Perspektiven 1997, 157 (157).

939 *Jyrki Jyrkiäinen*, Kapitel 2; *Technau*, Media Perspektiven 1997, 157 (158).

940 *Sumiala-Seppänen*, Kapitel 5.

941 Vgl. auch *Technau*, Media Perspektiven 1997, 157 (161).

942 *Jyrki Jyrkiäinen*, Kapitel 2; *Campbell of Alloway/Yaqub*, S. 395; *Technau*, Media Perspektiven 1997, 157 (161); *Oy Ruutunelonen Ab* gehört zu der *Sanoma WSOY* gehörenden *Swelcom* (90,55%) und der *TS*-Gruppe (9,45%).

943 *Technau*, Media Perspektiven 1997, 157 (161).

944 Auf dem Multiplex A werden ausgestrahlt: *YLE TV1-D, YLE TV2-D, YLE24, YLE Teema* und *YLE FST*; auf Multiplex B: *MTV3D, Subtv, Urheilukanava* und *Wellnet*, auf Multiplex C: *NelonenD, Canal+* sowie drei Regionalprogramme und ein Home-Shopping-Service, vgl. *Österlund-Karinkanta*, in: *Hans-Bredow-Institut*, S. 296.

945 Kapitel 5, Abschn. 35 des *Act on Television and Radio Operations 744/1998* vom 9. Oktober 1998, abrufbar unter http://www.mintc.fi/www/sivut/english/tele/massmedia/index.html.

946 *Europäisches Medieninstitut*, S. 71.

947 *Europäisches Medieninstitut*, S. 69.

In Finnland gibt es keine speziellen medienkonzentrationsrechtlichen Regelungen,[948] insbesondere keine Limitierung der Anzahl an Fernsehsendern, die eine natürliche oder juristische Person halten darf. Das Rundfunkgesetz schreibt allerdings vor, dass die zuständige Regulierungsbehörde bei der Lizenzerteilung auf die Programmvielfalt zu achten habe.

Eine Übertragung der Betriebslizenz ist grundsätzlich nicht erlaubt. Sobald ein anderer Inhaber die wirtschaftliche Kontrolle über einen Sender erlangt, kann die Regierung die Lizenz widerrufen.[949] Etwas anderes gilt, wenn es sich um einen internen Wechsel innerhalb einer Muttergesellschaft, insbesondere einer 100%igen Ausgliederung in eine Tochterfirma, handelt.[950]

III. Cross-Promotion

1. Werbung

Das finnische Rundfunkgesetz basiert auf der EU-Fernsehrichtlinie und hat die entsprechende Definition der Werbung sinngemäß übernommen,[951] ebenso das Trennungs- und Kennzeichnungsgebot.[952] Programmhinweise des Rundfunkveranstalters auf eigene Programme gelten nicht als Werbung im Sinne der Werbezeitbeschränkungen.[953] Was unter „eigenen" Programmen zu verstehen ist, definiert auch das finnische Gesetz nicht. Hinsichtlich des Begriffs des Rundfunkveranstalters stellt die entsprechende gesetzliche Definition allerdings auf die redaktionelle Verantwortung ab.[954]

---

948 Vgl. auch *Österlund-Karinkanta*, in: *Hans-Bredow-Institut*, S. 288; *Jyrki Jyrkiäinen*, Kapitel 3; *Technau*, Media Perspektiven 1997, 157 (162); *Europäisches Medieninstitut*, S. 65.

949 Kapitel 2, Abschn. 13, Abs. 1 des *Act on Television and Radio Operations*.

950 Kapitel 2, Abschn. 13, Abs. 2 des *Act on Television and Radio Operations*.

951 Kapitel 1, Abschn. 2 Nr. 8 lautet: „Television and radio advertising shall refer to any form of announcement in television and radio broadcasting in return for payment or for other consideration by a public or private undertaking in connection with a trade, business, craft or profession in order to promote the supply of goods or services, including immovable property or rights and obligation, or in order to promote its own operations."

952 Kapitel 4, Abschn. 21 des *Act on Television and Radio Operations*.

953 Siehe Abschn. 29, Abs. 3 des *Act on Television and Radio Operations*: „Advertising referred to in paragraphs 1 and 2 above and included in the time limits shall not include announcements made by the broadcaster in connection with his own programmes and ancillary products directly derived from those programmes nor public announcements and charity appeals broadcast free of charge."

954 Kapitel 1, Abschn. 2 Nr. 3 des *Act on Television and Radio Operations*.

2. Cross-Promotion

Auch in Finnland wird innerhalb der Senderfamilien Cross-Promotion betrieben. So promoted beispielsweise *MTV3* seine Tochtergesellschaft *SubTV Oy*. Die finnische Aufsichtsbehörde *FICORA* sieht diese Form der Werbung als Eigenpromotion an. Die von ihr getroffenen Richtlinien können im Einzelnen nicht zitiert werden, da sie nur für interne Zwecke erlassen worden sind.[955]

Die *FICORA* ist der Auffassung, dass Self-Promotion neben Trailern und Hinweisen hinsichtlich des eigenen Programms und der eigenen Homepage auch Werbung für andere eigene Sender sowie für solche Sender umfasst, über die er eine wirtschaftliche Kontrolle (*effective controle*) ausübt.[956] Wann allerdings in diesem Zusammenhang von *effective control* gesprochen werden kann, ist im Zusammenhang mit der Frage der Cross-Promotion noch nicht endgültig geklärt und wird im Gesetz auch nicht geregelt.[957] Herangezogen werden jedenfalls die Gesetzesmaterialien des Rundfunkgesetzes zum Begriff des *effective control*, die auch hinsichtlich der Übertragung einer Lizenz auf einen anderen Beteiligten gelten. Bei der Beurteilung der *effective control* sind von Fall zu Fall die Beteiligungsverhältnisse des Unternehmens zu berücksichtigen, ebenso eventuelle Aktionärsvereinbarungen sowie andere Kontroll- und Entscheidungsabsprachen.

Die ausgestrahlte Cross-Promotion zwischen *MTV3* und *SubTV Oy* wurde außerhalb des Werbeblocks zugelassen, obwohl *MTV3* nur ca. 60% an *SubTV* hält.[958] Einschränkend wird aber gefordert, dass diese Promotion dem Zuschauer zusätzliche Informationen liefern muss. So dürfen in den Spots keine kommerziellen Elemente wie z.B. die Nennung von Preisen oder direkte Kaufaufrufe enthalten sein.[959]

IV. Bewertung im Vergleich zur deutschen Rechtslage

Die finnische Regulierungsbehörde stellt bei ihrer Beurteilung, wann von Hinweisen auf „eigene Programme" auszugehen ist, auf wirtschaftliche Gesichtspunkte ab. Solange ein Fernsehveranstalter über einen anderen Sender wirtschaftliche Kontrolle ausüben kann, sind Hinweise auf dessen Programm außerhalb des Werbeblocks zulässig. Die Zurechnungsvorschriften werden also in Finnland für die Zulässigkeit der Ausstrahlung von Cross-Promotion außerhalb des Werbeblocks herangezogen, während diese in Deutschland vor allem ange-

---

[955] Zudem haben diese Regelungen keine bindende Wirkung. Gemäß Kapitel 2, Abschn. 11 darf sie nur Vorschriften bezüglich des regionalen Fernsehens, der täglichen Sendezeit sowie der technischen Übertragungstechnologie und der Übertragungskapazitäten erlassen.

[956] Schriftliche Auskunft der *FICORA* vom 16. März 2005.

[957] Schriftliche Auskunft der *FICORA* vom 3. Mai 2005.

[958] Schriftliche Auskunft der *FICORA* vom 6. Mai 2005.

[959] Schriftliche Auskunft der *FICORA* vom 6. Mai 2005.

führt werden, um vor einem stetigen Familienwachstum und einer damit einhergehenden vorherrschenden Meinungsmacht zu warnen. Einschränkend wird auch in Finnland gefordert, dass diese Cross-Promotion keine kommerziellen Elemente aufweisen darf.

H. Dänemark

I. Fernsehsystem und Fernsehlandschaft

Dänemark hat ein duales Rundfunksystem. Das öffentlich-rechtliche Monopol wurde 1981 durchbrochen, als auf lokaler Ebene Pilotprojekte mit lokalen nichtkommerziellen privaten Radio- und Fernsehsendern durchgeführt wurden.[960] Das öffentlich-rechtliche Fernsehen besteht aus dem gebührenfinanzierten *DR* (*DR 1* und *DR 2*) sowie *TV2*, der 1988 als zweiter landesweiter selbständiger öffentlich-rechtlicher Sender mit der Ausstrahlung begann[961] und 2002 in eine staatseigene Aktiengesellschaft umgewandelt wurde. *TV2* sowie dessen acht regionale Zweigstellen und die lokalen Sender dürfen im Gegensatz zu *DR* Werbung ausstrahlen.[962] *TV2* erhält neben den Werbeerlösen auch einen Teil der Rundfunkgebühr und ist ebenso wie *DR*, wenn auch in abgeschwächter Form, den *public-service*-Prinzipien unterworfen. Beide Sender sind damit verpflichtet, ein vielfältiges Programmangebot zu erstellen und auf die Unparteilichkeit und Objektivität der Programme zu achten.[963]

Der Weg für privates nationales Fernsehen wurde mit dem neuen Rundfunkgesetz vom 18. Dezember 1992 geebnet. Beherrscht wird der private Fernsehmarkt allerdings von ausländischen Sendern, die per Satellit aus London ausstrahlen,[964] nämlich von *TV3*[965] (und dessen zweiter Sender *TV3+*) und *TvDenmark* (*TvDenmark1* und *TvDenmark 2*). Beide Sender haben sich jeweils in London niedergelassen, um die strengeren dänischen Werbebestimmungen zu umgehen.[966]

---

960 *Rossmann*, Media Perspektiven 1993, 432 (432); *Prehn*, in: *Hans-Bredow-Institut*, S. 238.

961 *Campbell of Alloway/Yaqub*, S. 351; vgl. auch *Jauert/Prehn*, Kapitel 2.

962 *Rossmann*, Media Perspektiven 1993, 432 (432); *Hultén/Gröndahl*, Media Perspektiven 2001, 358 (364).

963 *Prehn*, Media Perspektiven 1997, 141 (141); *Jauert/Prehn*, Kapitel 2.

964 *Prehn*, in: *Hans-Bredow-Institut*, S. 240; *Jauert/Prehn*, Kapitel 2; *Campbell of Alloway/Yaqub*, S. 373.

965 *TV3* gehört zur schwedischen Unternehmensgruppe *Kinnevik* über deren Tochtergesellschaft *Modern Times Group*. Die *Kinnevik*-Gruppe unterhält eine Reihe von Rundfunkbeteiligungen in ganz Skandinavien. *TV3* wurde ursprünglich als skandinavisches Programm von London ausgestrahlt, um die strengeren Regelungen der nordischen Länder zu umgehen, vgl. *Prehn*, Media Perspektiven 1997, 141 (145).

966 *Prehn*, in: *Hans-Bredow-Institut*, S. 239; *Rossmann*, Media Perspektiven 1993, 432 (441).

II. Horizontale Medienkonzentration und Konzentrationskontrolle

Da sich die dänische Fernsehlandschaft durch die Dominanz von *DR*, *TV2* und *TV3* auszeichnet und andere Sender nur eine marginale Rolle spielen, gibt es Tendenzen zur horizontalen Konzentration in diesem Bereich.[967] Das dänische Recht enthält keine quantitativen Beschränkungen von Fernsehlizenzen, die einer natürlichen oder juristischen Person erteilt werden dürfen.[968]

III. Cross-Promotion

1. Werbung

Einschlägig für die rechtliche Prüfung der Cross-Promotion ist zunächst das Radio- und Fernsehgesetz vom 17. Dezember 2002[969]. Dort heißt es in § 72, dass Werbung vom übrigen Programm zu trennen ist.[970] Außer Sportsendungen und anderen Sendungen, die natürliche Pausen enthalten, dürfen Programme in Dänemark nicht durch Werbung unterbrochen werden. Die dänischen Vorschriften sind damit strenger als die in der europäischen Fernsehrichtlinie. § 77 des Radio- und Fernsehgesetzes ermächtigt den Kulturminister zum Erlass von detaillierteren Werbebestimmungen. Von dieser Ermächtigung wurde mit der Verordnung 195/2003 vom 20. März 2003 Gebrauch gemacht.[971] Weder in dieser Vorschrift noch im Gesetz wird jedoch der Werbebegriff definiert. Bei der Auslegung dieses Begriffs muss insofern auf die Definition in der Fernsehrichtlinie zurückgegriffen werden.[972]

2. Cross-Promotion

In Dänemark gibt es keine ausdrücklichen Regelungen für den Umgang mit Cross-Promotion. Eine Revision der Fernsehrichtlinie wurde in diesem Zusammenhang vom dänischen Kulturministerium bereits angeregt.[973]

---

967 *Prehn*, Media Perspektiven 1997, 141 (148).

968 *Europäisches Medieninstitut*, S. 51.

969 *The Danish Radio and Television Act No. 1052 of 17 December 2002*, abrufbar unter http://www.kum.dk/sw4498.asp.

970 Siehe dazu auch *Campbell of Alloway/Yaqub*, S. 371.

971 Siehe *Executive Order No. 194/2003 concerning radio and television advertising and programme sponsorship* vom 20. März 2003, abrufbar unter http://www.kum.dk/sw832.asp.

972 *Bird&Bird/Carat Crystal*, national report (Dänemark), S. 21.

973 Siehe Notiz des Kulturministeriums im Zusammenhang mit Beratungen über die Fernsehrichtlinie, abrufbar unter http://europa.eu.int/comm/avpolicy/regul/review-twf2003/wc_denmark%20ministry%20of%20culture_en.pdf.

Der *Radio and Television Board*, der über die Einhaltung der Werbevorschriften wacht,[974] hat sich mit der Frage der Cross-Promotion dennoch anhand eines konkreten Falls im Jahr 2003 auseinandersetzen müssen. Der zugrundeliegende Streit betraf den Sender *TV2*, der Werbung für *TV2 Zulu* ausgestrahlt hatte. Letzterer war zunächst Teil des öffentlich-rechtlichen Fernsehens, so dass diese Werbung als sogenannte Self-Promotion angesehen wurde. Als aber *TV2 Zulu* aus dem öffentlich-rechtlichen Sender ausgegliedert wurde, die Cross-Promotion aber weiterhin betrieben wurde, stellte sich die Frage, ob auch das noch Self-Promotion darstellt oder nicht. Der *Radio and Television Board* stellte in seiner Entscheidung darauf ab, dass *TV Zulu* zu 100% von *TV2* gehalten wird, insofern zur gleichen „Familie“ gezählt werden kann, und *TV2* die Entscheidungsbefugnis über *TV Zulu* hat.[975] Aus diesen Gründen bestätigte er die Zulässigkeit der Cross-Promotion außerhalb der Werbezeitkontingente.[976] Da die Cross-Promotion nicht als Werbung bewertet wird, unterliegt sie auch nicht dem Gebot, dass Werbung nur zwischen den Sendungen ausgestrahlt werden darf.[977]

Der *Radio and Television Board* hat sich noch mit keinem Fall befasst, in denen die cross-promotenden Sender nicht zu 100% einer Familie zugerechnet werden können.

IV. Bewertung im Vergleich zur deutschen Rechtslage

Der *Radio and Television Board* hat mit seiner Entscheidung gezeigt, dass er zur rechtlichen Bewertung der Cross-Promotion auch wirtschaftliche Gesichtspunkte in Form von Kontroll- und Entscheidungsbefugnissen über einen anderen Sender heranzieht. Insofern scheint er einen eher weiten, auch in Deutschland zum großen Teil befürworteten Veranstalterbegriff heranzuziehen. Gleichzeitig hat er allerdings die 100%ige Eigentümerstellung von *TV2* über *TV2 Zulu* betont. Dies deutet darauf hin, dass er nicht jegliche Art von wirtschaftlicher Verflechtung als Rechtfertigung für die Privilegierung der Werbevorschriften in diesem Bereich gelten lässt.

---

[974] § 44 Abs. 1 des *Danish Radio and Television Act.*

[975] Schreiben des *Radio and Television Board* vom 18 Juni 2003, abrufbar unter http://www.mediesekretariatet.dk/bilag/rtv/afgrekl/tv2tv2zulu180603.pdf sowie Notiz des Mediensekretariats vom 15. April 2003, abrufbar unter http://www.mediesekretariatet.dk/bilag/rtv/afgrekl/redegoerelse150403.pdf.

[976] Siehe auch *Bird&Bird/Carat Crystal*, national report (Dänemark), S. 45, dem zufolge Trailer für Schwestersender als Programm gelten.

[977] Siehe auch *Bird&Bird/Carat Crystal*, national report (Dänemark), S. 45.

I. Niederlande

I. Fernsehsystem und Fernsehlandschaft

Die Niederlande haben ein duales Rundfunksystem. Das niederländische Rundfunksystem basiert auf weltanschaulich orientierten Rundfunkvereinigungen, die ähnlich wie die einzelnen Landesrundfunkanstalten der *ARD* zu einem gemeinsamen Programm beitragen. Das öffentlich-rechtliche Fernsehen *Publieke Omroep* besteht aus drei Kanälen (*Nederland 1*, *Nederland 2* und *Nederland 3*), die hauptsächlich von acht Fernsehvereinigungen[978] veranstaltet werden.[979] Diese Vereinigungen repräsentieren soziale, politische, religiöse oder kulturelle Teile der niederländischen Gesellschaft.[980] Insofern wird auch von einem „versäulten" Rundfunksystem gesprochen.[981] Als öffentlich-rechtliche Dachgesellschaft fungiert die *Nederlandse Omroepprogramma Stichting* (*NOS*), die auch für die Veranstaltung von Nachrichtenprogrammen auf allen drei Kanälen zuständig ist.[982] Kommerzielles Fernsehen wurde mit dem Mediengesetz von 1988 für zulässig erklärt.[983] Ende 1989 startete *RTL* mit dem Programm *RTL 4*, das von Luxemburg aus gesendet wurde, aber ausschließlich für das niederländische Publikum konzipiert war, 1993 ging *RTL 5* auf Sendung.[984]

Das öffentlich-rechtliche Fernsehen wird hauptsächlich durch eine Rundfunkgebühr finanziert.[985] Seit 1967 ist die Ausstrahlung von Werbung in engen Grenzen zulässig. Der Verkauf von Werbezeiten im öffentlich-rechtlichen Fernsehen wird von der *Radio and Television Advertising Foundation* (*STER*) übernommen.[986] Über die Einhaltung der rundfunkrechtlichen Vorschriften wacht das *Commissariaat voor de Media*.

---

[978] Es handelt sich dabei um *AVRO*, *EO*, *KRO*, *NCRV*, *TROS*, *VARA*, *VOO* und *VPRO*, vgl. *Hendriksen*, Media Perspektiven 1995, 277 (277).
[979] *Ward*, S. 129.
[980] *Hendriksen*, Media Perspektiven 1994, 218 (218); diese Vereinigungen müssen mindestens 150.000 Mitglieder aufweisen können, vgl. *Hollander/Renckstorf*, Media Perspektiven 1993, 342 (343).
[981] Die sogenannte „veruiling" (Versäulung), vgl. *Hendriksen*, Media Perspektiven 1992, 591 (593); *Hollander/Renckstorf*, Media Perspektiven 1993, 342 (342).
[982] *Hendriksen*, Media Perspektiven 1995, 277 (277); *Hendriksen*, Media Perspektiven 1994, 218 (218).
[983] *Buurke*, Kapitel 2.
[984] *Hendriksen*, Media Perspektiven 1994, 218 (219).
[985] *Buurke*, Kapitel 2; *Hendriksen*, Media Perspektiven 1994, 218 (221).
[986] *Bird&Bird/Carat Crystal*, national report (Niederlande), S. 14; *Hendriksen*, Media Perspektiven 1992, 591 (594).

II. Horizontale Medienkonzentration und Konzentrationskontrolle

Der niederländische Fernsehmarkt ist hoch konzentriert, die öffentlich-rechtlichen Sender *Publieke Omroep* sowie die beiden größten privaten Sendergruppen *RTL/de Holland Media Groep* (*HMG*)[987] und *Scandinavian Broadcasting Systems company* (*SBS*)[988] verfügen über einen Zuschaueranteil von 84,6%.[989] Nennenswerte Konkurrenz zu diesen Sendern besteht nicht.[990]

Bislang gibt es keine Vorschriften zur horizontalen Konzentration. Die Vorschriften des Abschn. 71 b und c des *Media Act* betreffen die Veranstaltung von Fernsehen und das gleichzeitige Verlegen von Tageszeitungen und damit diagonale Integrationsprozesse. Das *Commissariaat voor de Media* hat allerdings schon im Jahre 2003 vorgeschlagen, die Zuschaueranteile eines Senders auf 30% zu begrenzen.[991] Damit wäre gesichert, dass es zumindest drei voneinander unabhängige Sender gibt.

III. Cross-Promotion

1. Werbung

Das niederländische Mediengesetz[992] weist insofern eine Besonderheit zu den anderen mitgliedstaatlichen Regelungen auf, als es zwischen Werbeäußerungen und Werbebotschaften unterscheidet. Gemäß Kapitel 1, Abschn. 1, Buchstabe jj) des *Media Act* ist eine Werbeäußerung eine solche Äußerung, die offensichtlich eine Werbewirkung entfaltet.[993] Eine Werbebotschaft hingegen liegt gemäß Buchstabe kk) dann vor, wenn unverkennbar eine Werbewirkung beabsichtigt ist.[994] Der Unterschied ist also der, dass bei der Werbebotschaft die Intention der

---

[987] Der *RTL/HMG*-Gruppe gehören die Sender *RTL4*, *RTL5* und *Yorin* an, vgl. *Advisory Panel on Media Diversity*, S. 38.

[988] Der *SBS*-Gruppe gehören die Sender *SBS6*, *Net 5* und *V8* an, vgl. *Advisory Panel on Media Diversity*, S. 38.

[989] *Ward*, S. 129.

[990] *Ward*, S. 136.

[991] *Commissariat voor de Media*, Jahresbericht April 2003-October 2003, S. 1.

[992] *The Media Act, Bulletin of Acts and Decrees of the Kingdom of the Netherlands 1987, 249*, englische Version abrufbar unter http://www.cvdm.nl/documents/mediaact.pdf.

[993] Kapitel 1, Abschn. 1, Buchst. jj) des *Media Act* lautet: „Advertising expression: advertising messages or other expressions which clearly result in the public being encouraged to buy a specific product or to use a specific service, or in public opinion being influenced in a positive manner as regards a specific business, branch of industry or institution in a way which promotes the sale of products or the use of services."

[994] Kapitel 1, Abschn. 1, Buchst. kk) des *Media Act* lautet: „Advertising messages: messages which unmistakably intended to encourage the public to buy a specific product or to use specific services, or to influence public opinion in a positive manner as regards a specific under-

Äußerung im Vordergrund steht, während bei der Werbeäußerung das Merkmal des bloßen Werbeeffekts entscheidend ist.[995] Im Gegensatz zur Definition in der Fernsehrichtlinie fehlt das Merkmal der Entgeltlichkeit des beworbenen Produkts oder Dienstes.[996] Cross-Promotion kann also nicht schon aus dem Grund aus dem Anwendungsbereich der Werbevorschriften herausgenommen werden, dass der Empfang von Fernsehprogrammen in der Regel unentgeltlich erfolgt.

Gemäß Art. 52 c des Mediabeschlusses[997], der den *Media Act* konkretisiert, ist Werbung vom übrigen Programm zu trennen und als solche zu kennzeichnen.

2. Cross-Promotion

In den Niederlanden betreiben sowohl die öffentlich-rechtlichen als auch die privaten Fernsehsender Cross-Promotion untereinander.[998] Für den Bereich des privaten Fernsehens kann hier die Cross-Promotion zwischen *SBS6* und *Net5* genannt werden, die beide zur *SBS*-Gruppe gehören.[999] Das *Commissariaat voor de Media* hat am 3. Mai 2005 sowohl für das öffentlich-rechtliche als auch für das private Fernsehen Beschlüsse hinsichtlich der Behandlung von Self-Promotion erlassen.[1000]

a) Öffentlich-rechtliches Fernsehen

Dem Beschluss hinsichtlich der Self-Promotion im öffentlich-rechtlichen Fernsehen zufolge sind Programmankündigungen für die jeweils anderen öffentlich-rechtlichen Anstalten zulässig, sofern diese keine Werbebotschaften enthalten.[1001] Sie müssen insofern redaktionell veranlasst sein, anderenfalls sind sie im Werbeblock zu senden.[1002]

---

taking, branch of industry or establishment in order to promote the sale of products or the use of services."

[995] *Bird&Bird/Carat Crystal*, national report (Niederlande), S. 14.

[996] *Bird&Bird/Carat Crystal*, national report (Niederlande), S. 13.

[997] *Media Decree, Bulletin of Acts and Decrees of the Kingdom of the Netherlands1987, 573.*

[998] Schriftliche Auskunft des *Commissariat voor de Media* vom 4. Mai 2005.

[999] Schriftliche Auskunft des *Commissariat voor de Media* vom 4. August 2005.

[1000] *Besluit ontheffing zelfpromotie publieke omroep* für das öffentlich-rechtliche Fernsehen, abrufbar unter http://www.cvdm.nl/document/zelfpromotiepo.pdf sowie *Besluit ontheffing zelfpromotie commerciele omroep* für das kommerzielle Fernsehen, abrufbar unter http://www.cvdm.nl/document/zelfpromotieco.pdf.

[1001] Art. 2 Nr. 3 des *Besluit ontheffing zelfpromotie publieke omroep.*

[1002] Ausführungen zu Art. 2 des *Besluit ontheffing zelfpromotie publieke omroep.*

b) Privates Fernsehen

Für den Bereich des kommerziellen Fernsehens lässt der Beschluss Programmankündigungen außerhalb des Werbeblocks für einen Schwestersender zu, der zur gleichen Muttergesellschaft gehört.[1003] Es muss sich dabei aber nicht zwangsläufig um zwei jeweils 100%ige Tochtergesellschaften handeln, bestimmte Grenzwerte für die jeweiligen Beteiligungen gibt es nicht.[1004] Auch hier gilt die Einschränkung, dass die Hinweise keinen werblichen Charakter haben dürfen.

IV. Bewertung im Vergleich zur deutschen Rechtslage

Auf den ersten Blick scheint das niederländische Recht im Gegensatz zur deutschen Regelung insofern eine sehr liberale Handhabung der Cross-Promotion aufzuweisen, als auch Hinweise zwischen den verschiedenen Schwestergesellschaften einer Senderfamilie außerhalb des Werbeblocks zulässig sind. Allerdings dürfen diese Hinweise keinen werblichen Charakter aufweisen, was den Anwendungsbereich der Self-Promotion wieder deutlich einschränkt. Da auch die öffentlich-rechtlichen Sender jeweils aufeinander hinweisen dürfen, besteht damit eine Gleichbehandlung beider Systeme.

Hervorzuheben ist des Weiteren, dass dem Merkmal der Entgeltlichkeit im niederländischen Recht keine konstitutive Bedeutung beigemessen wird.

J. Belgien

I. Fernsehsystem und Fernsehlandschaft

Ebenso wie das Land selbst ist auch der Fernsehmarkt in Belgien sprachlich und organisatorisch voneinander getrennt. Das vorliegende Kapitel bezieht sich auf Wallonien, den französischsprachigen Teil Belgiens.

Wallonien hat ein duales Rundfunksystem. Das Monopol des gebührenfinanzierten öffentlich-rechtlichen Fernsehens *Radio Télévision Belge Francophone* (*RTBF*) wurde 1987 aufgrund des Gesetzes vom 6. Februar 1987 und mit der Lizensierung des ersten privaten Senders *RTL-TVI* gebrochen.[1005] Der private Fernsehsektor finanziert sich durch Werbung. Da Belgien bereits frühzeitig mit der Verkabelung begonnen hat und heute das dichteste Kabelnetzwerk

[1003] Art. 2 Nr. 4 des *Besluit ontheffing zelfpromotie commerciele omroep.*
[1004] Schriftliche Auskunft des *Commissariat voor de Media* vom 1. August 2005.
[1005] *De Bens*, Kapitel 2; *de Bens/Ros*, in: *Hans-Bredow-Institut*, S. 213; *Ward*, S. 29.

der Welt hat,[1006] bekamen die belgischen Veranstalter starke Konkurrenz von ausländischen Sendern, vor allem von den französischen Sendern *TF1*, *France 2* und *France 3*.[1007] Wegen dieser Konkurrenz wurde 1995 von *RTL IV* der neue Spartensender *Club-RTL* gegründet.[1008] 1997 ging der Spartensender *Event TV* und 2003 *AB3* auf Sendung. Die zuständige Aufsichtsbehörde über das private Fernsehen ist seit 1987 der *Conseil Supérieur de l'audiovisuel* (*CSA*). Die Sender mit den höchsten Zuschaueranteilen im Jahre 2003 waren *RTL IV* (17,9%), *TF1* (16,1%), *RTBF La Une* (15,3%), *France 2* (9,8%), *France 3* (7,0%), *Club RTL* (5,4%), *AB3* (4,4%) und *RTBF La Deux* (3,5%).

II. Horizontale Medienkonzentration und Konzentrationskontrolle

Der französischsprachige Fernsehmarkt in Belgien ist hoch konzentriert und vor allem zwischen den öffentlich-rechtlichen Sendern und der *RTL Group* aufgeteilt.[1009] Das Gesetz sieht keine Beschränkungen der Anzahl an Lizenzen vor, die ein Unternehmen halten darf. Allerdings schreitet der *CSA* ein, sofern ein Sender eine vorherrschende Position einnimmt. Diese liegt dann vor, wenn ein Veranstalter neben einer Beteiligung von mehr als 24% eine weitere direkte oder indirekte Beteiligung an einem anderen Sender von mehr als 24% hält[1010] oder wenn der Marktanteil seines Senders 20% überschreitet.[1011]

III. Cross-Promotion

1. Werbung

Der Begriff der Werbung wird in Art. 1 Nr. 29 des *Décret du 27 février 2003 sur la radiodiffusion*[1012] definiert, der den Wortlaut der Fernsehrichtlinie sinngemäß wiedergibt.[1013] Art. 14 fordert, dass Werbung vom übrigen Programm getrennt zu sein hat.

[1006] Mehr als 98% der Haushalte sind ans Kabel angeschlossen, vgl. *de Bens/Ros*, in: *Hans-Bredow-Institut*, S. 208.

[1007] Im Jahr 2003 hatte *TF1* einen Zuschaueranteil von 16,1%, *France 2* von 9,8% und *France 3* von 7%, vgl. *Ward* S. 30.

[1008] *De Bens/Ros*, in: *Hans-Bredow-Institut*, S. 213.

[1009] *Ward*, S. 40; *Europäisches Medieninstitut*, S. 30.

[1010] Art. 7, § 1, Nr. 1 des *décret du 27 février 2003 sur la radiodiffusion*.

[1011] Art. 7, § 1, Nr. 3 des *décret du 27 février 2003 sur la radiodiffusion*.

[1012] Abrufbar unter http://www.csa.be/pdf/Décret%20radiodiffusion.pdf.

[1013] Art. 1, Nr. 29 des *décret du 27 février 2003 sur la radiodiffusion*: „Pour l'application du présent décret, il fait entendre par publicité toute forme de message radiodiffusé contre rénumération ou paiement similaire par une institution ou une entreprise publique ou privée dans le cadre d'une activité commerciale, industrielle, artisanale ou de profession libérale dans le

Im Gegensatz zu den meisten mitgliedstaatlichen Regelungen enthält die Verordnung auch eine Definition der Eigenwerbung im Sinne der sogenannten Self-Promotion.[1014] Diese Self-Promotion muss den allgemeinen Anforderungen an die Werbung genügen (Art. 10 bis 17[1015]) und auch die Vorschriften hinsichtlich des Einfügens der Werbung beachten (Art. 18), aber sie wird nicht in die Werbezeitkontingente miteingerechnet (Art. 20). Zu beachten ist hierbei, dass sie also gemäß Art. 14 dem Trennungs- und Kennzeichnungsgebot unterliegt. Im Gegensatz zur normalen Werbung sind gemäß Art. 19 isolierte Self-Promotion-Spots erlaubt.[1016]

2. Cross-Promotion

Das *Collège d`autorisation et de controle*, das entscheidungsbefugte Organ des *CSA*[1017], hat bislang noch kein abschließendes Urteil zu der Frage nach der Zulässigkeit der Cross-Promotion außerhalb des Werbeblocks gefällt. Allerdings haben juristische Beratungen in der letzten Zeit zu der Auffassung geführt, dass der Begriff der Self-Promotion eng ausgelegt werden sollte.[1018] Im Zusammenhang mit den Hinweisen auf Begleitmaterialien, die ja auch nicht in die Werbezeitkontingente einberechnet werden, gibt es zurzeit einen Rechtsstreit. Der *CSA* tendiert jedenfalls dazu, nur dann die Cross-Promotion außerhalb des Werbeblocks zuzulassen, wenn es sich um denselben Lizenznehmer handelt. Generell wünscht sich der *CSA*, dass auf europäischer Ebene die Ausnahmevorschriften begrenzt und eine zeitliche Beschränkung für alle Werbeformen eingeführt wird.[1019]

---

but de promouvoir la fourniture contre paiement de biens ou de services y compris les biens immeubles, les droits et les obligations."

Der französische Wortlaut der Fernsehrichtlinie lautet: „"Publicité télévisée': toute forme de message télévisé, que ce soit contre rémunération ou paiement similaire, ou de diffusion à des fins d'autopromotion par une entreprise publique ou privée dans le cadre d'une activité commerciale, industrielle ou artisanale ou d'une profession libérale dans le but de promouvoir la fourniture, moyennant paiement, de biens ou de services, y compris les biens immeubles, ou de droits et d'obligations."

[1014] Siehe dazu auch den Beitrag der französischen Gemeinde Belgiens, S. 7; Art. 1, Nr. 3 lautet: „Pour l`application du présent décret, il fait entendre par autopromotion tout message radiodiffusé à l`initiative d`un éditeur de services et qui vise à promouvoir ses propres services, programmes ou de produits connexes directement dérivés de ses propres programmes. „

[1015] Insbesondere ist die Achtung der Menschenwürde, das Verbot der Diskriminierung aufgrund von Rasse, Geschlecht, Religionszugehörigkeit, und der Minderjährigenschutz zu nennen.

[1016] Siehe auch *Bird&Bird/Carat Crystal*, national report (Belgien), S. 59.

[1017] Der *CSA* besteht aus drei Räten, dem Werberat, dem Kontrollrat und dem Lizenzrat, vgl. *de Bens/Ros*, in: *Hans-Bredow-Institut*, S. 214.

[1018] Schriftliche Auskunft des *Conseil Supérieur de l`audiovisuel* vom 2. Mai 2005.

[1019] Schriftliche Auskunft des *Conseil Supérieur de l`audiovisuel* vom 2. Mai 2005.

IV. Bewertung im Vergleich zur deutschen Rechtslage

Der französische Teil Belgiens ist eines der wenigen Länder, die den Begriff der sogenannten Self-Promotion definieren. Allerdings fehlt auch hier eine Begriffsbestimmung, was unter dem Fernsehveranstalter und „eigenen" Programmen zu verstehen ist. Der *CSA* hat allerdings zu erkennen gegeben, dass er bloße wirtschaftliche Verflechtungen zwischen zwei Sendern nicht als Privilegierung für die Werbevorschriften heranziehen möchte. Vielmehr will er den Anwendungsbereich der Eigenwerberegelungen eng auslegen. Cross-Promotion soll nur dann zulässig sein, sofern es sich um Sender mit exakt demselben Lizenznehmer handelt. Insofern vertritt auch der *CSA* einen engen oder formellen Veranstalterbegriff.

K. Luxemburg

I. Fernsehsystem und Fernsehlandschaft

Aufgrund der mit 436.000 Einwohnern geringen Bevölkerungszahl weist Luxemburg einige Besonderheiten gegenüber den anderen EU-Mitgliedstaaten auf. So gibt es in Luxemburg keinen öffentlich-rechtlichen Sender, da dieser nicht zu finanzieren wäre.[1020] Der Markt ist darüber hinaus zu klein, um ein privates luxemburgisches Programm für das ganze Land finanzieren zu können. Aufgrund dieser wirtschaftlichen Gegebenheiten hat die luxemburgische Regierung mit der *Companie Luxembourgeoise de Télédiffusion* (*CLT*) einen Konzessionsvertrag geschlossen, dem zufolge die *CLT* von der Verpflichtung, eine Gebühr für die Frequenznutzung zu entrichten, befreit wurde, finanzielle Unterstützung von der Regierung erhielt und im Gegenzug verpflichtet wurde, ein sogenanntes „*public-service*"-Radio- und Fernsehprogramm auszustrahlen.[1021] Das Rundfunkgesetz von 1991 beendete dieses Monopol formal und ebnete den Weg für die Einführung neuer Übertragungsmittel und neuer Sender.[1022]

Der Konzessionsvertrag zwischen der Regierung und der *CLT* wurde im Jahre 1994 erneuert.[1023] Das zunächst bis 2010 geltende Abkommen hat die *CLT* von vielen *public-service*-Verpflichtungen befreit, im Gegensatz dazu musste sich die *CLT* verpflichten, einige ihrer Unternehmensbereiche in Luxemburg zu belassen.[1024] Nachdem nämlich die *CLT* als Pionierin des kommerziellen Rund-

[1020] *Ward*, S. 113; seit 1993 gibt es allerdings einen öffentlich-rechtlichen Hörfunk, das *établissement public de radio socio-culturelle* (*RSC*), der aber nur eine Einschaltquote von 1% erreicht, vgl. *Hirsch*, in: *Hans-Bredow-Institut*, S. 435.

[1021] *Ward*, S. 113.

[1022] *Hirsch*, in: *Hans-Bredow-Institut*, S. 432.

[1023] *Hirsch*, in: *Hans-Bredow-Institut*, S. 431.

[1024] *Hirsch*, Kapitel 3.

funks seit Jahrzehnten Luxemburg als Ausgangspunkt für ihre internationalen Aktivitäten genutzt hat, werden mittlerweile immer mehr Unternehmensteile in andere Mitgliedstaaten verlagert.[1025] Die Übernahme durch *Bertelsmann* im Jahre 2002 könnte diesen Prozess noch beschleunigen.

Das Abkommen verbietet es der Regierung außerdem, Fernsehlizenzen zu erteilen, die der *CLT* ernsthafte Konkurrenz machen könnten.[1026] Der Fernsehsektor wird daher von der *RTL Group* beherrscht, andere Sender mit Sitz in Luxemburg spielen eine überaus untergeordnete Rolle. Die einzige nennenswerte Konkurrenz mit Blick auf die Zuschaueranteile kommt aus Deutschland, Frankreich und von dem portugiesischen öffentlich-rechtlichen Sender *RTP*.[1027] Da diese Sender aber keine auf den luxemburgischen Markt zugeschnittene Werbung ausstrahlen, hat die *RTL Group* nicht nur was die Zuschaueranteile angeht, sondern auch bezüglich der Werbeeinnahmen ein Quasi-Monopol.[1028]

II. Horizontale Medienkonzentration und Konzentrationskontrolle

Da die *RTL Group* eine überragende Marktposition im luxemburgischen Fernsehsektor innehat und keine nennenswerte Konkurrenz besteht, ist der Fernsehmarkt stark konzentriert. Gesetzliche Limitierungen für den Besitz an Fernsehsendern gibt es in Luxemburg nicht.[1029]

III. Cross-Promotion

1. Werbung

Ausgangspunkt für die rechtliche Einordnung der Werbemaßnahmen ist zunächst Art. 2, Nr. 18 des Gesetzes über die elektronischen Medien vom 27. Juli 1991[1030]. Dieser enthält eine Definition der Werbung, die sich mit der Definition des Werbebegriffs in der Fernsehrichtlinie deckt.[1031] Werbung muss vom übri-

---

[1025] *Hirsch*, in: *Hans-Bredow-Institut*, S. 431.
[1026] *Hirsch*, Kapitel 3.
[1027] *Ward*, S. 122.
[1028] *Ward*, S. 115.
[1029] *Ward*, S. 122.
[1030] *Loi modifiée du 27 juillet 1991 sur les médias électroniques*, abgedruckt im Amtsblatt des Großherzogtums Luxemburg, *Receuil de Legislation*, A-N° 88 vom 1. August 2001, S. 1788; Auszüge in englischer Fassung abgedruckt bei *Campbell of Alloway/Yaqub*, S. 663.
[1031] Art. 2, Nr. 18 lautet: „Publicité télévisée: toute forme de message télévisé, que ce soit contre rénumération ou paiement similaire ou de diffusion à des fins d`autopromotion par une entreprise publique ou privée dans le cadre d`une activité commerciale, industrielle ou artisanale ou d`une profession libérale dans le but de promouvoir la fourniture, moyennant paiement, de biens ou de services, y compris les biens immeubles, ou de droits et d`obligations. „

gen Programm getrennt und als solche gekennzeichnet werden.[1032] Art. 7 sieht vor, dass detailliertere Vorschriften in einer großherzoglichen Verordnung getroffen werden können. Eine solche Verordnung wurde mit dem *règlement grand-ducal* vom 5. April 2001[1033] erlassen. Art. 6 dieser Verordnung hat Art. 18 Abs. 3 der Fernsehrichtlinie übernommen und statuiert, dass Hinweise des Rundfunkveranstalters auf eigene Programme nicht als Werbung im Sinne der Werbezeitenregelungen gelten.[1034] Auch hier fehlt eine genauere Definition, was unter dem Begriff des Rundfunkveranstalters in diesem Sinne und unter „eigenen Programmen" zu verstehen ist.

2. Cross-Promotion

Die zuständige Aufsichtsbehörde über den privaten Rundfunk, der *Service des Médias et des Communications*, behandelt die Cross-Promotion zwischen zwei Sendern, die denselben Lizenznehmer haben, als Self-Promotion und lässt diese außerhalb des Werbeblocks und ohne Anrechnung auf die Zeitkontingente zu.[1035]

Bislang gab es in Luxemburg noch nicht die Konstellation, dass Cross-Promotion zwischen Sendern stattfindet, die von unterschiedlichen Lizenznehmern veranstaltet werden, die aber wirtschaftlich miteinander verbunden sind. Der *Service des Médias et des Communications* hat sich mit dieser Frage daher noch nicht im Einzelnen auseinandersetzen müssen. Laut eigener Auskunft würde sie aber wohl einen solchen Fall der Cross-Promotion ebenfalls als Self-Promotion und nicht als Werbung ansehen.[1036]

IV. Bewertung im Vergleich zur deutschen Rechtslage

Ein Vergleich mit der deutschen Rechtslage fällt insofern schwer, als sich die zuständige Behörde mit der Frage der rechtlichen Behandlung von Cross-Promotion zwischen Sendern, die von unterschiedlichen Lizenznehmern veran-

---

[1032] Art. 28 Abs. 1 des Gesetzes über die elektronischen Medien.

[1033] *Règlement grand-ducal du 5 avril 2001 fixant les règles applicables en matière de publicité, de parrainage, de télé-achat et d'autopromotion des programmes de télévision réputés relever de la compétence du Luxembourg conformément à la directive européenne modifiée „Télévision sans frontières"*, abgedruckt im Amtsblatt des Großherzogtums Luxemburg, *Receuil de Legislation*, A-N° 88 vom 1. August 2001, S. 1807.

[1034] Art. 6 des *règlement grand-ducal* vom 5. April 2001 lautet: „Aux fins du présent article, la publicité n'inclut pas les messages diffusées par l'organisme de radiodiffusion en ce qui concerne ses propres programmes et les produits connexes directement dérivés de ces programmes. „

[1035] Schriftliche Auskunft des *Service des Médias et des Communications* vom 22. April 2005.

[1036] Schriftliche Auskunft des *Service des Médias et des Communications* vom 22. April 2005.

staltet werden, noch nicht auseinandersetzen musste. Da sie aber dazu tendiert, auch diesen Fall als Eigenpromotion anzusehen, mag dies auf eine liberalere Haltung hindeuten. Eine Diskussion dahin gehend, dass das Privileg der Zuschauerbindung möglicherweise nur für das ausstrahlende Programm selbst gilt, gibt es jedenfalls nicht.

L. Irland

In Irland stellt sich die Frage nach der rechtlichen Behandlung von Cross-Promotion nicht. Neben den drei öffentlich-rechtlichen Rundfunkanstalten *RTÉ1*, *RTÉ2* und *TG4* (*Telefis na Gaelige* - in gälischer Sprache) gibt es nur einen einzigen terrestrischen kommerziellen Sender, *TV3*.[1037] Trotz der theoretischen Möglichkeit promoten sich die öffentlich-rechtlichen Sender untereinander nicht. Nach Einschätzung der *Broadcasting Commission of Ireland* würde ein solcher Fall wohl nicht als Werbung gewertet werden.[1038] Ansonsten gibt es auch keine Senderfamilien mit Sitz in Irland, die per Satellit oder Kabel ausstrahlen. Die von Großbritannien eingespeisten Kanäle unterfallen aufgrund des Sendestaatsprinzips nicht der irischen Gesetzgebung. Der Vollständigkeit halber sollen die wesentlichen Werbebestimmungen aufgeführt werden. Der Begriff der Werbung ist in Übereinstimmung mit der Fernsehrichtlinie in Nr. 2.2 der *Codes of Standards, Practice and prohibitions in advertising and other forms of commercial promotion in broadcasting services* definiert.[1039] Nr. 2.3 nimmt informative Ankündigungen auf das kommende Programm aus dem Werbebegriff aus.[1040] Als „informativ" wird dabei die Nennung des Datums, der Zeit sowie des Namens des Programms verstanden, auch Trailer sind zulässig.

M. Spanien

Spanien zeichnet sich gegenüber den vorstehenden Mitgliedstaaten dadurch aus, dass nicht nur hinsichtlich der rechtlichen Beurteilung von Cross-Promotion sondern bereits über die Zuständigkeit der jeweiligen Aufsichtsbehörden Unklarheiten bestehen.

Der für die Region Navarra zuständige *Audiovisual Council of Navarra* hat zwar eine Promotion von *Canal+* für die Satelliten-Plattform *Digital+* (beide gehören dem Unternehmen *Sogecable* an) registriert, ob diese allerdings innerhalb der Werbezeitkontingente stattfindet oder nicht, ist der Behörde nicht

---

[1037] *Truetzschler*, Kapitel 2; *Europäisches Medieninstitut*, S. 109.
[1038] Schriftliche Auskunft der *Broadcasting Commission of Ireland* vom 14. März 2005.
[1039] Abgedruckt bei *Campbell of Alloway/Yaqub*, S. 587; abrufbar unter http://www.legalbasics.org.
[1040] *Bird&Bird/Carat Crystal*, national report (Irland), S. 62.

bekannt und wird auch nicht weiter geprüft. Mangels Zuständigkeit verweist der *Audiovisual Council of Navarra* entsprechende Anfragen an die *Telecommunications Market Commission (CMT)*[1041], die ihrerseits das *Ministerium für Industrie, Tourismus und Handel* für zuständig bezeichnet.[1042] Letzteres hat sich auch nach wiederholten Anfragen nicht zu der rechtlichen Problematik von Cross-Promotion geäußert. Eine Kontrolle über die Einhaltung der Werbevorschriften in Spanien ist auch laut Auskunft des *Audiovisual Council of Navarra* nicht in dem Maße wie in anderen Mitgliedstaaten gegeben.[1043] Eine Auseinandersetzung mit den spanischen Vorschriften zur Cross-Promotion muss daher entfallen.

[1041] Schriftliche Auskunft des *Audiovisual Council of Navarra* vom 18. Oktober 2005.
[1042] Schriftliche Auskunft des *CMT* vom 7. März 2005.
[1043] So auch eine schriftliche Auskunft des *Audiovisual Council of Navarra* vom 9. Dezember 2005.

TEIL 5: ZUSAMMENFASSENDER VERGLEICH

A. Fehlen eines einheitlichen Rechtsrahmens

Die Untersuchung der einzelnen mitgliedstaatlichen Vorschriften hat eine Bandbreite unterschiedlichster Regelungen der Werbeform der Cross-Promotion gezeigt. So gibt es Staaten, die von einer uneingeschränkten Zulässigkeit der Bewerbung anderer „Familienmitglieder“ außerhalb der Werbeblöcke ausgehen und die einschlägigen Konzentrationsvorschriften im Gegensatz zur deutschen Praxis sogar als Argument für eine Privilegierung der Eigenpromotion anführen (so beispielsweise Italien und Finnland). Auch die Aufsichtspraxis in Luxemburg, Schweden und Dänemark tendiert dazu, Mitglieder einer Senderfamilie hinsichtlich der Werbevorschriften zu privilegieren. Andere Mitgliedstaaten grenzen den Anwendungsbereich der Eigenpromotion eng ein und tendieren dazu, nur den jeweiligen Lizenznehmer als Veranstalter anzusehen (so Belgien und Österreich). Einen interessanten Weg hat Frankreich eingeschlagen: Außerhalb der Kategorisierung in Programm einerseits und Werbung andererseits wird dort die Cross-Promotion als gekennzeichnete Ausstrahlung zugelassen. Um hier für mehr Transparenz zu sorgen, müssen Cross-Promotion-Spots dem Zuschauer das Ausmaß der wirtschaftlichen Verflechtung aufzeigen.

Für eine wiederum andere Handhabung hat sich Großbritannien entschieden. Dort ist zwar Cross-Promotion für einen Sender, an dem der bewerbende Veranstalter mit mindestens 30% beteiligt ist, zulässig, allerdings unterliegen solche Spots zweierlei Einschränkungen: So müssen diese Spots zum einen einen informativen Charakter aufweisen (so auch die irische und niederländische Regelung zur Eigenpromotion), zum anderen unterliegen die terrestrischen Sender aufgrund ihrer herausragenden Marktposition einer zeitlichen Begrenzung. Dort wird also den erheblichen Synergieeffekten, die einer Cross-Promotion von reichweitenstarken Sendern innewohnen, Rechnung getragen.

Eine derart dominierende Marktposition des *ORF* hat deshalb Österreich zum Anlass genommen, Cross-Promotion zwischen dem *ORF*-Hörfunk und dem *ORF*-Fernsehen nicht nur außerhalb des Werbeblocks, sondern gänzlich zu untersagen.

Die vorliegende Untersuchung hat daher gezeigt, dass es dem Gemeinschaftsgesetzgeber mit der Vorschrift des Art. 18 Abs. 3 Fernsehrichtlinie nicht gelungen ist, einen einheitlichen Rechtsrahmen für die Behandlung von Cross-Promotion zu schaffen. Dies liegt zum einen an der mangelnden Definition, was überhaupt unter dem Begriff der Self-Promotion und damit unter dem Begriff der Cross-Promotion rechtlich zu verstehen ist. Dies hat der Gesetzgeber auch selbst erkannt: In Nr. 39 der Erwägungsgründe konstatiert er, dass die Richtlinie hinsichtlich der die Eigenwerbung betreffenden Vorschriften besonders überprüfungsbedürftig ist. Wie bereits gezeigt, bestehen in dem Großteil der Mitgliedstaaten hinsichtlich der Self- und Cross-Promotion keinerlei explizite Regelungen. Dies wird vor allem auf die unklare Regelung in der Fernsehrichtlinie zurückzuführen sein. Hier besteht also erheblicher Nachbesserungsbedarf.

Zum anderen weichen trotz Art. 1 Buchst. c) der Fernsehrichtlinie die Definitionen des Werbebegriffs erheblich voneinander ab. So sehen beispielsweise Frankreich, Großbritannien oder Schweden das Merkmal der Entgeltlichkeit im Rahmen des Werbebegriffs als rein deklaratorisch an, während beispielsweise in Deutschland noch immer ein Teil der Gerichte diesem Kriterium entgegen Sinn und Zweck der Werbevorschriften konstitutive Bedeutung beimessen. Insofern verwundert es kaum, dass auch die Vorschriften oder Auslegungskriterien der Cross-Promotion derart voneinander abweichen.

B. Vergleich mit den Vorschriften zur horizontalen Konzentrationskontrolle

Ebenso wie die einzelnen Mitgliedstaaten den rechtlichen Umgang mit Cross-Promotion unterschiedlich ausgestaltet haben, differieren auch die Mechanismen zur horizontalen Konzentrationskontrolle. So gibt es Staaten, die keinerlei Beschränkungen der Anzahl an Lizenzen oder medienspezifische Beschränkungen auf einen bestimmten Zuschauer- oder Marktanteil vorsehen (wie z.B. Finnland, Schweden, Dänemark, die Niederlande, Luxemburg und jetzt auch Großbritannien). Andere knüpfen die Zulassung der Fernsehveranstaltung an Obergrenzen hinsichtlich des Zuschaueranteils wie Italien und Deutschland. Auch die Anzahl der Lizenzen, die einem Veranstalter erteilt werden dürfen sowie entsprechende Beteiligungen werden als Entscheidungsmaßstab herangezogen (so in Frankreich, Belgien und Österreich).

In vielen Fällen spiegeln die Vorschriften zur Cross-Promotion die jeweilige Strenge der Konzentrationsvorschriften wider. So sind die italienischen Regelungen bezüglich der rechtlichen Behandlung von Cross-Promotion ebenso liberal wie die Praxis hinsichtlich des Wachstums der Sendergruppe *Mediaset.* In Finnland gibt es keine speziellen medienkonzentrationsrechtlichen Vorschriften und die Zulässigkeit der Ausstrahlung von Cross-Promotion wird freizügig gehandhabt. Auch in Schweden gibt es keine Begrenzung von Zuschaueranteilen der jeweiligen Fernsehsender und die Aufsichtspraxis tendiert dazu, die Bewerbung von „Familienmitgliedern" in Bezug auf die Werbevorschriften zu privilegieren. Auch die liberalisierten Konzentrationsvorschriften in Großbritannien korrespondieren mit dem Umstand, dass auch Cross-Promotion zwischen Sendern zulässig ist, an denen der cross-promotende Sender mit mindestens 30% beteiligt ist. Dennoch kann die These, dass die Regelungen der Cross-Promotion stets dem Ausmaß der Konzentrationsvorschriften entsprechen, nicht uneingeschränkt aufrechterhalten werden. Auch die Sender in Dänemark sind keinen fernsehspezifischen Konzentrationsvorschriften unterworfen, die Aufsichtsbehörde lässt aber ebenfalls nicht jedes wirtschaftliche Interesse als Privilegierung der Werbevorschriften gelten.

Interessant ist auch die Rolle und Funktion, die die unterschiedlichen Mitgliedstaaten den Konzentrationsvorschriften hinsichtlich der Bewertung von Cross-Promotion beimessen. So werden von den Aufsichtsbehörden in Italien und Finnland die entsprechenden Zurechnungsvorschriften herangezogen, um ein „eigenes" Programm der Sender zu begründen, während beispielsweise Teile der deutschen Landesmedienanstalten die Konzentrationsvorschriften als Grund dafür anführen, Cross-Promotion zwischen Sendern einer Unternehmensgruppe außerhalb der Werbezeitkontingente für unzulässig zu erklären.

TEIL 6: ANREGUNGEN FÜR KÜNFTIGE REGELUNGEN AUF EUROPÄISCHER EBENE

Mittlerweile werden nicht nur Fernsehsendungen als solche länderübergreifend ausgestrahlt. Auch die Fernsehveranstalter an sich konkurrieren verstärkt auf internationaler Ebene miteinander. Unterschiedliche nationale Vorschriften können daher zu einem Ungleichgewicht auf dem internationalen Markt führen. Es ist daher nicht nur sinnvoll, sondern auch erforderlich, einen einheitlichen Rahmen für die rechtliche Behandlung von Eigen- und Cross-Promotion innerhalb einer Sendergruppierung zu schaffen.

Teile der Medienwirtschaft verlangen zuweilen die Abschaffung sämtlicher Werbezeitbeschränkungen und plädieren für eine Selbstregulierung durch den Markt. Hauptargument ist dabei, dass der Zuschauer den Sender wechseln werde, sobald für ihn das zumutbare Maß an Werbung erreicht sei. Bei der rechtlichen Behandlung von Cross-Promotion geht es aber nicht nur um bloße Finanzierungsfragen eines Fernsehsenders, wie es bei den allgemeinen Werbeformen der Fall ist. Durch die erheblichen Synergieeffekte, die durch eine solche Überkreuz-Werbung auf verschiedenen Kanälen freigesetzt werden, müssen vielmehr auch Aspekte von Medienkonzentration und Meinungspluralismus berücksichtigt werden. Neben der Internationalisierung des Fernsehsektors sind in den letzten Jahren deutliche Tendenzen zur transnationalen Konzentration zu beobachten.[1044] Da diese Prozesse eine Gefahr für die Meinungsvielfalt darstellen können, sind auch bei einer Regelung auf europäischer Ebene Aspekte dieser horizontalen Medienkonzentration, die durch die Ausstrahlung von Cross-Promotion begünstigt wird, angemessen zu berücksichtigen. Eine Abschaffung sämtlicher Regelungen und eine Selbstregulierung durch den Markt können dem nicht gerecht werden. Eine uneingeschränkte Zulassung von Cross-Promotion sollte daher nicht erfolgen.

Zunächst wird vor allem das starre System der Kategorisierung in Programm einerseits und Werbung andererseits, wie es bislang in Deutschland gegeben ist, dem Phänomen der Cross-Promotion nicht gerecht. Eine grundsätzliche Bewertung als Programm sollte, wie oben ausgeführt, nur dem jeweils ausstrahlenden Programm zugute kommen. Eine Ausdehnung auch auf sogenannte Familienmitglieder würde Sinn und Zweck der Eigenwerberegelungen widersprechen und einen Wettbewerbsvorteil gegenüber kleinen unabhängigen Veranstaltern darstellen. Dabei ist es unerheblich, ob es sich um 100%ige Ausgliederungen handelt oder um in sonstiger Weise mit der Muttergesellschaft wirtschaftlich verbundene Unternehmen.

Auf der anderen Seite kann den Sendergruppierungen ein Interesse an der Ausstrahlung von Hinweisen auf ihre jeweiligen Schwestersender nicht von vornherein abgesprochen werden, so dass eine entsprechende pauschale Platzierung in den Werbeblöcken ebenfalls nicht interessengerecht erscheint.

[1044] Siehe *Advisory Panel on Media Diversity*, S. 7 ff.

Dabei ist aber zu berücksichtigen, dass ein Medienunternehmen nach der Konzeption der audiovisuellen Regelungen seine Unternehmensteile nicht als Werbeträger für seine verschiedenen Unternehmensbereiche einsetzen darf. Dies ergibt sich schon aus dem auch im Presserecht geltenden Kennzeichnungs- und Trennungsgebot. Eine Bewerbung konzerneigener Sender außerhalb des Werbeblocks muss aus diesen Gründen ausscheiden. Hinweise auf andere Sender sollten, so wie es schon viele europäische Mitgliedstaaten vorsehen, einen informativen Charakter aufweisen und werbliche Elemente meiden.

Die französischen Regelungen zeigen, dass neben der starren Kategorisierung in Werbung einerseits und Programm andererseits auch andere Formate denkbar sind. So wäre eine Zulassung von Programmhinweisen und -trailern außerhalb des Werbeblocks denkbar, wenn dabei zugleich das Ausmaß der wirtschaftlichen Verflechtung per Einblendung offen gelegt wird. Dies sorgt für ein gewisses Maß an Transparenz und relativiert den Wert, den der Zuschauer der entsprechenden Darstellung beimisst. Da von diesen Spots aber noch immer erhebliche Synergieeffekte ausgehen, sollte auch für diese Cross-Promotion-Spots eine zeitliche Begrenzung in Erwägung gezogen werden, wie es bereits die britischen Regelungen vorsehen.

Art. 18 Abs. 3 der Fernsehrichtlinie wäre insofern vom Gemeinschaftsgesetzgeber entsprechend zu ändern bzw. zu ergänzen, um den widerstreitenden Interessen der Zuschauer, der Sendergruppierungen und kleinerer Wettbewerber sowie dem Gesichtspunkt des Pluralismus im Fernsehen hinreichend gerecht zu werden. Eine Selbstregulierung durch den Markt vermag einen solchen Ausgleich nicht zu schaffen.

LITERATURVERZEICHNIS

Advisory Panel on media diversity (AP-MD) to the Council of Europe Steering Committee on the Mass Media (CDMM) on media concentrations, pluralism and diversity questions, Media Division — Transnational media concentrations in Europe, Strasburg 2004 (zitiert: Advisory Panel on Media Diversity)

Ahrens, Hans-Jürgen — Redaktionelle Werbung – Korruption im Journalismus, GRUR 1995, S. 307 ff.

Altes, Bärbel — Paradigmenwechsel in der europäischen Fusionskontrolle?, Media Perspektiven 2000, S. 492 ff.

André-Simonet, Mathieu — Publicité et télévision interactive, Légipresse N° 181, S. 54 ff.

Arbeitsgemeinschaft der öffentlich-rechtlichen Rundfunkanstalten in der Bundesrepublik Deutschland (ARD) — ARD-Jahrbuch 2000, Hamburg 2000

Barendt, Eric/ Hitchens, Lesley — Media Law, Cases and Materials, Essex 2000

Baumbach, Adolph/ Hefermehl, Wolfgang — Wettbewerbsrecht, 21. Aufl., München 1999

Beater, Axel — Unlauterer Wettbewerb, München 2002

Becker, Jürgen (Hrsg.) — Wahlwerbung politischer Parteien im Rundfunk, Symposion zum 65. Geburtstag von Ernst Fuhr, Baden-Baden 1990

Bender, Gunnar — Cross-Media-Ownership. Eine rechtsvergleichendede Untersuchung der Kontrolle multimedialer Unternehmenskonzentration in der Bundesrepublik Deutschland und den Vereinigten Staaten von Amerika, Diss., Münster 1997

de Bens, Els — The Belgium media landscape, in: European Journalism Centre online 2000, abrufbar unter http://www.ejc.nl

Beucher, Klaus/ Leyendecker, Ludwig/ v. Rosenberg, Oliver — Kommentar zum Rundfunkstaatsvertrag, Mediendienste-Staatsvertrag, Teledienstegesetz und Teledienstedatenschutzgesetz, München 1999

Bird & Bird/ Carat Crystal	Study on the development of new advertising techniques, abrufbar unter http://europa.eu.int/comm/avpolicy/stat/studi_en.htm
Birkert, Eberhard/ Reiter, Hans/ Scherer, Frank	Landesmediengesetz Baden-Württemberg, Kommentar, 2. Aufl., Stuttgart, Berlin, Köln 2001
Bohl, Christoph	Konzentrationskontrolle in den elektronischen Medien, Diss., Baden-Baden 2000
Bork, Reinhard	Eigenwerbung im Fernsehprogramm, ZUM 1990, S. 11 ff.
Bornemann, Roland	Cross-Promotion in Fernsehprogrammen von Senderfamilien, K&R 2001, S. 302 ff.
derselbe	Anmerkung zum Beschluss des Ersten Senats des Bundesverfassungsgerichts vom 20. Februar 1998, MMR 1998, S. 425 ff.
Bornemann, Roland/ Lörz, Nikolaus (Hrsg.)	Bayerisches Mediengesetz, Kommentar und Textsammlung, 18. Lieferung, 2004
Börner, Bodo	Kompetenz der EG zur Regelung einer Rundfunkordnung, ZUM 1985, S. 577 ff.
Bosman, Wieland	Rundfunkrechtliche Aspekte der Trennung von Werbung und Programm, ZUM 1990, S. 545 ff.
Brenner, Christian	Fusionskontrolle bei privaten Rundfunkveranstaltern, ZUM 1998, S. 877 ff.
Breunig, Christian	Von der Programmzeitschrift zum TV-Guide, Media Perspektiven 1997, S. 442 ff.
Brockhaus Enzyklopädie	24. Band (Wek-Zz), 19. Aufl., Mannheim 1994
Bromley, Michael	The British media landscape, European Journalism Centre online 2001, abrufbar unter http://www.ejc.nl
Brosius, Hans-Bernd/ Steger, Beate	Programmzeitschriften und Sehbeteiligung: Gibt es einen Zusammenhang?, RuF 1997, S. 305 ff.
Brummel, Sabine	Zur Konzentration im deutschen Fernsehsektor: Eine problem-orientierte Analyse, Diss., Baden-Baden 1999
Buchholtz, Anne	Anmerkungen zum Beschluß des BVerfG vom 20.2.1998 – 1 BvR 661/94 -, AfP 1998, S. 210 ff.

Bumke, Ulrike — Die öffentliche Aufgabe der Landesmedienanstalten. Verfassungs- und organisationsrechtliche Überlegungen zur Rechtsstellung einer verselbständigten Verwaltungseinheit, München 1995

Bunte, Hermann-Josef — Kartellrecht mit neuem Vergaberecht, Hamburg 2003

Burkhart, Jürgen — Kartellrecht, Gesetz gegen Wettbewerbsbeschränkungen (GWB), Europäisches Kartellrecht, München 1995

Buurke, Sanna — The Dutch media landscape, European Journalism Centre online 2000, abrufbar unter http://www.ejc.nl

Bux, Udo — EG-Kompetenzen für den Rundfunk, Diss., Frankfurt am Main 1992

Campbell of Alloway, Lord/ Zahd, Yaqub — European Handbook of Advertising Law, London 1999

Castendyk, Oliver — Werbung nach der Fernsehrichtlinie, in Schwarze, Jürgen (Hrsg.), Werbung und Werbeverbote im Lichte des europäischen Gemeinschaftsrechts, Baden-Baden 1999

Clausen-Muradian, Elisabeth — Konzentrationstendenzen und Wettbewerb im Bereich des privaten kommerziellen Rundfunks und die Rechtsprobleme staatlicher Rundfunkaufsicht: eine Analyse unter besonderer Betrachtung von § 21 Rundfunkstaatsvertrag 1991 und § 26 Rundfunkstaatsvertrag 1997, Diss., Frankfurt am Main 1998

Commissariat voor de Media — Country Report April 2003 – October 2003, abrufbar unter http://www.cvdm.nl/documents/april_2003.pdf

v. Danwitz, Thomas — Die Sicherung der Meinungsvielfalt im Privatfernsehen nach der Kirch-Pleite – zur fortschreitenden Konzentration und Konvergenz der Medien, ZUM 2002, S. 769 ff.

Debbasch, Charles/ Isar, Hervé/ Agostinelli, Xavier — Droit de la communication – Audiovisuel – Presse – Internet, Paris 2002

Dengler, Klaus-Michael — Wirtschaftswerbung als Finanzierungsinstrument des privaten Rundfunks, Diss., München 1993

Dichtl, Erwin/ Issing, Otmar (Hrsg.) — Vahlens Großes Wirtschaftslexikon, Band A-K, 2. Aufl., München 1993

Dobmeier, Doris	Europäische Rechtsentwicklung – Harmonisierung oder Dissonanz im Rundfunkrecht, Tagungsbericht über das 6. BLM-Symposion Medienrecht 2003 in München, ZUM 2004, S. 644 ff.
Dörr, Dieter	Die KEK – ein taugliches Instrument zur Bekämpfung der Medienkonzentration?, Media Perspektiven 1998, S. 54 ff.
derselbe	Die Entwicklung des Medienrechts, NJW 1997, S. 1341 ff.
derselbe	Vielfaltssicherung durch die EU?, Media Perspektiven 1996, S. 87 ff.
derselbe	Maßnahmen zur Vielfaltssicherung gelungen?, Media Perspektiven 1996, S. 621 ff.
derselbe	Konzentrationstendenzen im Bereich des Rundfunks und ihre Rechtsprobleme, ZUM 1993, S. 10 ff.
Dörr, Dieter/ Heer, Christine	Das Hamburgische Mediengesetz und die Bestimmungen über die Meinungsvielfalt im Rundfunk, K&R 2004, S. 424 ff.
Doyle, Gillian	Deregulierung für den Multimediamarkt, Media Perspektiven 1996, S. 164 ff.
Dupuy, Pierre-Marie	Droit européen et publicité télévisée, Legipresse N°67, S. 81 ff.
Eberle, Carl-Eugen	Praxis des Medienverbundes – Konsequenzen aus dem BGH-Urteil zum Fall „Boro", ZUM 1991, S. 56 ff.
Eberle, Carl-Eugen/ Rudolf, Walter/ Wasserburg, Klaus (Hrsg.)	Mainzer Rechtshandbuch der Neuen Medien, Heidelberg 2003 (zitiert: Bearbeiter, in: Eberle/Rudolf/Wasserburg)
Ekey, Friedrich/ Klippel, Diethelm/ Kothoff, Jost/ Meckel, Astrid/ Plaß, Gunda	Heidelberger Kommentar zum Wettbewerbsrecht, 2. Aufl., Heidelberg 2004
Emmerich, Volker	Unlauterer Wettbewerb, 7. Aufl., München 2004
Engel, Christoph	Medienordnungsrecht, Baden-Baden 1996
Engels, Stefan	Der Trennungsgrundsatz in der dualen Rundfunkordnung, RuF 1997, S. 214 ff.

Engels, Stefan/ Giebel, Torsten — Das neue Fernsehwerberecht, ZUM 2000, S. 265 ff.

Engler, Jörg — Kooperationen im Rundfunk: Eine rundfunkrechtliche Betrachtung der Zusammenarbeit öffentlich-rechtlicher Rundfunkanstalten mit privaten Dritten, Diss., Baden-Baden 1995

Erichsen, Hans-Uwe (Hrsg.) — Allgemeines Verwaltungsrecht, 11. Aufl., Berlin 1998

Erlmeier, Erich/ Reinwald, Gerhard — Rechtsfragen bei Eigenwerbekanälen nach § 45 b Rundfunkstaatsvertrag, ZUM 2002, S. 440 ff.

Europäisches Medieninstitut — Final report of the study on „The information of the citizen in the EU: obligations for the media and the institutions concerning the citizen's right to be fully and objectively informed.", Düsseldorf 2004, abrufbar unter www.epra.org/content/english/press/papers/ European Citizen Information Project Final REPORT.pdf

Fauceglia, Giuseppe — Die Werbesendung im neuen italienischen Rundfunkgesetz, GRUR Int. 1992, S. 271 ff.

Fechner, Frank — Medienrecht, 4. Aufl., Tübingen 2003

Feldmeier, Sonja — Die Traileritis grassiert, W&V 10/1999, S. 146 ff.

Fezer, Karl-Heinz (Hrsg.) — Lauterkeitsrecht, Kommentar zum Gesetz gegen den unlauteren Wettbewerb (UWG), München 2005

Flechsig, Norbert — SWR-Staatsvertrag. Kommentar, Baden-Baden 1997

Fuhr, Ernst/ Rudolf, Walter/ Wasserburg, Klaus (Hrsg.) — Recht der Neuen Medien, Heidelberg 1989

Gehringer, Thomas — Design oder Nicht-Sein, Der Tagesspiegel vom 2. Oktober 1999, S. 35

Gersdorf, Hubertus — Grundzüge des Rundfunkrechts, München 2003

Gibbons, Thomas — Regulating the Media, 2. Aufl., London 1998

Gleich, Uli — Crossmedia. Schlüssel zum Erfolg?, Media Perspektiven 2003, S. 510 ff.

Gloy, Wolfgang/ Loschelder, Michael — Handbuch des Wettbewerbsrechts, 3. Aufl., München 2005

McGonagle, Tarlach — Parlamentarische Versammlung: Neue Entschließung übt Kritik an der Medienkonzentration in Italien, IRIS 2004-7, S. 3

McGougan, Julian — Digitale Zukunft und die Auswirkung auf die Programmkosten, Media Perspektiven 2004, S. 538 ff.

Gounalakis, Georgios — Regulierung von Presse, Rundfunk und elektronischen Diensten in der künftigen Medienordnung, ZUM 2003, S. 180 ff.

Greffenius, Gunter/ Fikentscher, Adrian — Werbeformen bei Sportübertragungen im Fernsehen und ihre wettbewerbsrechtliche Zulässigkeit, ZUM 1992, S. 526 ff.

Greissinger, Christian — Vorgaben des EG-Vertrages für nationales Rundfunk- und Multimediarecht, Diss., Baden-Baden 2001

Grosskopf, Lambert — Fernsehen als genuin europäische Dienstleistung, AfP 1995, S. 464 ff.

Gulich, Joachim — Rechtsfragen grenzüberschreitender Rundfunksendungen. Die deutsche Rundfunkordnung im Konflikt mit der Dienstleistungsfreiheit, Diss., Baden-Baden 1990

Gundel, Jörg — Das Verbot der ideellen Rundfunkwerbung auf dem Prüfstand der EMRK, ZUM 2005, S. 345 ff.

Hahn, Werner/ Vesting, Thomas (Hrsg.) — Beck'scher Kommentar zum Rundfunkrecht, München 2003 (zitiert: Bearbeiter, in: Hahn/Vesting)

Hamann, Götz/ Heuser, Uwe Jean — „Ich sehe keinen Widerstand", Interview mit Thomas Middelhof, Die Zeit vom 8. November 2001, abrufbar unter www.zeit.de/archiv/2001/46/200146_middelhoff-int.xml?page=all

Hans-Bredow-Institut (Hrsg.) — Internationales Handbuch Medien 2004/2005, Baden-Baden 2004 (zitiert: Bearbeiter in: Hans-Bredow-Institut)

Harte-Bavendamm, Henning/ Henning-Bodewig, Frauke (Hrsg.) — Gesetz gegen den unlauteren Wettbewerb (UWG) mit Preisangabenverordnung, Kommentar, München 2004

v. Hartlieb, Holger/ Schwarz, Matthias — Handbuch des Film-, Fernseh- und Videorechts, 4. Aufl., München 2004 (zitiert: Bearbeiter in v. Hartlieb/Schwarz)

Hartstein, Reinhard/ Ring, Wolf-Dieter/ Kreile, Johannes/ Dörr, Dieter/ Stettner, Rupert	Rundfunkstaatsvertrag, Heidelberg, Stand März 2005
Hefermehl, Wolfgang/ Köhler, Helmut/ Bornkamm, Joachim	Wettbewerbsrecht, 24. Aufl., München 2006
Heinrich, Jürgen	Keine Entwarnung bei Medienkonzentration, Media Perspektiven 1994, S. 297 ff.
derselbe	Dominanz der Kirch-Gruppe weiter gestiegen, Media Perspektiven 1993, S. 267 ff.
derselbe	Ökonomische und publizistische Konzentration im deutschen Fernsehsektor, Media Perspektiven 1992, S. 339 ff.
Hendriksen, Paul	Unsichere Zukunft für das „versäulte" Rundfunksystem – Niederlande: Allianz privatkommerzieller Akteure, Media Perspektiven 1995, S. 277 ff.
derselbe	Jüngste Rundfunkentwicklungen in den Niederlanden – Zukunftssicherung des öffentlich-rechtlichen Fernsehens durch Kooperation, Media Perspektiven 1994, S. 218 ff.
derselbe	Rundfunk und Werbemarkt in den Niederlanden – Tiefgreifender Strukturwandel durch privates Werbefernsehen, Media Perspektiven 1992, S. 591 ff.
Henning-Bodewig, Frauke	Die Trennung von Werbung und Programm im deutschen und europäischen Rundfunk- und Wettbewerbsrecht, GRUR Int. 1987, S. 538 ff.
Herkman, Juha	Media Ownership and Content: Corporatization of the Finnish Media in 1990`s, University network for communications sciences 2004, abrufbar unter www.uta.fi/viesverk/fmcs/convergence/herkman.htm
Herkströter, Dirk	Neue elektronische Werbeformen: Glaubwürdigkeit des Programms gefährdet?, Media Perspektiven 1998, S. 106 ff.
derselbe	Werbebestimmungen für den privaten Rundfunk nach dem Rundfunkstaatsvertrag vom 31.8.1991, ZUM 1992, S. 395 ff.

Herrmann, Günter/ Lausen, Matthias — Rundfunkrecht – Fernsehen und Hörfunk mit Neuen Medien, 2. Aufl., München 2004

derselbe — Neuordnung der deutschen Medienlandschaft, AfP 1991, S. 498 ff.

Hess, Wolfgang — Medienkonzentrationsrecht nach dem neuen Rundfunkstaatsvertrag, AfP 1997, S. 680 ff.

Hesse, Albrecht — Rundfunkrecht, 2. Aufl., München 1999

derselbe — Wahlwerbung und Wahlberichterstattung im Rundfunk, RuF 1994, S. 351 ff.

Hirsch, Mario — The Luxembourg media landscape, in European Journalism Centre online 2000, abrufbar unter http:// www.ejc.nl

Hochstein, Reiner — Neue Werbeformen im Rundfunkrecht – Ordnungspolitische und aufsichtsrechtliche Aspekte, AfP 1991, S. 696 ff.

Hoffmann, Ernst-Jürgen — Reichweite und Grenzen des Gesetzes gegen Wettbewerbsbeschränkungen im dualen Rundfunksystem, Regensburg 2000

Höfling, Heribert/ Möwes, Bernd/ Pechstein, Matthias (Hrsg.) — Europäisches Medienrecht, München 1991

Hofsümmer, Karl-Heinz/ Müller, Dieter — Zapping bei Werbung – ein überschätztes Phänomen, Media Perspektiven 1999, S. 296 ff.

Hollander, Ed/ Renckstorf, Karsten — Partizipationskonzepte im niederländischen Rundfunksystem – Gefährdung des Prinzips der Bürgerbeteiligung, Media Perspektiven 1993, S. 342 ff.

Holznagel, Bernd — Rundfunkrecht in Europa. Auf dem Weg zu einem Gemeinrecht europäischer Rundfunkordnungen, Tübingen 1996

Holznagel, Bernd/ Stenner, Daniel — Die Zulässigkeit neuer Werbeformen – von der Splitscreentechnik zu den neuen interaktiven Werbestrategien im Fernsehen, ZUM 2004, S. 617 ff.

v. der Horst, Rutger — „Aufblasbare Gummi-Filme" – Sittenwidrige Manipulation oder gelenkte Version ?, ZUM 1994, S. 239 ff.

Huber, Joachim — Wirb oder stirb, Der Tagesspiegel vom 14. Juni 2005, S. 27

Huber, Joachim/ Simon, Ulrike	Auf allen Kanälen, Der Tagesspiegel vom 10. August 2005
Hultén, Olof	Festhalten an starkem öffentlich-rechtlichen Rundfunk, Media Perspektiven 1994, S. 224 ff.
Hultén, Olof/ Gröndahl, Aulis	Öffentlicher Rundfunk und Internet in den nordischen Ländern, Media Perspektiven 2001, S. 358 ff.
Immenga, Ulrich/ Mestmäcker, Ernst-Joachim (Hrsg.)	Gesetz gegen Wettbewerbsbeschränkungen, Kommentar, 3. Aufl., München 2001
Janik, Viktor	Kapitulation vor der eingetretenen Konzentration? Die Sicherung der Meinungsvielfalt im privaten Rundfunk nach dem Sechsten Rundfunkänderungsstaatsvertrag, AfP 2002, S. 104 ff.
Jarras, Hans/ Pieroth, Bodo	Grundgesetz für die Bundesrepublik Deutschland – Kommentar, 7. Aufl., München 2004.
Jauert, Per/ Prehn, Ole	The Danish media landscape, in European Journalism Centre online 2000, abrufbar unter http://www.ejc.nl
Jönsson, Anna Maria/ Weibull, Lennart	The Swedish media landscape, in European Journalism Centre online 2000, abrufbar unter http:/ /www.ejc.nl
Jyrkiäinen, Jyrki	The Finnish media landscape, in European Journalism Centre online 2000, abrufbar unter http:// www.ejc.nl
Karstens, Eric/ Schütte, Jörg	Firma Fernsehen – wie TV-Sender arbeiten, Hamburg 1999
Klaassen, Klaas	„Morgen, Gleich, Jetzt..." – Trailer als Zugpferde für das Programm, in: Hicketier, Knut/Bleicher, Joan (Hrsg.), Trailer, Teaser, Appetizer: Zu Ästhetik und Design der Programmverbindungen im Fernsehen, Hamburg 1997, S. 217 ff.
Knothe, Matthias/ Bashayan, Hassan	Die Revision der EG-Fernsehrichtlinie – ein europäischer Entscheidungsprozeß im Lichte nationaler Kompetenzen, AfP 1997, S. 849 ff.
Kommission zur Ermittlung der Konzentration im Medienbereich (KEK)	Siebter Jahresbericht, Berichtszeitraum 1. Juli 2003 bis 30. Juni 2004
dieselbe	Fünfter Jahresbericht, Berichtszeitraum 1. Juli 2001 bis 30. Juni 2002

dieselbe	Sicherung der Meinungsvielfalt in Zeiten des Umbruchs, Bericht der KEK über die Entwicklung der Konzentration und über Maßnahmen zur Sicherung der Meinungsvielfalt im privaten Rundfunk, Konzentrationsbericht der KEK nach § 26 Abs. 6 RStV, Potsdam 2003 (zitiert: Bericht der KEK 2003)
dieselbe	Fortschreitende Medienkonzentration im Zeichen der Konvergenz – Bericht der KEK über die Entwicklung der Konzentration und über Maßnahmen zur Sicherung der Meinungsvielfalt im privaten Rundfunk, Berlin 2000 (zitiert: Bericht der KEK 2000)
dieselbe	Mitteilung der Kommission zur Ermittlung der Konzentration im Medienbereich (KEK) – Behandlung von Anträgen bundesweiter Fernsehveranstalter auf Zulassungsverlängerung und auf Zulassung anderer Konzernunternehmen, ZUM 2003, S. 904 (zitiert: Mitteilung der KEK 2003)
Kommunikationsbehörde Austria (KommAustria)	Stellungnahme der Kommunikationsbehörde Austria im Rahmen der Konsultation zur Überprüfung der Richtlinie „Fernsehen ohne Grenzen", abrufbar unter http://europa.eu.int/comm/avpolicy/regul/reviewtwf2003/contribution.htm (zitiert: Stellungnahme der KommAustria)
Köhler, Helmut/ Piper, Henning	Gesetz gegen den unlauteren Wettbewerb mit Preisangabenverordnung, Kommentar, 3. Aufl., München 2002
Köhler, Markus Rolf	Rechtsfragen des inländischen und grenzüberschreitenden Rundfunkwerberechts, Diss., Frankfurt am Main 1992
König, Almut	Die EU-Fernsehrichtlinie – Revision oder Abschied?, ZUM 2002, S. 803 ff.
König, Michael	Die Einführung des digitalen Fernsehens – neue Probleme und Implikationen für den Wettbewerb und die Medienkonzentration, Diss., Baden-Baden 1997
Kopp, Reinhold	Werbefreiheit – Stiefkind der europäischen Deregulierung, K&R 1998, S. 513 ff.
Kopp, Ferdinand/ Schenke, Wolf-Rüdiger	Verwaltungsgerichtsordnung, 14. Aufl., München 2005
Koschnick, Wolfgang	Werbeplanung – Mediaplanung – Marktforschung – Kommunikationsforschung – Medienforschung, 3. Aufl., München 2003

Kreile, Johannes — Die Neuregelung der Werbung im 4. Rundfunkänderungs-Staatsvertrag, ZUM 2000, S. 194 ff.

Kreile, Johannes/ Stumpf, Christoph — Das neue „Medienkartellrecht". Die Sicherung der Meinungsvielfalt im novellierten Rundfunkstaatsvertrag, MMR 1998, S. 192 ff.

Kübler, Friedrich — Medienkonzentrationskontrolle im Streit, Media Perspektiven 1999, S. 379 ff.

derselbe — Die Konzentration im Medienbereich und ihre Kontrolle, Schriftenreihe des Instituts für Rundfunkökonomie an der Universität zu Köln, Köln 1999

Ladeur, Karl-Heinz — Rechtsprobleme der Werbung im lokalen Fernsehen, K&R 2005, S. 145 ff.

derselbe — Das Werberecht der elektronischen Medien,Heidelberg 2004

derselbe — Normkonkretisierende Verwaltungsvorschriften als Recht privat-öffentlicher Kooperationsverhältnisse, DÖV 2000, S. 217 ff.

derselbe — Neue Werbeformen und der Grundsatz der Trennung von Werbung und Programm, ZUM 1999, S. 672 ff.

derselbe — Die vertikale Integration von Film,- Fernseh- und Video-Wirtschaft als Herausforderung der Medienregulierung, RuF 1998, S. 5 ff.

Laukemann, Marc — Fernsehwerbung im Programm, Diss., Frankfurt am Main 2002

Lettl, Tobias — Das neue UWG, München 2004

derselbe — Der Schutz der Verbraucher nach der UWG-Reform, GRUR 2004, S. 449 ff.

derselbe — Der unlautere Wettbewerb durch Rechtsbruch in der instanzgerichtlichen Rechtsprechung, GRUR-RR 2004, S. 225 ff.

Lilienthal, Volker — „Bauers neue Medienmacht", Welt am Sonntag vom 6. August 2003

Lindner, Josef Franz — Externe Eigenwerbung des öffentlich-rechtlichen Rundfunks – rundfunkrechtliche und rundfunkpolitische Anmerkungen, ZUM 2005, S. 520 ff.

Loebbecke, Claudia/ Niedermeyer, Ulrich/ Kaplan, Andreas/ Kurucu, Guerhan	Betriebswirtschaftliche Betrachtung öffentlich-rechtlicher TV-Online-Aktivitäten, Arbeitspapiere des Instituts für Rundfunkökonomie an der Universität zu Köln, Heft 183, Köln 2003
Loitz, Kurt-Michael/ Arnold, Hans-Henning/ Schmitz, Dirk/ Isenbart, Jan	Handbuch des Rundfunkwerberechts, Köln 2004
Luyken, Georg-Michael	Das Medienwirtschaftsgefüge der 90er Jahre, horizontale und vertikale Unternehmensverflechtungen – neue strategische Allianzen – öffentliches Interesse, Media Perspektiven 1990, S. 621 ff.
Machill, Marcel	Frankreichs Hörfunk zwischen Kommerzialisierung und Kulturprotektion, Media Perspektiven 1996, S. 144 ff.
Machill, Marcel/ Lutzhöft, Niels	Der französische Fernsehmarkt im digitalen Zeitalter, Media Perspektiven 1998, S. 132 ff.
Martin-Pérez de Nanclares, José	Die EG-Fernsehrichtlinie, Diss. Frankfurt am Main 1995
Mazzoleni, Gianpetro	Medienpluralismus in Italien zwischen Politik und Marktwettbewerb, Media Perspektiven 2003, S. 517 ff.
Media Ownership Authority (MOA), Norway	Annual Report for 2003, abrufbar unter http://www.eierskapstilsynet.no/engelsk/reports/annualreports/copy_of_rsmelding2004pdfeng.pdf (zitiert: MOA, Jahresbericht 2003)
Meinel, Wulf	Grenzen europäischer Rundfunkrechtsetzung, Diss., Frankfurt am Main 1993
Michel, Eva-Maria	Konvergenz der Medien, Auswirkungen auf das Amsterdamer Protokoll und das Europäische Beihilferecht, MMR 2005, S. 284 ff.
Mohr, Karin/ Scherer, Frank	Business TV . Moderne Unternehmenskommunikation und Medienrecht, ZUM 2001, S. 147 ff.
Neft, Hans	Meinungsdominanz im Fernsehen – Aufgreifkriterien des neuen § 26 Abs. 2 Rundfunkstaatsvertrag (RStV), ZUM 1998, S. 458 ff.

derselbe — Rundfunkwerbung und Rundfunkfreiheit – inhaltliche Bindungen der Rundfunkwerbung durch An forderungen des Artikel 5 I 2 Grundgesetz, Diss., München 1993

Oberländer, Stefanie — Gemeinsame Richtlinien der Landesmedienanstalten als normkonkretisierende Verwaltungsvorschriften?, ZUM 2001, S. 487 ff.

Oehmichen, Ekkehardt/ Schröter, Christian — Fernsehen, Hörfunk, Internet: Konkurrent, Konvergenz oder Komplement?, Media Perspektiven 2000, S. 359 ff.

Oeter, Stefan — Rundfunk als Wirtschaftsgut ?, AfP 2005, S. 6 ff.

Ossa, Ralph — Audiovisuelle Industrien, Arbeitstext im Rahmen des Projekts zum Zustand und Wandel der Kulturindustrien am Lehrstuhl für Theorie der Wirtschaft und ihrer Umwelt von Prof. Dr. Michael Hutter, April 2001, abrufbar unter http://notesweb.uni-wh.de/wg/wiwi/wgwiwi.nsf/ContentByKey/MGAC-5WWD62-DE-p

Ossenbühl, Fritz — Rundfunk zwischen nationalem Verfassungsrecht und europäischem Gemeinschaftsrecht, Frankfurt am Main 1986

Palzer, Carmen — Marktdefinition im Bereich der audiovisuellen Medien nach dem Wettbewerbsrecht der Europäischen Gemeinschaft, ZUM 2004, S. 279 ff.

Pätzold, Ulrich/ Röper, Horst — Maßnahmen der Vielfaltssicherung im Rundfunk, Media Perspektiven 1998, S. 278 ff.

Pelny, Stefan — Konzentrationskontrolle für den privaten Rundfunk, AfP 1998, S. 35 ff.

Pepels, Werner — Kompaktlexikon Marketing-Kommunikation, Düsseldorf, Regensburg 1997

Petersen, Frauke — Virtuelle Werbung und Split-Screening, Diss., Frankfurt am Main 2001

Platho, Rolf — Cross-Promotion in TV-Senderfamilien, MMR 2002, S. 21 ff.

derselbe — Werbung, nichts als Werbung – und wo bleibt der Trennungsgrundsatz?, ZUM 2000, S. 46 ff.

Pleitgen, Fritz — Von Uruguay über Paris nach Hongkong? Die audiovisuelle Industrie im Spannungsfeld zwischen Welthandel und kultureller Vielfalt, AfP 2005, S. 1 ff.

Prehn, Ole — Die dänische Rundfunklandschaft. Vom Public service zum dualen System, Media Perspektiven 1997, S. 141 ff.

Pukall, Kirstin — Meinungsvielfalt im Rundfunk nach der audiovisuellen Revolution, Diss., Frankfurt am Main 1994

Raff, Fritz — Online heute aus Sicht der ARD, Media Perspektiven 2002, S. 117 ff.

Rauen, Birgit — Italien: Duopol RAI/Mediaset vor digitalen Herausforderungen, Media Perspektiven 1999, S. 82 ff.

Reich, Norbert — Das Spannungsverhältnis von gemeinschaftlichem Wirtschaftsrecht und mitgliedstaatlichem Rundfunkrecht, RuF 1989, S. 305 ff.

Reidt, Olaf — Art. 7 Abs. 4 des Rundfunkstaatsvertrages (RStV). Das Verhältnis von Werbung und Programm in Hörfunk und Fernsehen, AfP 1990, S. 101 ff.

Renck-Laufke, Martha — Die KEK eine Zumutung ?, ZUM 2004, S. 344 ff.

dieselbe — Sechster Rundfunkänderungsstaatsvertrag und Medienkonzentration, ZUM 2003, S. 109 ff.

Ricker, Reinhart/ Schiwy, Peter — Rundfunkverfassungsrecht, München 1997

Ricker, Reinhart — Werbung im öffentlich-rechtlichen Rundfunk nach 20 Uhr, AfP 1990, S. 173 ff.

derselbe — Die Zulässigkeit kommerzieller Parteienwerbung im privaten Rundfunk, ZUM 1989, S. 499 ff.

Ring, Wolf-Dieter (Hrsg.) — Medienrecht, Band 1, Vorschriftensammlung, Heidelberg, Stand Juli 2005

Rittner, Fritz — Wettbewerbs- und Kartellrecht, 6. Aufl., Heidelberg 1999

Roider, Claudia — Perspektiven einer europäischen Rundfunkordnung, Diss., Berlin 2001

Röper, Horst — Formationen deutscher Medienmultis 2003, Media Perspektiven 2004, S. 54 ff.

derselbe | Formationen deutscher Medienmultis 2002, Media Perspektiven 2002, S. 406 ff.

derselbe | Mehr Spielraum für Konzentration und Cross Ownership im Mediensektor, Media Perspektiven 1996, S. 610 ff.

Rossmann, Torsten | Rundfunkpolitik in Dänemark. Zwischen EG-Harmonisierung und nationaler Ordnungstradition, Media Perspektiven 1993, S. 432 ff.

Roßnagel, Alexander/ Scheuer, Alexander | Das europäische Medienrecht, MMR 2005, S. 271 ff.

Rotermundt, Martell | Die Verhinderung von Unternehmenskonzentration auf dem Privatfernsehmarkt durch § 21 Rundfunkstaatsvertrag 1991, Diss., Aachen 1996

Roth, Wulf-Henning | Die Entwicklung der deutschen Fernsehwerbemärkte: EG-Fernsehrichtlinie und deutsches Kartellrecht, AfP 1991, S. 504

RTL-Group | Annual Report 2004, abrufbar unter http://www. www.rtlgroup.com/_2005/files/AR_2004_RTLgroup _COMPLETE.pdf (zitiert: RTL Group, Jahresbericht 2004)

Sack, Rolf | Neue Werbeformen im Fernsehen. Rundfunk- und wettbewerbsrechtliche Grenzen, AfP 1991, S. 704 ff.

derselbe | Wer erschoß Boro?, Anmerkungen zu der gleichnamigen Entscheidung des BGH v. 22.2.1990, Az.: I ZR 78/88, WRP 1990, S. 791 ff.

Sauer, Ulrike | Auswirkungen des neuen Mediengesetzes in Italien, Media Perspektiven 1991, S. 161 ff.

Schaar, Oliver | Programmintegrierte Fernsehwerbung in Europa – zum Stand der kommunikationsrechtlichen Regulierung in Europa, Diss., Baden-Baden 2001

Schardt, Andreas | Medienverbund aus der Sicht eines privaten Rundfunkunternehmens, ZUM 1991, S. 61 ff.

Schellenberg, Martin | Rundfunk-Konzentrationsbekämpfung zur Sicherung des Pluralismus im Rechtsvergleich, Diss., Baden-Baden 1997

Schertz, Christian | Der Merchandisingvertrag, ZUM 2003, S. 631 ff.

Scheuer, Alexander	UK: OfCom-Konsultation zur Prüfung des öffentlichen Interesses bei Medienfusionen, MMR aktuell 3/2004, S. XIX
Schröder, Jürgen	Rechtliche Grenzen von Marketing, Öffentlichkeitsarbeit und Eigenwerbung bei öffentlich-rechtlichen Rundfunkanstalten, ZUM 2000, S. 6 ff.
Schwarz, Matthias/ Eichler, Boris	Der Werbebegriff im Rundfunkstaatsvertrag, AfP 1996, S. 228 ff.
Sewczyk, Jürgen	Online aus der Sicht eines kommerziellen Anbieters, Media Perspektiven 2002, S. 115 ff.
Späth, Nikos	„Hol raus, was geht". Mit „Deutschland sucht den Superstar" führt Bertelsmann die perfekte Wertschöpfungskette vor, Welt am Sonntag vom 2. Mai 2003
Speckmann, Gerhard	Wettbewerbsrecht, UWG – Markenrechtsverletzung – Wettbewerbsverfahrensrecht, 3. Aufl., Köln, Berlin, Bonn, München 2000
Steemers, Jeanette	Der terrestrische Fernsehsektor in Großbritannien, Media Perspektiven 1998, S. 287 ff.
dieselbe	Digitale Medienpolitik in Großbritannien, Media Perspektiven 1996, S. 402 ff.
Stelkens, Paul/ Bonk, Heinz Joachim/ Sachs, Michael	Verwaltungsverfahrensgesetz, Kommentar, 6. Aufl., München 2001
Stettner, Rupert	Das bayerische alternative Rundfunkmodell nach dem „extra-radio"-Beschluß des Bundesverfassungsgerichts, K&R 1999, S. 355 ff.
derselbe	Ist es zulässig, TV-Spots der Bundeswehr in den Werbeblöcken öffentlich-rechtlicher oder privater Programme zu schalten?, ZUM 1995, S. 559 ff.
Stock, Martin/ Röper, Horst/ Holznagel, Bernd	Medienmacht und Meinungsmacht – zur Neuregelung der Konzentrationskontrolle in Deutschland und Großbritannien, Berlin, Heidelberg, New York 1997
Stock, Martin	Rundfunkrecht und Wettbewerbsrecht im dualen Rundfunksystem, in: Hoffmann-Riem, Wolfgang (Hrsg.): Rundfunk im Wettbewerbsrecht, Baden-Baden 1988
Strauch, Rolf	Das Werbelexikon, München 1997

Sumiala-Seppänen, Johanna	„A Longstanding Experiment", The History of the Finnish Broadcasting Model, Department of Communication, University of Jyväskylä, 1999, abrufbar unter www.jyu.fi/viesti/verkkotuotanto/broadcasting/
Technau, Claudius	Das finnische Rundfunksystem im Wandel, Media Perspektiven 1997, S. 157 ff.
Tettenborn, Alexander	Europäische Union: Rechtsrahmen für die Informationsgesellschaft, MMR 1998, S. 18 ff.
Trafkowski, Armin	Medienkartellrecht. Die Sicherung des Wettbewerbs auf den Märkten der elektronischen Medien, Diss., München 2002
Trappel, Josef	Fernsehen in Österreich und der Schweiz: Wenig Licht im deutschen Marktschatten, Media Perspektiven 2001, S. 306 ff.
Truetzschler, Wolfgang	The Irish media landscape, in: European Journalism Centre online 2002, abrufbar unter http://www.ejc.nl
Tschentscher, Thomas/ Klee, Dirk	Aktuelle Rechtsprobleme der Werbung im privaten Rundfunk, ZUM 1994, S. 146 ff.
Tschon, Michaela	Cross Ownership und publizistische Gewaltenteilung, Diss., Berlin 2002
Wagner, Christoph	Duale Rundfunkordnung und Rundfunkwirklichkeit in Italien. Gegenwärtiges Erscheinungsbild und Perspektiven, ZUM 1989, S. 221 ff.
derselbe	Die Landesmedienanstalten – Organisation und Verfahren der Kontrolle privater Rundfunkveranstalter in der Bundesrepublik Deutschland, Baden-Baden 1990
Wahl, Torsten	Der Name ist tabu, Berliner Zeitung vom 3. März 2000, S. 21
v. Wallenberg, Gabriela	Fortentwicklung des dualen Rundfunksystems zur Überwindung der wettbewerblichen Schieflage zwischen privatem und öffentlich-rechtlichem Rundfunk, ZUM 2004, S. 875 ff.
dieselbe	Strukturelle Vorgaben für den öffentlich-rechtlichen Rundfunk im 8. Rundfunkänderungsstaatsvertrag, MMR 2005, S. 88 ff.

Ward, David — A mapping study of media concentration and ownership in ten European countries, 2004, abrufbar unter http://www.mediamonitor.nl/html/documents/mappingstudy_ward_jun2004.pdf

Wiedemann, Gerhard (Hrsg.) — Handbuch des Kartellrechts, München 1999

Zimmer, Jochen — Großbritannien und Frankreich: Vorreiter für digitales und interaktives Fernsehen, Media Perspektiven 2000, S. 438 ff.

FSC
www.fsc.org
MIX
Papier | Fördert
gute Waldnutzung
FSC® C083411

Kolibri 360 GmbH
Ferdinand-Jühlke-Straße 7
99095 Erfurt, Deutschland
produktsicherheit@kolibri360.de

Druck:
CPI Druckdienstleistungen GmbH
im Auftrag der
Kolibri 360 GmbH
Ferdinand-Jühlke-Str. 7
99095 Erfurt